新・福祉の総合政策

駒村康平 [編著]

上村一樹
渡辺久里子 [著]

創成社

まえがき

　本書は，社会保障制度を経済学の手法で分析することを目的としたテキストであり，筆者による東洋大学経済学部における社会政策論，駿河台大学経済学部における経済政策論，公共経済論，社会保障論の講義に基づくものであり，読者として大学学部3，4年生を想定したテキストである。

　今日，超高齢化社会を前にして，社会保障制度改革が進んでいる。特に2000年は，3月の公的年金改革，4月の介護保険施行，6月の社会福祉基礎構造改革が行われた年である。また，今後，医療保障改革などの制度改革が予定されている。

　高齢化以外にも家族の機能の変化，財政赤字の拡大など社会保障を巡る環境は変化している。家族の規模の縮小は続き，その機能は低下し続けている。このような家族離れは少子化という形になってさらなる高齢化を進めている。

　また，日本の財政赤字はその尺度によって多少の違いがあるものの，先進国のなかでももっとも大きい部類にはいる。財政赤字拡大の背景には，少子高齢化による社会保障制度に対する国民の不安が，貯蓄拡大につながり，これが消費低下を生み，これを補うための政府の支出拡大という流れもある。

　こうした変化に対応した21世紀の福祉政策，社会保障制度が準備される必要がある。

　理念的な議論にとどまらず高齢化，家族機能，財政赤字という数量的な制約，資源の制約といったことを直視し，日本の社会経済システムと整合性のある社会保障の構築が必要になる。

　本書は，社会保障制度に対する理解と社会経済システムとの整合性という点から社会保障制度の評価を行い，望ましい福祉政策，社会保障制度を考えることを目標にしている。従来の社会保障論の中心領域である年金，医療，福祉以外に，人口，家族，財政，労働といった領域もカバーした。このため，本書は社会保障より広い概念である福祉をタイトルに入れた。

本書で扱わなかった重要なテーマとしては地方財政，環境問題，非営利分野などがある。こうした分野は今後の課題とした。

2001年3月

駒村康平

改訂（2018年度版）にあたって

　前回の改訂2011年以降，社会保障制度の改革は急ピッチで行われた。2012年の社会保障・税一体改革により，団塊の世代が75歳になる2025年を視野にいれた医療，介護，年金の各分野で改革が推進されている。また，2013年障害者総合支援法，2015年子ども子育て支援新制度，生活困窮者自立支援制度，2016年社会福祉法改正など，社会福祉分野においても新制度の導入や改革も相次いだ。

　こうしたなか社会保障制度の仕組み，データもたちまち古いものになる。

　今回の改訂では，全章にわたり制度改革の解説やデータのアップデートを行った。さらに京都産業大学経済学部の上村一樹助教，国立社会保障・人口問題研究所の渡辺久里子研究員のご助力を受け，大幅な加筆修正を行ったため，この版から3人の共著になる。データのアップデートや索引等の作成には益子大和君（慶應義塾大学経済学研究科）に大変ご協力をいただいた。記してお礼を申し上げる。

2018年3月　執筆者を代表して

駒村康平

目　　次

まえがき
改訂（2018年度版）にあたって

第1章　成熟化社会における社会保障 ——————————— 1
第1節　成熟化社会の訪れ　1　　　　第2節　経済政策の考え方と社会保障　2
第3節　新しい福祉国家　8

第2章　少子・高齢化社会の現状と動向 ——————————— 11
第1節　日本の人口の長期動向　11
第2節　人口構造の変化が日本社会，経済に与える影響　22

第3章　社会保障制度の機能 ——————————— 40
第1節　社会保障制度の役割　40　　　第2節　社会保障制度の概要と動向　44
第3節　社会保障制度の体系　46　　　第4節　新しい互助の仕組みとその展開　51

第4章　社会保障の歴史 ——————————— 58
第1節　社会保障前史　58　　　　　　第2節　近代社会保障制度　58
第3節　日本の社会保障の歴史　60

第5章　社会保障費の動向 ——————————— 70
第1節　社会保障費　70　　　　　　　第2節　社会保障の財源　73

第6章　公的年金の歴史と年金制度改革 ——————————— 86
第1節　年金制度の歴史―労働者年金から国民皆年金へ　86
第2節　賦課方式に傾斜したスライド制の導入　88
第3節　年金改革―高齢化への対応と給付抑制　90
第4節　1999年年金改革と2004年年金改革　92
第5節　年金改革と年金財政の仕組み　103　第6節　年金制度が抱える問題　104

第7章　現行年金制度の仕組みと実態 ——————————— 110
第1節　国民年金・基礎年金の仕組み　111　第2節　厚生年金の仕組み　116
第3節　高齢者世帯の収入と支出　121

第8章　医療保障制度の仕組み ——————————— 128
第1節　医療保障の歴史　128　　　　　第2節　日本の医療保障制度の特徴　133
第3節　医療サービスの供給　145　　　第4節　医療機関の経営と規制　148
第5節　診療報酬体系　153

第9章 国民医療費の動向と医療の経済分析 ―――― 164
第1節 国民医療費の動向と問題 165 　第2節 医療の経済分析 171
第3節 医療保障改革の考え方 183

第10章 医療保障制度改革 ―――― 189
第1節 2006年医療制度改革 190
第2節 社会保障税一体改革と2015年医療制度改革 200
第3節 近年の様々な改革・取り組み 209
第4節 患者による医療機関の評価・選択 215

第11章 労働者に関する社会保障 ―――― 219
第1節 労働力人口の動向 219 　第2節 高齢化,就労の多様化と労働市場 223
第3節 最低賃金制度 237 　第4節 雇用保険と労働者災害補償保険 238

第12章 高齢者関係の社会福祉と介護保険 ―――― 251
第1節 高齢者をめぐる社会保障制度―介護保険成立以前 251
第2節 介護保険の概要 256 　第3節 介護サービス市場と産業 270
第4節 住宅政策 271

第13章 子ども・子育て支援関連の社会保障制度 ―――― 276
第1節 児童福祉の歴史 277 　第2節 子ども・子育て支援新制度 280
第3節 待機児童問題と女性の就労継続 288 　第4節 児童手当・児童扶養手当 293

第14章 障害者のための社会保障 ―――― 295
第1節 障害者福祉の変遷 296 　第2節 障害者の福祉政策 299
第3節 障害者総合支援法の導入 302
第4節 特別学級から特別支援教育への動き 306
第5節 障害者就労の促進 310

第15章 生活困窮者・低所得者に対する社会保障 ―――― 317
第1節 日本の所得格差・貧困の状況 317 　第2節 生活保護制度の役割 320
第3節 生活保護制度の歴史 321 　第4節 生活保護制度の原理・原則 322
第5節 生活保護制度の現状 325 　第6節 被保護者の動向 330
第7節 自立の助長 332 　第8節 生活困窮者自立支援制度 335

第16章 福祉サービスの改革 ―――― 339
第1節 社会福祉の仕組み 339 　第2節 社会福祉基礎構造改革の動き 345
第3節 社会福祉サービスへの擬似市場原理 351
第4節 社会福祉法人改革 361

参考文献 365
索　引 369

第1章
成熟化社会における社会保障

第1節　成熟化社会の訪れ

　19世紀後半から20世紀にわたって世界に類をみないほどの急激な成長を遂げた日本経済も，人口増加や資本形成といった成長要因が消滅するなかで，安定期を迎えつつある。

　21世紀の日本経済・社会は，1）急激な人口の高齢化，2）低成長経済の定着，3）経済におけるストック・資産の比率の上昇，によって特徴づけることができる。本書では，このような社会を「成熟化社会」と呼ぶことにしよう。21世紀の日本社会は，GDPといった物質的な成長の追求だけではなく，これまでの文化，伝統などの社会の蓄積を生かした本当の生活上の豊かさを追求する段階にきているといえよう。

　日本の社会，経済を取り巻く環境は急激に変化している。もっとも急激な変化は人口構造の変化である。人口高齢化は先進国共通であるが，日本はその程度，スピードにおいて他国をはるかに凌駕している。また，家族の機能・形態の急速な変化も重要である。経済面での変化としては，IoT，AI技術の急激な

普及,経済・社会のグローバル化などがある。また資源・環境制約も重要である。19世紀からの急激な工業化は,エネルギー資源を消費しただけではなく,生産・消費の過程で環境も浪費し,地球温暖化を引き起こした。そのため,快適な環境が稀少な財となってしまった。21世紀の日本が直面する課題は次のようなことがらであろう。

（1）急激な少子高齢化社会をどのように乗り越えるか。
（2）地球環境を守る社会経済システムを確立する。
（3）成熟化社会にふさわしい経済システムを確立する。
（4）世界経済の活動の中心がアジアに移るなか,経済のグローバル化に伴う諸問題を克服する。
（5）先進国内の格差拡大による社会・政治不安が国際問題にも深刻な影響を与えている。

現実の日本社会・経済は経済停滞から脱却できず,政治的にも,経済的にも,利害調整の困難さが露呈している。こうした社会システムの対応の遅れは,後世の歴史家から「日本病」,「繁栄の転換点」として評価されるかもしれない。

第2節　経済政策の考え方と社会保障

成熟化社会における政府の役割を考えてみよう。一般的に経済政策を評価するためには,効率性,公正性,安定性の3つの基準がある（図表1－1参照）。

（1）経済政策の3つの価値基準
① 効率性基準
効率性基準とは,限られた資源をどのように適切に配分するのかという基準である。理論的には,パレート最適といわれる状況で,これは市場が一定の条件を満たした「完備市場」において競争均衡配分によって達成されることになる。
② 公正（公平）性基準
公正（公平）性基準については,考え方は多様にある。一般に,所得,資源の分配の格差が大きい場合,公正（公平）性基準が問題になる。効率性基準と

図表1－1　総合福祉政策の目的（基準）

		効 率 性	公 正 性	安 定 性
経済的福祉	所　得（フロー）	経済成長 資源配分の最適化 X効率の改善	所得分配の公正	所得変動の安定 （物価安定 雇用安定）
	資　産（ストック）	資産と資源の効率的配分と利用	資産分配の公正	資産変動の安定
非経済的福祉	精神的文化的ニーズ	教育への資源配分の最適化	教育機会の平等	教育の安定供給
	環境の質（アメニティ）ニーズ	アメニティの最適配分	アメニティの平等	アメニティの安定供給
	生存ニーズ	医療への資源配分の最適化と効率的供給	医療のサービスと健康の平等	医療の安定供給と保障

注：欄内のものは代表的なものの例示であり，包括的なものではない。
出典：丸尾（1975）。

公正（公平）性基準が相反することもある。効率性の基準では，機会の均等を前提にすれば，所得は各人の能力，努力に対応するが，結果として大きな所得格差が発生する。効率性基準のみ考慮すれば，所得格差は問題ない。一方，公正（公平）性基準は所得の過度な格差は望ましくないと評価する。また，どの程度の格差ならば問題ないのかということも考える必要がある[1]。

③　安定性基準

経済活動には，需要や価格の変動など急激な変化を伴う場合が多い。リスク回避の傾向が強い個人や家計は，急激な変化自体で不安に感じる。こういった点から，安定性の基準は，過度な経済変動は望ましくないと考える。政府が安定性の基準を政策の評価基準に考えれば，過度な経済変動を抑えることが求められる。しかし，市場において効率性を達成するためには，価格などの変動は当然伴うことになり，効率性と安定性の間にトレードオフが発生することもある。

（2）経済学と社会保障

本書における方法論は経済学であり，その対象は社会保障制度，社会政策で

---

[1] 公平の考え方としては，ロールズの格差原理がある。

ある。

　社会保障制度は，国民の生活を社会的に保障する制度であるが，具体的に様々な給付を行うためには，「人，カネ，モノ」といった資源が必要になる。そこで，資源の効率的な配分を主題とする経済学の手法が社会保障研究に取り入れられることにより，社会保障の政策目標，効果を数量的に分析できるようになる。ただし，経済学による社会保障政策へのアプローチは，法律，社会学などとならぶ分析上の手法の1つであり，そこから得られたインプリケーションが他の研究・分析手法から得られたインプリケーションを常に優越するわけではない。社会保障，社会政策の研究・分析は，多角的な接近，マルチディスプリンの視点も重要になる。

　① 社会保障制度・政策への経済学的接近

　社会保障政策は，政府による資源配分への一種の介入と見ることができる[2]。社会保障の政策目標のなかには，経済学のアプローチで判断できない場合が多いが，これまで社会保障の経済分析と従来の社会保障研究との間に十分な意見交換が行われなかった。しかし，それでも経済学は社会保障制度・政策にいくつかの重要な視点をもたらした。それは以下のようなものである。

　(a) 社会保障制度に対して，個人・家計・企業はかならずしも受け身ではなく，制度，政策の変更に対して様々な対応を行う。政府が政策を行えば，個人・家計や企業は対策を行う。受け身の個人・企業を前提とするのではなく，積極的，動態的に制度・政策に反応する家計を前提に制度設計をする必要がある[3]。

　(b) 社会保障制度設計にせよ福祉サービスの実際の供給にせよ，供給者側の「倫理」，「善意」を前提にしたり，専門職のもつ父権主義（パターナリスティック）的考え方に従って，財源が確保されれば，自ずと制度が充実し，人々の満足度が上昇すると期待する見方もある。しかし，福祉サービスへの需要の多様化に

---

[2] 辻村 (2001) 第12章は，市場機能の限界と社会保障や政府の介入の必要性について，「市場のゆがみ」と「市場機能の働きようのない状況」に区分し，実例をあげつつ理論的に整理している。

[3] プリンシパル-エージェント理論，情報の経済学，制度の経済学，ゲーム論といった経済学のアプローチの貢献がある。

より福祉サービスの主導権は消費者サイドに移っている。制度充実イコール満足増大ではない。

（c）社会保障制度に使用できる資源には制約がある。

「社会保障制度，年金，医療，福祉は他の政策より最優先され，充実すればするほどよく，可能な限り資源を投入すべきである」や「政府はあらゆる生活保障に責任を持つべきである」あるいは「個人負担を軽減して，国や地方政府が公費で社会保障の財源を確保すべきである」という見方がある。しかし，社会保障政策の費用は，最終的に国民の誰かが負担をする。社会保障給付の財源をすべて公費で負担をしたとしても，それは当然ながら最終的に納税者が負担をしている。無限の負担は不可能であり，投入できる資源には限界がある以上，優先順位を考える必要がある。

② 社会保障論と経済政策

これまで経済学と社会保障論の間にはいくつかの壁があった。経済学が「クールヘッド・ウォームハート（冷静な判断と温かい心）」に従い，政策科学として社会保障制度に政策提言し，人口構造の変動や資源制約の問題を克服するためには，経済学と社会保障論の間にある以下のいくつかの壁を取り除いていく必要がある。

(a) 社会保障制度・政策の政策目標の理解と再検討
(b) 現実の社会保障に関する諸制度の理解
(c) 社会保障制度全体の整合性や社会保障制度とそれ以外の社会経済システムとの整合性
(d) 理論，実証分析から政策的インプリケーションへの連続性

③ 社会保障論と経済学の間の論点

社会保障論と経済学の間で見解が対立している問題を考えてみよう。

(a) 社会福祉サービスは私的財か

基本的に市場にまかせることによって，最適な資源配分が可能になると考える経済学のアプローチは，市場ができることは市場に任せた方が効率的である

---

4) 経済学が定義する公共財の概念とは，非排除性と非競合性によって定義されており，現に政府が提供している公共的サービスと概念が異なる。

とし，政府の役割を限定的に捉えている。市場が対応できない場合にのみ，公共財[4]という概念で介入を認めている。医療，福祉，保育，教育という基本的な人権に関わる公共サービスは，社会保障論では当然，公共部門の守備範囲と考えられてきたが，公共財を限定的に捉える経済学の考え方では，社会保障制度が考える公共サービスは必ずしも「公共財」ではなく，その多くが一種の私的財にすぎない。

しかし，こうした経済学の考える市場原理との整合性だけで政府の役割を判断してよいかは疑問である。市場に参加するためには，一定の消費者としての機能・能力が前提となる。また経済学が想定するように，個人が必ずしも経済合理的な行動を取るわけではない。行動経済学の研究が明らかにしたように，多くの人が，長期的な課題や不確実な問題には合理的な行動を取ることはできない。また同じ個人でも相反する選好をもつこともある[5]。さらに加齢に伴って認知機能が低下することを考慮すると，個人は経済学が想定するような合理的な経済人のようには行動しない。こうした点を考慮し，個人を最低限サポートすることは政府の責任であろう。

(b) 世代間の連帯と公平性の概念

賦課方式の年金制度は，図表１−２のような順送りで，若い世代が先輩の高齢世代を支える設計となっている。「世代間の助け合い」，「世代間扶養」や「世代間連帯」という原理で機能している賦課方式の公的年金制度は，自らの効用最大化を目標とする合理的な個人を想定する経済学にとっては正当化できない。

経済学が想定する合理的個人の関心があるのは，自分がいくら負担し，いくら給付をもらえるのかという点である。この考えから「保険数理上の公平性」，「世代会計のアプローチ」が生まれる。「保険数理上の公平性」や「世代会計のアプローチ」は今日，年金財政の積立方式化への移転や介護，医療保険の財政方式の選択の議論にも強い影響を与えつつある。

こうした考え方に対して，社会保障制度での世代間連帯の考え方は，現役世代と高齢者間の所得再分配，格差縮小といった「世代間の公平論」のアプロー

---

5)「多人格性，マルチプル・セルフ」の問題である。

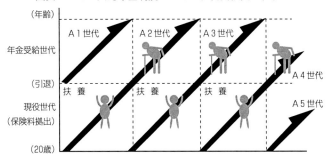

図表1－2　公的年金制度における世代間扶養の仕組み

注：斜めの帯のそれぞれは，同時期に20歳に到達したある世代が時の経過により年齢が上がり，現役世代という支え手側から年金受給世代という支えられる側へと移行する様子を示したものである。
出典：厚生省（1999）『平成11年版厚生白書』。

チに立っている。この世代間の公平論は，「保険数理上の公平論」と比較して，経済主体を個人に還元した経済理論の裏付けに欠けており，年金問題における経済学的アプローチのなかでは説得力を失っている。しかし経済学のアプローチの前提は合理的個人の存在であるが，そうした前提が，先に指摘した個人の意思決定における不確実性，時間視野などの制約，多人格性，認知機能の低下というなかで，どの程度現実的なのかも考えておく必要があろう。

（3）政府の能力と市場の能力

市場ができることは市場に任せ，政府は市場が対応できないことをすべきと経済学は考える。しかし，実際には市場と政府の能力にも限界がある。それぞれの能力を決定能力と技術的能力に分けて考えてみよう。

①　市場の能力

市場参加者の決定能力がどの程度，合理的であるかが重要である。消費者のみならず企業，投資家もしばしば合理的な決定ができない場合がある。これは，情報が不完全であったり，不確実性に直面していることが主因である。しかし，情報や不確実性といった要因以外でも，行動経済学が確認したように市場参加者が系統的に誤った選択をする場合もある。市場の可能性は，市場参加者が長

期的な視点で合理的な判断をする意志決定能力をもっているのか，企業が消費者を十分に満足させるような財・サービスを提供できるかに依存する。

② 政府の能力

市場の対応力が不十分な場合に，政府がその機能を補完することになる。しかし，政府は，政治家，官僚，その他利害関係者によって構成されている。そのため，構成員それぞれが自分の利益を目標とする[6]。また民主主義のもとでは政府の行動は投票によって決定されるが，利害が相反する問題の調整が困難になる場合もある。財政における公債や賦課方式の年金制度，あるいは資源・環境といった問題は将来の世代の負担になる。しかし，政府の意志決定がこうした将来の世代の利益を十分考慮していない場合もある[7]。

さらに政府の政策企画力，計画能力という技術面，遂行能力についても検討する必要があろう。特に財政や社会保障は長期的な計画，財政見通しが必要となる。長期計画の場合，将来の経済・社会・人口を予測する必要があり，こうした面でも政府の能力に限界があることを考慮する必要がある。

第3節　新しい福祉国家

（1）福祉国家の動き

社会保障の役割を考える場合，小さな政府・セーフティネット論と福祉国家論の2つの立場に大きく分けることができる。小さな政府・セーフティネット論は，市場システムの完全性を前提としている。政府の行うべきことは市場が対応できない領域だけであり，政府の役割は小さく，最低限のセーフティネットに限定すべきであるという考えである。また，こうした小さい政府を主張する論者は，政府はたびたび誤った判断を行うと考えている。

これに対して，福祉国家論は，市場メカニズムについて全幅の信頼を置かず，政府は生活保障の主体として積極的に介入し，さらに再分配などの政策を行う

---

[6] ブキャナンなどの公共選択学派の考え方である。
[7] たとえばシルバーデモクラシーと呼ばれるように，高齢化社会においては，高齢者の政治力が高まることになる。

べきであるという考えに立つ（大きい政府）。第二次世界大戦以降，先進国の多くは福祉国家を選択した。さらに福祉国家の類型も，ドイツ，フランスに代表される被用者を主たる対象に社会保険原理に中心を置く大陸型福祉国家と，イギリス，スウェーデンに代表される国民全体に対する普遍的な給付と租税を財源にする北欧型，被用者を中心としながら税を財源とした普遍的な給付を確立したニュージーランド，オーストラリア型に分類される。しかし，福祉国家の負担は，次第にこうした国々の経済活力を弱めていった。一方，アメリカは政府，社会保障の役割を限定的にしたが，所得格差が大きく，医療保障などの基礎的社会サービスを利用できない国民が少なくない。

　一方，日本の社会保障は1970年代中頃までは遅れていたといわれていたが，今日，個々の制度のいくつかの点で不十分な制度もあるものの，年金，医療，介護，福祉の水準は福祉国家といわれる水準に達した。そして，今日，世界最高水準の高齢化社会に直面するなかで，社会保障制度の大幅な見直しが必要になっている。

(2) 第三の道への模索－依存型福祉から自立支援型福祉へ

　福祉国家の域に到達した日本も，急激な人口高齢化による社会保障負担増と経済力の低下のなかで，新たな段階に入りつつある。従来のように，福祉支出規模をもって福祉の充実を議論する古い福祉国家論や，合理的な個人を前提にした個人責任を強調する小さい政府論を克服し，第三の道，すなわち，新しい福祉国家の模索が必要な段階に入っている。

　このポイントは次のようになる。

① 　政府は，社会的弱者の増加を防ぎ，減少させる責務がある。国民が弱者になり，社会保障を利用するような状況にならないように，リスクそのものを縮小し，個人がその潜在能力を発揮できるように社会保障制度の機能を強化する。また個人や家計が苦手とする不確実な状況，退職や介護など将来に関わる選択問題，加齢に伴う認知機能の低下とそれに伴う判断能力の低下を補う必要がある。具体的には，健康維持（生活習慣病の防止），私的年金の拡充，職業訓練政策（失業リスク，離職リスクの縮小），多様な弱者を保護する社会経

済ルールの確立などである。
② 社会保障制度はなるべく市場メカニズムを歪めないように設計される必要がある。市場メカニズムと調和した，あるいは，市場メカニズムを活用できる社会保障システムにする必要がある。そのためには社会保障制度の貢献性，応益性を強化する必要もある。
③ 弱者が自立できるように支援する。高齢者，障害者が自立した生活をおくれるように就業システムを改革する。セーフティネットにとどまらず，自立のきっかけになる「トランポリン」の役割をはたすべきである。
④ 国民が理解しやすく選択できる社会保障システムにする。過度に複雑である制度は国民が理解できなくなる。特に医療，福祉の分野における消費者，利用者優先のメカニズムの導入が重要である。

（3）日本の社会保障制度の課題

　急激な社会・経済の変化のなかで，日本の社会保障は大きな改革を迫られている。日本の社会保障制度は，皆年金，皆保険といったように社会保険を柱にしており，1960年代から1980年代にかけて現在の形になった。この当時は，高度経済成長，低い失業率，若い人口構成，人口増加社会，正社員を中心とした終身雇用・年功賃金・企業別労働組合によって特徴づけられる日本型雇用慣行の定着期・安定期であった。社会保障制度もこういったいわば正社員モデル，高い経済成長に対応したものであった。しかし，1990年代の不況，低成長期を経験した後の21世紀の日本社会・経済は，低成長，高い失業率，人口高齢化，人口減少社会，急激な雇用の流動化という社会，経済の状況にある。こうしたなか，正社員を中心とした社会保険の限界も明らかになってきている。年金，医療，介護，福祉といった分野をトータルで見直す21世紀型の社会保障制度の確立が急務になってきている。

第2章
少子・高齢化社会の現状と動向

　日本社会は，現在，大きな人口構造の変化に直面しつつある。過去，人口の変動は社会経済システムに大きな影響を与えてきた。本章では，現在，日本が直面する人口構造の変化とそれが社会保障制度や経済に与える影響について考える。

第1節　日本の人口の長期動向

（1）長期人口動態と人口転換
　日本の超長期人口の動きは，図表2－1のように推移してきた。政府による正確な人口把握は，1920年の第1回国勢調査から始まっており，それ以前は様々な統計を使って推計した人口になる。
　日本の人口は1967年に1億人に到達し，現在は減少し始めている。2017年の国立社会保障・人口問題研究所の新人口推計によると，2053年には人口1億人を下回ることになる。日本は約90年をかけて再び1億人以下の人口に戻ることになる。
　このような長期の人口構造の変動の背景には，出生率と寿命の変化がある。

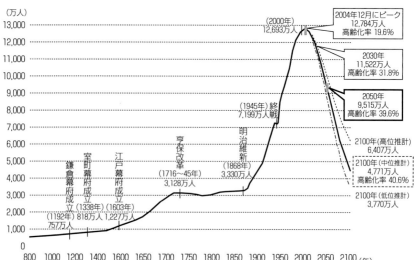

図表 2 − 1　日本の人口の超長期推計

出典：「国土の長期展望」中間とりまとめ 概要（平成23年2月21日国土審議会政策部会長期展望委員会）。

　すべての先進諸国では，経済社会の発展に伴って，「多産多死社会」から「多産少死社会」を経て「少産少死」へという人口転換が起きている（図表2 − 2参照）。

　図表2 − 3は，3世紀以降の人類の生命表である。もっとも古い生命表の記録があるローマ帝国では，半分以上の子どもが出生して5年程度で死亡していることがわかる。

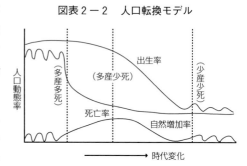

図表 2 − 2　人口転換モデル

出典：阿藤（2000）。

　乳幼児期の高い死亡率が，人類の寿命の伸張を抑えてきた。

　この状況は18世紀初頭のロンドン（1733年）でもあまり変わらない。人類は，約1500年にわたって不衛生，食料事情，薬や医療技術の不在により寿命

図表2－3　3世紀からの人類の生命表

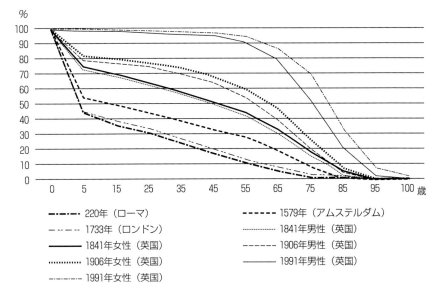

出典：駒村（2018）「長寿社会における基盤整備としての人的資本政策」より引用。

をのばすことができなかった。しかし，19世紀の産業革命以降，環境，衛生，食糧事情の改善，医療技術や薬の開発により，急速に乳幼児死亡率は改善した。

　人類は多死の状況を克服したものの，結婚・出産に関する人々の行動や慣習の変化にラグがあり，多死を前提にした多産の状況が続いた。多産多死から多産少死に転換し，人口は爆発的に膨張した。

　日本では多産少死の期間は，1870年から1960年まで続いた。この期間に生まれた人口転換期世代は，家族形態の変容も引き起こした。この世代は，平均4人兄弟・姉妹であり，子どもの頃は大家族のなかで育つが，結婚し，家族を形成するときには，核家族を形成していく。このような人口構造の変化は，都市部への豊富な労働力の供給を可能にした。日本社会は1960年から75年までの間の出生率安定期を経て，少産少死の時期に突入した。

（2）今後の人口構造と世帯に関する推計

① 長期の総人口の推移

2017年4月に公表された「日本の将来推計人口」の中位推計によると、総人口は今後も減少をつづけ、2065年には9,515万人になると予測されている（図表2-4）。

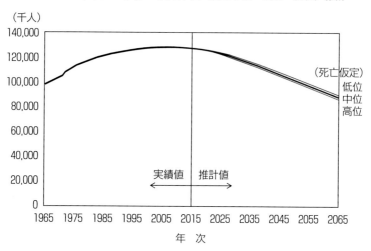

図表2-4　総人口の推移 －出生中位（死亡中位・高位・低位）推計－

出典：国立社会保障・人口問題研究所（2017）『日本の将来推計人口』。

鬼頭（2000）によると、日本でもわかっているだけで、縄文時代後期、平安から鎌倉時代、江戸時代後半と過去3回の人口停滞、減少期を経験している。縄文時代後期の人口減少は気候の寒冷化によって、日本列島の生態系が変化し、生産力が低下したことが原因とされる。平安から鎌倉時代の人口減少のプロセスは不明であるが、稲作農耕社会の展開と古代国家形成の過程で、人口は大きく増加したものの、平安期にはいり、荘園経済に移行し、領主の荘園経営の関心が低下、生産基盤への投資が減少し、農民の生産意欲が減退したことが原因とされる。あるいは地球規模の気候温暖化が干ばつを頻発させたという指摘もある。江戸後期の18世紀には、意図的な出産制限が行われたが、その背景には土地や資源の問題があったとされる。

② 年齢構成の変化

人口動態の背景には，出生率の変化と寿命の伸長がある。人口数に対して，出生率の低下は人口減少効果，寿命の伸張は人口増加効果をもつ。他方，高齢化率に対しては，出生率の引き下げ効果，寿命の伸長は引き上げ効果がある。

1970年前半には合計特殊出生率[1]は2程度であり，他方，平均寿命は男性75歳，女性80歳程度で止まると想定されてきた。1975年の人口推計によると，2050年には日本の人口は1.6億人に向かって増加を続け，高齢化率も2015年の17.7％がピークであり，2025年の高齢化率を17.4％と推計していた。しかし，1975年以降は，出生率は低下し，平均寿命の伸長は続いた。人口推計は見直され続け，高齢化率は上方に修正された。

高齢化率は，1995年の14.5％から急速に上昇し，最新の2017年の人口推計（中位推計）によると，2025年には30％を越え，2065年には39％になり，5人に2人が高齢者となるような社会が到来することが見込まれている（図表2－

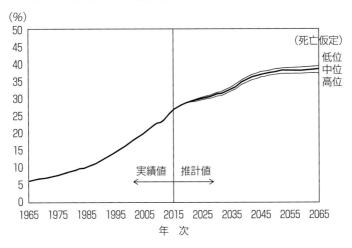

図表2－5　老年（65歳以上）人口割合の推移 －出生中位（死亡中位・高位・低位）推計－

出典：国立社会保障・人口問題研究所（2017）『日本の将来推計人口』。

1）15歳から49歳までの女子の年齢別出生率を合計したもので，1人の女性が仮にその年次の年齢別出生率で一生の間に子どもを産むと仮定した場合の子ども数の推計値。

図表2－6　年齢3区分別人口割合の推移　－出生中位（死亡中位）推計－

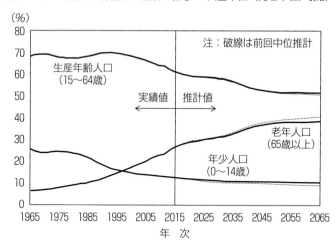

出典：国立社会保障・人口問題研究所（2017）『日本の将来推計人口』。

5）。

　年齢別人口数を見ると，0から14歳の年少人口は，趨勢的には減少し続け，1997年に老年人口を下回った後，2025年には1,407万人，2050年には1,077万人まで減少すると予想されている。15から64歳の生産年齢人口は，2005年の8,442万人から減少し続け，2025年には7,170万人，2050年には5,275万人となる。65歳以上の老年人口は，2005年の2,576万人から急速に増加し，2012年には3,000万人の大台に乗り，その後，2042年で3,935万人のピークに達し，2065年には3,381万人となる。図表2－6は，3区分した人口割合の動きである。

　また，老年人口（65歳以上人口）1人を15－64歳の生産年齢人口何人で支えることになるか，すなわち扶養率（扶養指数）を見ると，1995年には4.8であるが，2015年には2.28，2065年には1.34にまで減少することとなる（図表2－7）。

　③　出生率の動向

　日本の合計特殊出生率は，戦後の第1次ベビーブームの時期を過ぎた1950

図表2-7　扶養率の将来推計

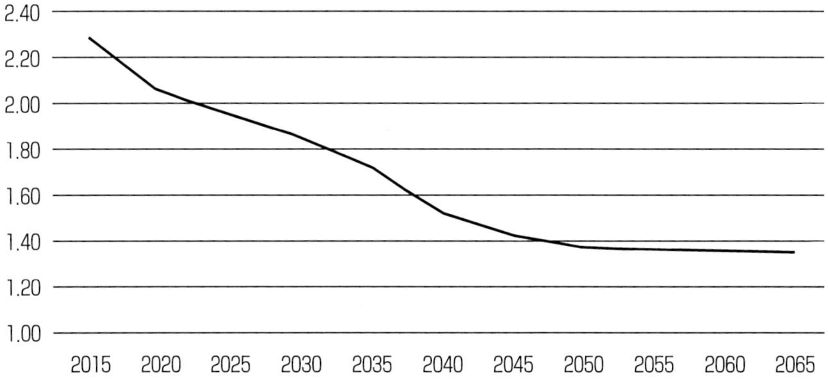

出典：国立社会保障・人口問題研究所（2017）『日本の将来推計人口』より筆者作成。

年頃から急速に低下をし，1950年代半ばまで下がった。その後，安定的に推移していたが，1970年代半ばから再び低下を始め，現在まで低下傾向であり，低位安定が続いている。

(a) 最近の合計特殊出生率の動向

1973年のオイルショック以降，合計特殊出生率は低下を続けたが，国立社会保障・人口問題研究所の2017年の人口推計によると，出生率は若干回復傾向にあるとされる（図表2-8）。

出生児数は，1970年代前半は200万人程度であったが，その後，減少を続け，2016年には100万人を切り，2050年頃には50万人となると推計される。合計特殊出生率2以上と想定した1975年の人口推計によると，2050年で出生児数は200万人程度とされていたので，出生児数は4分の1まで減少することになる。これは長期にわたって合計特殊出生率2を大幅に下回ることによる影響であり，すでに親になる世代の人口が減少している以上，出生率の少々の回復程度では出生児数の大幅な増加は期待できない。

(b) 出生率の低下の原因

出生率低下の原因は，晩婚化・未婚化要因（有配偶率）と，結婚した夫婦がもつ子供数の減少（有配偶出産率）という2つに分けることができる。

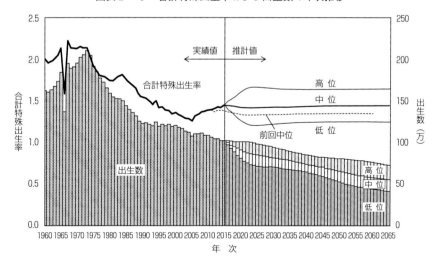

図表2－8　合計特殊出生率および出生数の年次推移

注：実績値は『人口動態統計』による。出生数は日本における外国人を含む，推計値については死亡中位仮定。
出典：国立社会保障・人口問題研究所（2017）『日本の将来推計人口』。

　1970年代以降，男女とも晩婚化・未婚化が進んでいる。図表2－9で示すように男女とも生涯未婚率[2]が上昇している。

　一方，夫婦の平均出生児数は，1940年の4.27人から，60年代には2人台に低下し，その後，90年代後半以降は2.2人前後で推移している。ただし，この2.2人も理想子ども数の2.3人を下回っている（図表2－10参照）。

　未婚化に加えて，女性の婚姻年齢の遅れは出生率を引き下げる。すなわち出生率は，女性の出産能力に依存し，生物学的に女性の出産能力は加齢とともに低下するため，結局，初産年齢が遅れることによって理想子ども数と実際の子ども数との乖離が解消されないままになる。さらに，理想の子ども数をもたない原因としては，子育てコスト，教育費の負担などが大きい。また女性の就労率の上昇に対応して，子どもと仕事を両立させるためには保育所や認定こども

2）50歳時の未婚割合である。

第2章 少子・高齢化社会の現状と動向 19

図表2－9 生涯未婚率

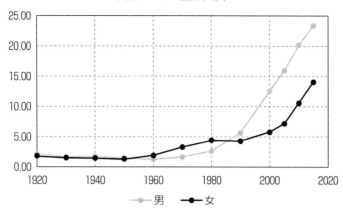

出典：国立社会保障・人口問題研究所（2018）『人口統計資料集』。

図表2－10 夫婦の平均理想子ども数と平均予定子ども数の推移

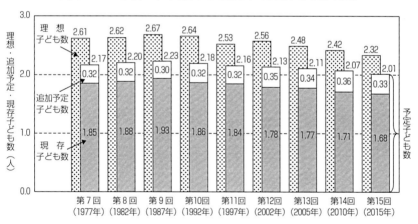

出典：国立社会保障・人口問題研究所（2015）『第15回出生動向基本調査（結婚と出産に関する全国調査）』。
http://www.ipss.go.jp/ps-doukou/j/doukou15/gaiyou15html/NFS15G_html10.html

園の確保が重要であるが、特に都市部で不足し、待機児童の問題も発生している。こうした保育所不足なども出生率を引き下げる要因になっている。

　④　寿命の伸長

　近代の人類の寿命の伸長は2つの部分で発生していた。すなわち19世紀から20世紀前半までの乳幼児死亡率の低下と、20世紀後半からの高齢者の寿命の伸長である。寿命の伸張については、たびたび研究者から、寿命の伸長はもう限界に達しているという見方が出されたが、現実の動きはそれを上回った。継続的な寿命の伸長の原因は、医療技術、食料の改善、科学技術、知識の普及などがあり、生体組織工学、遺伝子治療の技術革新がさらなる長寿を可能にするという見方もある。

　このように20世紀後半からの高齢者の寿命の伸長は予想以上のものであり、日本の過去の人口推計では、過小推計となっており、推計の改訂のたびに上方に修正された。1975年時点では、将来、2,500万人程度で頭打ちになると予測された高齢者人口は、2017年の推計では、2042年には4,000万人に接近すると修正された。

（3）2017年の将来人口推計

　2016年の合計特殊出生率は1.44とやや回復傾向である。過去、40年の出生動向をさかのぼると、1960年代後半から団塊ジュニア世代が生まれた1970年代前半頃までは、合計特殊出生率は2を上回っていたが、その後、1973年のオイルショックなどを契機に徐々に低下し、2005年には過去最低の1.26まで低下した（図表2－8参照）。

　将来人口の推計は、5年に一度行われる国勢調査に併せて、国立社会保障・人口問題研究所によって5年おきに改訂される。最近の改訂は2017年4月に公表されている。その際には、合計特殊出生率について中位、高位、低位の3種類の仮定を置いて、将来人口を推計している。政府の経済見通し、財政計画、年金財政の計算の前提は中位推計に基づいているものが多い。

　2017年4月に国立社会保障・人口問題研究所より新しく公表された人口推計によると、1）合計特殊出生率はやや回復し、2）寿命は今後も伸長すると

想定されている。この結果，高齢化率は，2065年で38.8％に，総人口は2053年には１億人を下回ることが予想されている。この結果，2012年の人口推計より高齢化率，人口減少の程度，スピードは若干改善したものの，今後とも厳しい人口減少，高齢化が続くことには変わりがない。

（４）世帯構造の将来推計

2018年１月に公表された「日本の世帯数の将来推計」によると，１）今後の世帯数の減少，２）単身世帯の割合の増加，３）少人数世帯の増加などが確認されている。

　国立社会保障・人口問題研究所の予測では，世帯総数は，2015年に5,333万世帯，2023年には5,419万世帯でピークとなり，2040年には5,076万世帯に減少するとしている。未婚率の上昇，出生率の低下，寿命の伸張により，少人数世帯が増加し，平均世帯人員数は2015年の2.33から2040年には2.08人へ減少する。

　また世帯構成を見ると，図表２－11で示すように，1985年には20％だった単身世帯は，2015年で34.5％となり，2040年には約39.3％まで増加し，４割近くが単身世帯になる。逆に，かつては４割を占めていた夫婦と子どもからな

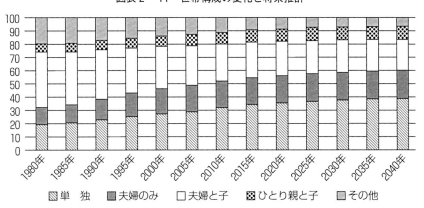

図表２－11　世帯構成の変化と将来推計

出典：国立社会保障・人口問題研究所（2018）『日本の世帯数の将来推計(全国推計)』（2018（平成30）年推計）より筆者作成。
http://www.ipss.go.jp/pp-ajsetai/j/HPRJ2018/t-page.asp

る世帯は，2015年には26.9％，2040年には23.3％に減少する。

　世帯主年齢が65歳以上の世帯は，2015年には1,918万世帯が2040年に2,242万世帯となり，全世帯に占める割合は2015年の36％から2040年の44.2％に上昇する。世帯主年齢が75歳以上の世帯は，2015年には888万世帯が1,217万世帯に増加する。

　単身世帯になるかどうかは，未婚・死別・離別・有配偶といった配偶関係と配偶者以外の家族，親や子どもとの同居関係の影響を受けるが，今後の単身世帯の増加要因は未婚化である。2030年には男性50，60代の単身者の増加が著しいとされるが，これは現在の低賃金で結婚できない20から30歳代の非正規労働者であろう。今後，20年単位で見ると，所得水準が低く家族もいない高齢単身者が急増することになる。

第2節　人口構造の変化が日本社会，経済に与える影響

　2017年の人口推計に基づいて，今後の人口動向を詳しく見てみよう。まず，日本の総人口数はすでにピークを過ぎ，減少傾向に突入している。2040年後半頃には，出生数は毎年70万人程度であるのに対し，毎年死亡者が170万人程度になるため，差し引き100万人の人口が自然減することになる。

　こうした総人口数の問題と，2050年のピーク時において約38％が65歳以上になるという年齢構成の変化という問題は分けて考える必要がある。

　総人口数そのものの増減については，その社会的なメリット，デメリットについて議論があるが，年齢構成の変化が社会保障を中心に大きな問題を引き起こすことは確実である。

　また，人口数や人口構成だけではなく，世帯構成の変化も重要である。日本の世帯は，1980年代は夫婦と未婚の子どもからなる家族がもっとも多い割合を占めていたが，今後は単身世帯がもっとも多くなる。人口減少・高齢化・単身社会の到来に備えた社会経済のシステム作りが必要になる。

（1）人口減少・高齢化と経済成長，社会保障の関係

人口減少・高齢化は経済成長と社会保障に影響を与えるが，その3者の関係は複雑である。社会保障給付が充実することは，その国民の負担を伴うことになる。

図表2－12は，OECD各国の社会保障支出（対GDP比）と国民負担率（税＋社会保険料／GDP）の関係であるが，当然ながら社会保障支出が増加すると国民負担率が上昇する傾向にある。

これまでの，そして現在の社会保障給付費については，第5章で詳しく説明するが，今後，社会保障給付費がどうなるか紹介しよう。

図表2－12　OECD諸国における社会保障支出と国民負担率の関係（2014年）

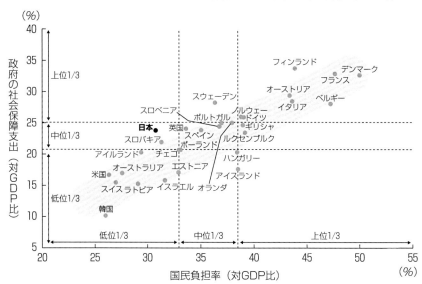

資料：国民負担率：OECD "National Accounts" 同 "Revenue Statistics"，内閣府経済社会総合研究所「国民経済計算」等，社会保障支出：OECD "National Accounts"，内閣府経済社会総合研究所「国民経済計算」。
注1：数値は一般政府（中央政府，地方政府，社会保障基金を合わせたもの）ベース。
注2：日本は2014年度実績。各国は2014年実績。
出典：厚生労働省（2017）『平成29年厚生労働白書』。

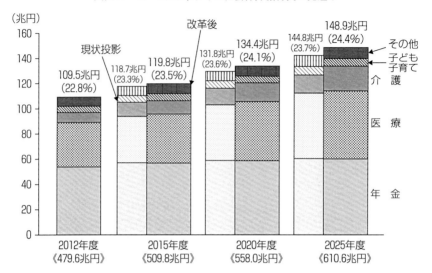

図表2－13 2025年までの社会保障給付費の見通し

注1：「社会保障改革の具体策，工程及び費用試算」を踏まえ，充実と重点化・効率化の効果を反映している。（ただし，「Ⅱ　医療介護等　②保険者機能の強化を通じた医療・介護保険制度のセーフティネット機能の強化・給付の重点化，逆進性対策」および「Ⅲ　年金」の効果は，反映していない。）
注2：上図の子ども・子育ては，新システム制度の実施等を前提に，保育所，幼稚園，延長保育，地域子育て支援拠点，一時預かり，子どものための現金給付，育児休業給付，出産手当金，社会的養護，妊婦健診等を含めた計数である。
注3：（　）内は対GDP比である。《　》内はGDP額である。
出典：社会保障給付費の将来推計（厚生労働省2012年3月）。
http://www.mhlw.go.jp/seisakunitsuite/bunya/hokabunya/shakai-hoshou/dl/shouraisuikei.pdf

　図表2－13は，社会保障制度改革国民会議が想定した社会保障給付費の将来見込みである。社会保障制度改革国民会議が議論を開始した社会保障給付費は，2012年時点で109.5兆円で，GDP比22.8％であった。今後，団塊の世代が高齢化することによって，医療，介護の利用が多い75歳以上人口が急激に増加するため，医療介護の社会保障給付が急激に増加することが予想される。団塊の世代が75歳に到達する2025年には，社会保障給付費は150兆円に接近すると予測されている。この結果，社会保障給付がGDPに占める割合は24.4％

図表2－14 2060年までの年金，医療，介護，教育費の対GDP比の見通し

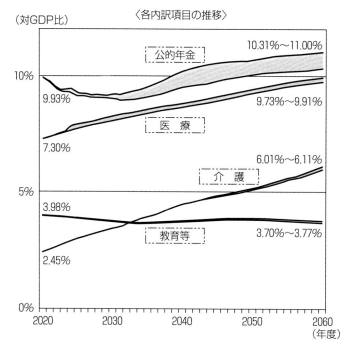

出典：財務省ホームページ「我が国の財政に関する長期推計（改訂版）」。
https://www.mof.go.jp/about_mof/councils/fiscal_system_council/sub-of_fiscal_system/proceedings/material/zaiseia271009/01.pdf

になると見込まれる。

　注意しないといけない点は，高齢化は2025年以降も続くという点である。そして2018年5月に，経済財政諮問会議は，2040年度の社会保障給付費は190兆円と推計している。

　他方，財務省は，年金，医療，介護といった高齢化に伴って増加する社会保障給付費の対GDP比は増加を続け，2060年には高齢者関係費だけでGDPの30％程度になるという見通しを発表している（図表2－14）。

　高齢化に伴い増加を続ける社会保障給付費であるが，社会保障給付費と経済成長についての関係は，社会保障が充実した福祉国家，すわなち「大きな政府」

は経済成長にとってマイナス要因になるという見方がある。しかし，社会保障給付の増大の背景には人口高齢化要因もあり，高齢化によって経済成長率の低下が発生するという可能性もある。人口高齢化 → 社会保障費増加（経路Ⅰ），社会保障費増加 → 経済成長（経路Ⅱ），人口高齢化 → 経済成長（経路Ⅲ）という3者の関係（図表2−15）を整理して社会保障給付や高齢化が経済に与える影響を分析する必要があり，社会保障給付と経済成長の関係を単純に分析するだけでは不十分である。

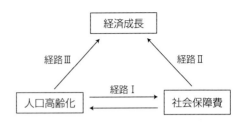

図表2−15　人口高齢化，社会保障と経済成長の関係

（2）社会保障と経済の関係

2015年時点で社会保障給付費は総額101兆円（社会保障移転113兆円）に達しており，国民総生産の2割程度と，その負担と給付は政府を通じて企業，家計など日本経済にも大きな影響を与えている。図表2−16は，社会保障に関する負担の流れを示している。社会保障給付費の負担を見ると，直接税の23兆円，法人税の11兆円より大きな金額が社会保障（社会保険料）負担（雇主分30兆円，被保険者本人分35兆円）となっている。

社会保障の財源は，社会保険料と資金運用収入等特別会計分が7割程度で，国と地方が負担する税財源が3割程度である。ただし，社会保障各制度によって社会保険料，国，地方の負担割合が異なる点には留意が必要である。この点については，5章の社会保障給付費の説明で再度行うことになる。

大きくまとめると，サラリーマン等が加入する厚生年金や健康保険といった社会保険からの給付は社会保険料がまかなっている。他方で，国民健康保険といったサラリーマン以外が加入する社会保険の給付は，社会保険料と国の一般会計や地方財政がそれぞれ半分程度負担している。また基礎年金，介護保険，後期高齢者医療制度などの高齢者向けの社会保険給付も社会保険，国，地方が分担している。さらに児童・障害者福祉，児童手当，生活保護は社会保険料に

図表2－16　国民経済のなかの社会保障（2015年度）

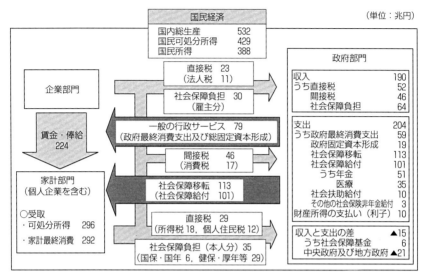

資料：内閣府経済社会総合研究所「国民経済計算」を基に作成。ただし，所得税，法人税，消費税は財務省調べ。個人住民税は「平成27年度　地方財政白書」による。
※図表中の数値は，単位未満の位で四捨五入しているため，合計と内訳は必ずしも一致しない。
出典：厚生労働省（2017）『平成29年厚生労働白書』。

財源を求めず，国と地方の税収入などが財源になっている[3]。

社会保障給付費の増大およびそれに伴う公費の増大は，他の政策的経費を圧縮し，財政の硬直化を招く。また，同時に財政支出増大の原因になっており，国民に増税や社会保険の引き上げを行わずに，公債発行により財源を求めると，将来の現役世代の負担が過重なものとなる可能性がある。

（3）社会保障が経済成長を高める要素

国民経済の活力を維持していくためには，国民負担率を一定の範囲内にとどめる必要があるとの考え方が根強くある。しかし，国民負担率が上昇したから

---

[3] 児童手当は，一部，厚生年金と一体徴収される「子ども・子育て拠出金」（旧児童手当拠出金）によってまかなわれている。

図表2－17　社会保障改革が経済に与える影響
医療・介護における社会保障・税一体改革と経済の好循環によるデフレ脱却

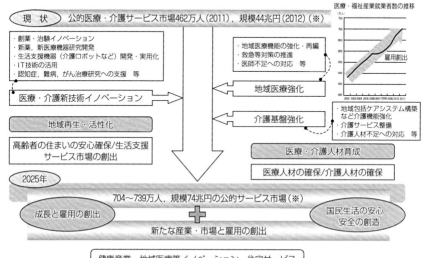

※雇用創出効果は，社会保障改革に関する集中検討会議資料（2011年6月2日），規模は社会保障に係る将来推計（2012年3月）による。
出所：デフレ脱却等経済状況検討会議（平成24年5月18日）小宮山厚生労働大臣提出資料。
出典：厚生労働省（2017）『平成29年厚生労働白書』。

といって必ずしも経済成長が鈍化するわけではない。

厚生労働省（2017）は，社会保障給付が経済成長に与える好影響を説明している（図表2－17）。

① 社会安定化効果

年金，医療，介護，雇用保険などの社会保障給付は，民間保険では対応できないような，長寿リスク，インフレリスク，失業リスク，介護リスクをカバーし，さらに医療・介護サービスの技術革新への対応などの点で，民間金融サービスでは提供できないサービスを社会保障が行っており，個人の厚生を高める

図表2-18 都市化，核家族化による，私的な扶養から年金制度を通じた社会的な扶養への移行

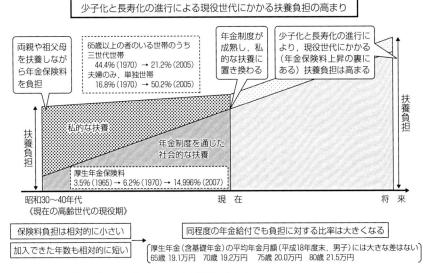

出典：厚生労働省（2017）『平成29年厚生労働白書』。

効果がある。

② 私的扶養軽減効果

公的年金制度がない場合，人々は自分自身で老後の準備をするか，あるいは子ども世代が親世代へ生活費を仕送りする必要がある。こうした私的扶養の負担が軽減される。図表2-18は，過去において私的な扶養が中心だった時代から年金制度の充実により，公的な扶養に重点が移っていったことを示している。

③ 需要効果（関連産業による需要，雇用拡大効果）

また社会保障制度は，所得保障を行う年金，雇用保険，生活保護以外にも医療，介護，各種福祉という現物給付の分野では多くの雇用を生み，さらに医薬品などの産業にも重要な影響を与えている（図表2-19）。

④ セーフティネット効果，再分配効果

社会保障制度は，将来不安を低下させることによる過剰な貯蓄を抑制し，消

図表2-19　社会保障が持つ経済効果（イメージ図）

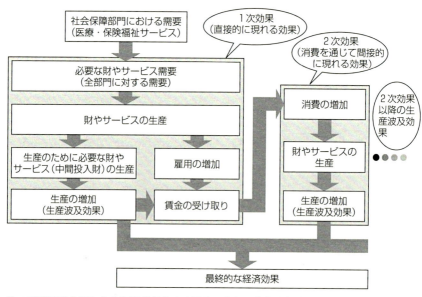

注：産業連関分析による経済効果をみる場合，さらに複雑な経路，2次効果以降の生涯波及効果を考える必要があるが，社会保障の持つ経済効果を簡単にまとめるために，ここではあえてこれらの経路を省略して簡単な項目としてまとめた。
出典：厚生労働省（2017）『平成29年厚生労働白書』。

費，景気を刺激する効果がある（図表2-20）。

　加えて，格差拡大とその放置が経済成長を鈍化させるため，社会保障充実による格差縮小が経済成長を高めるという研究もある。

　Cingano（2014）は，以下のように報告している。1）過去30年でOECD加入国の多くで，所得格差が最大になった。すなわち高所得者層の所得は安定して上昇しているが，低所得者層は好況時の伸びは緩やかで，景気後退期には落ち込みが大きく，所得の格差を示すジニ係数は1980年代の0.29が0.32に上昇している。2）所得格差の拡大は，中期的な成長を引き下げる効果を持つ。ジニ係数が3ポイント上昇すると，経済成長率が25年間にわたり毎年0.35％ずつ押し下げられ，25年間の累計的なGDP減少率は8.5％になる。

　図表2-21は，1990-2010年までの実際に達成された累積成長率，もし格

図表2-20 社会保障（年金・医療・介護・子ども・子育て）の経済的機能と効果

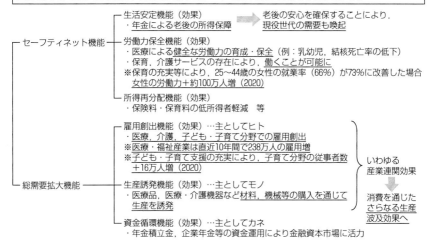

資料：京極（2017）『社会保障と日本経済』を参考に作成。
出典：厚生労働省（2017）『平成29年厚生労働白書』。

差が広がらなかったら達成できたであろう成長率，そして格差拡大による失われた累積成長率を示している。ニュージーランド，イギリスほどではないが，日本でも格差拡大が経済成長の足を引っ張っていることがわかる。

IMFも2014年に発表した"Policy paper Fiscial Policy and Income Inequality"で，所得格差が経済成長にもたらす弊害を詳細に分析し，財政，社会保障政策を正しく設計することにより所得格差の弊害を除去でき，経済成長を高めることができるとしている。その政策として，資産課税の強化，累進的な個人所得税，相続税・贈与税の復活，強化などの税制改革と低所得世帯向けの教育，健康関連政策の充実，就業意欲を高めるように設計した子育て支援制度などをあげている。

また格差拡大による総需要不足が経済を停滞させるという主張もある。すなわち，高所得者ほど消費性向が低いため，高所得者に所得が集中すると経済全体の総需要が不足し，不況になるというものである。歴史に残る1929年の大

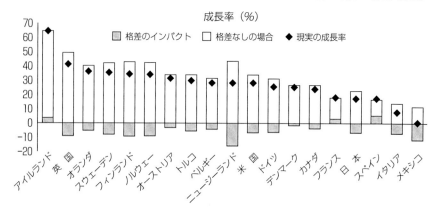

図表2-21 格差拡大が経済成長に与えた影響
格差変動（1985～2005年）のその後の累積的成長（1990～2000年）に対する影響（推計）

注：格差の変動が1990～2010年の25～64歳人口1人当たりのGDP成長率にどのような影響を及ぼすかを推計したもの。「Actual（実際）」は，実際の1人当たりのGDP成長率，「Impact of inequality（格差の影響）」は，OECD各国の実際の格差変動（1985～2005年）および分析により推計された格差が成長に及ぼす影響に基づき算出。「Without impact of inequality（反事実）」は，「Actual」から「Impact of inequality」を引いた差で，格差の変動がなかった場合の成長率と解すべきものを示す。ドイツの「Actual」成長率は1991年以降，オーストリア，ベルギー，スペイン，アイルランドの場合，格差の変動は1985～2000年。
出典：Cingano, F. (2014) "Trends in Income Inequality and its Impact on Economic Growth," OECD Social, Employment and Migration Working Papers No 163.

不況も2007年のリーマンショックも高所得層に所得が集中し，消費が低迷したことが大きな原因とされている。2007年のリーマンショックはまさに，低所得層の消費不振を回避するために低中所得層にローンの機会を提供した結果もたらされたものとされる。

さらに貧困世帯，そしてその世帯に暮らす子どもたちの健康状態や学力の低下も，彼らの雇用可能性を悪化させることにより経済成長を引き下げる。

⑤　地方経済への需要拡大効果

社会保険料を主な財源にする社会保障給付は，現役世代が多い都市部から高齢世代が多い地方への所得移転の効果を持っている。すでに高齢者が多数住ん

でいる地方経済は，高齢者が受け取る年金に依存している。また，雇用機会も医療や介護福祉といった分野が重要になっている。高齢化が進んだ地域にとってみると，社会保障は重要な経済分野である。

（4）社会保障が経済成長を鈍化させる可能性

社会保障が経済に与える影響については，社会保障の費用負担や給付が労働供給と労働需要に悪影響を与える，公的年金や医療・介護保険が貯蓄意欲を減退させる，非効率な公的部門が肥大化する，といった点から経済成長を阻害するという見方がある。

① 社会保障制度が労働に与える影響

(a) 社会保障の負担と労働供給との関係

社会保障給付の増大とともに，所得に占める社会保険料等の負担が増大するため，税や社会保険料を差し引いた後の手取り賃金が減少し，勤労意欲が弱まるとの考え方がある。直感的には正しそうであるが，どの程度まで手取り賃金に労働者が反応するのかが実証分析上のテーマとなっており，正社員の場合，それほど大きな影響を与えないのではないかという指摘もある。しかし，社会保障制度の仕組みが，非正社員などの就労行動に非中立的な影響を与えることもある。国民年金第3号被保険者制度では，年収130万円未満であれば保険料を免れるため，収入が130万円未満になるように主婦パートが労働時間を調整していることが指摘されている。

(b) 給付面と労働供給との関係

社会保障給付の増大が，勤労意欲を減退させる可能性もある。たとえば失業給付や生活保護制度が就労意欲を減退させるという指摘である。また公的年金は労働者の早期退職を促進させるとされているが，いずれも実証分析のテーマとなっている。たとえば60歳代前半の労働者を対象にした在職老齢年金制度では，年金を受け取りながら働くことができるが，賃金収入が増加すると年金がカットされるため高齢者の就業意欲を低めたという研究もある。

(c) 社会保険料が企業の労働需要に与える影響

被用者の社会保険料は，労使で折半されている。保険料の上昇は表面的には

企業にとって人件費上昇になる。保険料が，企業の経営行動に与える効果は大きく分けると3つ考えられる。1つは，労働市場における反応である。保険料の上昇を実質的な賃金上昇と捉えて，企業が，労働需要を抑制させる行動である。もう1つは，企業が保険料の上昇分だけ労働者の賃金を引き下げるという行動である。この場合，企業の負担した保険料は最終的に労働者の負担に転嫁されることになる。次に，企業の生産している財・サービス市場における反応もある。企業は保険料の上昇を，コスト上昇として価格に転嫁することもできる。この場合，保険料上昇は，最終的に消費者に転嫁されたことになる。ただし，他の同じ製品を生産している企業が価格転嫁をしなければ，価格転嫁した企業の価格競争力は低下することになる。また貿易財であれば国際競争力は低下することになる。

　資本市場を通じた対応もある。労働者にも，消費者にも転嫁できない場合，社会保険料上昇分を純利益の低下として投資家，株主に転嫁することも可能になる。しかしながら，資本移動が自由であれば，資本は株主へコスト転嫁する企業から逃げることになる。

　実際の企業側の反応については，上記のほかの対応も含めて，経済産業省『公的負担と企業行動に関するアンケート調査』(2004年) がその状況を示している（図表2－22）。

　このように，社会保険料の上昇がもたらす効果は，直面する労働市場，財サービス市場，資本市場の競争条件によって異なる。

② 年金制度などが貯蓄に与える影響

　政府が公的年金を用意することにより家計が貯蓄意欲を失うという研究がある。ただし公的年金が積立方式であれば，政府が家計の代わりに貯蓄している（代替）に過ぎず経済全体の貯蓄は変化しないが，実際の公的年金は賦課方式であるため，政府は十分な貯蓄を持っておらず，経済全体の貯蓄は減少し，最終的には投資も減少させるため，公的年金は経済成長を低下させるということになる。

　時系列データを使用し，公的年金が貯蓄に与える影響を分析したのはFeldstein (1974) が最初である。彼は，1929～1971年の時系列データを使用

図表2-22 社会保険料負担が企業経営に与える影響

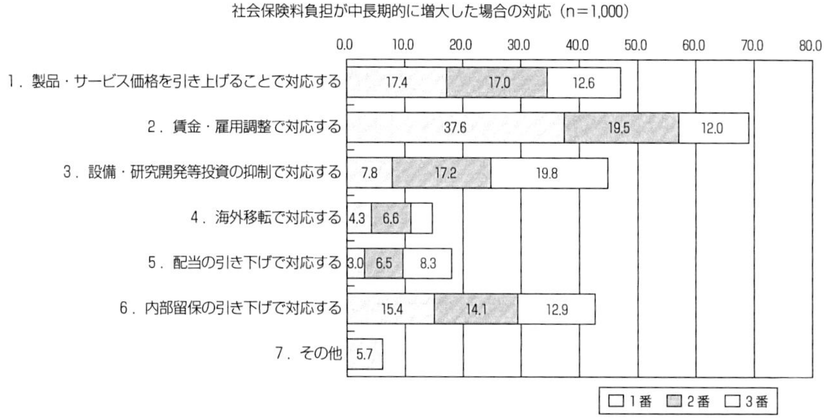

社会保険料負担が中長期的に増大した場合の対応（n=1,000）

項目	1番	2番	3番
1．製品・サービス価格を引き上げることで対応する	17.4	17.0	12.6
2．賃金・雇用調整で対応する	37.6	19.5	12.0
3．設備・研究開発等投資の抑制で対応する	7.8	17.2	19.8
4．海外移転で対応する	4.3	6.6	
5．配当の引き下げで対応する	3.0	6.5	8.3
6．内部留保の引き下げで対応する	15.4	14.1	12.9
7．その他	5.7		

※上記7つの選択肢について，対応の優先順位を回答。そのうち上位3位までを抽出。
※複数回答であるため，各項目の比率を足しても100％にはならない。
出典：経済産業省『公的負担と企業行動に関するアンケート調査』，2004年。
　　　http://www.meti.go.jp/press/20070928013/20070928013.html

し，公的年金の資産代替効果と早期退職効果の大小関係から，公的年金は貯蓄率を引き下げていると分析した。この研究は，仮説，計測方法，データをめぐって論争を引き起こした。

　日本においては，アルバート安藤・山下・村山（1986）が，1974年および1979年の「全国消費実態調査」の個票データを用いて消費関数を推計した結果，年金資産が消費に与える影響を否定している。一方，高山ら（1992）は，「全国消費実態調査」の個票を使用して，年金給付額が貯蓄率を引き下げていることを確認している。

　このように，公的年金給付と貯蓄率の関係については，時系列分析，個票分析ともコンセンサスを得られていない。

　このほか社会保障の拡大は，医療，介護，福祉などの生産性が低い産業分野を拡大するという指摘もあるが，こういった分野は診療報酬，介護報酬といった公定価格でコントロールされているため，付加価値が低いように見える。

図表2-23 就労者数の将来推計

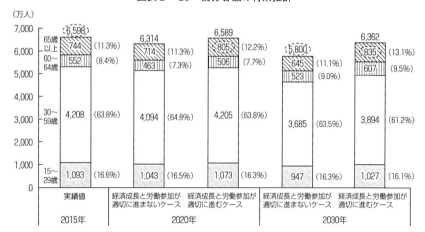

資料：2015年は，総務省統計局「労働力調査」（基本集計），2020年および2030年は，（独）労働政策研究・研修機構推計。
注1：推計は，（独）労働政策研究・研修機構が，国立社会保障・人口問題研究所「日本の将来推計人口（平成24年1月推計）」等を用いて行ったもの。
注2：（　）内は構成比。
注3：経済成長と労働参加が適切に進むケース：「日本再興戦略」を踏まえた高成長が実現し，かつ労働市場への参加が進むケース。
注4：経済成長と労働参加が適切に進まないケース：復興需要を見込んで2020年まで一定程度の経済成長率を想定するが，2021年以降は経済成長率はゼロ，かつ労働市場への参加が進まないケース（2014年 性・年齢階級別の労働力率固定ケース）。
注5：図表中の数値は，表章単位未満の位で四捨五入しているため，年齢計と内訳の合計は必ずしも一致しない。
出典：厚生労働省（2016）『平成28年 労働経済の分析』。

（5）人口減少・高齢化が経済成長に与える影響

　人口減少・高齢化は経済成長にどのような影響を与えるであろうか。
　今後，長期的には労働人口の減少が見込まれる。厚生労働省（2016）によると，図表2-23で見るように，2014年時点で6,351万人の就労人口は2030年には760万人減少し，5,561万人になると予想している。ただし，女性や高齢者の労働力率などが上昇すると6,169万人となり182万人の減少にとどまる。

① 成長会計からみた人口減少・高齢化の影響

経済成長の要因を労働や資本の貢献度に分解して説明する成長会計によると，経済成長は労働投入量と資本形成，技術革新によって決定される。

すでに見たように，労働力率が上昇しても人口減少による労働人口減少圧力は強い。また高齢者の労働力率が上昇することによって40歳未満労働者が減少し，40歳以上労働者の比重が大きくなり，労働力人口の高齢化にもつながる。

こうした労働力人口の減少や労働力人口の高齢化が経済成長にどのような影響を与えるだろうか。

労働力人口の減少は経済成長を鈍化させる。しかし，これまでの研究では，労働力の減少の影響は限定的であり，労働人口，人口の減少により経済成長が不可能になるわけではなく，技術革新と労働生産性の上昇がかぎになる。

労働生産性は，TFP（全要素生産性）と労働者１人当たりの資本装備率の伸びから構成される。ただし，実証研究の結果は，労働力人口の減少がTFPを引き下げることを明らかにしている。また労働者の年齢とTFP水準，労働生産性の関係を見ると，いずれも40代半ばから後半が最大になり，その後は加齢とともに労働生産性は低下していくことがわかっている。労働力人口の減少は，労働投入量と生産性の両方で経済成長の足を引っ張ることになる。ただし，労働力人口が労働生産性を押し下げるというのはこれまで経済，技術特性である。近年進んでいるAIの拡大，知識経済社会の影響，そして労働者１人当たり資本装備率の上昇，といった要因により労働力人口が減少しても，労働生産性が上昇する可能性はある。

② 高齢化が貯蓄・投資に与える影響

家計がライフサイクル的な消費・貯蓄行動を取っているとすると，高齢者は消費性向が高く，貯蓄を減少させ，資産の取り崩しを行うことになり，高齢化社会では，貯蓄率は低下することになる。もちろん外部から資本流入がある開放経済であれば国内の貯蓄不足は外資で補うこともできる。しかし，「フェルドシュタイン＝ホリオカのパラドックス」で明らかにされているように，実際には国際的な資本移動は自由ではなく，国内の貯蓄が投資を左右することが明

らかにされている。貯蓄は投資の原資になるため，高齢化社会では投資が減少することになり，経済成長は鈍化することになる。

③ 金融資産の高齢化

他方で，日本には1,800兆円になる家計金融資産が存在し，その多くが預貯金などの間接金融部門である銀行に預け入れられている。これに対して，政府は，「貯蓄から投資」，すなわち銀行中心の間接金融システムから株式投資などの直接金融にウェイトを移すことによって，投資を刺激するリスクマネーの供給を推進しようとしている。さらに，政府は若い時からの積極的な資産形成を進め，リスクマネーを供給するためにも若い世代の私的年金への加入推進やNISAなどの推進をしている。この背景には，6章で取り扱うように，公的年金の給付水準の引き下げを私的年金などの自助で補うという事情も大きい。

家計金融資産の7割近くが65歳以上によって保有されている。金融資産全体は預貯金などの安全資産に偏っているが，高齢者ほど株式などのリスク資産の比重が大きい傾向にある。今後，高齢化によって，家計金融資産の高齢者保有割合は一層上昇することが予想される。しかし，同時に長寿が新たな問題を引き起こす。加齢とともに認知機能が低下し，75歳以降になると認知症の発症リスクは5年で倍になるとされている。現在，すでに2015年で500万人を越える認知症患者が存在するが，2060年には850～1,150万人まで増加すると予想されている（図表2-24）。

金融老年学（ファイナンシャル・ジェロントロジー）の研究蓄積によると，認知機能の低下とともに資産運用のパフォーマンスが低下し，リスク資産のウェイトを引き下げる必要がある。高齢化社会になると，最終的には，認知機能の低下から株式を保有，運用できる高齢者が減少することになり，株価の低下，資産市場のメルトダウン[4]につながる危険性もあり，長寿は資産市場を通じて

---

4) スターリング，ウェイト（2000）によると，アメリカの団塊世代は1943～63年生まれであるが，彼らの行動は経済に大きな影響を与えることが予想されている。この世代は株式，土地を多く保有し，老後の所得のために年金基金で株式運用を行っているが，彼らが退職を迎えると資産を取り崩すため，金融市場に大きなインパクトを与えると予想している。

図表2−24　認知症患者数の将来推計

年	平成24年(2012)	平成27年(2015)	平成32年(2020)	平成37年(2025)	平成42年(2030)	平成52年(2040)	平成62年(2050)	平成72年(2060)
各年齢の認知症有病率が一定の場合の将来推計人数／(率)	462万人 15.0%	517万人 15.7%	602万人 17.2%	675万人 19.0%	744万人 20.8%	802万人 21.4%	797万人 21.8%	850万人 25.3%
各年齢の認知症有病率が上昇する場合の将来推計人数／(率)		525万人 16.0%	631万人 18.0%	730万人 20.6%	830万人 23.2%	953万人 25.4%	1,016万人 27.8%	1,154万人 34.3%

出典：二宮（2014）「平成26年度厚生労働科学研究費補助金特別研究事業　日本における認知症の高齢者人口の将来推計に関する研究」。

経済成長の足をさらに引っ張る可能性もある。今後は高齢者の金融資産をどのように積極的に活用するのかが重要になる[5]。

5）子ども世代への資産承継は，こうした高齢化による認知機能の低下の課題を回避できる。政府は，親世代から子世代への贈与を推進する政策を取り入れている。他方で高齢者の認知機能低下と遺産をめぐって相続問題も増加している。

第3章
社会保障制度の機能

　個人や世帯は安心で健やかな生活をおくるために，日頃より様々な対応・準備をしている。しかし，すべての状況，出来事に対して家計や個人で対応できるわけではない。個人や家計が対応できないような事故，状況に対応するため，政府は様々な社会保障制度を提供している。

第1節　社会保障制度の役割

（1）生活保障の手段としての社会保障
　個人・世帯は様々な生活上の費用，リスクに対応する必要がある。こうした費用，リスクへの対応を生活保障と呼ぶ。そして，個人，世帯は自らの責任で生活保障を行っている。生活保障の手段は3つの方法がある。1つは個人・世帯が自らの責任で対応する私的保障，あるいは自助である。2つめは，国・地方自治体などの公的主体が行う社会保障あるいは公助である（社会保険方式を「共助」とする整理の仕方もある）。個人・世帯は，自らの労働による稼得所得，貯蓄，保険など，家族内で助けあう私的扶養，すなわち自助が生活保障の中心であり，それで対応できない場合は，政府による税や社会保険料を財源とする給

付が社会保障，すなわち公助で対応する。3つめとして，自助や公助以外にも，地域社会や職場などの様々なコミュニティの成員同士の助け合いである「互助」という仕組みもある。

（2）社会保障の機能

社会保障の機能は，①セーフティネットとトランポリン，②所得再分配，③リスク分散，④社会の安定および経済の安定・成長の4点に分類される。

① セーフティネットとトランポリン

社会保障は，疾病や怪我，障害，介護・保育，失業，高齢による退職など，様々なリスクに対して，生活の安定を図るセーフティネットの役割がある。

セーフティネットは重層的に構成されている。疾病や負傷に備えた医療のセーフティネット，失業リスクに備えたセーフティネット，高齢期の所得保障というセーフティネット，要介護状態に対するセーフティネットである。たとえば，病気や負傷の場合には，医療保険の存在により，医療サービスを保障される。

生活保護制度は，他の制度では救済できない国民に対して，国が最低限度の生活を保障するもので，「最後のセーフティネット」である。

また，社会保障は単に最低保障に止まらず，人々が主体的に自らの幸福を追求できるような条件の整備，すなわち個人の自立や様々な可能性を拡大させる機能としてトランポリン機能も期待されている。

② 所得再分配

市場メカニズムでは，貢献や生産性に応じて賃金すなわち所得が決定されるため，結果として所得の分配が不平等になる。障害者や高齢者に対する労働の機会は一般よりも限定されたり，賃金水準も低いことが多い。疾病や事故により労働不能になれば無収入になる。また，個人の努力とは無関係に出身家庭，相続による資産の格差も存在する。

所得再分配は，こうした市場経済に任せていては社会的公正が確保されない状態に対して，租税制度や社会保障制度を通じて，所得を移転させることにより，所得格差を縮小する効果がある。再分配には，異なる所得階層間で，高所

得層から資金を調達して，低所得層へ移転する「垂直的再分配」と，同一所得階層内で，稼得能力がある人々から稼得能力のなくなった人々へ所得を移転する「水平的再分配」がある。また，所得再分配の方法には，金銭の移転ばかりではなく，医療サービスや保育サービス等の現物給付を通じての再分配もある。生活保護制度は，税を財源にして「所得の多い人」から「所得の少ない人」への所得再分配であり，医療保険制度は，「健康な人」から「病弱な人」への実質的な所得再分配での効果がある[1]。

③ リスク分散

生活上の不確実な危険（リスク）に対して，社会保障は，社会全体でリスクに対応する仕組みをつくる。本人の責によらない社会的リスクが現実化したときに，コスト・損害をカバーするリスク分散機能をもっている。

④ 社会の安定および経済の安定・成長

社会保障は，所得，生活安定機能や所得格差を解消する所得再分配機能があることなどから，社会や政治を安定化させる機能をもつ。

さらに景気変動を緩和する経済安定化機能や，経済成長を支えていく機能ももつ。雇用保険は，失業時の所得保障を行うことで，消費を下支えし，景気後退，景気を下支えする機能[2]を持つ。また，かつては公的年金制度の年金積立金は，財政投融資の財源として活用され，社会資本の整備の資金源となってきた。

一方，個人レベルで見ても，医療保険制度の充実は，疾病になった場合の不安を解消したり，早期受診を促すことによって，健康状態の早期回復につながる。また，保育制度や介護制度の充実は，保育や介護を理由とした離職を防ぎ，労働力化を促進する。

（3）ライフサイクルにおける社会保障

図表3-1は，ライフサイクルにおける社会保障を中心とした公共サービス

---

1) また，同一人の場合でも，稼得能力があるときに貯蓄した所得を，老後や病気のときに移転するという，個人のライフサイクル内における再分配がある。
2) 自動安定化機能（ビルト・イン・スタビライザー）と呼ぶ。

図表 3 − 1　ライフサイクルでみた社会保険および保育・教育等サービスの給付と負担のイメージ

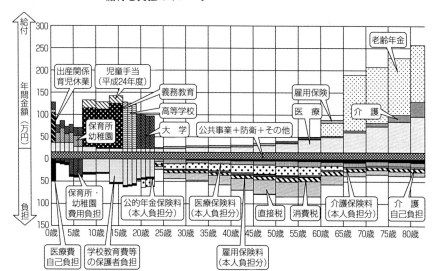

資料：厚生労働省政策統括官付社会保障担当参事官室作成。
注：平成21年度（データがない場合は可能な限り真近）の実績をベースに1人当たりの額を計算している。ただし，「公共事業＋防衛＋その他」については，平成22年度予算ベース。
出典：厚生労働省（2012）『平成24年厚生労働白書』。
　　　http://www.mhlw.go.jp/wp/hakusyo/kousei/12/dl/1-01.pdf

（社会サービス）の給付と負担を示している。給付面については，児童手当や保育サービス，公立小学校・中学校・高等学校・大学における教育サービス，全年齢階層における医療サービス，老後の公的年金（ここでは老齢厚生年金）の年間給付額をあらわしている。負担面については，保育・教育・医療サービスに対するそれぞれの自己負担額，社会保険料および直接税の平均的な負担額を示している。

出産時には医療保険から出産育児一時金が支給される。中学校修了前までは児童手当が支給され，共働き世帯等の場合には保育所を活用して，育児と仕事の両立が可能となる。

青年・中年期に，仮に失業したり，疾病等により働くことができず生活が困

図表 3－2　関連施策体系のイメージ

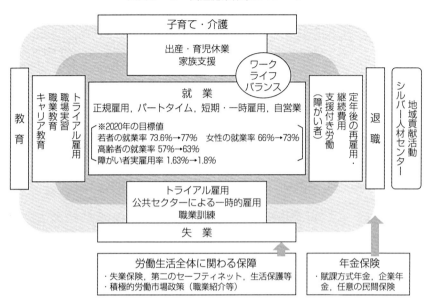

出典：厚生労働省（2010）『平成22年厚生労働白書』。
　　　http://www.mhlw.go.jp/wp/hakusyo/kousei/10/dl/02-02-01.pdf

難な状態になったときには，あるいは，介護や保育により離職が必要になった場合に備え，雇用保険制度，医療保険，生活保護制度，介護保険，保育制度などがある。すなわち図表 3－2 で示すように様々な社会保障が生活と雇用を橋渡ししていることがわかる。

第 2 節　社会保障制度の概要と動向

　社会保障制度は，社会保険，公的扶助，公衆衛生，社会福祉から構成される「狭義の社会保障」とこれに恩給，戦争犠牲者援護を加えたものを「広義の社会保障」とし，このほか住宅等，雇用対策の社会保障関連制度から構成される（図表 3－3 参照）。社会保障制度の対象者，給付水準，仕組みはその時々の社会，経済状態によって大きく変化する。社会保障制度審議会による1950年の「社

図表3-3　社会保障の定義

狭義の社会保障

分類	原理	制度名
公的扶助	公的扶助原理	生活保護
社会福祉（対人社会サービス）	公的扶助原理 社会手当・サービス原理	障害者福祉・老人福祉・児童福祉・子ども手当等
社会保険	社会保険原理	協会けんぽ（全国健康保険協会），組合管掌健康保険，国民健康保険，厚生年金保険，国民年金，雇用保険，国家公務員・地方公務員・私立学校教職員・農林漁業団体職員共済等
公衆衛生	社会手当・サービス原理	伝染病予防，結核対策。上下水道整備等
老人保健	社会手当・サービス原理	老人医療・保健

広義の社会保障

恩給	旧軍人遺族恩給，文官恩給等
戦争犠牲者援護	戦没者遺族年金，原爆医療，戦没者遺族年金等

社会保障関連制度

住宅等	公営住宅建設，住宅地区改良
雇用対策	失業対策事業，中高齢者等就職促進

会保障制度に関する勧告」時点は，生活保護が中心であった。その後，国民皆保険・皆年金が成立し，福祉サービスの対象を低所得者層に限定しない普遍化が進んできている。また，給付水準は当初，最低生活保障を目指したが，今日では年金，雇用保険においては従前所得の確保が，医療においては，高度医療も給付の対象となっている。

21世紀にはいり，社会保障の仕組みも変化している。介護においては，措置から保険，契約のシステムに変化した。また，医療や福祉の分野における利用者の主体性や選択の尊重などが重要な変化である。こうした社会保障制度を取り巻く様々な状況の変化に対応するため，社会保障に対する定義も変化している。「21世紀福祉ビジョン」（1994年4月，高齢社会ビジョン懇談会報告）は，「社会保障は，国民1人ひとりの自立と社会連帯の意識に支えられた所得再分配と相互援助を基本とする仕組みである」と定義し，個人の自立を基盤とした上で，家族，地域組織，企業，国，地方公共団体等，社会全体で福祉社会を支えてい

く「自助，公助（共助），互助」の重層的な地域福祉システムの構築という概念を提唱している。

第3節　社会保障制度の体系

　社会保障制度を分類，整理する場合に，制度を支える原理に注目した分類，各制度の給付形態や目的に注目した整理がある。

　社会保障は，その仕組みについて，社会保険による方法と，租税を財源に給付を行う方法に大きく分類できる。さらに，金銭で給付する現金給付か，それともサービスという形で給付する現物給付かなど，給付方式についての分類もある。

　また，社会保障を「目的別」に分類すると，図表3－4のようにも分類できる。

(1) 原理に基づく分類

　社会保障制度は，原理から見ると，①社会保険原理，②扶養原理，③公的扶助原理，④社会手当・サービス原理の4つの原理に分類できる。

　① 社会保険原理

　社会保険は，社会的なリスク（図表3－5参照）について，保険集団を構成し，

図表3－4　社会保障の目的別分類

所得保障	年金・生活保護・子ども手当
医療保障	医療保険・老人保健・医療扶助
公衆衛生	一般保健サービス
社会福祉	生活保護・母子福祉・心身障害者福祉

図表3－5　社会保険と社会的リスク

公的年金	早死によって遺族を残すリスク，障害のリスク，退職後，長生きをして生計費が不足するリスクをカバーする。
医療保険	疾病にかかるリスクをカバーする。
介護保険	要介護になるリスクをカバーする。
雇用保険	失業するリスクをカバーする。
労災保険	労働の際に障害や疾病を負うリスクをカバーする。

保険料の拠出を財源に、そのリスクが現実化した場合に損害を補償する制度である[3]。保険成立の条件は、歳出と収入の収支が均等していること、保険事故の頻度、費用などに関する情報が保険者に把握されていることなどである[4]。被保険者にとっては、保険料の拠出に対応して受給権が発生する。社会保険は基本的には被保険者のリスクの違いに応じて保険料を変えないため、結果としてリスクの低いものから高いものへの所得再分配効果をもつ。このため、仮に社会保険を自由加入にすると、リスクの低いものは保険加入の動機をもたなくなり、結果的に社会保険にはリスクが高いものだけが加入することになり、保険が成立しなくなる。このような問題を逆選択というが、これを阻止するために社会保険は強制加入となっている。また、被保険者間でリスクを共有できる同質性の高い集団を保険単位としたほうが、社会保険を安定的に経営することができる。この他、保険給付・負担に関する自由度を高める当事者による自治、独自会計、管理組織整備なども重要になる。

　年金、医療、失業、労災などは社会保険原理で運営されており、社会保険は日本の社会保障の中心となっている。

　社会保険原理は、拠出と給付が対応しており、財源が独立しているため、一

---

[3] 保険とは、ある共通のリスクにさらされている者（被保険者）が保険集団を構成し、各自があらかじめ将来の事故に備えて保険料を負担し、リスクが現実化し、事故が起きたときには保険金給付を行い、損害を補填するものである。保険が成立するためには、一定の確率で事故が起きる可能性があるという「大数の法則」が成立することが前提である。また、保険集団全体において被保険者が保険者に支払う保険料総額と、保険者から受け取る保険金総額が等しくなるという「収支相当の原則」が成立する。被保険者が支払う保険料は将来受け取るであろう保険金の期待値に等しいという「給付・反対給付均等の原則」が前提である。これは、保険料負担が、リスクと受け取る保険金の程度に応じて決定されることを意味している。

[4] 社会保険は、民間保険と類似している面もあるが、相違点も多い。社会保険は、①強制加入、②低所得者の保険料軽減や給付面で所得再分配機能ももっている。保険技術の面から社会保険では、給付・反対給付均等の原則は成立しない。保険料はリスクに応じた保険料の設定ではなく、一律の平均保険料方式を採用したり、所得等の負担能力に応じた保険料方式（応能保険料方式）が採用されている。収支相当の原則についても社会保険は厳密には成立しない。財源は、保険料だけではなく、租税財源による公費負担が入る場合が多い。これは、社会保障政策の必要上、低所得者も含めて強制加入とするためである。

般財政と異なり他の政策との競合を避けることができる点で優れている。被用者を対象にすると，所得の捕捉や実効性の点で効率的である。しかしながら，自営業者など被用者以外や労働市場が流動化した場合など，未加入者が増加したり，給付の弾力性が欠けることから実効性が低下する点に限界がある。また，被保険者が，リスク防止の意欲を失い，結果としてリスクが上昇するという「モラルハザード」の問題も指摘されている。

② 扶養原理

扶養原理とは，国家，社会的目的のために労働や犠牲を支払ったものに対して，拠出金の支払を前提とせず，資力調査（ミーンズテスト）も受けずに，政府財源によって給付を行う原理をいう。恩給や戦争犠牲者援護給付などが典型例であるが，今日の社会保障ではウエイト，役割は小さくなっている。

③ 公的扶助原理

政府が国の定めた最低生活水準を満たさない者に対し，資産・所得を調査（資力調査（ミーンズテスト）），選別し，最低生活水準を満たすのに必要な個別的なニーズを測定・決定し，一般財源から給付する原理である。受給に対しては拠出の支払などを前提とせず，救貧的な性質が強く，受給時の調査などによって受給者に屈辱感（スティグマ・貧困の烙印）を感じさせるという問題もある。生活保護制度が公的扶助原理に基づく制度である。

④ 社会手当・サービス原理

事前の負担・拠出を前提とせず，一定の社会的な状態になった場合に，普遍的に現金給付，サービス給付を行う原理を社会手当・サービス原理という。財源は一般財源や目的税である。また，普遍性を緩め一定の所得制限をつける場合もあるが，公的扶助原理のような資力調査を伴わない。給付時の普遍性をもちながら税を財源にするという点に特徴がある。社会手当・サービスの典型例は児童手当であるが，後期高齢者医療制度や介護保険も拠出金の一部が充当されていることから，拠出金を目的税と見れば社会手当・サービス原理で機能していると考えることもできる。また，戦後，公的扶助原理でスタートした児童福祉における保育所サービスや障害者福祉も次第に選別的要素を弱め，国民の誰もが利用できる普遍サービス的性格が強まり，社会手当・サービスに接近し

図表3－6　社会保障の諸原理

	社会保険	公的扶助	社会手当・サービス
現金給付	年金，雇用保険，労災	生活保護	児童手当
現物給付	医療保険，介護保険	選別的福祉・医療サービス	普遍的医療・福祉サービス
受給条件	拠出・普遍的リスクの発生	資力調査・選別的	一定の状態　一部所得制限
受給内容	一定のルールや拠出に応じて	不足額を補う	一定額，一律給付
財源	保険料	租税	租税（目的税）

たとみることもできる。

　以上，図表3－6で整理したように，4つの原理は財源，費用負担，給付時の制限などに特徴があるが，実際の制度を見ると4つの原理が純粋に適用されているわけではない。特に社会保険によっては公費負担の比率が大きいものもあり，純粋な社会保険といえるものは多くない。

（2）給付形態別による分類―現物（サービス）給付と現金給付

　社会保障給付を実際に行う場合，その形態からの分類がある。財・サービスそのものを提供するのか，財・サービスを購入するのに必要な現金を給付するか2通りの方法がある。前者を現物給付，後者を現金給付という。両者を比較すると，受給者が自ら市場で必要な財・サービスを選択，購入する現金給付の方が，受給者の好みを反映でき，財・サービスの提供者（供給者）の経営努力を引き上げるため効率的とされる[5]。しかしながら，次の条件の場合，現物給付が優先される。①確実に受給者が当該サービスを利用しなければ制度の実効性がなくなる場合である。たとえば医療保障など，病気の際に医療費分を現金で患者に給付しても，その現金が異なる目的に消費されてしまえば，医療保障

---

5) 当該財の価格弾力性が正である条件が必要である。村田・鎌刈（2000）200－217頁。この他，こうした現物給付，現金給付の費用負担者（納税者）の効用も考慮すべきである。現金給付の場合，費用負担者が望ましく思わないような使われ方（アルコールや賭博などの支出）をされる場合，現金給付は費用負担者（納税者）の効用を下げることになる。こうした点を考えると，現物給付の方が優先される場合もある。

の実効性を保つことができなくなる。その他，②利用者の好みを反映させる余地が少ない場合，③現物サービスが市場で取引されていない場合，④現物給付が外部性をもつ場合，⑤現物給付が当該産業の成長に寄与できる場合などである。④はたとえば，貧困者向け住宅の建設が特定の地域の環境を改善する場合などである。また，⑤は，当該サービス産業が幼稚産業の状態において，現物給付によって確実に需要が生まれ，産業の成長が促進される。医療保険や介護保険制度創設時における関連産業の振興効果がある。

　この他，サービス利用の費用を後日償還する「償還方式」や，サービスの受給権利を示す「バウチャー（利用券）」を与え，サービスの購入先を利用者が選択する「バウチャー方式」も一種の現物給付である。

　現物サービス給付と現金給付の区別は，各社会保障制度のなかにサービス提供者が組み込まれているか否かという点で重要である。具体的には，医療，介護などの現物給付を目的にした保険では，実際のサービスの給付は，保険者の指定した提供者が行う。また，福祉サービスにおいてもサービス提供者については資格や基準がある。

　現金給付には，資力調査や所得制限の有無や給付形態などで様々なものがある。税を財源に，所得再分配の性格の強いものには，資力調査・所得制限が伴う。社会保険による現金給付は，資力調査はないが，一律・定額給付と従前所得保障の性格が強い2種類の形態がある。国民年金・基礎年金は，一律・定額給付であり，給付額は物価等にスライドする。一方，厚生年金，失業給付，労災年金といったものは，従前所得保障となっており，給付額は基本的に賃金にスライドする。

（3）社会保険の長所と短所

　日本の社会保障制度の中心原理である社会保険と公的扶助は，それぞれ長所と短所をもっている。社会保険の長所は，第一に，保険料拠出の見返りとして給付を受けることが被保険者の権利として明確になっていることで，公的扶助の場合よりも，給付の権利性が強い。また，その受給にスティグマが伴わない。第二に，財源面でも，保険料負担と給付水準とが関連していることから，個々

の歳出に対する関係が薄い税財源よりも，負担について被保険者の合意を得られやすいという面がある。短所としては，一律定型的な給付になりがちなことや，過剰利用などモラルハザードの問題が起こりやすいことである。

（4）公的扶助原理の長所と短所

公的扶助の長所としては，第一に，一定の要件に該当すれば負担に無関係に給付の対象となることができる，第二に，ニーズに対応することが可能なことがある。ただし，その反面，制度へのフリーライド，自助努力のインセンティブを阻害し，財政負担の増大につながりやすい。必要性に応じて給付を行う等の観点から，対象者に対して，詳細な資力調査（ミーンズテスト）を行い，所得制限，家族状況によって利用を制限するといった形で運用されることが多い。

第4節　新しい互助の仕組みとその展開

明治維新直後の日本には，社会保障制度は存在せず，市場メカニズムの存在もまだ小さかった。人々は，生活保障，リスクヘッジを自助と地域における互助に頼るしかなかった。その後，中央政府の拡大，市場メカニズム，そして社会保障制度が整備された。市場経済が広がると，様々な生活のリスクは民間保険などでカバーできるようになり，さらに社会保障・社会福祉制度が充実すると，地域の互助の役割はどんどん衰退していった。顔の見える関係である互助，助け合いは，匿名性の性格をもつ市場メカニズムや社会保障に代替された。しかし，近年の格差，貧困，高齢化，人口減少などによって自助の力は低下し，高齢化に伴う社会保障給付の増大と財政悪化により公助の限界も明らかになるなかで，地域における互助への期待が高まっている。

（1）日本における互助の歴史

明治維新によって近代に入った直後の日本の地域社会，村落には，様々な地域の相互扶助の仕組み，組織が存在した。村落における相互扶助の仕組みについては，奈良時代，律令国家における「五保の制」までさかのぼる。あるいは，

別に室町末期の不安定な社会のなかで自発的に生まれたという見方，また江戸時代の相互監視，共同担保機能を持った五人組との関係を持つ見方もある。

　五人組という狭い範囲ではなく，村落全体での互助の背景には，幕藩体制下での，年貢納入の共同責任の仕組みであった「村請制」の影響が大きかったとされる。村人の1人が困窮して年貢を納められないときに，他の村人がカバーをする仕組みであり，村落単位での運命共同体であった。この村落単位で，宗教的な結びつきのある「講」，人手不足の時に助け合う「結」などの相互扶助組織が全国的に存在した。自然災害に繰り返し襲われた日本では，互助の仕組みが定着する素地はあったと思われる。

　「契約講」という村落組織の互助の仕組みは，相互平等に結ばれた地縁的集団で，家の建築，屋根のふき替え，結婚式，葬式，法要，田植えなどで負担が集中する出来事にたいし互助の役割が普及していた。さらに村落単位での互助組織が，現在の国民健康保険の源流とされる。現在，互助の仕組みは，社会的関係資本として注目されるが，日本には昔から地域における相互扶助の仕組みが根付いていた。

（2）互助の思想とコミュニタリアニズム

　互助の思想とはどのようなものだろうか。地域における価値観の共有，道徳・利他主義の醸成をすすめ，地域の共感と信頼が生み出す社会の見えざる手を原動力にする互助による地域社会づくりは，コミュニタリアンの思想につながる。アメリカの哲学者サンデルなどコミュニタリアニズムは，各コミュニティにおける共通の価値観，徳力，責任を強調し，各コミュニティ内での人々の信頼，つながり，相互扶助を期待している。

（3）互助システムへの動きと課題

　地方の人口は急速に減少し，規模の経済，分業のメリットが生かせなくなり，企業や行政の対応力は低下している。今後，自助（市場メカニズム），公助（社会保障，公共サービス）を補う点からも互助の役割がますます大きくなる。

① 人口減少社会の地域へのインパクト

2章でも述べたようにすでに日本の人口は減少しているが，東京圏（東京，神奈川，埼玉，千葉）では人口増加の傾向にある。2015年度の総務省住民基本台帳人口移動報告によると，東京で8万人の転入超過，東京圏では10万人の転入超過となっている。この一方で，転出超過自治体は39道府県に広がり，2015年の国勢調査では大阪府でも人口減少が始まっている。

こうしたなか民間シンクタンクの日本創成会議は，出産適齢期の20～30代の女性が2040年にはほとんどいなくなり，地域の再生や行政機能の維持が困難になるために，「消滅（人口がゼロになるという意味ではなく，行政機能などが維持できなくなる，1万人未満の人口規模になるという意味，あるいは子どもを産むことができる若い女性が50％減少する危機にあるという意味）」の危機にある市区町村が全国で896あると発表した。

② 人口減少・高齢化による公的部門の機能低下と市場の縮小の影響

(a) 高齢化・人口減少による地域機能の低下と新しい需要の増加

人口減少に伴い需要が減少したため，商店や公共交通が撤退し，市場サービスそのものが縮小している。加えて高齢化に伴う生活機能の低下等により，介護需要，空き家，里山等の管理，買い物や通院の支援など地域に関わる市場メカニズムでは対応できないような新たな地域における支援サービス需要，高齢者の見守りや雪かき，草刈りといった従来からあった生活支援に関わる地域サービスの需要がいっそう増加している。このため，地域コミュニティ内の助け合いの役割は重要になるが，従来の地域組織の代表であった自治会そのものも，構成員の減少，高齢化により，その機能が低下している。

(b) 財政悪化のなかでの行政機能の低下

高齢化に伴う会保障給付費の増大は，地方財政にも影響を与え，地方財政のなかの民生費が上昇している。総務省地方財政統計年報によると，2013年の民生費は30兆円に接近し，地方自治体の歳出総額にしめる割合は25％となっている。

地方自治体が担う，医療，介護，障害，児童，生活保護，生活困窮への対応という社会福祉は多くの職員を必要とする。しかし，地方自治体も財政難のな

かで，人件費の抑制が求められている。地方公務員の数は，2012年度には277万人となっており，1995年の328万人に比較すると15％減少している。正規職員のうち減少を補うために，非正規職員の数が増加している。このように厳しい財政状況や職員の削減，市町村合併による面積の拡大などを背景に，従来の行政サービスの水準を維持することも困難になってきている。

（c）人口減少と行政効率の低下

人口減少によって，行政サービスのあり方にも課題が発生している。これまでは人口増加・都市化のなかで人口集積度が高まることを前提に，規模の経済，分業のメリットを生かして，公共サービスの水準を高めることが可能だった。しかし，人口減少が進展するなかで，専門分野別に行政サービスを行うことが不効率になり，さらに専門人材の確保も困難になりつつある。

（4）地方の対応と新しい互助の仕組み

以上のように「公（行政）」，「民（市場）」，「共（地域・集落）」の機能低下のなかで，地域で暮らし続けることを可能にするための新たな互助の仕組みを考える必要がある。

政府は，地方の高齢化・人口減少による地域社会の疲弊，公共サービスの提供能力の低下に対応するために，内閣府に「まち・ひと・しごと創生本部」を設置して，国と地方自治体が協力して「定住自立圏構想」，「地方中核拠点都市」，「コンパクトシティ」を進めている。加えて，新たな互助の仕組みを模索している。

① 地域運営組織

地域内における意思決定やイベントなどの自治・共助活動，まちづくりなどの地域活動は，これまでは地縁組織（自治会・町内会）が中心になってきた。しかし，人口減少や高齢化，地縁組織への全国的な加入率の低下や，市町村合併の進展に伴う地域課題の多様化・広域化等により，地縁組織が従来の役割を果たすことが困難となっている。そこで，自治会・町内会の機能を補完し，地域で活動する市民団体やNPO法人といった機能的組織も参加し，地域を経営する視点に立って，地域住民自らが実行する地域経営型自治の在り方が「地域運

営組織」として模索されている。

② 社会保障制度の動き

地域運営組織は，地方における新たな生活支援サービスの担い手になる可能性がある。社会保障制度でもすでに社会福祉法が改正され，地域福祉に地域住民が参加することを推進することや社会福祉法人，社会福祉協議会の役割がより期待されている。さらに近年では，地域互助を「地域共生社会」という形で推進する動きが強まっている。

(a) 介護保険における地域事業

地域における社会保障制度の動きに目を転じると，介護保険制度で大きな改革があった。2014年の介護保険制度改革で，消費税財源を活用し，「在宅医療介護連携推進事業」，「認知症総合支援事業」，「地域ケア推進事業」，「生活支援体制整備事業」の４つの事業を新しく設けられた。そして「介護予防・日常生活支援等」事業を見直して，全国一律の予防給付（訪問介護，通所介護）と介護予防事業を再構成した「新しい介護予防・日用生活支援総合事業」を全市町村が実施することになった。そこでは，介護保険の一部の給付が保険からはずれ「地域事業」に再構成され，地域がその運営主体になる。こうした地域の取り組みを促進するために生活支援コーディネーターおよび協議体が設置されることになった。

(b) 「新たな時代に対応した福祉の提供ビジョン」

厚生労働省は2015年９月に「新たな時代に対応した福祉の提供ビジョン」を発表し，従来の高齢者・児童・障害者など対象者ごとに行ってきた支援の窓口を一本化し，対象者の状況に応じて包括的に相談・支援を行う準備を進めるとし，この体制を「全世代・全対象者型地域包括支援体制」と位置づけた。個人の抱える問題が，複数分野にオーバーラップし，あるいは家族内で複数の問題を抱えている場合など，これまでの福祉行政の構成では十分対応できなかった。そこでは，共生型のまちづくりという基本理念のもと，支援を必要とする人は時には支援を担う支え手にもなるとし，地域住民の参加を重視している。今後，進める仕組みは，１）多世代交流，２）多機能の福祉拠点の整備，３）関連する規制緩和の検討，４）包括的な相談，５）総合的な支援の提供，６）

総合的な人材の確保と開発，7）効果的で効率的なサービス提供のための生産性の向上など多岐にわたる。こうした動きは，「我が事丸ごと」あるいは「地域共生社会」というキーワードでまとめられ，地域住民が地域づくりを「我が事」とし，さらに「縦割り」を見直し，「丸ごと」に転換し，それに合わせたサービス，専門人材の育成を進めるとしている[6]。この考えは，2018年の介護・障害福祉の報酬改定，生活困窮者自立支援制度の見直しにも反映される。これら互助の仕組みに活用した改革は，社会福祉制度におけるパラダイム転換になる可能性もある。

（5）互助による生活支援への危惧
　地域住民による助け合いが拡大していくことについては，いくつかの批判もある。
　① 小さな政府を志向したものになる
　互助により「本来は政府で行うべき公共サービス」を地域，住民に押しつけるのではないか。現在の動きは，かつて日本型福祉として，家族内扶養で社会保障の代替をしようとした地域版に過ぎず，小さな政府論の一部である。
　② プライバシーの問題
　生活困窮者自立支援制度に代表されるように，顔の見える支援，寄り添い型支援は，地域福祉のなかでは匿名性のない支援になる。支援を受ける人のプライバシー，人権の面からも問題が多く，福祉国家以前の先祖返りにすぎない。

6）厚生労働省は，地域共生社会を必要とする理由について以下のようにまとめている。まず1）これまで我が国の公的な福祉サービスは，高齢者・障害者・子どもといった対象者ごとに，典型的と考えられるニーズに対して専門的なサービスを提供することで，福祉施策の充実・発展に寄与してきた。しかし，2）制度縦割りの問題を指摘しており，介護保険法，障害者総合支援法，子ども子育て支援新制度など，各制度の成熟化が進む一方で，人口減少，家族・地域社会の変容などにより，既存の縦割りのシステムには課題が生じている。さらに3）地域包括的な役割を期待した生活困窮者支援制度が，制度外の問題や複合課題を抱えている世帯やニーズの多様化・複雑化に対応できていないとしている。加えて地方圏・中山間地域の高齢化，過疎化と公共部門の人材不足もあげている。

③ 全国一律には対応できない

互助の仕組みは，地域コミュニティが存在する地域でしか期待できない。都市部のような地域コミュニティが存在しないような地域，集合住宅，マンションが多い地域では期待できないのではないか。

④ 現金給付が優先されるべき

見守り，買い物支援，病院の送迎などは別としても，生活困窮のような貧困・困窮の問題は，現金給付によって解消されるべきではないか。

岩田[7]は，「「地域福祉化」，「個別支援」の意味が実証的に再検討されるべき」であり，「支え合い」や「寄り添い型個別支援」は「見知った人びと」のなかでの人格的関係を基礎にした支援である。地域福祉と社会保障制度は「見知らぬ他人」の間の連帯，「匿名」連帯と異なる，と指摘している。19世紀の英国では，慈善組織協会（COS）が救貧法により国家の一律救済を批判して，慈善事業の組織化，近代化を目指したが，そこではケースの個別事情をよく調査し，援助に値する貧民と値しない貧民を区別していた。岩田は，この英国の慈善事業と「地域の支え合い」，「個別支援計画」の性格は近いのではないかと危惧しており，「支え合い」，「寄り添い型個別支援」は過度な私生活への介入，地域におけるケース会議による個人情報の一方的な共有の危険性があると指摘している。

岩田が指摘するように，互助の仕組みと社会保障・社会福祉制度との間には緊張関係がある。しかし，他方で，人口減少による公共部門，市場部門の撤退，不効率化，財政赤字による社会保障の給付抑制，さらに社会的排除，孤立，疎外といった人間関係によって深刻化している生活困窮・困難の問題を，定型化した支援や現金給付では対応できないのもまた事実である。今後も自助・公助・互助の最適な組み合わせを模索する必要がある。

7）岩田（2016）414－441頁。

第4章
社会保障の歴史

第1節　社会保障前史

　社会保障の歴史は古く，国家が個人の生活を支えるという意味で社会保障と類似した制度は，古代から存在していた。日本においても奈良時代の光明皇后の救貧施設が有名であった[1]。中世，ヨーロッパでは，ギルドが職業単位での助け合い組織の性質をもち，基金を出しあって仲間内での埋葬，医療費をまかない，のちの社会保険の原型となった。イギリスでは互助組織として友愛会などが重要な役割を果たした。

第2節　近代社会保障制度

（1）エリザベス救貧法（旧救貧法）
　近代社会保障制度の成立は，1601年のイギリスにおけるエリザベス救貧法

1）日本の社会保障制度の歴史については，百瀬（1997）参照。最古の規定は9世紀の律令解説集である「令義解」において，救済法令として鰥寡条で貧窮者救済の規定がある。

から始まる[2]。この背景には，囲い込み運動などの経済構造，農業技術の変化がある。農地を失った農民は，貧困者や浮浪者としてロンドンに流入した。救貧法は，その救済や就労の強制，整理を目的としたものであった。その後，1795年には，物価変動型の給付を行う救貧事業となるスピーナムランド制度が成立した。しかし，寛大な給付が就業意欲を減退させるといった批判が発生し，1834年には新救貧法が成立した。他方，産業革命が進むなか，労働者の発生とその環境整備のために，1802年には労働者保護法として工場法が成立した。

1834年に成立した新救貧法により，救貧院，懲治院における救貧，劣等処遇の原則が確立し，働く能力がある貧困者を給付対象からはずすなど，貧困は個人の責任とされていた。

19世紀には，宗教団体や民間篤志家による慈善事業が活発化し，慈善事業のネットワーク化をすすめる慈善組織化運動が進められた。そして，ブースやラウントリーによる貧困者の生活実態を明らかにする調査が実施され，社会の問題として国家が貧困問題に対処すべきであるという考え方が広まった。

(2) 社会保障の成立

ドイツでは統一に成功したビスマルクが，以前から存在した職域単位の互助組織ギルドを法制化する形で，1883年に社会保険制度をスタートさせた。こうした動きは他のヨーロッパ諸国にも影響を与えた。イギリスは1908年に国民保険法を発足させ，スウェーデンも1913年に国民年金を発足させた。

第一次世界大戦を経て，1929年の世界恐慌を経験したアメリカでは，1935年に社会保障法をスタートさせ，さらに1938年，ニュージーランドが世界ではじめて包括的な社会保障制度を確立させた。

第二次世界大戦後，欧米諸国の福祉国家の考えの基礎となったのが，イギリスのベヴァリッジ報告（1942年）である。ベヴァリッジ報告は5つの巨悪（貧

---

2) これ以前にも救貧の制度は存在した。たとえば，英国（1547－1553年のエドワード6世統治下の法律）の扱いは残忍なものであり，浮浪者・怠惰なものは，彼を告発したものの奴隷とされ，逃亡すれば額や背中にSの字を烙印され，3回逃亡すれば死刑に処された。坂寄（1974）。

困,疾病,無知,不潔,怠惰)を克服することを目標に掲げた。そのために職域や地域を問わない全国民による均一の保険料拠出・均一の給付という社会保険を社会保障の主要手段として,国民扶助(生活保護)と任意保険を補助的手段とする旨を提唱している。ベヴァリッジ報告の多くは,第二次世界大戦後,労働党政権によって政策として実現された。1950年のILO報告『社会保障への道』も福祉国家への具体的な指針を打ち出した。

第3節　日本の社会保障の歴史

本節では,近代化以降の日本における社会保障制度の歴史について説明する[3]。

(1) 戦前の社会保障

明治維新後の近代国家になってから,政府による最初の社会保障に関する規定は,1874年の恤救規則(じゅっきゅうきそく)である。太政官達として,府県に示された行政機関内部の通達であった。これは一種の公的扶助であり,対象者は障害者,70歳以上の老人,病人,児童などの貧困者で,給付内容は米一定量(0.9リットル)に相当する現金給付を受けるものであった。恤救規則の前提としては,地域共同体による隣保相扶,親族相互扶助などの私的扶養が優先されていた。受給者は多くても1万8,000人程度であったとされている[4]。1908年までは国費が財源であり,1909年から府県費が財源となった[5]。

恤救規則以降,何度か本格的な公的扶助制度の導入が検討されたが,実現されず,ようやく1929年に救護法が制定された。この背景には大正期の社会的な変動,治安の乱れがあり,同法は治安維持的性格ももっていた。救護法の内容は,貧困による生活不能者のうち,65歳以上の老衰者,13歳以下の幼児,

---

3) 日本の社会保障制度の歴史については,百瀬(1997)参照。最古の規定は「令義解」による救済法令として鰥寡条で貧窮者救済を規定している。
4) 百瀬(1997)19頁。
5) 1889年に米価危機に対応するために,進歩的な窮民救助法案が提出された。

妊産婦，不具疾病，疾病，傷痍，その他精神，身体の障害により労働不能の者に対して，市町村が主体となって，生活扶助・医療・助産・生業扶助の4種類の給付を，居宅・施設で行うというものであり，受給者は選挙権・被選挙権を失った。この財源は，市町村の負担が中心で，国が2分の1，府県が4分の1以内の費用を負担した。制度としては，初めて市町村の扶養義務を定め，救護のための委員（方面委員）が設置された。

一方，医療保障は，三菱造船所，鐘紡などの企業内の共済組合が社会保障制度に先行して医療給付事業を行ったが，健康保険法（1927年）が施行され，被用者に対する医療保険がスタートした。

（2）戦時体制下での社会保障

戦時体制に突入すると，あらゆる社会・経済システムは戦争遂行のために組みなおされることになった。軍人・官吏において先行して普及した年金制度も，国民が，戦争関連の業務や軍事産業に全面的に協力できるように，船員保険法（1939年），労働者年金保険法（1941年），厚生年金保険法（1944年）の順で整備されていった。医療保険も兵力確保のため，国民の健康水準を高める必要があり，国民健康保険制度（1938年）という形で適用範囲を拡大した[6]。戦時体制中に確立した出来高報酬，保険医制度といったシステムは，今日の医療保険制度の原型となった。その他，疾病予防，栄養改善，地域住民の健康相談のために保健所が設置された（1937年保健所法）。社会福祉の分野でも統制が強化され，戦時下の生活不安を緩和するため，それまで個人の篤志家の創意で行っていた社会事業に規制と助成を行った[7]（1938年社会事業法）。

（3）戦後の社会保障

① 戦後の復興（終戦から1950年代）

日本にとって，戦争の損害は甚大であり，終戦直後の国民所得は10年前の半分程度になった。一方，復員，引揚者は，約500万人にものぼり，失業，イ

---

6) 1940年に形式的にはほぼ皆保険といえる状態となった。
7) 補助金と土地建物に対する税制上の優遇措置，地方長官の許可権の強化が行われた。

図表4−1 「社会保障制度に関する勧告」の内容

給付の対象	疾病・負傷・分娩・廃疾・死亡・老齢・失業・多子そのほか
機　能	保険方式または直接公の負担において経済保障
水　準	生活困窮者に対しては，最低限度の生活保障 健康と文化的な生活水準を維持する程度のもの
目　的	すべての国民が文化的社会の成員たるに値する生活を営むよう 公衆衛生・社会福祉の向上
主　体	国家　政府　公共団体
理　念	国民は社会連帯の精神に立って 効率的公平　機会均等　民主的
国民の負担	能力に応じて　制度の維持と運用に必要な社会的義務を果たす

ンフレと食料危機に直面した。この時期，社会保障分野で緊急対策として求められたのは生活援護施策で，劣悪な食料事情や衛生環境に対応した栄養改善とコレラ等の伝染病予防が最優先分野であった。また，新しく制定された日本国憲法[8]に基づき，各分野における施策展開の基礎となる基本法の制定や体制整備が進められていった。

　1947年には，戦災孤児や浮浪児への対策を契機として児童福祉法が制定され，1949年には戦争による傷痍者への対策を契機として身体障害者福祉法が制定され，1950年には，新生活保護法[9]が設定され，福祉三法体制が成立した。この他，1947年には失業保険法，労働者災害補償保険法が，1951年には，社会福祉事業法が制定された。これら社会保障制度の整備にあたっては，GHQ（連合国軍最高司令官総司令部）の強力な指導もあった[10]。

　また，社会保障制度の設計にあたっては，総理府に設置されている社会保障制度審議会による「社会保障制度に関する勧告」(1950年，図表4−1) が，基

---

8) 憲法第25条で，国民は「健康で文化的な最低限度の生活を営む権利」（生存権）を有し，国は「全ての生活部面について，社会福祉，社会保障及び公衆衛生の向上及び増進に努めなければならない」ことが明記されている。
9) 1946年成立の旧生活保護法を改正した。旧生活保護法は，私的扶養の思想を受け継ぐ側面が強かった。
10) 生活保護制度の三原則はGHQの指示に基づくものであった。公的扶助における原則（国家責任，公私責任の明確な分離，無差別平等の保護，支給額は必要十分）が確立した。

本的指針となった[11]。

② 高度成長期と皆保険，皆年金体制の確立（1960年代）

1950年代に入ると朝鮮戦争特需などにより，日本経済は急速に復興した。1955年に始まった大型景気により，本格的な経済成長過程に入り，国民の生活水準も向上し，1974年までの約20年間に，年平均9.2％の実質経済成長率を達成した。1956年，前年の国民総生産（GNP）が戦前のピークを越え，経済規模も世界第2位となった。こうした経済成長とともに，社会保障制度は拡充された。

1950年代中頃は，農業，自営業や零細企業従業員など国民の約3分の1の約3,000万人が医療保険の適用を受けない無保険者であり，傷病になると収入の減少や医療費支払いの増加により生活保護の対象となることが多かった。こうした人々に医療保険による保障を行うため，被用者保険に加入していない自営業者や農業従事者等はすべて国民健康保険に加入することを義務づける国民健康保険法が1958年に制定され，国民皆保険体制が確立された。

一方，年金制度については，戦後，封建的な家族主義や相続制度が改められ，扶養意識が大きく変わる状況下で，自営業者や農業者などの被用者年金の対象とならない人々は老後の生活設計に大きな不安を抱いた。こうした人々の老後の所得保障のために1959年には国民年金法が制定され，所得保障の分野でも国民皆年金体制が確立され，1961年4月から全面施行された。「国民皆保険・皆年金」の成立によって，公的扶助中心から，被保険者が自ら保険料を支払うことによって疾病や老齢等の危険（リスク）に備える，社会保険中心へと社会保障の中心原理も移ることになった[12]。

また，社会福祉において，世界で初めての体系的な老人関係法といわれた老人福祉法（1963年）や1960年の精神薄弱福祉法，1964年の母子福祉法が制定され，福祉関係の主要な法制度が整備され，「福祉六法」[13] 体制が確立した。

---

11) 「国家が（略）国民の自主的責任の観念を害することがあってはならない。その意味においては，社会保障の中心を成す者はみずからをしてそれに必要な経費を拠出せしめるところの社会保険制度でなければならない」と，社会保険中心主義を提唱している。

12) 社会保障制度審議会1962年勧告。

1971年に児童手当法が制定され，現在の社会保障制度の体系がほぼ整った。

③　石油危機（オイルショック）と社会保障の転換期（1970, 80年代）

日本経済は1970年代に入っても，引き続き高い経済成長を記録した。1973年には，老人医療費支給制度の創設により，70歳以上の高齢者の医療費の自己負担が無料とされた。医療保険制度では，健康保険の被扶養者への給付率の引き上げや高額療養費制度の導入がなされた。年金保険制度では，給付水準の大幅引き上げと物価スライドおよび賃金スライド制の導入等，大幅な制度拡充が行われ，「福祉元年」と呼ばれた。しかし，1973年の秋に，石油危機（オイルショック）が勃発すると，日本経済は急激なインフレと景気後退，マイナス成長が発生するというスタグフレーションを経験し，高度経済成長は終了した。

このような急激な経済変動に対して，年金や医療保険の診療報酬，生活保護制度の生活扶助費などの給付水準をインフレにあわせて引き上げた。たとえば，1974年度の診療報酬改定では36％の引き上げ，生活扶助基準では20％引き上げ等の高率の改定が行われた。その結果，社会保障給付費が急増した。

財政支出の増大の一方，不況により財政収入の伸びは鈍化し，さらに内需拡大のための財政支出の拡大が必要になった。財政赤字が拡大し，1975年において初めて特例公債が発行され，1979年度予算では，国債依存度が約40％となった。

80年代に入ると，「財政再建」が財政運営の目標となり，同時に老人医療費支給制度や医療保険制度などを中心に，社会保障見直しも重要な政策テーマとなった。ここに，戦後，拡張され続けた社会保障制度は大きな転換期を迎えることになった。

社会保障の転換期を決定づけるもっとも重要な改革は，老人保健制度の創設である。壮年期（40歳）からの健康づくりと，老人医療費の公平な負担を図ることを目的として，1982年に老人保健制度が創設され，老人医療費に対して患者本人の一部負担と，老人医療に要する費用について医療保険各制度の保険

13）「福祉六法」とは，生活保護法，児童福祉法，身体障害者福祉法，老人福祉法，知的障害者福祉法，母子及び寡婦福祉法をいう。

者が共同で拠出する新しい負担方式が導入された。また，1984年には，健康保険法が改正され，被用者保険本人に対する10割給付を見直し，定率1割負担を導入した。さらに退職者が国民健康保険の加入者となるため給付水準が低下することや，退職者の医療費の負担を国民健康保険加入者が負担するという不合理を改善する観点から，退職者医療制度が導入された。

年金制度においては，1985年に，制度間における給付と負担の両面での公平性の確保や，年金制度の安定的運営のため，全国民共通の基礎年金制度を導入するという大改正が行われた。従来の厚生年金等の被用者年金は，基礎年金の上乗せ給付（二階部分）として位置づけられることになった。また，世代間の給付と負担の公平性を図る観点から厚生年金の給付水準が抑制され，一方で，専業主婦を主な対象とした国民年金第3号被保険者制度が導入され，女性の年金権の確立も行われた。

④　90年代以降　失われた10年と本格的な高齢社会への対応

1980年代後半からの地価・株価の騰貴を伴うバブル経済の発生により景気拡大を享受した日本経済も，その後のバブル崩壊によって，1991年度から98年度までの実質経済成長率は平均1.2％の低水準となった。特に，1997年度は，オイルショック後の1974年度以来23年ぶりにマイナス成長（−0.4％）を記録し，1998年度もマイナス成長（−1.9％）となり，「失われた10年」と呼ばれるようになる。この間の賃金の伸び率や企業の収益率は低い水準にとどまり，社会保障制度の負担面が以前よりも強く意識されるようになった。国の財政も，税収の落ち込みや一連の経済対策等の実施から公債に過度に依存する体質となった。

一方，合計特殊出生率は1989年には1.57人と，それまで戦後の最低値であった1966年（ひのえうま）の1.58人を下回る戦後の最低値を記録し，出生率の急激な低下によって高齢社会への対応が認識されるようになった。合計特殊出生率はその後も低下を続け，2005年には1.26まで低下し，「人口減少社会」の到来は不可避になった。

本格的な高齢化社会を前にして社会保障の再構築の必要性が認識され，1994年には，「21世紀福祉ビジョン」が発表され，年金・医療中心から介護の比重

を拡大する方向性が示された。さらに社会保障制度審議会は，1995年7月に社会保障体制の再構築に関する勧告を行った。

高齢者の保健福祉分野のサービス基盤の拡充が急務となり，1989年12月に高齢者保健福祉推進十か年戦略（ゴールドプラン）が策定され，在宅福祉サービスや施設サービスの具体的な目標値を掲げて，1990年度から99年度までの10年間に計画的に整備が進められていくこととなった。さらに，1991年には，老人福祉法等福祉関係8法の改正が行われ，社会福祉の措置権限の分権化，市町村を中心とした福祉行政の展開や，地方行政における計画的な老人保健福祉の基盤整備の推進が図られた。ゴールドプランは1994年度に目標値の引き上げ等の計画の見直しが行われ，1995年度から新ゴールドプランが実施された。そして，介護が必要な高齢者等の介護を社会全体で支え，利用者本位の介護サービスを提供し，多様なサービス供給主体の参入によるサービスの質的向上のため，1997年12月に介護保険法が制定され，2000年度からスタートした。

また，児童福祉分野ではエンゼルプラン，障害者福祉分野では障害者プランが策定され，目標値を設定して，計画的かつ重点的に予算を投入しながら基盤整備を図っていくこととなった。措置制度の見直し，利用者の選択を尊重した利用者本位の利用方式という考え方は，1997年の児童福祉法の改正による保育所入所方式の変更が行われ，2000年の社会福祉基礎構造改革へとつながった。

⑤　2000年代に入ってからの社会保障制度改革の動向

（a）小泉政権による年金，介護，医療改革

21世紀に入ると，人口の多い団塊の世代の退職が近づき，本格的な高齢社会が現実のものとなった。そこで，小泉政権は，2004年年金改革，2005年介護保険改革，2006年医療保険改革を実施し，大きな社会保障制度改革は一段落した。この際には，基礎年金，後期高齢者医療制度，介護保険といった高齢者向け社会保障制度の財源の半分は公費で，残り半分を保険料・拠出金でまかなうことで統一されることになった。

また，2007年度は，就業形態の多様化，非正規労働者の増加に対応するため，労働関係の法律も多く改正された。

これらの改革で，社会保障制度改革が終了したわけではなく，解消されていない少子高齢化問題，非正規労働者の増加とそれに伴う格差・貧困の拡大，社会保険の空洞化問題など新たな課題も多い。

さらに2008年にはリーマンショックが発生し，派遣切りの問題が社会化し，ワーキングプアの問題も注目されるようになった。

こうしたなか，政府は中長期的な社会保障制度のあるべき姿について，2008年に社会保障国民会議，2009年に安心社会実現会議などで社会保障改革が議論された。

(b) 年金記録問題と社会保障制度の情報化

このころに年金記録問題が発生した。社会保険庁による福祉事業の失敗，組織スキャンダルといった年金にかかる不祥事が相次ぐなか，年金記録の不完全と，約5,000万件もの年金記録が宙に浮いている可能性が明らかになった。本来は，年金記録は，基礎年金番号で統一されて個人別に管理されるべきであるが，実際には各個人のデータが統一されず，年金手帳単位，加入者単位で記録されている状態となっているのが多数あることがわかった。基礎年金番号が導入された1997年以前は，国民年金，厚生年金，共済年金，船員保険という年金制度別に，あるいは厚生年金内でも，転職のたびに年金手帳が発給されていた。このため，1冊年金手帳をもつと新たに加入者になるため，1人でいくつもの加入者になる。もし1人で5冊の年金手帳をもっていれば，1人の加入者が5人にカウントされ，加入記録がばらばらになる。受給者は個人単位であるため，加入者単位の記録の管理のままだと，受給申請時に，個人がすべての年金手帳分を申請しないと，受給漏れが発生する。社会保険庁は，この問題が明らかになる以前から，加入者単位から個人単位で記録を把握するために，基礎年金番号を導入した。基礎年金番号導入時の97年時点で，基礎年金番号は1億件，すなわち個人は1億人であったが，年金手帳は3億件あり，加入者1人当たり，平均3冊程度の年金手帳をもっていた。社会保険庁は基礎年金番号を通知する際に，複数の手帳をもっている人は統合し，記録を確認するよう国民に求めたが，必ずしも直接，個々人に確認したわけではなく，完全な記録の統合はできなかった。最終的には，受給時点で記録が統合できればよかったが，

受給が開始してもつながらない人，つまり65歳以上の人の分2,800万件の年金記録が宙に浮いた。記録がつながらなかった原因は，コンピューターに保存されたデータが不完全であったことも重要である。その後，統合作業を行ったが，記録の不備や台帳の消滅などにより，加入者の特定がきわめて困難になっている。

こうした年金記録や受給漏れの問題を再発させないためにも，政府・年金基金と国民の間で，年金記録情報を共有し，双方向での記録や受給権の確認をするシステムの構築が不可欠である。こうした社会保障制度の情報化は，年金だけにとどまらず，医療，介護においても必要である。今日のように，高齢者が増加し，制度が複雑になり，社会保障給付が増え，さらに転居・転職などにより情報把握，諸通知が難しくなるなかで，効率的な社会保障制度運営のためには，ITの活用は不可欠であり，福祉国家の情報化を推進する必要がでてきた。

政府は，徴税，行政サービス，社会保障給付を効率化するという観点から個人番号カード（マイナンバー）を2016年に導入した。

（4）社会保障・税一体改革と2025年以後の社会保障制度

日本の人口構造には，戦後，1940年代半ばに生まれたベビーブーマー世代，いわゆる団塊世代とその子ども世代である1970年代に生まれた団塊ジュニア世代という大きな人口のこぶがある。そのうち団塊世代は2025年には75歳に到達し，医療，介護，年金といった高齢者向け支出が急増することが予測された。2025年には社会保障給付費は150兆円に達すると見込まれ，対応が急がれることになった。

2009年9月から2012年12月まで続いた民主党政権は「現在の世代が受ける社会保障は現在の世代が負担する」という基本方針のもと，社会保障制度の「充実」，「安定化」と財政の健全化のために，消費税を「社会保障目的税」と位置づけた社会保障・税一体改革（「一体改革」）を行った。これにより，高齢化によって増加する社会保障給付費の一部を消費税でまかなう財政システムになった。2012年12月の政権交代後も，自民・公明政権は「一体改革」を引き継ぎ，2014年4月から消費税を8％に引き上げた。しかし，その後の追加2％

の消費税引き上げは先延ばししており，社会保障・税一体改革は途中停止している状態である。

社会保障・税一体改革によって決められた消費税の使途のうち「安定化」の内訳は，高齢化に伴う増加への対応（7兆円），基礎年金国庫負担1／2分（2.9兆円），消費税増税対応（0.8兆円）である。さらに「社会保障の充実」の2.7兆円の内訳は，「子ども・子育て」0.7兆円，「医療・介護等」1.6兆円，「年金」0.6兆円となっている。

ただし，2017年の総選挙により，政府は追加2％の消費税の使途を就学前児童や次世代育成のために使うとし，消費税の使途が見直されることになっている。

2000年代前半は，2000年介護保険制度，2004年年金改革，2006年後期高齢者医療制度導入という大がかりな改革が行われてきた。しかし，これらの改革は，財政制約もあり未完成な部分も少なくなかった。すなわち基礎年金，後期高齢者医療制度，介護保険の費用の半分を公費負担に求める設計でありながら，長期にわたり財源として期待した消費税の増税の目処が立たず，不安定な財政状況のまま財政赤字が累積していった。こうした不安定な財政の問題を解決し，2000年代の一連の社会保障改革を完成させたのが，2009年9月に自民党に代わって政権についた民主党が着手した「一体改革」であり，さらに2012年に政権に返り咲いた自公政権である。一体改革により，社会保障の財源問題や被用者年金の一元化など，2000年代前半からの社会保障改革で取り残されていた当面の課題は解消する見込みが立つかに思われたが，再三の消費税の引き上げ先送りと使途の見直しで，2025年までの社会保障制度の財政問題が解消されたわけではない。

「一体改革」は，現行制度の基本的な枠組みは変えないで，本格的な高齢社会を直前に，国の税収の絶対量の不足を補い，国の借金の本体が加速度的に増え続ける状態を緩和するという点で，必要最小限度の応急処置的な改革にすぎなかった。

高齢化社会は2025年以降がより深刻になる。2025年以降も持続でき，若い世代が信頼できる社会保障制度を確立しなければいけない時期に入っている。

第5章
社会保障費の動向

 2015年度の社会保障費は約114.9兆円であり，対国内総生産（GDP）比は22.4％となっている。今後，急速な人口高齢化によって，社会保障費はいっそう増加していくことが予想されており，その財源をどのように確保するかが重要になる。

 また，日本の社会保険は職域，地域別に分立しているため，産業構造・就業構造・人口構造の変動には脆弱であり，こうした変化に対応するために複雑な財政調整メカニズムが組み込まれている。本章は，社会保障全体の費用，財源，およびその流れを理解することを目的とする。

第1節　社会保障費

（1）2015年度の社会保障費[1]

 図表5－1は，2015年度の社会保障費（社会保障給付費）を示している。社会保障費総額は，約114.9兆円，1人当たり90.4万円であり，対GDP比は

1）国立社会保障・人口問題研究所では，OECD基準の集計を「社会支出」，ILO基準の集計を「社会保障給付費」としているが，本章では，社会保障費と総称する。

図表5-1　2015年度の社会保障費

	2014年度	2015年度	対前年度比 増加分	対前年度比 伸び率
			(億円)	(%)
	(億円)	(億円)		
社会保障費	1,165,175	1,192,254	27,079	2.3
		(%)	(%ポイント)	(%)
対国内総生産比	21.66	21.58	−0.08	−0.36
対国民所得比	29.65	29.57	−0.08	−0.27
		(千円)	(千円)	(%)
一人当たり	881.6	903.7	22.2	2.5
一世帯当り	2,193.5	2,246.9	53.4	2.4

注：1世帯当たり社会支出＝平均世帯人員×1人当たり社会支出によって算出した。1世帯当たり社会保障給付費も同様の方法による。
資料：人口は，総務省統計局「人口推計－平成27年10月1日現在」，平均世帯人員数は，厚生労働省「平成27年国民生活基礎調査」による。国内総生産および国民所得は，内閣府「平成27年度国民経済計算年報」による。
出典：国立社会保障・人口問題研究所（2017）『平成27年度社会保障費用統計』。

21.58％，前年度増加分は−0.08％となっている。

図表5-2は，社会保障費の国際比較を示している。図表5-2の日本の右のパネルから，社会保障費の対GDP比を見ると，2013年度時点でイギリスとおよそ同水準にあり，アメリカよりは大きいが，スウェーデンやフランス・ドイツなど大陸ヨーロッパ諸国に比べると小さくなっている。また，図表5-2の日本の左のパネルを見ると，2015年度の日本の社会保障費は「高齢」の占める割合が約5割と大きい一方で，「家族」の割合が小さいことがわかる。「高齢」に次いで大きいのは「保健」であり，2つ合わせると全体の8割を超えていることから，これらが全体の伸びを牽引している。

（2）社会保障費の推移

図表5-3は，社会保障費の推移を示している。1950年代から1960年代後半までの高度経済成長期に，社会保障費は年平均20％近い伸びで増大し，その規模は1955年の3,893億円から，国民皆保険が達成された1961年には7,900

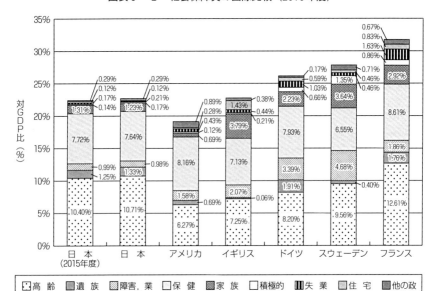

図表5－2　社会保障費の国際比較（2013年度）

出典：国立社会保障・人口問題研究所（2017）『平成27年度社会保障費用統計』。

億円，1972年には4兆9,845億円と17年間で約13倍となった。

　さらに1973年以降は「福祉元年」における給付改善，第1次石油危機を契機としたインフレに対応するため，物価スライドによって年金給付水準を大幅に引き上げたこと等により，社会保障費が着実に増大した一方，経済成長が低迷したため1970年代中頃にかけて，社会保障費の伸びはGDPの伸びを上回った。その結果，社会保障費の対GDP比は，1973年の5.36％から1982年の10.90％へと急激に増加した。

　その後，1980年代から1991年頃までは，社会保障費の伸びはGDPの伸びとほぼ同じ程度に抑えられた。これは1983年に創設された老人保健制度により老人にも一部負担を求めたことや，1984年の健康保険本人1割負担の導入等により，医療費の増加の抑制に成功したためである。しかしながら，1992年以来のバブル経済の崩壊によりGDPの成長が鈍化し，社会保障費の対GDP比

図表5-3　社会保障費の推移（1950～2015年度）

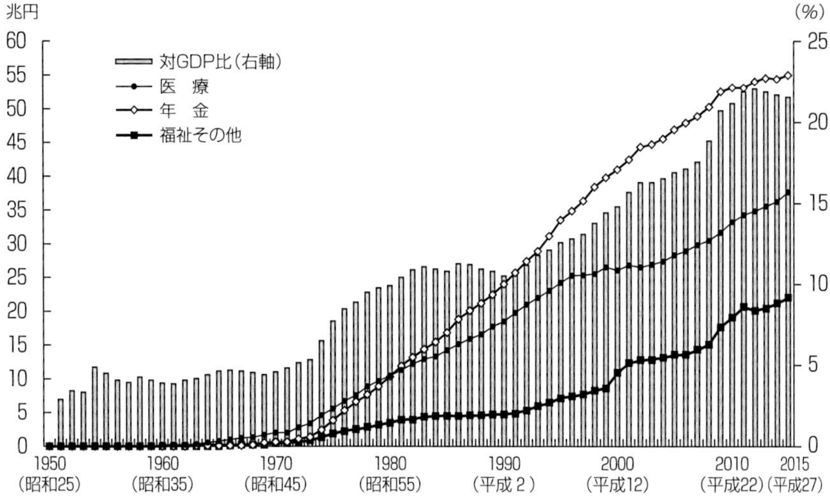

注1：1950～1963年度まで，「福祉その他」は「年金」の内数となっている。
注2：対GDP比は1951年度から集計されている。
出典：国立社会保障・人口問題研究所（2017）『平成27年度社会保障費用統計』。

は上昇傾向にあった。

　2000年には介護保険制度が導入され，高齢化率が高まるにつれて，1人当たり医療費や介護費の伸び率が大きくなり，社会保障費を押し上げる要因となった。しかしながら，2010年代中頃からは年金の特例水準解消に伴う給付額の引き下げや，介護報酬のマイナス改定があったこと，GDPの伸びが大きかったことが影響して，対GDP比はわずかに下落している。

第2節　社会保障の財源

（1）社会保障の効率性と公平性

　社会保障制度は給付と負担において，資源配分機能と所得再分配機能をもつ。負担面である財源政策の妥当性は，所得再分配については公平性（公正性）が価値基準に，資源配分機能については効率性が価値基準になる（図表5-4）。

図表5－4　資源配分と所得再分配

	資源配分（効率性基準）	所得再分配（公平性基準）
目標	パレート最適	垂直的公平性・水平的公平性
評価尺度	経済成長率	ジニ係数・貧困率

　費用負担は資源配分，所得再分配に影響を与えるが，その効果が望ましいか判断する必要がある。一方，資源配分への効果については，効率性の基準としてパレート最適という概念がある。

　公平性の基準は，客観的な概念が確立されている効率性と異なり，評価する立場によって異なる。しかしながら，垂直的公平性と水平的公平性については広く受け入れられてきた基準である。

（2）垂直的公平性と水平的公平性

　社会保障の財源の1つは租税であり，負担の公平性について，垂直的公平性と水平的公平性の考え方がある。また，社会保険料の体系についても垂直的，水平的公平性の考え方は重要である。

① 垂直的公平性

　経済力の異なるものに社会保障の費用負担を求める場合，垂直的公平性が重要になる。垂直的公平性の考え方は，負担能力の高いものほど重い負担をし，所得階層間での所得の格差を縮小すべきであるという考えである。累進性のある所得税は垂直的公平性を改善する。

② 水平的公平性

　水平的公平性とは，同一経済状態にあるものの負担は同一にすべきであるという考え方である。年齢，職業や地域にかかわらず，同じ所得水準のものは同じ負担をするという原則になる。しかし，こうした税における水平的公平性の原則も，各種控除や所得の種類によって税制上の取り扱いが異なるため，現実には貫徹されていない。税における水平的公平性のもっとも重要な問題は，クロヨン，あるいはトーゴーサンといわれる職種間の所得捕捉格差である。これは，給与所得は源泉徴収によって9～10割が捕捉されるのに対し，事業所得，

農業所得は申告納税のため，それぞれ5～6割，3～4割しか課税されていないという見方もある。捕捉率の格差によって，同じ所得にもかかわらず，実際の税負担が異なる。

（3）応能負担と応益負担

　負担の公平性について，能力に応じた負担をするという考えと，受ける利益に応じて負担するという考えがある。能力に応じて負担する方法を応能負担といい，受益に応じて負担する方法を応益負担という。公平性の問題と同様に，こうした応能，応益負担については社会保険でも重要である。

　所得に応じて保険料を徴収し，必要に応じて，あるいは一律の保険給付を行えば，垂直的所得再分配効果は大きい。例えば，被用者を対象にした健康保険では，同等の給付内容に対して所得比例の保険料を徴収しているため，垂直的再分配効果は大きい。一方，厚生年金の報酬比例部分は，拠出と給付が一定の対応関係であるため，現役時代の賃金格差を縮小するように設計されているものの，垂直的公平性を改善する効果はそれほど大きくない。

　社会保険は拠出に応じて給付が決定する。このため，受益に応じて負担する応益負担原理を基礎に，一部，応能負担原理で修正することによって垂直的公平性を改善しようとしている（給付・反対給付均等の原則の修正）。応益・応能負担原理の組み合わせは，各社会保険によって異なる。たとえば被用者健康保険は，利用者となる扶養者数などに関係なく標準報酬に応じて負担をする点から，応能負担原理が中心となっている。一方，国民健康保険は，応能負担と応益負担が組み合わされている。世帯割・人数割という利用者数（応益）に応じた負担と，資産割・所得割といった経済能力に応じた負担が組み合わされている。

　以上，社会保険には給付・反対給付均等の原則があるため，給付面を考慮に入れると，応能負担によって必ずしも所得の集中度を示す尺度であるジニ係数が改善するとは限らない。

（4）財源調達方法

　社会保障の財源は，被保険者および事業主が負担する社会保険料，国および

地方による公費負担，積立金等による資産収入，他制度からの移転，受益者負担によって構成されている。

① 社会保険料

社会保険料は，被保険者および事業主によって拠出される。社会保険方式のメリットは，①給付の引き上げが負担の引き上げにフィードバックし，給付の無責任な増大に規律を与える，②拠出に応じて受給する権利が発生するため，ミーンズテストを伴わない，③自主的な財源確保により，他の政策との競合を回避できる，④被保険者が保険運営に参加できる，⑤被用者保険では，賃金の上昇に応じて財源を拡大でき，かつ保険料徴収コストが低い，⑥保険料は給付との対応が明確で被保険者の拠出意欲が租税に比較して高い等である。

社会保険は私的保険と同様に，偶発的なリスクの分散・収支均等という保険性と，強制保険，給付・拠出面での再分配，応能負担という垂直的再分配機能，あるいは扶養性をもつ。このため，私的保険のような保険給付額と保険事故発生率の積である期待給付額と保険料の間に等価性は成立しない。

一方，社会保険の限界は，①賃金を賦課対象にする被用者保険の場合，賦課ベースが狭く，賦課上限が低いと逆進的となり，また負担が現役世代に集中する，②非被用者にとっては，定額の社会保険料が逆進的となる，③非被用者からの徴収が事実上自主納付であるため，未納が発生する，④社会的ニーズへの対応力が柔軟ではない，⑤累進性でなく，所得再分配効果は小さいといった問題がある。

② 国および地方の公費負担

公費の財源は主に租税である。社会保障の一部を租税でまかなう根拠は，①政府が生存権の保障をしており，困窮者に対する最低生活保障は政府の責任であること，②再分配効果を高めるためには累進税が有効であること，③個人では対応できない社会的リスクのカバーなどがある。一方，租税を財源とすることには，①給付と負担の関係が不明確になり，財政の規律が失われる，②公費負担による給付は受給要件として資力調査（ミーンズテスト）を伴い，行政の恣意的介入を受けやすい，③他の政策との競合が生まれ財源の安定性が確保できない，などの問題点もある。日本では，社会保険への公費負担は，分立した社

会保険の給付格差を縮小させるためスタートしたが，その後，保険料引き上げが事実上不可能な財政基盤の弱さを補うために順次拡大していった経緯がある。

2000年代後半頃から，国と地方が拠出して都道府県に基金を造成し，数年ごとに積み増しもしながら事業を実施する，基金事業が増えてきた。この背景には，医療・介護・保育などの供給体制整備を，単年度会計で実施するのではなく，中期的な計画を策定し実施する事業が多くなったことがある。

③ 資産収入

資産収入は，積立金の運用益，利子・利息，配当金などである。特に，運用益は年金において重要であり，収入と支出の差額が積立金となり，金融市場で運用されている。

④ 制度間移転

社会保険は，各保険者の財政不均衡や費用負担の不公平を是正し，安定的な財政運営を図るため，制度間での財政移転を行っている。制度間移転は，制度発展の歴史と密接な関連をもっている。社会保険は，職域別や地域別に分立して運営されていたが，実体経済（産業構造の転換，地域間の人口構造の違い，保険者間の所得格差など）の変化や社会の動きに対応するため，制度間移転の仕組みが導入された。

⑤ 受益者負担（自己負担または窓口負担）

現物給付の社会保険（医療保険，介護保険等）や社会福祉サービスを受給する際には，一般的に受益者負担が求められる。受益者負担には，サービス費用の一定割合を負担させる定率負担，サービス費用にかかわらず一定額を負担する定額負担，サービス利用者の負担能力に応じて負担する応能負担などがある。社会保険における受益者負担は原則，定率または定額であり，応能負担は例外的である。一方，福祉サービスは応能負担が通常である。受益者負担の効果は，①サービスの濫用を抑制する，②受益者と非受益者の公平を図る，③サービス給付の財源確保が期待されるなどである。

(5) 社会保障の財源および予算の推移

図表5－5によると，2015年度の社会保障財源総額は，約123兆円である。

社会保険料は，被保険者拠出が約35兆円，事業主拠出が約32兆円であり，全体に占める割合はそれぞれ28.7％，25.6％である。公費負担は国が約32兆円，地方が約14兆円であり，全体に占める割合は26.3％と11.1％である。

図表5－6は，社会保障財源の推移を示している。社会保険料は，2000年代前半までは被保険者拠出と事業主拠出が同程度であったが，高齢化によって

図表5－5　2015年度の社会保障財源

社会保障財源	2014年度	2015年度	対前年度比 増加額	対前年度比 伸び率
	億円	億円	億円	％
計	1,372,466 (100.0)	1,232,383 (100.0)	△140,084	△10.2
社会保険料	651,513 (47.5)	669,240 (54.3)	17,727	2.7
被保険者拠出	342,827 (25.0)	353,727 (28.7)	10,900	3.2
事業主拠出	308,687 (22.5)	315,514 (25.6)	6,827	2.2
公費負担	450,072 (32.8)	461,379 (37.4)	11,308	2.5
国庫負担	319,730 (23.3)	324,423 (26.3)	4,692	1.5
他の公費負担	130,341 (9.5)	136,957 (11.1)	6,616	5.1
他の収入	270,881 (19.7)	101,763 (8.3)	△169,118	△62.4
資産収入	217,195 (15.8)	20,571 (1.7)	△196,623	△90.5
その他	53,687 (3.9)	81,192 (6.6)	27,505	51.2

注1：（　）内は構成割合である。
注2：公費負担とは「国庫負担」と「他の公費負担」の合計である。また，「他の公費負担」とは地方自治体の負担を示す。ただし，地方自治体の負担とは国の制度に基づいて地方自治体が負担しているものであり，地方自治体が独自に行っている事業に対する負担は公費負担医療費給付分および公立保育所運営費のみを含み，それ以外は含まない。
注3：「資産収入」については，公的年金制度等における運用実績により変動することに留意する必要がある。また，「その他」は積立金からの受入を含む。
出典：国立社会保障・人口問題研究所（2017）『平成27年度社会保障費用統計』。

図表5－6　社会保障財源の推移（1960～2015年度）

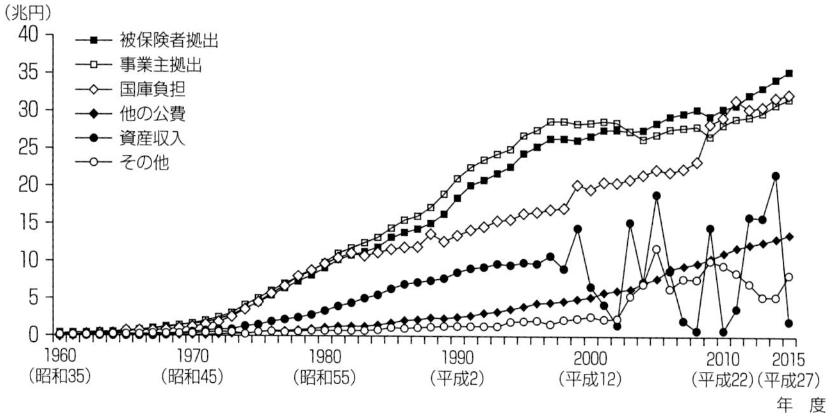

（兆円）
凡例：
- ■ 被保険者拠出
- □ 事業主拠出
- ◇ 国庫負担
- ◆ 他の公費
- ● 資産収入
- ○ その他

注：図表5－5の注2および注3に同じ。
出典：国立社会保障・人口問題研究所（2017）『平成27年度社会保障費用統計』。

被用者保険加入者が減ったことなどから，2015年度では4兆円程度の差がある。公費負担については，2009年に基礎年金の国庫負担割合が2分の1に引き上げられたことに伴って，国庫負担額が大きく増えている。

　公費負担は，税方式で運営されている制度だけではなく，社会保険にも投入されている。その目的は，給付水準の維持や低所得者への保険料負担軽減などであるが，社会保険への公費投入は，社会保険の自治，独立性をゆがめるため望ましくないという見方もある。実際に，ヨーロッパ大陸諸国の社会保険には，国庫負担がない場合も多い。

　図表5－7は，各制度の財源構造を示しており，社会保険のなかでも基礎年金，国民健康保険，後期高齢者医療制度，介護保険は，公費負担割合が高いことがわかる。そのため，国の一般会計のうち，およそ3分の1を社会保障関係費が占めており，また，地方においても，社会保障関係費の構成割合がもっとも大きく，3割を超えている（図表5－8参照）。

　図表5－9は諸外国の社会保障財源を比較している。ドイツ，フランス，イギリス，スウェーデンはEU基準，日本はILO基準に則した社会保障財源の集計となっているため，単純な比較はできないが，日本とドイツは事業主拠出と

図表 5 − 7　各制度の財源構造（2014年度）

生活保護	児童手当	児童・障害福祉	基礎年金	国民健康保険	後期高齢者医療制度	介護保険	雇用保険（失業給付）	健康保険（協会けんぽ）	健康保険（組合健保）	雇用保険二事業	労災保険	共済年金	厚生年金
国 3/4／都道府県 1/4	事業主拠出金 17.0%／都道府県 13.8%／市町村 13.8%／国 55.4%	国 1/2／都道府県 1/4／市町村 1/4	保険料 1/2／国 1/2	保険料 1/2／国 41/100／都道府県 9/100	保険料（65歳以上: 1/10、40〜64歳: 4/10）／国 1/3／都道府県 1/12／市町村 1/12	保険料（65歳以上: 21/100、40〜64歳: 29/100）／国 1/4／都道府県 1/8／市町村 1/8	保険料 3/4（労使折半）／国 1/4	保険料（労使折半）83.6%／国 16.4%	保険料（労使折半）10/10	保険料 10/10（全額事業主負担）	保険料 10/10（全額事業主負担）	保険料（労使折半）10/10	保険料（労使折半）10/10

出典：厚生労働省（2014）「社会保障制度改革の全体像」。
http://www.mhlw.go.jp/stf/seisakunitsuite/bunya/hokabunya/shakaihoshou/kaikaku.html

被保険者拠出が同程度の割合となっており，一般政府拠出（＝特別税＋一般収入）が財源全体の3割程度となっている。スウェーデンとイギリスでは，主な財源が一般政府拠出であり，事業主拠出と被保険者拠出の水準が大きく異なり，前者は後者の3〜4倍となっている。フランスは，もっとも大きな割合を占める財源が事業主拠出であり，また一般政府拠出に特別税（ear-marked tax）があることが特徴となっている。

（6）会計間および制度間の移転
① 会計間の移転
　社会保障の特別会計（特会）として，政府は年金特別会計（年金特会）と労働保険特別会計（労働保険特会）の2つを所管している。先述したように，日本の社会保険には公費も投入されているが，年金および労働保険（＝雇用保険と労働者災害補償保険の総称）の国庫負担は，一般会計から各特会に繰り入れられる。また，徴収された被保険者拠出や事業主拠出も各特会で受け入れをする。図表5 − 10や図表5 − 11で示すように，各特会はいくつかの勘定に分かれて管理

第 5 章 社会保障費の動向 81

図表 5－8 国・地方の目的別歳出の状況（2015 年度）

(単位：億円・％)

区分	歳出合計 国			差引純計 (A)	地方 (B)	国から地方に対する支出	地方から国に対する支出 (D)	国・地方を通じる歳出純計額						総額中地方の占める割合 (F)/(G)	国の純計に占める地方に対する支出の割合 (C)/(A)
	一般会計	特別会計	合計	うち重複額					国		地方		総額 (E)+(F) (G)		
								(A)-(C) (E)	構成比	(B)-(D) (F)	構成比	構成比			
機関費	50,619	—	50,619	—	50,619	155,467	8,013	—	42,606	6.0	155,467	15.9	198,073	11.8	78.5	15.8
一般行政費	18,502	—	18,502	—	18,502	92,787	6,789	—	11,713	1.7	92,787	9.5	104,500	6.2	88.8	36.7
司法警察消防費	15,148	—	15,148	—	15,148	53,256	1,150	—	13,998	2.0	53,256	5.5	67,254	4.0	79.2	7.6
外交費	9,065	—	9,065	—	9,065	—	—	—	9,065	1.3	—	—	9,065	0.5	—	—
徴税費	7,754	—	7,754	—	7,754	9,425	74	—	7,680	1.1	9,425	1.0	17,105	1.0	55.1	1.0
貨幣製造費	149	—	149	—	149	—	—	—	149	0.0	—	—	149	0.0	—	—
地方財政費	168,883	538,397	707,281	501,212	206,068	—	201,888	—	4,181	0.6	—	—	4,181	0.2	—	98.0
防衛費	51,411	335	51,746	141	51,605	—	345	—	51,259	7.3	—	—	51,259	3.0	—	0.7
国土保全及び開発費	63,880	16,317	80,197	7,449	72,748	130,398	28,730	7,220	44,017	6.2	123,178	12.6	167,195	9.9	73.7	39.5
国土保全費	10,057	4,772	14,829	2,017	12,812	17,758	5,013	1,647	7,798	1.1	16,111	1.6	23,909	1.4	67.4	39.1
国土開発費	50,052	11,545	61,597	5,432	56,165	105,343	22,209	5,524	33,957	4.8	99,818	10.2	133,775	7.9	74.6	39.5
災害復旧費	1,857	—	1,857	—	1,857	7,297	1,508	48	349	0.0	7,249	0.8	7,598	0.5	95.4	81.2
その他	1,914	—	1,914	—	1,914	—	—	1	1,913	0.3	—	—	1,913	0.1	—	—
産業経済費	33,681	23,731	57,412	6,213	51,199	68,458	3,772	—	47,426	6.7	68,458	7.0	115,884	6.9	59.1	7.4
農林水産業費	20,556	—	20,556	—	20,556	13,356	2,841	—	17,715	2.5	13,356	1.4	31,071	1.8	43.0	13.8
商工費	13,125	23,731	36,855	6,213	30,642	55,103	931	—	29,711	4.2	55,103	5.6	84,814	1.8	65.0	3.0
教育費	52,989	1,786	54,775	755	54,020	167,875	25,284	—	28,736	4.1	167,875	17.2	196,612	11.7	85.4	46.8
学校教育費	40,109	9	40,122	—	40,122	131,447	21,908	—	18,213	2.6	131,447	13.5	149,660	8.9	87.8	54.6
社会教育費	1,447	1,765	3,211	746	2,465	12,498	625	—	1,841	0.3	12,498	1.2	14,339	0.9	87.2	25.4
その他	11,433	—	11,433	—	11,433	23,930	2,751	—	8,682	1.2	23,930	2.4	32,613	1.9	73.4	24.1
社会保障関係費	319,277	15,154	334,431	12,880	321,550	332,418	86,606	—	234,944	33.3	332,418	34.0	567,363	33.7	58.6	26.9
民生費	297,276	14,957	312,233	12,797	299,436	256,100	78,816	—	220,619	31.2	256,100	26.2	476,720	28.3	53.7	26.3
衛生費	6,233	—	6,430	83	6,347	63,018	5,730	—	617	0.1	63,018	6.5	63,635	3.8	99.0	90.3
住宅費	1,494	196	1,494	—	1,494	12,855	1,207	—	287	0.0	12,855	1.3	13,143	0.8	97.8	80.8
その他	14,274	—	14,274	—	14,274	445	853	—	13,421	2.0	445	0.0	13,865	0.8	3.4	6.0
恩給費	3,862	—	3,862	—	3,862	137	—	—	3,862	0.5	137	0.0	3,999	0.2	3.4	0.0
公債費	224,635	8,095	232,731	3,422	229,308	129,296	70	—	229,238	32.4	129,296	13.2	358,535	21.3	36.1	0.0
前年度繰上充用金	—	—	—	—	—	2	—	—	—	—	2	0.0	2	0.0	100.0	—
その他	13,066	12,555	25,620	5,310	20,313	—	—	—	20,314	2.9	—	—	20,312	1.3	—	0.0
合計	982,303	616,370	1,598,674	537,382	1,061,292	984,052	354,709	7,220	706,583	100.0	976,833	100.0	1,683,415	100.0	58.0	33.4

注 1：「国の歳出総額は、一般会計と交付税および譲与税配付金特別会計、エネルギー対策特別会計、年金特別会計（子どものための金銭の給付勘定のみ）、食料安定供給特別会計（国営土地改良事業勘定のみ）、自動車安全特別会計（空港整備勘定のみ）、東日本大震災復興特別会計の 6 特別会計との純計決算額である。

注 2：「国から地方に対する支出」は、地方交付税、地方特例交付金、地方譲与税および国庫支出金（交通安全対策特別交付金および国有提供施設等所在市町村助成交付金を含む）の合計額であり、地方の歳入決算額によっている。

注 3：「地方から国に対する支出」は、地方財政法第 17 条の 2 の規定による地方公共団体の負担額（地方の歳出決算額中、国直轄事業負担金に係る国への現金納付額）で、地方の歳出決算額によっている。

出典：総務省（2017）「平成 29 年版地方財政白書（平成 27 年度決算）」。

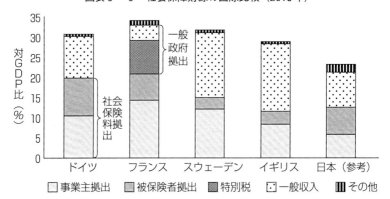

図表5－9　社会保障財源の国際比較（2015年）

注：日本はILO基準，それ以外の国はEU基準に則した集計であるため，厳密な比較はできない。
出典：国立社会保障・人口問題研究所（2017）『平成27年度社会保障費用統計』，European system of integrated social protection statistics(ESSPROS)より筆者作成。

されており，さらに各勘定間でも移転が行われているため，かなり複雑な仕組みとなっている。

　なお，年金特会に子ども・子育て支援勘定があるのは，児童手当等の事業主拠出分が厚生年金保険の保険料と一体徴収されていることによる。また，年金特会の健康勘定では，事業主から徴収した保険料等を全国健康保険協会に交付している。これは協会けんぽの前身である政府管掌健康保険を政府（社会保険庁）が所管していたことによる。

　② 制度間の移転

　社会保険では，制度間でも財源の移転が行われている。その目的は，①各保険者間の財政調整，②制度変更や被保険者の異動等で給付を実施する主体が移管・統合されたことに伴う移転，③他の保険と一体徴収されている保険料（または拠出）分の移転などである。①の例は，加入している前期高齢者（65～74歳）の割合に従って，各健康保険で前期高齢者納付金・交付金のやりとりが行われていたり，後期高齢者医療制度では各健康保険から支援金が移転されていたりする。②の例は，1985年改正によって，それまで厚生年金として一体的

図表5－10　労働保険特別会計の仕組み

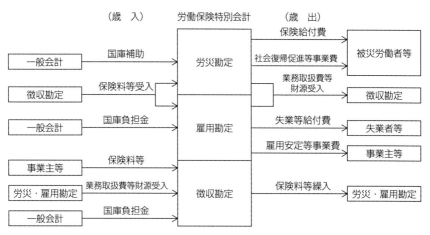

出典：厚生労働省「厚生労働省所管特別会計に関する情報開示」。
http://www.mhlw.go.jp/wp/yosan/kaiji/

に給付されていた定額部分が，基礎年金として給付されることとなったため，必要な財源が厚生年金（勘定）から基礎年金（勘定）に移転されている。また，2015年に厚生年金と共済年金が統合されたことに伴って，厚生年金（勘定）と各共済組合でも移転が行われるようになった。③の例は，介護保険の第2号被保険者の保険料は，健康保険の保険料と一体徴収されているため，各健康保険から介護保険に移転されている。

図表5－12は，2015年度の制度間の移転額を示している。もっとも大きな移転が行われているのは，厚生年金から国民年金（基礎年金を含む）への移転であり，約20兆円となっている。次いで大きいのは，各健康保険から後期高齢者医療制度への移転で，総額6兆円ほどが移転されている。

図表 5−11 年金特別会計の仕組み

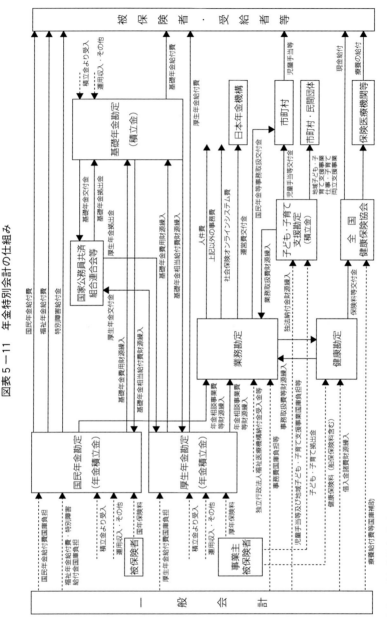

出典：厚生労働省「厚生労働省所管特別会計に関する情報開示」。
http://www.mhlw.go.jp/wp/yosan/kaiji/

第5章 社会保障費の動向

図表5-12 制度間の移転額(2015年度)

(単位:百万円)

	他制度への移転(支出額)															総計	(参考)前期高齢者交付金分
	全国健康保険協会管掌健康保険	組合管掌健康保険	国民健康保険	後期高齢者医療制度	老人保健	介護保険	厚生年金保険	厚生年金基金	国民年金(基礎年金含む)	船員保険	日本私立学校振興・共済事業団	労働者災害補償保険	国家公務員共済組合	存続組合等	地方公務員等共済組合		
全国健康保険協会管掌健康保険																0	
組合管掌健康保険																	923
国民健康保険	166,038	163,103								654	6,243		14,471		35,132	385,641	3,485,002
後期高齢者医療制度	1,771,852	1,649,552	1,937,387							6,382	55,943		129,703		331,643	5,882,462	
老人保健	51	42	71							0	1		3		9	178	
介護保険	897,149	699,260	760,557							3,137	20,770		51,377		137,609	2,569,860	
厚生年金保険							3,449		677,723		184,059		568,823	119,253	1,627,414	3,189,557	
厚生年金基金																166,368	
国民年金(基礎年金含む)							16,949,541	166,368			238,189		583,756		1,470,315	19,241,801	
船員保険									5,723							6,053	
日本私立学校振興・共済事業団							149,723									155,447	
労働者災害補償保険												6,053					
国家公務員共済組合							573,541		70,342							643,884	
存続組合等																	
地方公務員等共済組合							1,669,764		154,671	1			61,174			1,875,610	
小計 (A)	2,835,091	2,511,958	2,698,015	—	—	—	19,498,936	3,449	908,460	10,175	505,205	14,888	1,409,308	119,253	3,602,123	34,116,860	3,485,925
前期高齢者納付金分 (B)	1,479,275	1,461,534	53,340							3,780	35,892		118,891		334,859	3,487,571	
総計 (A+B)	4,314,366	3,973,491	2,751,356	—	—	—	19,498,936	3,449	908,460	13,954	541,097	14,888	1,528,199	119,253	3,936,982	37,604,431	3,485,925

注1:すべて移転元からの支出額に基づいて作成している。したがって、移転先が受け取った金額と異なっている場合がある。
注2:前期高齢者納付金・交付金は、各保険者から支出される前期高齢者納付金のみを移転額として計上している。なお、参考として各保険者への前期高齢者交付金も掲載している。

出典:国立社会保障・人口問題研究所(2017)『平成27年度社会保障費用統計』。

第6章
公的年金の歴史と年金制度改革

　本章では，日本の公的年金の歴史とその発展，重要な制度改革について説明する。

第1節　年金制度の歴史－労働者年金から国民皆年金へ

（1）戦前・戦中

　日本における公的年金制度の始まりは，明治時代に官吏の恩給制度として発足した軍人恩給（1875年），文官恩給（1884年）であるが，一般の国民を対象とした年金制度は1940年に実施された船員保険が最初のものであった[1]。翌1941年には，労働者年金制度設立によって男性工場労働者を対象とする年金制度が成立，1942年に施行された。この年金制度の財政方式は，完全積立方

1）日本における社会保険としての年金制度は，1875年の海軍退隠令に始まる。その後，軍人や官吏，現業官庁職員の恩給制度が順次設立されたが，いずれも，政府や官業の職員を対象とした制度であり，一般国民を対象としたものではなかった。世界の年金の歴史は古代ギリシャ都市国家，ミレトスまでさかのぼることができる。17世紀にはもっとも長生きした人だけが年金をもらえるトンチン保険がフランスで販売された。現代の公的年金制度は，ドイツのビスマルクが導入した。

式が採用され，保険料の徴収は一定の平準保険料方式となった[2]。労働者年金は，1944年には女性および事務職員も対象となり厚生年金制度に衣更えされ，その翌年に戦争が終結した。

（2）戦後の年金改革－給付拡充と賦課方式への道

年金制度は，敗戦の混乱と激しいインフレによって事実上，機能停止状態となった。1948年に平準保険料率より低い暫定的な保険料率が設定され，1954年の抜本的な制度改正が行われ，事実上の再スタートとなった

① 厚生年金の成立と修正積立方式

戦後の混乱と高インフレのなかで厚生年金は事実上，機能停止になった。当時，老齢給付は行われていなかったが，すでに支給の始まっていた脱退手当金，障害給付，特例的な業務上死亡の遺族年金は，戦後のインフレにより実質的な価値を失っていた。また，急激なインフレによって年金積立金も価値が低下していた。

当時の戦後の混乱，復興期の経済状況は，労働者も企業も，保険料の上昇に耐えられるような状況ではなかった。そこで，1948年の財政再計算では，保険料を抑制することが優先され，暫定保険料を採用し財政上の辻褄を合わせたため，事実上の積立不足が発生していた。実際に老齢（養老）年金の支払いが始まるのは1954年1月からであったので，それまでに積立不足を解消する必要があり，保険料率を大幅に引き上げる必要があったが，これは労使双方から猛反対を受けた。そこで，厚生省は1954年の新「厚生年金法」において，平準保険料を放棄し，保険料率は当初据え置いたあと5年ごとに引き上げるという段階保険料方式を採用した。これが修正積立方式の始まりである。

また1954年から厚生年金は，一階部分は定額年金，二階部分は報酬比例年金となり，今日の基礎年金，報酬比例年金（厚生年金）の原型になった。また

---

[2] このような財政方式が採用されたのは，労働者年金制度制定の理由の1つが戦時公債の購入であったため，積立金を多く確保する必要があったからという説もある。遺族年金や廃疾年金もあったが，積立金を取り崩さないために，それらの給付要件は厳しく限定されていた。

厚生年金の支給開始年齢は従来の55歳から60歳に引き上げられ，1994年まで60歳のままであった。

段階保険料率による修正積立方式は，受給権者と労働力人口の比を考慮しながら，政府が弾力的に財政運営ができる点で優れていた。また，積立方式よりも少ない積立金のため，インフレによる積立金の目減りのリスクが限定できるという長所もある。ただし，年金制度の成熟期には，平準保険料方式よりも高い保険料率が必要となる。

この修正積立方式は，料率引き上げの時期を遅らせ，積立不足を時間をかけて解消するもので，いずれは完全積立方式への復帰を意図したものであった。修正積立方式の運営は，政府の制度の運営・調整能力に依存するものであるが，その時々の経済状況，政治状況に左右され，結果的に後世代へ負担を先送りするきっかけとなった。

② 国民皆年金と公的年金の拡充－国民年金の成立

1959年に自営業者や零細企業労働者を適用対象とする国民年金保険が成立し，すべての国民がなんらかの年金制度に加入する国民皆年金が成立した (1961年施行)。国民年金は1971年4月から10年年金[3]が支給され，1975年には5年年金が支給され，さらに1976年4月より，1911年4月2日以降生まれの者が65歳に達したために本格的な老齢年金の支給が開始された。実際には加入できる期間が短かったりしたため，財源を税に求める福祉年金の受給者が多数存在した。

第2節 賦課方式に傾斜したスライド制の導入

その後，国民年金，厚生年金は，給付水準の引き上げと制度の成熟への道を歩んでいった。成熟化とは，拠出のない者，あるいは不足している者に対しても十分な給付を行うべきというもので，賦課方式への傾斜を強めることを意味した。実際，年金制度がすでに成熟化しつつあった当時の欧米先進国では，積

---

[3] 国民年金発足当時（1961年）時点で，50歳以上の人は10年しか拠出できない。

立金を取り崩して給付水準が引き上げられていた。日本では，積立方式に固執するあまり貧困な高齢者が多数存在するという指摘が強まった。欧米事例を参考に，このような高齢者を救済するには，積立金の一部を取り崩して，高齢者に十分な年金を給付すべきとの主張が強くなった。このような主張に応じて給付水準は引き上げられたが，一方で保険料の引き上げは労使双方の反対で進まず，積立方式の修正度合いが一段と進んだ。このように年金制度は徐々に世代間の所得移転システムへ変貌していった。

一方，1960年から70年代半ばまでは，高度成長に伴って賃金と物価が持続的に上昇した。このため，厚生年金は実質価値保持の仕組みが必要となった。1965年，1969年，1971年の年金改正において大幅に給付水準が引き上げられ，厚生年金の年金額は，1965年の改正で「1万円年金」が実現し，さらに1969年に「2万円年金」が実現し，国民年金についても夫婦で「2万円年金」が実現した。だが，急激な物価と賃金の上昇に対応するにはそれだけでは不十分であり，物価上昇分を自動的に年金給付額に反映させる自動スライド制の導入が要請されるようになった。そこで，1973年改正によって，物価変動にあわせて年金額を改定するスライド制と標準報酬の再評価制度が導入された。厚生年金は，現役男子の平均月収の6割程度を目安とした「5万円年金」が，国民年金では「夫婦5万円年金」が実現した。

物価スライド制の導入により，年金制度は，この直後のオイルショックによるインフレにも対応でき，老後の所得保障の中核を担う制度になった。しかし，この改正は，それに見合った保険料の引き上げがなかったこと，また財政再計算に用いられた基礎率が結果的に楽観的であったことによって，積立方式の修正度合いを一層強め，賦課方式の性格を強めることとなった[4]。

1961年に創設された国民年金も，当初は完全積立方式を目標にした。しかし，1966年に行われた最初の財政再計算において，厚生年金の1965年改正（1万円年金）の給付水準に合わせて年金額が引き上げられたが，それに見合う保険料の大幅引き上げは行われなかった[5]。

---

[4] 政府の見通しのずれの発生原因については，城戸・駒村（2005）第7章を参照せよ。

このように高度成長期において，高齢化という人口構造の変化のリスクが過小評価され，一方，経済成長や高い出生率の継続が楽観視されるなかで，年金給付は拡充され，賦課方式への移行が明確になった。経済，人口の楽観的な予測はオイルショックによってようやく修正された。石油危機（オイルショック）に対応し，老後生活の安定を図るため，2年繰り上げて1976年に財政再計算が行われ，厚生年金の老齢給付の水準として，標準的な男子の受ける老齢年金の額が直近男子の平均標準報酬の60％程度を確保するよう引き上げられるなどの改善が図られた。1980年の改正では，厚生年金の定額単価および国民年金の単価を物価スライドにとどめたり，併給調整するなどの給付抑制がなされるようになった。

　以上，戦後，オイルショックまでの年金財政の動きは賦課方式への移行であった。政府は，公的年金制度に大きな影響を与える少子・高齢化を予測できなかった。結局，予想以上の少子化と長寿化によって，将来人口推計は修正を余儀なくされ，後世代の年金負担は膨大なものとなった。このような経緯をみる限り，政府の調整能力と予想能力には限界があった。また，一度拡充した年金の縮小が政治的に困難であった。このように公的年金制度は，政治状況の影響を強く受ける。公的年金は，人口変動のリスク，経済変動のリスクに加え，制度設計に関する政治リスクの影響を受ける。

第3節　年金改革－高齢化への対応と給付抑制

　制度スタート以来，国民の平均寿命は継続的に延びており，支給開始年齢を固定しておくことは，長生きリスクの上昇を意味した。経済成長の鈍化，出生率の低下，寿命の伸張，産業構造の変化といったなかで，年金制度の不安定化がだんだん明らかになってくると，社会保障制度審議会からは年金制度の抜本的な改革が提案された。そうしたなか，厚生省は1985年に大がかりな年金制

5）国民年金制度の特殊性として，被保険者の負担力が比較的少ないこと，事業主負担分がないこと等が考慮され，国庫負担率は総費用の3分の1（保険料に対して2分の1）という公的年金のなかでもっとも高い水準になった。

度改革に踏み切った。

1985年の改正は，高齢化を前に年金制度を基本から改める内容のものであった。具体的には，全国民共通の基礎年金制度を創設し，すべての制度を通じて個人単位の基礎年金を支給するとともに，給付と負担の長期的な均衡を確保するため，給付の適正化が図られ，年金制度は新たな段階に突入した。

1985年改革は年金制度発足以来最大の改革であり，年金制度は危機を乗り越えたかのように見えたが，90年代に入るとバブル経済の崩壊による長期間の経済低迷，非正規労働者の増加と年金保険料未納者の増加といった新たな問題にも直面するようになった。加えて少子高齢化は一層進み，追加の年金改革が必要になった。

（1）1985年の年金改革－基礎年金の成立

1985年の年金改革は，それまでにない大きな改革であり，重要な制度改正が行われた。国民皆年金体制となった後も，公的年金制度は，厚生年金，共済年金，国民年金といった制度ごとに発展してきたが，給付と負担の両面における制度間の格差や重複，産業構造の変化等により財政基盤が不安定となった。そこで，1985年に全国民に共通の基礎年金を創設し，厚生年金や共済年金の被用者年金を基礎年金に上乗せする2階部分の報酬比例年金とする再編成が行われた[6]。

（2）1994年の年金改革

1990年代に入ると，急激な高齢化に伴い，保険料の上昇が避けられない見通しになった[7]。1994年の改革によって，ネット所得スライド方式[8]，遺族年

6）この改革によって，年金給付額は抑制された。基礎年金1人5万円の水準は旧国民年金算定方式からみて，約40％の給付カットになり，厚生年金は改正前と比較すると13.1％のカットになった。

7）この時点で2024年には最終保険料率が30.8％になると予想された。

8）報酬比例部分の年金支給の際に，名目賃金の上昇に応じて一定率をかけ再評価が行われたが，再評価の基準を名目賃金上昇率から，税・社会保険料を引いた賃金の上昇率（ネット所得スライド）にした。

金の改革,在職老齢年金の改革[9],特別支給の厚生年金の縮小[10]と部分年金の導入,雇用保険との併給調整[11]が導入された。1995年4月からボーナスからも保険料が徴収（ボーナスの1％程度）された。このほか,年金の成熟化が進んでいたJR,JT,NTTの三共済年金が,1997年に厚生年金に統合された。このほか,2001年には農林漁業団体職員共済が厚生年金に統合されることが決定された。

第4節　1999年年金改革と2004年年金改革

（1）1999年年金改革

1999年年金制度改正の基本的な考え方は,2階建ての公的年金制度の枠組みを維持しつつ,長期的に安定した制度を構築することにあった。

① 裁定後の基礎年金・厚生年金の改定方式の変更

2000年4月から,基礎年金・厚生年金の額について,65歳以降は,賃金スライド等を行わず,物価上昇率のみで改定することになった。ただし,将来において物価スライドで改定した年金額と65歳以降も賃金スライド等を行った

---

9) 在職中は,在職老齢年金受給者（60歳以上65歳未満の在職者）の2割の支給停止をし,年金と賃金の合計が22万円に達するまで,賃金と年金の8割を併給され,22万円を超え,賃金が2万円増えると年金を1万円停止され,さらに賃金34万円を超えると,賃金の上昇分,年金を停止する。

10) 特別支給の老齢厚生年金について。60歳の厚生年金の支給開始年齢は2001年から2013年にかけて3年ごとに1歳ずつ上がり,60歳以降65歳の満額年金の支給までは特別支給の老齢年金を受ける仕組みとなる。具体的には,2001年度から2002年度にかけて60歳に達する人（1941年4月2日生まれから1943年4月1日生まれまでの人）について,特別支給の老齢年金（基礎＋比例）の支給を61歳にし,60歳から61歳までは部分年金（比例部分）のみが給付される。こうした移行の結果,最終的には,1949年4月2日以降生まれの人は,65歳まで部分年金（比例部分）のみを受給することになった。

11) 1998年より,65歳未満の老齢厚生年金の受給者が失業保険を受給している場合,老齢厚生年金の支給は停止された。65歳の厚生年金保険の被保険者が雇用保険による高年齢者雇用継続給付を受給している間は,標準報酬月額の10％相当の年金が支給停止される。高年齢者雇用継続給付は60歳以上65歳未満の高齢在職者の賃金低下に対し,賃金の25％相当の補填をする制度である。

とした場合の年金額との乖離が20％に達した場合には，賃金スライドが行われることになっている。

② 老齢厚生年金（報酬比例部分）の支給開始年齢の引き上げ

1999年の改正では，老齢厚生年金（報酬比例部分）の支給開始年齢を，男子は2013年度から2025年度にかけて（女子は5年遅れ），3年ごとに1歳ずつ65歳へ引き上げることになった。これによって，厚生年金加入者は，男性であれば1961年4月2日生まれ以降，女性であれば1966年4月2日生まれ以降の人は，65歳年金支給開始となる。また新たな減額率（1月当たり0.5％，60歳支給の場合は減額率が30％）に基づく老齢厚生年金（報酬比例部分）の60歳からの繰上支給制度が創設された。

③ 60歳代後半の在職老齢年金制度の導入

適用事業所に使用される65歳以上70歳未満の者については，2002年4月から，厚生年金の被保険者として保険料負担を求めるとともに，これらの者に支給される老齢厚生年金について，賃金に応じた調整の仕組み（在職老齢年金制度）が導入された。

④ 国民年金保険料の半額免除制度の導入

2002年4月から，一定の低所得の国民年金第1号被保険者については，申請により保険料の半額を免除する制度（半額免除制度）が導入された。

⑤ 学生の国民年金の保険料納付の特例

2000年4月から，国民年金の第1号被保険者である学生であって本人所得が一定の所得以下のものについて，申請により，国民年金保険料の納付を要しないものとする。この学生納付特例期間については，10年間は保険料を追納できることとし，保険料が追納されない場合は老齢基礎年金の額の計算には反映しないが，年金の受給資格期間には算入する。学生納付特例期間中の障害事故については，障害の程度に応じ障害基礎年金を満額支給する。

⑥ 育児休業期間中の厚生年金保険料の事業主負担分の免除

2000年4月から，育児休業期間中の厚生年金保険料について，事業主負担分を免除する。

⑦　総報酬制の導入

　世代内の公平を図るため，2003年4月から，厚生年金制度において，賞与等を一般の保険料の賦課対象とするとともに，給付に反映させる仕組み（総報酬制）を導入した。その際，保険料率は17.35％から13.58％に引き下げられた。年金額の計算は，総報酬制の導入以前の被保険者期間については従来どおりの方法で計算し，総報酬制の導入以後の被保険者期間については，標準報酬月額と保険料賦課対象となった賞与額を基に，新給付乗率（1000分の5.481）を用いて計算することになった。

（2）2004年年金改革の概要

　継続する高齢率の上昇により，さらなる年金改革が必要になった。2004年年金改革は，年金制度の基本的な体系，すなわち現行の基礎年金と報酬比例年金からなる二階建て年金は変えずに，保険料負担の上昇を抑え，給付と負担のバランスがこれ以上は悪化しないような改革が進められることになった。そのエッセンスは，時間をかけて，現行制度のままで年金給付水準のみを引き下げるものであった。いわば「体型を変えずに，体重の増え方を抑えよう」というものであった。2004年年金改革による負担と給付の見通しは，図表6－1のようになる。

①　保険料固定方式

　従来のように給付水準を維持するために保険料を引き上げる方法は，若い世代にどこまで年金保険料が上昇するのかという不安を抱かせることになる。2004年年金改革は，給付を維持するために，負担を引き上げ続ける従来の方式から，保険料を固定し，その範囲で給付を行うという保険料固定方式を採用した。具体的には，厚生年金は2017年まで保険料率を毎年0.354％引き上げ，最終的に18.3％で固定し，その保険料で給付を行う方法である（図表6－2）。同様に国民年金保険料は毎年280円ずつ上昇し，最終的には2017年で月額16,900円となる（図表6－3）。図表6－2，図表6－3は，2004年改革前後の保険料の予測の比較を行ったものである。

第6章 公的年金の歴史と年金制度改革　95

図表6-1　平成16年年金制度改革における負担と給付の見通し

給付水準 (厚生年金(夫婦の基礎年金を含む))	保険料負担 (厚生年金, 国民年金)	基礎年金国庫負担割合の 引上げとその道筋
今後の少子化の中でも、標準的な年金世帯の年金を受給し始める時(65歳)の給付水準は、現役サラリーマン世帯の平均所得の50%を上回るものとする。	現在　厚生年金：13.58% 　　　　　　　(本人 6.79%) 　　　国民年金：13,300円	2004(平成16)年度：着手 財源：年金課税の見直し (公的年金等控除の見直し, 老年者控除の廃止)
2023(平成35)年度以降　50.2%	(厚生年金) ・2004(平成16)年10月から毎年 0.354%(本人0.177%)の増 ※平均的勤労者(月収36.0万円, ボーナス3.6ヶ月分)本人 各月650円 ボーナス1回1,150円(年2回) (国民年金) ・2005(平成17)年4月から毎年 月額280円の増(平成16年度価格)	増収約2,400億円のうち地方交付 税分を除く約1,600億円を基礎年金 に充当 ※2005年の所得から適用なので 2004年度の充当分はその1/6 (272億円)
現在の59.3%から、現役世代の人口減少とともに水準を調整。ただし、もらっている年金額は下げない。		2005(平成17)年度・2006(平成18)年度 ：適切な水準にまで引上げ
年金を受給し始めた年以降の年金額(名目額)は物価の上昇に応じて増加するが、通常は物価上昇率よりも賃金上昇率の方が大きいため、そのときどきの現役世代の所得に対する比率でみた場合は下がっていくことになる。	2017(平成29)年度以降 厚生年金：18.30% 　　　　　(事業主9.15%) 国民年金：16,900円 　　　　　(平成16年度価格)	財源：【2003年12月与党税制改革大綱】 個人所得課税の抜本的見直し 2007(平成19)年度を目途 【2003年12月与党税制改革大綱】 消費税を含む抜本的な税制改革を実現 2009(平成21)年度まで ：2分の1への引上げ完了

出典：厚生労働省年金局数理課 (2005)「厚生年金・国民年金平成16年財政再計算結果」。

図表6-2　将来の保険料水準(厚生年金の保険料率)

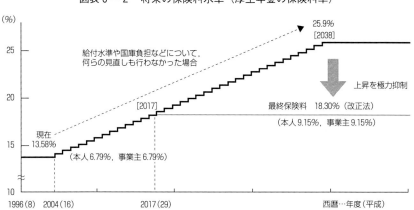

注：保険料率はすべて総報酬ベース。
出典：厚生労働省 (2004)『平成16年版厚生労働白書』。

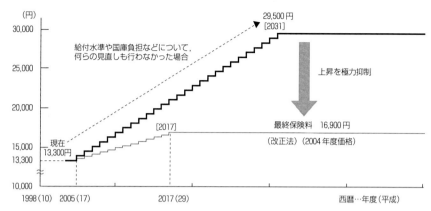

図表6-3 将来の保険料水準（国民年金の保険料）

注：2003年度以降は，各目額。
出典：厚生労働省（2004）『平成16年版厚生労働白書』。

　保険料固定方式により，将来，保険料が際限なく上昇するという，若年者の不安を払拭することができる。しかし，保険料固定方式により，給付を調整する必要がでてくる。この給付調整方法として，マクロ経済スライド方式が採用された。公的年金は，本来，給付額の確定時には賃金上昇率に，受給開始後は物価上昇率に対応して，金額がスライドされる。前者を賃金スライド，後者を物価スライドと呼ぶ。

　マクロ経済スライドは，一定期間スライド率を調整（引き下げ）する手法である。この引き下げ部分をスライド調整率と呼び，おおむね0.9％と設定されている。つまりマクロ経済スライドが適用される期間（30年程度）は，たとえば物価が1％上昇しても，基礎年金，厚生年金は0.1％（＝物価上昇率（1％）−マクロ経済スライド（0.9％））しか増えず，マクロ経済スライドが適用される間に実質15％ポイント，年金給付が下がることになる。

　その結果，年金を受給する世代の所得代替率（＝モデル年金／男子労働者平均手取り賃金。年金給付の水準を示す）は，現在の60％程度から50％へ低下することになる。また財政方式も，永久均衡方式から有限均衡方式という年金財政の方向転換が行われている。従来は，公的年金は膨大な積立金を将来も保有し続け

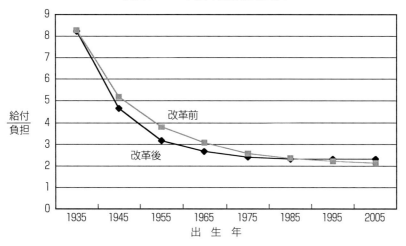

図表6－4　出生年別給付負担倍率

資料：厚生労働省資料より作成。

ることになっていたが，2004年年金改革では，95年後の2100年に，積立金を1年分だけもつ「有限均衡方式」という考えを採用した。これは財政が均衡する予想期間（つまり年金財政が赤字にならない保証期間）を95年に設定し，5年おきに財政検証を行い，95年後に1年分の積立金を保有するよう給付を調整することになる。

保険料を引き上げつつ，給付を引き下げるため，2004年年金改革の影響は世代によって異なる。給付水準維持方式と保険料固定方式を比べるために，出生年別に給付・負担倍率を見たのが図表6－4である[12]。さらに出生年別に改革前の給付・負担倍率と改革後の給付・負担倍率の差を見たのが，図表6－5である。

図表6－5は，図表6－4の2004年改革前の給付・負担倍率を示す線と改革後の給付・負担倍率を示す線の差をとることによって導かれる。この差が大

---

[12] 給付と負担の計算方法に関する留意点は，本章の6節の世代間の公平性で詳しく説明する。

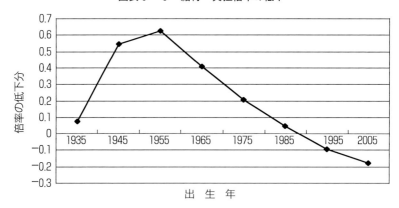

図表6－5　給付・負担倍率の低下

資料：厚生労働省資料より作成。

きい世代ほど，2004年改革による不利益が大きくなる。将来の世代の保険料率を引き上げないために，1955年生まれの世代が改革のデメリットを引き受け，95年生まれより若い世代がメリットを受けたことになる。

② 2004年改革におけるその他の改革

(a) 基礎年金の国庫負担割合の引き上げ

基礎年金のための保険料負担を軽減するために，基礎年金の国庫負担の割合を3分の1から2分の1に引き上げることになった。この税財源は2012年の社会保障・税一体改革によって消費税で確保されることになった。

(b) 年金分割の導入

離婚した場合，専業主婦だった妻（国民年金第3号被保険者）の年金が基礎年金のみになることから，厚生年金の年金記録を夫婦間で分割し，夫が納めた保険料は夫婦で折半して負担したとみなし，夫の厚生年金（報酬比例年金）の一部を妻が受け取れる制度「年金分割」が導入された。この年金分割は「合意分割制度」と「3号分割制度」がある。

・合意分割制度（離婚時分割）

2007年4月以降，離婚等をした場合に，配偶者の同意か裁判所の決定によ

り，婚姻期間中に夫婦が得た年金受給権を，その半分を上限に分割できる。請求期限は原則，離婚等してから2年以内である。

・3号分割制度

2008年5月以後に離婚等をし，国民年金第3号被保険者であった方（多くは妻）からの請求により，2008年4月以後の婚姻期間中の3号被保険者期間における相手方の厚生年金記録を2分の1ずつ，当事者間で分割することができる制度である。

2015年度で合意分割（離婚時分割）が2.3万件，3号分割が3,700件となっており，全離婚数に占める割合は12％程度である。また合意分割により，年金分割をした側（渡した方）の年金は月額平均13.6万円から11万円へ，年金分割を受けた側（受け取った方）は5.4万円から8.1万円に変化した。3号分割制度による影響は，分割をした側が11.3万円から11.1万円へ，分割を受けた側が3.0万円から3.3万円に変化している。

(c) 遺族年金の見直し

遺族年金は，①老齢厚生年金＋老齢基礎年金，②遺族厚生年金＋老齢基礎年金，③遺族厚生年金×2／3＋老齢厚生年金×1／2＋老齢基礎年金を選択する必要があった。改革後（2007年4月）は，①を基本としつつ，その金額が②，③よりも少ない場合は，その差額を支給することになる。このほか，20歳代の子どもがいない若年妻の遺族厚生年金については，支給期間を5年の有限にすることになった。

(d) 在職老齢年金制度の見直し

60歳代前半で就業継続している年金受給者は，一律20％年金をカットされた（在職老齢年金）。しかし，2004年改革では，就業意欲を高めるために，この20％支給停止が廃止された。

(e) 育児休業中の保険料免除の拡充

育児を理由にして休業する場合，厚生年金の保険料の免除は子どもが1歳になるまでであったが，2005年4月以降は，育児休業等を利用している場合，子どもが3歳になるまで，免除期間が延長されることになる。

(f) 基礎年金の併給調整の緩和

従来は，就労し厚生年金に加入した障害年金の受給者が65歳になった場合は，障害基礎年金のみか老齢基礎年金と老齢厚生年金の合計かを選択する必要があり，障害者の就業意欲を抑制するという問題点があった。2004年改革により，2006年4月から老齢厚生年金と障害基礎年金の組み合わせ受給が可能になり，障害者の就業・保険料の納付実績が年金につながるようになった。

(g) 30歳未満の低所得者に対する猶予制度

不安定就労や所得が不十分な20歳代の若年者を対象に，2005年4月から保険料の支払いを10年猶予できることになった[13]。

(h) 保険料多段階免除制度（2006年7月）

低所得者は所得状況に応じて，全額，4分の3，半額，4分の1の4段階の保険料免除を利用できる。一方，老齢基礎年金の給付額は免除に応じて，全額免除期間は4／8，4分の3免除期間は5／8，半額免除期間は6／8，4分の1免除期間は7／8に減額される。

(i) 年金課税の見直し

公的年金への所得税には，受給額に応じて年金収入の一部を非課税にする公的年金等控除の制度がある。控除額は，65歳未満か以上かで異なる。65歳未満の最低控除額は70万円，65歳以上は120万円で，公的年金等の収入金額の合計額に応じて変動する。また65歳以上で年収1,000万円以上の人に対しては，老年者控除（所得税50万円，住民税48万円）は廃止された。この結果，65歳以上の夫婦世帯の所得税課税最低限は285.5万円から163.8万円に下がり，65歳以上の税負担は増加することになった。

(j) 確定拠出年金について，税制上の優遇措置の拡大

年金改革案とともに，確定拠出年金の税制上優遇拡大が行われ，公的年金の給付抑制を補うために，確定拠出年金の拠出限度額が引き上げられた。公的年金中心から公私年金組み合わせを促進する効果がある。

---

[13] 2016年7月からは50歳未満まで対象が広がった。この納付猶予期間は，老齢年金の受給資格期間には算入されるが，年金額には反映されない。ただし，この措置は2025年6月までの時限措置とされている。

（3）2004年改革の影響

2004年年金改革は，保険料の引き上げペースや引き上げ幅，保険料の上限，給付の抑制ペースについては議論があるものの，保険料の上限を設定した点と，団塊の世代が年金受給を開始する以前に給付調整メカニズムを導入した点については評価すべき点も多い。一方，懸念されている保険料の未納者増加については，徴収強化や国民年金の多段階免除などの対応が取られたが，抜本的なものではない。また，マクロ経済スライドは基礎年金も対象になるため，今後，相対的に基礎年金水準が低下していくことになった。

（4）2009年，2014年の財政検証

① 年金財政検証とは何か

財政検証は，2004年の年金改革で導入されたもので，年金財政の安定性を確認する仕組みである。5年以内に一度の間隔で行われており，直近の人口推計を受けて行われる。年金財政検証の前提・チェック項目は，1）2004年の年金改革で決まったように2017年まで保険料を引き上げ，以降は固定する，2）100年後に1年分給付に必要な積立金が保有できている（100年有限均衡方式），3）モデル年金の所得代替率が50％を維持する，である。3）については，正確には，モデル年金の所得代替率が検証時点で5年以内に50％を下回ることが見込まれる場合，必要な年金改革を行うことが必要になる。

② 2009年の年金財政検証

2009年の年金財政検証は，2004年年金改革後の最初のものであり，2007年に発表された人口推計に基づくものとなった。年金財政検証は概ね100年間の日本経済の動向を前提に，年金財政の持続可能性を検証するものである。100年間の経済を想定するために，総投資率，資本減耗率，労働人口変化率，資本分配率，全要素生産性上昇率などいくつかの重要な経済変数に関する想定，経済前提が必要になる。2009年の年金財政検証の結果，年金財政は持続可能であると評価された。

③ 2014年の年金財政検証

2014年の年金財政検証は，2012年の人口推計に基づくものであるが，経済

前提については，全要素生産性と労働力率の将来推計を組み合わせた8パターンが設定された。この結果，高い労働力率，高いTFPを想定したケースの5パターンでは年金財政の持続可能性は確認されたが，そうではない3パターンでは年金財政の持続可能性が確認できなかった。さらに持続可能性が確認された5パターンでも新たな問題が確認された。それは厚生年金（報酬比例部分）へのマクロ経済スライドの適用は比較的短期間で終わる一方で，国民年金（基礎年金）へのマクロ経済スライドが約30年間適用される結果，大幅に基礎年金の給付水準が低下することが確認されたことである。モデル年金の所得代替率は50％を維持できても，基礎年金水準が30％程度低下することになり，低所得者ほど厳しい影響を受けることになる。

そこで，厚生労働省は以下の3つのオプション試算を行い，政策選択肢を示した。

(a) デフレ期のマクロスライド

現在の仕組みでは，インフレ期しかマクロ経済スライドは適用できない。2004年のマクロ経済スライド導入以降，一度しかマクロ経済スライドの適用は行われておらず，これが基礎年金を将来，急激に引き下げる必要がでている要因になっている。デフレ期でもマクロ経済スライドを適用すると，マクロ経済スライドの適用期間も短くなり，基礎年金の低下を抑制できる。2016年に行われた実際の改革では，デフレ期のマクロ経済スライドの適用は見送られたものの，インフレ期になった後に，デフレ期間に行うことができなかったマクロ経済スライド分をまとめて適用するという「キャリーオーバー」という仕組みが導入された。

(b) 短時間労働者への厚生年金の適用拡大

短時間労働者への厚生年金の適用拡大も，マクロ経済スライドの適用期間短縮につながる。最大1,200万人の短時間労働者に適用拡大すると，国民年金三号被保険者も減少し，かなりの財政改善効果があり，マクロ経済スライドを短縮できる。政府は，短時間労働者の厚生年金加入を促進している。

(c) 国民年金の加入期間延長

国民年金の加入期間を，現在の20－60歳までの40年間から20－65歳の45

年間に延ばす案である。現在の国民年金制度には，保険料納付最終年齢60歳から支給開始年齢65歳までの間に5年の待機期間がある。多くの先進国では，納付年齢と支給開始年齢の間に隙間はない。日本の国民年金は財政上の制約から40年加入，65歳支給としており，5年の待機期間が発生した。この5年を納付期間にすると，その分だけ年金財政を改善でき，基礎年金給付水準も改善できる。またこの5年分についても，半分の国庫負担が伴うことになる。この案の課題は，60歳以降の未納率の上昇への危惧や国庫負担の財源確保が明確になっていない点であり，具体化は見送られた。

第5節　年金改革と年金財政の仕組み

（1）賦課方式年金の基本的な仕組み

　純粋な賦課方式は，毎年の保険料収入と支出が均衡することになる。よって賦課方式の財政構造は以下のように要約できる。

　賦課方式の年金財政は，毎年の年金保険料収入（保険料収入＝保険料率×平均賃金（W）×労働者数（L））と年金給付支出（年金給付支出＝平均年金額（P）×受給者数（A））が均衡しなければいけない。

　すなわち，保険料率×平均賃金×労働者数＝平均年金額×受給者数となる。この式は以下のように変形できる。

$$保険料率 ＝ （受給者数／労働者数）×（平均年金額／平均賃金）$$

（2）年金財政を安定させるための政策手段

　長寿化によって受給者数が増加し，少子化によって労働者数が長期的に減少する場合，賦課方式の年金財政を安定させるためには，1）保険料の引き上げ，2）年金額（P）の引き下げ，3）労働者数（L）を増加させる，4）経済成長により賃金（W）を引き上げるといった方法がある。若い世代からの反発が強く，保険料の引き上げが困難な状況になると，年金制度のなかで対応できるのが，2）の給付の引き下げであり，その手法としては，乗率の引き下げといった「年金計算式」の変更，2）再評価や受給中の「スライドの引き下げ」，3）

図表6－6　85年以降の給付抑制手法：さまざまなパラメーター調整

	1985年改正	1989年改正	1994年改正	1999年改正	2004年改正
モデル年金	40年加入専業主婦世帯	40年加入専業主婦世帯	40年加入専業主婦世帯	40年加入専業主婦世帯	40年加入専業主婦世帯
年金水準	男子標準報酬平均の69%	男子標準報酬平均の69%	男子手取り賃金比69%	男子手取り賃金比59%	男子手取り賃金比50%
給付乗率引き下げ	(定額部分、報酬比例部分25%カット)			(報酬比例部分5%カット)	
スライド率引き下げ			(ネット所得スライド)	(既裁定年金に対する政策改定停止)	(マクロ経済スライド)
支給開始年齢の引き上げ			特別支給の老齢厚生年金から別個の年金	別個の年金の廃止	
保険料の引き上げ				保険料引き上げ凍結	保険料固定方式

「支給開始年齢の引き上げ」によって受給者数（A）の増加を抑える，といったいわゆるパラメーターの調整が選択肢になる。図表6－6はこれまで実際に行われたパラメーター調整の内容である。

第6節　年金制度が抱える問題

(1) 年金の空洞化

公的年金制度が今日，直面するもっとも重要な課題は，保険料未納率の上昇，すなわち年金の空洞化と世代間の不公平である。

国民年金第1号被保険者のなかで，保険料未納者が増加し，国民年金の納付率は約60％程度にとどまっている。

空洞化の原因には，構造的な要因と循環的な要因がある。循環要因としては，景気の変動によって，失業をきっかけに，厚生年金被保険者から外れ，国民年金第1号被保険者となり，以降，生活にゆとりがなく未納となる。

構造的な要因は，定額負担の国民年金保険料の逆進性や若年世代の年金不信がある。所得に関わらず，原則，定額保険料である国民年金は低所得者にとって負担が大きい。特に厚生年金に加入できない非正規労働者や短時間労働者は，未納になる割合が高い。また若い世代は，自分が高齢になったときには十分な年金を受け取ることができないのではないかという不安もある。

年齢階級別の年金納付率の推移（図表6－7）を見ると，近年，年金納付率が

図表6－7　年齢階級別の年金納付率の推移

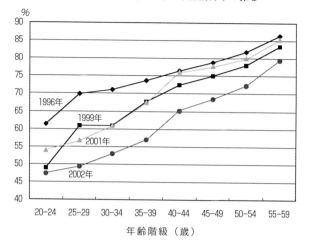

注：縦軸は国民年金第1号被保険者の保険料納付率を示している。
資料：社会保険庁資料より作成。
出典：丸山・駒村（2004）。

すべての年齢で大きく低下していることがわかる。特に若年者の年金納付率の低下は深刻である。

2004年年金改革は，こうした年金空洞化に対しては，多段階免除制度や若年者猶予制度などを導入し，未納率を引き下げる工夫を行った。

(2) 世代間の公平性

賦課方式の公的年金制度（厚生年金）は，従来は年金の給付水準，すなわち所得代替率（＝夫が平均賃金で40年間，厚生年金に加入した専業主婦の世帯が受け取る年金額／男子の平均手取り賃金額）が60％程度を維持できるように，保険料水準を引き上げてきた。一方，若い世代ほど高い保険料を負担することになることから，若い世代から，「保険料と見合った年金を受給できるのだろうか」という「世代間の公平性」に関する不満の声があがるようになった。厚生労働省は，この不満に答えるために，厚生年金のモデル世帯（夫が平均賃金で40年間，厚生年金に加入し，妻が専業主婦の世帯）が，65歳から約20年間年金を受給するとの

前提で，生涯の保険料（労働者自己負担分）と生涯の年金給付額を比較している。この推計によると，保険料固定方式を行うと，2005年に70歳になる1935年生まれの人は，700万円の保険料を負担したのに対し，年金給付額は8.4倍の5,800万円になる。これに対して，1975年生まれでは3,900万円負担し，8,200万円の給付で，給付と負担の比率は2.1倍になる。図表6－4は，この比率を示している。

若年者世代も本人負担分だけでは，負担の2倍の給付を受給できることになっているとした。ただし，この数字はあくまでも自ら保険料を負担しないで基礎年金や遺族年金を受給できる専業主婦世帯を想定しており，負担と給付の倍率は高めに出る。もし，妻が夫の2分の1程度の賃金で20年就業し，20年専業主婦であった共働き世帯を想定するとこの倍率は大きく低下し，給付と負担のバランスが崩れることになる。また，負担には事業主負担分が考慮されていないため，その分，給付と負担の倍率は高めになり，事業主負担も最終的には労働者の負担に帰着すると考えると，若い世代の給付と負担の倍率は1を下回ることになる。

（3）年金積立金の運用とGPIFのガバナンス改革

2014年の年金財政検証によって，年金の積立金の運用目標が名目利回り4.2％（賃金上昇率＋1.7％）と設定されたため，年金積立金の運用を担当するGPIF（年金積立金管理運用独立行政法人）は積立金のポートフォリオを見直し，株式投資のウェイトを50％まで引き上げた。GPIFの運用する積立金は130兆円を越えるようになり，株式市場にも大きな影響を与えることになった。

巨額の資金が政府によって恣意的に運用されることがないように，GPIFのガバナンスを改革し，政府から独立させるための改革が行われた。

（4）女性の年金問題

厚生年金に加入しているサラリーマン世帯の専業主婦（主夫）は国民年金第3号被保険者となり，直接は国民年金・基礎年金の保険料を負担していない。いわゆる「第3号問題」は，①サラリーマンの専業主婦は保険料負担をせず，

その分を共働き・独身サラリーマンが負担している一方で，遺族厚生年金などの給付内容は国民年金第3号被保険者と共働き妻との間にほとんど差がないという「給付・負担における公平性の問題」，②第3号被保険者の要件として，サラリーマンの専業主婦の地位になければならないが，収入130万円未満という条件を満たすために就業調整，労働供給の抑制が行われているという「資源配分の効率性を歪める問題」が起きる。

これらの問題を回避するために，年金保険料の負担と給付を個人単位で行うべきであるという指摘がある。その一方で，世帯単位の負担を比較すると，現在の制度でも夫婦の合計所得が同じならば支払っている厚生年金保険料は同じであるとの見方もある。

こうした問題は，国民年金，基礎年金に限ったものではない。被用者保険は，世帯単位の報酬比例負担の保険料が原則であり，保険料負担の問題は医療・介護保険も同様である。医療，介護保険でこのような批判が生まれないのは，保険給付の性格や制度のわかりやすさによるところもある。確かに，一定所得以下を専業主婦として，負担を免除するという制度は非中立的な効果をもつ。「働き方への中立性」を重視するならば，被用者社会保険の保険料負担の体系，国民年金第3号被保険者制度についての見直しが必要であろう。

（5）私的年金の位置づけ－公私年金の連携
① 私的年金の役割変化

私的年金には，確定給付型年金と確定拠出型年金がある。

確定給付型年金は，企業が，加入期間や給与などに基づく一定の計算式によって給付を約束し，その原資を運用して給付を行う。運用がうまくいかず，約束した給付ができなくなる場合は，企業が不足分を追加拠出する必要がある。したがって，運用成績が悪い場合，企業負担が大きくなるので，企業側が運用リスクを担うことになる。そこで，運用実績が不振の厚生年金基金は解散し，基金型企業年金，規約型企業年金などの企業年金基金に再編，移行している。また適格退職年金は新設されず，2012年までに税制上の優遇措置を失い，これも企業年金基金に移行した。

確定拠出型年金は，将来の年金給付額については保障がなく，企業や本人が個人勘定に保険料を拠出し，原資を積み上げ，その運用実績で給付額が決まる。

　確定拠出型年金には，企業型確定拠出年金と個人型確定拠出年金がある。企業型確定拠出年金では，企業が各従業員のために個人勘定を設定し，拠出を行う。運用は従業員自身が行い，企業は運用の結果には責任をもたない。給付額は拠出金額と運用成績次第である。

　これ以外にも確定拠出型年金と確定給付型年金の両方の性格を組み合わせたタイプとして，ハイブリッド型年金もある。拠出額は一定であるが，運用成績は一定額まで企業側が保障するというものである。

　企業経由ではない確定拠出年金としては，国民年金基金と個人型確定拠出年金がある。国民年金基金は，運営者は公的主体であるが，自営業などが任意に加入する年金である。

　個人型確定拠出年金は，個人が金融機関に手続きを行い加入するものである。自営業や企業年金のない労働者を対象としてきたが，2017年1月以降は，ほぼすべての労働者が利用可能となっており，iDeCo（イデコ）と呼ばれる新制度が創設された。

　これら私的年金であるが，その役割は大きく変化した。すでに述べてきたように，今後，公的年金の給付水準がマクロ経済スライドによって低下することになる。この低下分を補うために，私的年金の普及やその給付水準の充実が必要になる。公私年金の合計額で，従前所得の一定割合を確保するという「公私年金の連携，インテグレーション」という考えは，近年，スウェーデン，英国，ドイツの年金改革（リースター年金）に共通したものであり，それ自体は高齢化に対する1つの対応方法である。そのためには，企業年金は従来の「公的年金の上乗せ」という性格から，「公的年金の代替」という性格に変わる。

　私的年金を普及させる政策手段の1つが税制上の優遇である。図表6－8は，さまざまな私的年金の性格と税制上の優遇を比較したものである。基本的には，拠出時非課税，運用時一部課税，給付時課税の3段階のいずれかで課税されることになるが，実際には，税制優遇の内容は異なっている。

図表6-8 企業年金制度比較

	厚生年金基金	適格退職年金（平成24年に廃止）	確定給付企業年金（基金型）	確定給付企業年金（規約型）	企業型確定拠出年金	個人型確定拠出年金
運営主体	厚生年金基金	事業主	基金	事業主	事業主	国民年金基金連合会
運用	加入者全体 積立基準あり	加入者全体 積立基準なし	加入者全体 積立基準あり	加入者全体 積立基準あり	個人勘定 積立基準なし	個人勘定 積立基準なし
老齢給付	代行部分：終身 加算部分：半分以上は終身。一時金選択可能	5年以上の有期あるいは終身 一時金選択可能	5年以上の有期あるいは終身 一時金選択可能	5年以上の有期あるいは終身 一時金選択可能	5年以上の有期あるいは終身 一時金選択可能	5年以上の有期あるいは終身 一時金選択可能
支給開始年齢	規約の定め（60歳以上65歳以下）	規約の定め（退職後）	規約の定め（60歳以上65歳以下）	規約の定め（60歳以上65歳以下）	10年以上の加入で60歳	10年以上の加入で60歳
脱退一時金	3年以上の加入者	任意	3年以上の加入者	3年以上の加入者	あり。個人型移換もある	あり
企業拠出	代行部分（免除保険料）は労使折半 加算部分は原則事業主	原則	原則	原則	拠出	不可
本人拠出	代行部分折半・加算部分可能	掛金半分まで可能	掛金半分まで可能	掛金半分まで可能	不可	拠出
拠出時課税（本人）	全額社会保険料控除	生命保険料控除	生命保険料控除	生命保険料控除	非課税（拠出上限の範囲）	非課税（拠出上限の範囲）
運用時課税	代行部分・望ましい法定上乗せ部分を超える部分に対する特別法人税1％	特別法人税1％・加入者拠出部分は非課税	特別法人税1％・加入者拠出部分は非課税	特別法人税1％・加入者拠出部分は非課税	特別法人税1％	特別法人税1％
給付時課税	公的年金等控除 一時金：退職所得控除	公的年金等控除（加入者拠出部分は除く） 一時金：退職所得控除	公的年金等控除（加入者拠出部分は除く） 一時金：退職所得控除	公的年金等控除（加入者拠出部分は除く） 一時金：退職所得控除	公的年金等控除 一時金：退職所得控除	公的年金等控除 一時金：退職所得控除
2004年年金改革	特別法人税非課税範囲の拡大				拠出優遇の拡大	拠出優遇の拡大

注：特別法人税には別に地方税0.173％が加わる。

第7章
現行年金制度の仕組みと実態

　本章では現行年金制度の概要について説明する。わが国の公的年金制度は，20歳以上60歳未満の者が加入し，基礎的給付を行う国民年金と，それに上乗せして報酬比例の年金を支給する，被用者向けの厚生年金保険からなる[1]。

　また，自営業者等に対する基礎年金の上乗せ年金としては国民年金基金制度があり，厚生年金保険の上乗せ年金としては厚生年金基金制度，企業年金，個人年金がある（図表7－1参照）。

---

1) 厚生年金の加入は，要件を満たしている限り，15歳から69歳までであり，国民年金（20歳から59歳まで）とは異なる。また厚生年金は2015年10月までは，民間被用者は厚生年金保険に，公務員などは共済組合に加入していたが，被用者年金の一元化が行われ，公務員も厚生年金に加入することになった。新しい厚生年金制度では，従来からの厚生年金制度の加入者（民間被用者）は厚生年金第1号被保険者，国家公務員共済年金加入者は厚生年金第2号被保険者，地方公務員共済加入者は厚生年金第3号被保険者，私学共済加入者は厚生年金第4号被保険者というように変更になった。

第 7 章　現行年金制度の仕組みと実態　111

図表 7 − 1　公的年金制度の仕組み

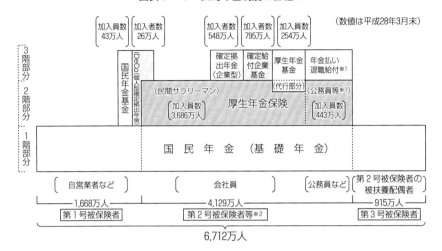

※ 1　被用者年金制度の一元化に伴い，平成27年10月 1 日から公務員および私学教職員も厚生年金に加入。また，共済年金の職域加算部分は廃止され，新たに年金払い退職給付が創設。ただし，平成27年 9 月30日までの共済年金に加入していた期間分については，平成27年10月以後においても，加入期間に応じた職域加算部分を支給。
※ 2　第 2 号被保険者等とは，厚生年金被保険者のことをいう（第 2 号被保険者のほか，65歳以上で老齢，または，退職を支給事由とする年金給付の受給権を有する者を含む）。
出典：厚生労働省（2017）『平成29年度厚生労働白書』。

　このうち厚生年金基金制度は，積立金運用に課題があることから，制度が縮小され，多くの基金が解散することになっている。
　2016年 3 月末の公的年金の加入者は6,712万人であり，受給者数は，国民年金3,383万人，厚生年金4,081万人（旧共済年金含む）となっている。

第 1 節　国民年金・基礎年金の仕組み

　国民年金は1959年に自営業者や零細企業の労働者を適用対象として発足したが，1985年の年金改革により，全国民を対象とする保険方式を中心にした年金制度となった[2]。

（1）保険者・被保険者

20歳から60歳までの全国民が国民年金に加入することが義務づけられている。2016年3月末の被保険者総数は6,712万人，うち自営業者等の第1号被保険者[3]が1,668万人，民間サラリーマン（厚生年金）および公務員等（共済組合）の第2号被保険者が4,129万人，第2号被保険者の被扶養配偶者である第3号被保険者が915万人となっている（図表7－1参照）。国民年金加入者は国民年金基金に任意加入できる。

（2）保険料

国民年金1号被保険者の保険料は2018年度，月額16,340円である。第2号被保険者，第3号被保険者の保険料は，厚生年金の保険料のうち一部が国民年金特別会計（基礎年金勘定）に移転しており，財政調整という形で負担している（図表7－2参照）。

なお，低所得の場合など保険料が免除される場合がある。免除には法定免除と申請免除がある。法定免除は，障害年金を受けている人や生活保護法の生活扶助などを受けている人などが届け出することにより免除される。申請免除は，所得が低く，保険料納付が困難なとき申請し，厚生労働大臣がそれを承認したときに免除される。申請免除の場合，収入の判断は本人だけではなく，家族（世帯単位）の分も考慮される場合がある。また，前年度の所得が判断基準である。免除期間の保険料は，10年前までさかのぼって納付できる。免除期間は10年の老齢年金受給資格期間に含まれる。

このほか，4分の3免除，半額免除，4分の1免除など世帯年収に応じた段

---

[2] 税を財源とする年金としては福祉年金がある。福祉年金は，拠出制国民年金制度発足前に高齢であった人や障害・母子状態であった人などに全額，国庫負担によって支給される老齢福祉年金と障害福祉年金および母子・準母子福祉年金がある。福祉年金の受給者は1970年代後半までは多数存在したが，1985年の年金改革以降，減少した。

[3] 自営業者とその妻，無職，学生，国会・地方議会議員とその配偶者，厚生年金，共済年金の老齢年金，退職年金受給者の配偶者で20歳以上60歳未満の者，厚生年金または共済年金の障害年金を受け取っている者とその配偶者が第1号被保険者である。

図表7－2　基礎年金の収支の構造（平成27年度）

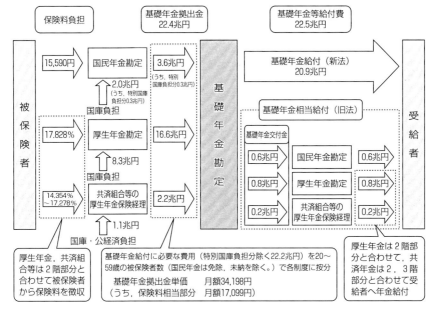

注1：特別国庫負担とは，保険料免除者に対する給付や20歳前障害者に対する給付等に対し，特別に国庫から負担されるものである。
注2：平成27年9月までの共済組合等の保険料には3階部分も含まれていた。
注3：基礎年金拠出金，基礎年金給付（新法），基礎年金相当給付（旧法）および基礎年金交付金の額は，平成27年度における保険料・拠出金算定対象額等の実績の値（確定値）を用いて算出した額（確定値ベース）である。また，基礎年金拠出金の額は，基礎年金勘定の積立金（昭和61年4月前に国民年金へ任意加入していた被用者年金の被扶養配偶者が納付した保険料に相当する額の積立金収入およびその運用）による軽減後の額である。平成27年度の当該軽減額は0.2兆円である。ただし，基礎年金拠出金単価は，軽減前の基礎年金拠出金から計算した値である。
出典：厚生労働省年金数理部会（2017）『平成27年度公的年金財政状況報告』。

階的な免除がある[4]。

また学生や50歳未満を対象に，納付を延期できる納付特例制度がある[5]。

---

[4] たとえば，半額免除は4人世帯の場合，年間の収入額は420万円程度である。

（3）保険給付

国民年金（基礎年金）の給付内容は，大きく老齢給付，障害給付，遺族給付から構成される。

① 老齢給付

老齢基礎年金は満額支給で779,300円（2018年度）である。受給資格期間[6]が10年以上あるものが65歳以上に達したときに支給される。

ただし，支給開始年齢は原則65歳からであるが，制度上は60歳からの繰り上げ受給と65歳以降支給を受ける繰り下げ受給がある。繰り上げを選択すると，年金額は最大30％程度（60歳からの受給）カットされ，その金額で生涯受給を受けることになる。逆に，繰り下げを選択すると，最大70歳まで繰り下げた場合，42％増額される。

老齢基礎年金（年額）の満額は年額779,300円であるが，受給額は，保険料の納付月数と免除期間に比例する。具体的には免除期間の算定方法は次のようになっている。

Xは免除期間の扱いである。国民年金は所得に応じて4段階の免除を申請できる。免除期間は一定期間支払ったものとして扱われる。その扱いは，次の通りである。全額免除を受けた期間＝A，4分の3免除を受けた期間＝B，2分の1免除を受けた期間＝C，4分の1免除を受けた期間＝Dとすると，X＝A／2＋B×5／8＋C×6／8＋D×7／8となる。

---

[5] 四年制大学，短期大学，専修学校などに在学中の学生は，本人のアルバイトなどの年間所得が118万円以下の場合，特例納付を選択できる。

[6] 納付期間とカラ期間・免除期間の合計が基本であるが，カラ期間は3号被保険者が，国民年金が任意加入であった1986年以前に，加入しなかった期間である。この受給資格期間は重要である。また，年齢によっては加入可能期間の全期間で納付していれば，経過措置によって年金を全額受給できる。これは，国民年金は1961年の発足であり，1926年生まれの人は1986年に60歳になるため，加入可能な期間は25年しかないからである。受給資格期間と年金額の算定期間の違いは重要である。たとえば，全額免除期間はすべて受給資格期間にカウントされるが，算定期間には2分の1期間しかカウントされない。

② 障害給付

・障害基礎年金

障害基礎年金は，被保険者もしくは60歳以上65歳未満で障害認定日において障害等級表に定められる障害がある場合に支給される[7]。最近は，精神障害による障害年金受給者が増加する傾向にある。

支給条件としては，滞納期間が被保険者期間の3分の1を超えないことが条件になる[8]。

障害基礎年金の給付は2級が年額779,300円，1級が986,100円である。子供がいれば1，2人目が224,300円（1人につき），3人目が74,800円加算される。ここでいう子供とは18歳の誕生月後，初めて迎える3月31日（年度末）まで，障害者は20歳未満をいう。

③ 遺族給付

（a）遺族基礎年金

遺族基礎年金は，被保険者や老齢基礎年金の受給者，60歳から65歳未満の被保険者が死亡した場合，その人に扶養[9]されていた子[10]のある配偶者[11]や子に支給される。遺族年金は加入期間にかかわらず定額であり，配偶者の受け取る遺族年金は子供の数によって加算[12]される。

（b）寡婦年金

保険料納付済み期間と保険料免除期間が合わせて25年以上ある夫が死亡した場合，妻[13]が60歳から64歳までの期間支給される[14]。

---

[7] 加入期間のうち保険料を納めた期間と保険料免除期間の合算が3分の2以上が条件になる。特例として，2026年3月31日までは初診月の前々月までの1年間に未納がなければ，資格はある。

[8] 国民年金加入前の20歳前に初診日がある場合，20歳になって障害等級表に該当する障害があれば，障害基礎年金を受給できる。

[9] 生計維持要件として，遺族の年収が恒常的に850万円未満（可処分所得655.5万円）であることが必要。

[10] 子は，満18歳の年度末までと障害等級1級，2級の20歳未満の子を指す。

[11] 事実婚も含める。

[12] 子の加算は，1，2人目が224,300円（1人につき），3人目が74,800円である。

[13] 婚姻期間が10年以上継続していることが条件となる。

(c) 死亡一時金[15]

国民年金第1号被保険者[16]として保険料を3年以上納めた人が，年金の受給を受けずに亡くなり，遺族が遺族基礎年金を受けられない場合に支給される。額は保険料を納めた期間に応じて12－32万円となっている。

④ 脱退一時金

外国人などが帰国する場合，一時金が支払われる。

第2節　厚生年金の仕組み（図表7－1参照）

(1) 保険者・被保険者

厚生年金保険は，原則として常時5人以上の従業員を使用する事業所とすべての法人に適用される。ただし，一般の個人事業所でも従業員5人未満，農林水産業・サービス業の個人事業所は任意適用になる。適用対象の被用者は，常時使用されている70歳未満の被用者[17]である。最近の動向としては，従来は30時間未満の短時間労働者は厚生年金の適用対象外であったが，1）週労働時間20時間以上，2）勤続期間が1年以上見込まれる，3）企業規模501人以上，4）月収8.8万円以上については，短時間労働者でも厚生年金加入になった。

国民年金・基礎年金と厚生年金の間には財政調整が行われており，20から60歳までの被用者は厚生年金に入ることによって，国民年金第2号被保険者に加入し，保険料を支払っているとみなされる。またその被扶養配偶者も国民

---

14) 65歳以降は自己名義の老齢基礎年金がある。
15) 死亡一時金を受けると寡婦年金を受給できなくなる。
16) 厚生年金加入者は対象になっていない。
17) パートタイマーは常時的使用関係の有無によって判断されるが，勤務時間，労働日数が一般社員の4分の3以上であることが条件になる。ただし，従業員規模501人以上の企業の従業員の場合，1年以上の雇用継続，勤務時間週20時間以上の場合は，適用になる。また配偶者が厚生年金に加入している被扶養者であり，生計維持認定基準（60歳未満で130万円未満，60歳以上・障害者であれば180万円以下でかつ被保険者の年収の2分の1以下）を満たしていれば国民年金第3号被保険者（健康保険の被扶養者）になる。

年金第3号被保険者として，保険料を直接負担しなくてもよい。こうした費用負担は，年金特別会計の厚生年金勘定，国民年金勘定，基礎年金勘定の間で調整されている。

また，大企業等の労働者の場合，事業所単位で設立された厚生年金基金がある。厚生年金基金は保険料の一部を留保し（代行部分），事業主の負担を含めて運用し，プラスアルファ部分の給付を行う。厚生年金基金は，労働者である加入者と事業主が共同運営する労使自治型の組織でもある。

厚生年金基金は，近年，運用環境の悪化により代行部分の積立金の確保も困難になる基金が増えたため，政府は厚生年金基金制度を縮小し，基金の代行返上，基金の解散を推進することにしている。

（2）保険料

保険料の額は，ボーナスを含むすべての報酬金額に保険料率を乗じて計算される。2017年9月以降は，保険料率は187／1000で固定されることになっている。実際支払う保険料は標準報酬額という区分で設定されており，標準報酬の最小額は，8.8万円（保険料約1.6万円（2017年8月）），最大額は62万円（保険料11.2万円（2017年8月））と設定されている。

（3）年金給付の仕組み

国民年金同様に，大きく分けて老齢給付，障害給付，遺族給付から構成される。

① 老齢厚生年金

老齢厚生年金の支給は65歳からで，当面，図表7－3のように60歳－64歳までの間は特別支給の老齢年金が支給されることになっている[18]。

なお老齢厚生年金の給付算定方法は，2003年4月からの総報酬制実施前と後で計算式が異なる。

18）厚生年金の支給開始年齢は，すでに1985年改正において，男性への本則給付は60歳から65歳に引き上げられている。ただし，60歳から特別支給として従来と同様の厚生年金を支給している。

(a) 平均標準報酬月額・平均標準報酬

平均標準報酬月額とは，再評価後の標準報酬の平均である。再評価とは，過去の標準報酬を現在の価値に計算しなおす作業で，賃金の上昇率に対応した再評価率で計算する。1994年改革によって，この再評価率は名目賃金の上昇率ではなく，税や社会保険料を差し引いた手取り賃金の上昇率で行われることになっている。

また，2003年4月からはボーナスも含めた総報酬制となり，賞与も計算に含めた平均標準報酬額で年金は計算される。

(b) 給付乗率

給付乗率は，加入期間を給付額に反映させる係数である。乗率は退職する年が遅くなる人，すなわち，若い世代ほど低くなるように設定されている。1946年生まれ以降は，7.125（総報酬の場合は5.481）で固定される。

② 特別支給の老齢厚生年金

65歳以前に支給される特別支給の老齢厚生年金は，定額部分と比例部分から構成されている（図表7-3参照）。1994年の改革によって，特別支給の老齢年金の支給期間は次第に短縮されて，報酬比例部分だけの給付となった。さらに1999年年金改革によって，将来的には，報酬比例部分の受給期間も短縮さ

図表7-3　年金支給開始年齢の引き上げスケジュール

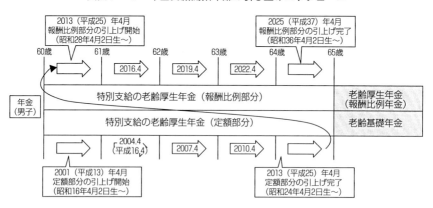

出典：厚生労働省（2004）『平成16年度版厚生労働白書』。

れ，最終的には65歳からの厚生年金支給になる。

60歳代前半の老齢厚生年金（報酬比例部分）の支給開始年齢を，男子は2013年度から2025年度にかけて，女子は2018年度から2030年度にかけて，3年ごとに1歳ずつ65歳へ引き上げる。なお，旧共済年金加入者である厚生年金第2号，第3号，第4号被保険者の女子は，2025年度から男子同様に65歳支給になる。

このように90年代の年金改革によって，特別支給の老齢厚生年金の定額部分の支給開始年齢が引き上げられ，続いて，報酬比例部分の支給開始年齢が引き上げられるため，男性では1961年4月，女性では1966年4月以降の世代は，65歳までまったく年金は受給できなくなった。

③　在職老齢年金

厚生年金は，特別支給の老齢厚生年金として60歳代前半から受給できる。就業しながら受給できるが，賃金に応じて減額給付となる。支給開始年齢が65歳に引き上げられることから，65歳までの在職老齢年金の該当者は減少することになる。今後は，65歳以降も就労しつつ老齢年金を受給する「65歳からの在職老齢年金」の該当者が増加することになるが，賃金が高くなると厚生年金（報酬比例部分）が削減されるため，高齢者の就業意欲を減退させる効果があるという指摘もある。

④　障害厚生年金

厚生年金保険の被保険者期間中に初診日がある病気や怪我によって，障害等級で定める障害になったとき，障害厚生年金は障害基礎年金に上乗せして支給される[19]。年金額は標準報酬月額と被保険者期間に比例する[20]。

一級

平均標準報酬月額 $\times (9.5 - 7.125) / 1000 \times$ 被保険者月額 $\times 1.25 \times$ 物価スライド ＋ 配偶者の加給年金[21]　227,900

---

19) 厚生年金の独自給付として3級，障害一時金がある。
20) 被保険者期間の月数が300カ月以下ならば300カ月として計算される。
21) 加給年金は，生計が維持されている配偶者（年収850万円以下）が65歳になるまでの期間支給される。

二級

平均標準報酬月額 × (9.5 − 7.125) ／1000 × 被保険者月額 × 物価スライド
＋ 配偶者の加給年金 227,900

三級（最低保障 584,500 円）

平均標準報酬月額 × (9.5 − 7.125) ／1000 × 被保険者月額 × 物価スライド

障害手当金（一時金）（最低保障 1,168,000 円）

平均標準報酬月額 × (9.5 − 7.125) ／1000 × 被保険者月額 × 2

注：総報酬導入により2003年4月以降については，平均標準報酬月額は賞与を計算にいれるため，平均標準報酬月額は平均標準報酬額に，乗率は (7.308 − 5.481) となる。

⑤ 遺族厚生年金

厚生年金の被保険者や老齢厚生年金の受給者が死亡したとき[22]，亡くなった人に生計を維持[23]されていた遺族[24]に支給される[25]。

遺族厚生年金 ＝ 平均標準報酬月額 × 給付乗率 (9.5 − 7.125) ／1000
　　　　　　　　× 被保険者月数 × 3／4 × 物価スライド

夫婦共働きの場合，遺族厚生年金と自分の老齢厚生年金の併給はできない。厚生年金被保険者であった妻は60歳から65歳になるまでの間，夫の遺族厚生年金か自分の特別支給の厚生年金を選択することになる。65歳からは選択肢は，①夫の遺族厚生年金，②妻の老齢厚生年金，③夫の老齢厚生年金と自分の老齢厚生年金の合計の2分の1の3つの選択肢から1つ選択することになる。

---

22) 亡くなった人が亡くなる前々月までの国民年金加入の期間のうち，保険料を納めた期間と免除期間を合わせた期間が2／3以上あることが条件になる。
23) 配偶者や子供が遺族給付の対象になるためには，生計の維持がなされていたことが必要である。この生計維持については，遺族の年収が恒常的に850万円未満（可処分所得655.5万円）であることが必要。
24) 遺族の順位は，妻，子供，父母，孫，祖父母，兄弟である。遺族年金をもらっている人が再婚，養子になると受給資格は失う。
25) 子供をもつ妻と子供は，遺族基礎年金と遺族厚生年金の両方を受給できる。

第3節　高齢者世帯の収入と支出

(1) 高齢者の収入と支出
① 収入額

高齢者世帯（65歳以上の者のみで構成するか，またはこれに18歳未満の未婚の者が加わった世帯）の平均所得（2014年）は297.3万円で，全世帯から高齢者世帯と母子世帯を除いたその他の世帯（644.7万円）の5割弱となっている。

ただし，高齢者世帯ほど世帯人数が少ない傾向があることを考慮し，世帯人数を調整[26]して比較すると，高齢者世帯は211.6万円となっており，その他の世帯（307.7万円）と比べて，96.1万円低い[27]。

② 支出額

加齢とともに支出のパターンも変化する。総務省の「家計調査」によると，2015年の高齢者世帯（世帯主が65歳以上である2人以上の世帯）について，消費支出の10大費目別構成比を2人以上の世帯全体の平均と比較すると，「保健医療」が1.34倍と最も高く，次いで「光熱・水道」が1.11倍，「その他の消費支出」が1.09倍となっている。

(2) 高齢者世帯の貯蓄と資産

高齢者にとって生活保障の手段は，就業による賃金や年金といったフローだけではなく，資産とその取り崩しも重要である。高齢者は，金融資産，実物資産ともに若年者よりも保有しているが，これはあくまで平均値であって，資産保有の格差も大きい。

貯蓄や債務を詳しく見ると，2人以上の世帯については，世帯主の年齢が高くなるにつれて，1世帯当たりの純貯蓄はおおむね増加し，世帯主が60－69歳の世帯および70歳以上の世帯では，他の年齢階級に比べて大きな純貯蓄を

---

26) 世帯人員数の平方根で割った平均等価可処分所得。
27) 内閣府（2017）『2017年高齢者白書』参照。

有している[28]。

　貯蓄現在高について，世帯主の年齢が60歳以上の世帯と全世帯の中央値（いずれも2人以上の世帯）とを比較すると，前者は1,592万円，後者は1,054万円となり，高齢者のほうが貯蓄の多いことが確認されている。

　金融資産の年齢別保有状況を見ると，全国消費実態調査などでは，家計の保有する全金融資産の7割を65歳以上の高齢者が保有している。

（3）公的年金給付の実態

　基礎年金および厚生年金の老齢給付の実態を展望する。公的年金・恩給を受給している高齢者世帯における公的年金・恩給の総所得に占める割合別世帯数の構成割合を見ると，68.0％の世帯において公的年金・恩給の総所得に占める割合が80％以上となっている[29]。

①　基礎年金の給付実態

　老齢基礎年金は制度上，480カ月保険料を納めた場合，満額で月額約64,941円（2018年度）を受け取ることができる。しかし，実際の受給額を見ると，保険料の納付期間が少ないため満額をかなり下回る。厚生労働省『平成27年厚生年金保険・国民年金事業の概況』によると，国民年金受給権者全体の老齢年金の平均年金月額は，2015年度で5万5千円，新規裁定者で5万2千円である。基礎年金のみ（旧国民年金の受給権者含む）の老齢年金の平均年金月額は5万1千円で，男性の平均は5万5千円，女性は4万2千円である。

　実際の基礎年金額が満額給付を下回る原因として，①保険料を納付しなかった期間がある，②保険料の免除期間がある，③繰上げ受給を選択した，が考えられる。

　特に女性の場合，サラリーマンの妻で専業主婦であった場合，1986年に基礎年金制度が導入されるまでは，国民年金への加入は任意であったため，保険料納付期間が男性より短くなりがちである[30]。

28）内閣府（2017）『2017年高齢者白書』参照。
29）内閣府（2017）『2017年高齢者白書』参照。

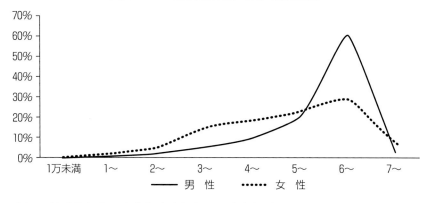

図表7－4　老齢基礎年金の分布（既裁定者）

資料：厚生労働省（2015）『厚生年金保険・国民年金事業年報』より作成。

　男女間で，受給している年金額の分布は大きく異なる。男性の場合，6万円台にピークが存在し，66％の人が月額6万円以上の年金を受け取っている（図表7－4参照）。一方，女性の場合，男性のように特定の年金額への集中度は小さく，2－6万円台の間にばらついている。

　図表7－5は，2015年度における年齢別・男女別の老齢基礎年金の平均額である。

　高齢の受給者では男女差が大きいものの，最近の受給者では男女差は縮小していることがわかる。65歳未満で平均年金額が低いのは③の繰上げ受給を選択したことによる。基礎年金の繰上げ受給は，60－64歳の間で可能であるが，60歳から受給した場合には，本来の年金額の70％（1941年4月2日以降生まれ）に減額される。また繰上げ受給を選択しているものは，繰上げ受給を選択していない人よりも短命の傾向がある。

　2015年度で，受給者全体で繰上げ受給している人は35.6％おり，繰下げ受給を選択している人は1.4％に過ぎない。ただし，2015年度から受給を開始し

30）サラリーマンの妻は1986年3月までは任意加入であったが，これ以降は3号被保険者となっている。任意加入の間，加入しなかった妻はこの期間については，受給資格期間として扱われるが，年金計算には反映されない。こうしたカラ期間の影響である。

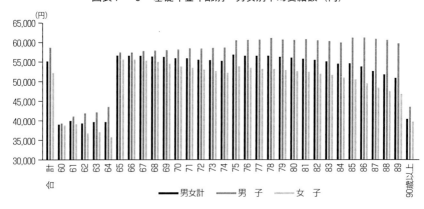

図表7−5 基礎年金年齢別・男女別平均受給額（円）

資料：厚生労働省（2015）『厚生年金保険・国民年金事業年報』より作成。

た比較的若い世代では，繰上げ受給は10.9％にとどまり，繰下げ受給を選択している人は2％となる。

② 厚生年金の給付実態

厚生年金加入者の年金額は，基礎年金と報酬比例年金部分の合計額である。そのうち報酬比例年金部分は，基本的に被保険者期間と現役時代の賃金（標準報酬額）によって決定される。したがって，国民年金加入者（第1号被保険者）のように定額の保険料を払っていれば，定額の年金を受け取ることができるという性質のものではなく，年金額は退職するまで確定しない。

厚生年金保険（第1号）受給者全体の平均年金月額は，2015年度末現在で，老齢年金は14.5万円で，男性16.6万円，女性10万円となっている。男女間での年金額の違いは，基礎年金をはるかに上回るものである。これは，男女での働き方の違い[31]と給与水準の違いに起因していると考えられる。平均被保険者期間，平均標準報酬額のいずれを見ても，女性は男性を大きく下回る水準である。

また，年金額の分布を見ると，男性は，12万円から24万円程度を中心にし

---

[31] 厚生年金加入期間の違いがあり，男性の方が女性より長い。

図表7－6　老齢厚生年金の分布（既裁定者）月額万円

資料：厚生労働省（2015）『厚生年金保険・国民年金事業年報』より作成。

つつ幅広く分布しており，特定の年金水準への集中はみられない（図表7－6参照）。また，0.1％とごくわずかではあるが，月額30万円以上の年金額を受け取っている人も存在する。これに対し，女性の場合は，月額11万円未満の割合が大多数である。厚生年金受給者における男女間の年金額の格差は，このように分布をみても明らかである。

図表7－7は，2015年度における年齢別・男女別の老齢厚生年金（基礎年金

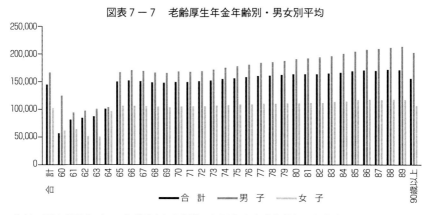

資料：厚生労働省（2015）『厚生年金保険・国民年金事業年報』より作成。

部分を含む）の平均額である。

　男性に着目すると，若い世代ほど年金加入期間が伸びているにも関わらず，年金額は増えていない。これは，給付乗率の引き下げ効果により，加入期間の伸びの効果が相殺されているためであろう。また65歳未満での年金が低いのは，支給開始年齢が引き上げられ，厚生年金の報酬比例年金部分のみの支給になっているためである。

（4）高齢者と格差・貧困の動向
①　高齢者の所得再分配後の所得格差

　高齢者になると健康の個人差も広がり，就労収入の機会が限られ，さらに資産格差から発生する資産収入にも差がでるため，高齢者ほど所得格差が広がる。また厚生年金（報酬比例年金部分）も現役時代の賃金格差が反映される。年齢別の所得格差は，図表7－8のように，ジニ係数の値が，60～64歳で0.33，65

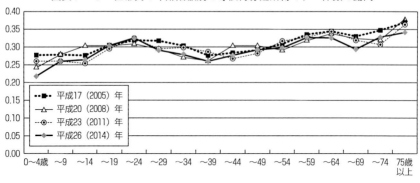

図表7－8　世帯員の年齢階級別の等価再分配所得のジニ係数の動向

資料：厚生労働省「所得再分配調査」（平成26年）。
注：「等価所得」とは，世帯の所得を世帯人員の平方根で除したもの。
　「再分配所得」とは，当初所得から税金，社会保険料を控除し，社会保障給付（現金，現物）を加えたもの。
　年齢階級別ジニ係数（等価再分配所得）CSV形式（1KB）のファイルは
　http://www8.cao.go.jp/kourei/whitepaper/w-2017/html/zenbun/s1_3_1.html
　より入手可能。
出典：内閣府（2017）『平成29年版高齢社会白書』。

～ 69歳で0.30，70 ～ 74歳で0.33，75歳以上では0.34と高齢者ほど大きいことが確認できる。

② 高齢者の貧困の動向

高齢者ほど貧困率が高い傾向があり，高齢者の増加は生活保護受給者を増やすことになる。生活保護受給者の推移を見ると，2015年における65歳以上の生活保護受給者は97万人で，65歳以上人口に占める生活保護受給者の割合は2.86％であり，全人口に占める生活保護受給者の割合（1.67％）より高い（図表7 － 9）。

高齢者の収入に占める年金のウェイトが大きいこと，年金額の格差が大きいこと，女性の年金額が低いこと，今後はマクロ経済スライドで大幅に年金水準が引き下げられることを考慮すると，今後，高齢者の貧困率が上昇し，生活保護受給者が増加する可能性が高い。

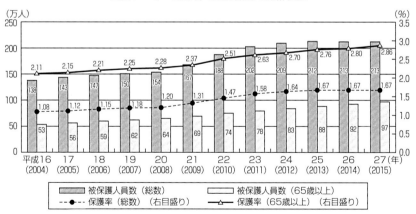

図表 7 － 9　高齢者の生活保護の受給状況

資料：総務省「人口推計」「国勢調査」，厚生労働省「被保護者調査　年次調査」より内閣府作成。
　　　被保護人員の変移 CSV 形式（1KB）のファイルダウンロードはこちら。
　　　http://www8.cao.go.jp/kourei/whitepaper/w-2017/html/zenbun/s1_2_2.html

第8章
医療保障制度の仕組み

　日本の医療保障制度は，医療保険制度を中心として成り立っており，社会保険システムのもと，1）国民皆保険，2）医療サービス現物給付，3）医療機関の自由開業，を特徴としている。

　日本の医療保障制度の長所は，1）国民の誰もが，公平に医療サービスを受けることができること，2）一定の質が確保された医療を比較的低い患者負担により受けることができること，3）患者が自由に医療機関を選択できること，の3点である。

　本章では，医療保障制度として，医療保険制度と医療機関，診療報酬の仕組みについて説明する。

第1節　医療保障の歴史[1]

　日本の医療保障制度は図表8－1のように発展してきた。

1）日本の医療保障政策は，戦前と戦後で大きく変化した。また，今日のシステムの一部は戦争中に確立した。

図表8－1　医療保険制度の変遷

年	内容
1905年（明治38年）	鐘紡，八幡製鉄所共済組合設立
1922年（大正11年）	健康保険法制定
1927年（昭和2年）	健康保険法全国施行（工場，鉱山，交通業等の適用事業所で従業員常時10人以上のもの）
1934年（昭和9年）	健保法改正：適用事業所を従業員5人以上に拡大
1938年（昭和13年）	厚生省設置 国民健康保険法制定 ・実施主体は，市町村・職業を単位とする任意設立の保険組合
1939年（昭和14年）	職員健康保険法制定（指定市町村にある会社，商店等の事業所に従事するサラリーマンを対象） 船員保険法制定 健保法改正：家族給付の開始（任意給付）
1942年（昭和17年）	健保法改正：職員健康保険を統合（一部負担金制導入） 厚生省設置法改正：保険局の設置
1944年（昭和19年）	健保法改正：給付期間を2年間に延長
1947年（昭和22年）	労働者災害補償保険法制定 健保法改正：業務上傷病に対する給付の廃止
1948年（昭和23年）	社会保険診療報酬支払基金法制定，国保法改正：市町村公営原則一任意設立強制加入 国家公務員共済組合法制定
1953年（昭和28年）	日雇労働者健康保険法制定，私立学校教職員共済組合法制定 健保法改正：給付期間を3年に延長
1954年（昭和29年）	政管健保に，初めて国庫負担導入（10億円）
1956年（昭和31年）	公共企業体職員等共済組合法制定
1958年（昭和33年）	国保法全面改正（国民健康保険の推進，被保険者5割給付）
1961年（昭和36年）	国民皆保険の実現
1962年（昭和37年）	社会保険庁の設置，地方公務員等共済組合法制定
1963年（昭和38年）	療養給付期間の制限撤廃
1967年（昭和42年）	健保特例法制定（薬剤一部負担の創設）
1968年（昭和43年）	国保7割給付完全実施
1969年（昭和44年）	健保薬剤一部負担の廃止
1972年（昭和47年）	老人福祉法の改正（老人医療のいわゆる無料化）
1973年（昭和48年）	健保法改正：家族給付等7割に引上げ，高額療養費制度の創設，政管健保の国庫補助の定率化
1977年（昭和52年）	健保法改正：ボーナスを対象とした特別保険料の創設
1980年（昭和55年）	健保法改正：入院時家族給付8割引上げ，標準報酬等級表上限弾力的改定，保険料率の上限改定
1982年（昭和57年）	老人保健法制定
1984年（昭和59年）	健保法等改正：被保険者本人に定率1割負担導入，特定療養費の創設，高額療養費の改善，退職者医療制度の創設
1986年（昭和61年）	老人保健法改正：一部負担の改定，加入者按分率の引上げ，老人保健施設の創設
1986年（昭和63年）	国保法等改正：高額医療費市町村における運営の安定の強化，保険基盤安定制度の創設，高額医療費共同事業の拡充
1990年（平成2年）	健保法等改正：保険基盤安定制度の確立，国庫助成の拡充と財政調整機能の強化，老人保健拠出金に対する国庫負担の合理化
1991年（平成3年）	老人保健法改正：一部負担の改定及び物価スライドの導入，介護に着目した公費負担割合の引上げ，老人訪問看護制度の創設
1992年（平成4年）	健保法等改正：政管健保の中期財政運営方式の採用，出産関係給付の改善，医療保険審議会の創設，標準報酬等級の改定
1993年（平成5年）	国保法等改正：国民健康保険財政安定化支援事業の制度化，保険基盤安定化に係る国庫負担の見直し
1994年（平成6年）	健保法等改正：付添看護・介護に係る給付の見直し，在宅医療の推進，入院時食事療養費の創設，出産育児一時金の創設，老人保健福祉審議会の創設
1995年（平成7年）	国保法等改正：保険料軽減制度の拡充，保険基盤安定制度に係る暫定措置，高額医療費共同事業の拡充，国保財政安定化支援事業の延長，老人加入率上下限の引上げ（老人保健制度）
1997年（平成9年）	健保法等改正：医療保険福祉審議会の創設，被用者一部負担の見直し，外来薬剤の支給に係る一部負担の導入，老人医療の一部負担の改定，国保の保険基盤安定制度に係る国庫負担の段階的増額，国保組合の国庫補助の見直し
1998年（平成10年）	国保法等改正：退職者に係る老人保健医療費拠出金負担の見直し，老人加入率の引上げ，診療報酬の不正請求の防止に関する見直し，保険医療機関の病床の指定等に関する見直し
2001年（平成13年）	健保法等改正：老人の一部負担に上限付き定率1割負担を導入，高額療養費の見直し
2002年（平成14年）	健保法等改正：老人医療の対象年齢および公費負担割合の段階的引き上げ，3歳未満の乳幼児の2割負担，一定以上所得の高齢者の2割負担
2003年（平成15年）	健保法等改正：3～69歳について原則的に給付率を7割に統一，被用者保険における総報酬制導入，外来薬剤一部負担の廃止
2006年（平成18年）	現役並み所得の高齢者の3割負担。療養病床に入院する高齢者の食費・居住費の負担引上げ
2008年（平成20年）	健康保険法等の改正（未就学児の2割負担，老人保健法の高齢者の医療の確保に関する法律への改正に伴う長寿医療制度（後期高齢者医療制度）の創設等）
2010年（平成22年）	国保法等改正：市町村国保，協会けんぽ，高齢者の保険料軽減のための措置
2013年（平成25年）	健保法等改正：協会けんぽへの財政支援措置を2年間延長等
2015年（平成27年）	国保法等改正：国保への財政支援拡充，国保の財政運営主体を都道府県に，後期高齢者支援金の全面総報酬割導入，負担の公平化，医療費適正化計画の見直し，予防・健康づくりの促進，患者申出療養創設等

資料：厚生労働省ホームページ。
出典：厚生省（2000）『平成12年版厚生白書』および（財）厚生統計協会（2009）『保険と年金の動向』に一部加筆。

（1）戦前の医療保障制度

健康保険法成立以前は，企業別の共済組織と工場法による業務傷病のみに対する制度が存在した。1922年にようやく健康保険法が公布され[2]，関東大震災の混乱が収まった後の1927年から施行された。1934年には強制適用事業所を拡大し，医療保険が普及した。

（2）戦中の統制下の医療保障

太平洋戦争の激化によって，兵力の確保，労働力の培養，銃後の守りのために，医療保障の拡張が行われた。1938年には農漁村を対象にした国民健康保険制度，1939年には船員保険，職員健康保険法の創設，家族給付の開始など整備が進んだ。

草創期の医療保険は，企業別福祉や地域別の助け合いの仕組みの影響を強く受けたものであった[3]。

（3）戦後の医療保障制度の拡充と調整

日本の医療政策は，戦後～1961年の皆保険前，1961年の皆保険から1973年のオイルショック前，1973年から1982年の高齢者医療をめぐる改革，1983年から1990年の医療供給抑制政策，1990年以降の介護との連携模索期，2000年以降の高齢化対応，医療費抑制期に分類できる。

① 戦後～1961年：医療保険，医療供給体制整備強化（拡張期）

1947年に労働基準法および労働者災害補償保険法が制定され，業務傷病については医療保険から分離された。1948年には診療報酬の審査支払を一元化するために社会保険診療報酬支払基金が成立，国家公務員共済組合などが発足した。1956年には約3,000万人の国民が未適用の状況にあったが，1959年施行の国民健康保険法により，国民健康保険制度の実施を市町村に義務づけ，

---

2) 後藤新平がドイツを参考に医療保険導入を提唱した。
3) 当時の地域の様々な互助組織に関する研究については，恩田 (2006) を参照。国民健康保険の原型となった地域の互助組織として，定礼という仕組みがある。国民健康保険と地域の医療互助組織については，島崎 (1994)，宮下 (2006) 参照。

1961年には国民皆保険を達成した。皆保険により医療サービスへのアクセス保障，公的病院の整備，民間病院の増設，医療従事者の資格整備が行われた。一方，1948年に医療法が制定され，病院区分の類型，病院の施設基準など医療サービス供給側のルールが定められた。

② 1961～1973年：充実期

皆保険が成立すると，医療へのアクセスが容易になったことから医療需要が拡大した。需要に対応した供給の拡充が急務となり，僻地医療や救急医療体制が整備された。1960年には医療機関に資金を融資する医療金融公庫ができ，また1つの県に一医大が置かれ，医師不足対策も進められた。

さらに，医療保険の給付率の改善が進められた。1972年には老人医療費無料化，1973年には健康保険法改正により家族給付が7割に引き上げられ，高額療養費制度も成立した。高額療養費制度の創設により自己負担の限度額が設けられ，全国民が医療費の約1～3割程度の低い自己負担で医療を受けることができるようになった。保険医療の内容も，水準，範囲ともに拡大し，医療分野の技術革新等に対応して，新しい診断・治療方法もカバーした。

③ 1973～1984年：医療需要の抑制期

オイルショック以降の景気後退，財政拡張政策によって財政赤字が拡大し，医療保険への国庫負担の抑制が必要になった。このため，1977年の健康保険法改正で，ボーナスを対象にした特別保険料が創設された。1980年代に入ると老人医療システムの再構築，高齢化による疾病構造の変化への対応，医療費抑制が重要なテーマとなった。特に，老人医療費公費負担制度により無料化された老人医療をめぐり，高齢者が病院に集まりサロン化しているのではないかといった問題，薬の無駄使いなど医療資源の非効率などが問題となった。そこで，①医療資源の利用の効率化，②公費にかわる財源の確保，③保険者間の負担を公平化するため，1982年に老人保健法が成立した。老人保健制度の成立によって，老人医療の実施主体が市町村となった。医療需要の抑制は高齢者だけでなく，1984年にはそれまで患者負担のなかったサラリーマンの被保険者本人に1割負担も導入された。1986年には老人保健制度が改正され，医療保険における世代間負担のバランス確保のために，一部窓口負担の引き上げ，加

入者按分率の引き上げが行われた。

④ 1985年からの医療供給抑制・医療計画の導入

医療費抑制は供給サイドでも行われた。1985年の第一次医療法改正によって，地域医療計画と病床規制が導入された。さらに1992年の第二次医療法改正では，病院機能の分化も進められ，特定機能病院，療養型病床群が制度化され，高齢化に伴う慢性疾患に対応した整備や介護との連携も進められた。医療サービスの量的抑制の一方で，医療サービスの重点は高齢者を対象とする慢性疾患に移り，質的転換が進められた。

⑤ 1990年代の介護保険導入準備と機能分化への取り組み

1990年には，老人医療，福祉，保健の整備を総合的計画的に進めるため，ゴールドプランが作成された。在宅医療の促進のため，1991年には老人保健法が改正され，老人訪問看護制度が成立し，1994年には，付き添い看護・介護解消，在宅医療の推進，入院時の食事にかかる給付が見直された。慢性疾患，介護との連携を視野にいれて，老人病院の介護力強化病院化，入院管理病院化が進められた。

1997年の第三次医療法改正では，診療所への療養型病床群の拡大，地域医療支援病院制度が創設され，都道府県主導による二次医療圏ごとの地域医療の体系整備が進められた。さらに2000年の第四次医療法改正によって，その他病床を療養型病床と一般病床に区分し，さらに医療機関に関する広告の規制緩和が行われた。この一方，患者の窓口自己負担の引き上げが行われ，以降，短期的な需要抑制による財政安定化政策が行われた。

⑥ 2000年以降の診療報酬マイナス改定と医療のIT化の進展

2000年以降は，新たに導入された介護保険との役割分担と高齢化への対応が急務となる。安定的な制度再構築がめざされ，2003年に基本的な考えをまとめた「医療制度改正大綱」を政府，与党が公表した。2006年には医療法改正と医療保険財政の再編からなる大規模な改革が行われ，後期高齢者医療制度が導入された。また国の財政赤字に対応するために，診療報酬の抑制も繰り返され，包括払い制度への移行が進められ，同時にITを使った効率化も進められた。

2006年の大がかりな医療制度改革については，75歳以上の高齢者を若い世代の医療保険から独立させ，別制度にしたこと，すなわち後期高齢者医療制度への批判が高まった。そのため，2008年の民主党を中心とした連立政権の発足に伴い，見直しが行われることになったが，2012年に自民党政権に戻ったため，結局見直しは実施されなかった。その後も医療保険制度の改革に関する議論は継続的に行われ，2015年5月には，9年ぶりの大幅な制度改正となる，医療保険制度改革法が成立した。

第2節　日本の医療保障制度の特徴

　国民皆保険は，単に国民全員が公的な医療保険に加入することを強制するだけでなく，加入者によって加入する保険を特定している（図表8－2，図表8－3参照）。被用者を対象とする健康保険は，企業，職域によって加入する保険者

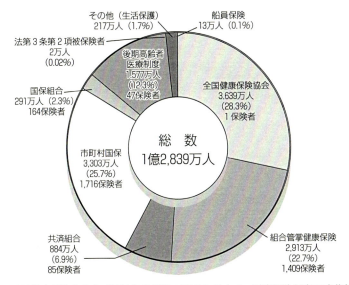

図表8－2　医療保険制度の加入者数等（平成27年3月末現在）

出典：国民健康保険中央会『国民健康保険の安定を求めて　医療保険制度の改革』より。

が異なっており，分立した小規模の保険集団になっている（図表8－3参照）。特に健康保険組合は，日本的雇用慣行と相互補完的な一面もある。

図表8－4は，保険診療におけるサービス，保険料，患者負担，診療報酬の

図表8－3　医療保険の類型

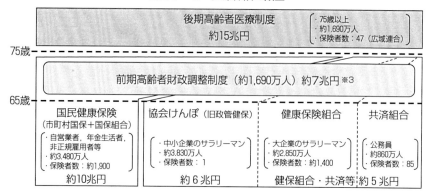

※1　加入者数・保険者数，金額は，平成29年度予算ベースの数値。
※2　上記のほか，経過措置として退職者医療（対象者約90万人）がある。
※3　前期高齢者数（約1,690万人）の内訳は，国保約1,300万人，協会けんぽ約220万人，健保組合約90万人，共済組合約10万人。

出典：厚生労働省ホームページ『日本の医療保険制度について』。
　　　http://www.mhlw.go.jp/file/06-Seisakujouhou-12400000-Hokenkyoku/0000172084.pdf

図表8－4　保険診療の概念図

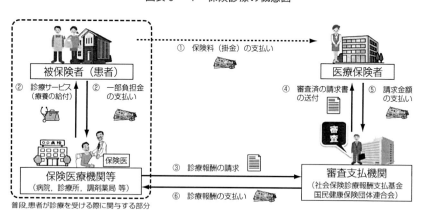

出典：厚生労働省ホームページ『我が国の医療保険について』より。

流れである。

　保険料率は，病気になりやすいなどのリスクとは無関係に，被用者保険は所得比例で，非被用者保険は資産，所得，家族人数に応じて決定される。

　戦後，医療サービスの整備は，医療機関の自由開業，均一公定医療報酬，出来高診療報酬体系を背景に急激に進んだ。

(1) 医療保険制度について

　日本の社会保険は，職域保険と地域保険から構成されている。職域保険は，同種の職業に働いている者どうしで保険集団を形成する保険である。職域保険に加入する被用者には，一般職種と特定職種がある。一般職種については，中小企業の被用者は全国健康保険協会（協会けんぽ），大企業の被用者は健康保険組合（組合管掌健康保険（組合健保））に加入する。特定職種は公務員，教員で，共済組合を形成している。地域保険は同一地域内において保険集団を形成する医療保険であり，一部，自営業者保険は国民健康保険組合を組織し，医師，弁護士，理容師などが独自の保険集団を組織している。

　図表8－5は，主な医療保険制度の特徴をあらわしている。市町村国保は，他の被用者保険にくらべ，高齢者や低所得者の比率が高い特徴がある。高齢化によって1人当たり医療費が高額になることを考慮すると，市町村国保は財政的に脆弱になりやすい傾向にある。

　2017年度予算案での協会けんぽ，国保，国保組合，後期高齢者医療制度への国庫負担の総額は11.8兆円になるが，その配分に大きな格差がある。国庫負担の充当先は国民健康保険分が29.9％，協会けんぽが11.3％，後期高齢者医療制度が42.2％である。被用者保険，非被用者保険間で医療保険制度によって公費の投入度合いに差がある。

(2) 被用者保険

　全国健康保険協会（協会けんぽ）と組合管掌健康保険（組合健保）を比較すると，平均年齢は協会けんぽが高く，平均報酬は組合健保が高いという特徴がある（図表8－5）。

図表 8 − 5　各保険者の比較

	市町村国保	協会けんぽ	組合健保	共済組合	後期高齢者医療制度
保険者数（平成27年3月末）	1,716	1	1,409	85	47
加入者数（平成27年3月末）	3,303万人（1,981万世帯）	3,639万人（被保険者2,090万人 被扶養者1,549万人）	2,913万人（被保険者1,564万人 被扶養者1,349万人）	884万人（被保険者449万人 被扶養者434万人）	1,577万人
加入者平均年齢（平成26年度）	51.5歳	36.7歳	34.4歳	33.2歳	82.3歳
65〜74歳の割合（平成26年度）	37.8%	6.0%	3.0%	1.5%	2.4%[1]
加入者一人当たり医療費（平成26年度）	33.3万円	16.7万円	14.9万円	15.2万円	93.2万円
加入者一人当たり平均所得[2]（平成26年度）	86万円（一世帯当たり）144万円	142万円（一世帯当たり[3]）246万円	207万円（一世帯当たり[3]）384万円	230万円（一世帯当たり[3]）451万円	83万円
加入者一人当たり平均保険料（平成26年度）[4]〈事業主負担込〉	8.5万円（一世帯当たり）14.3万円	10.7万円〈21.5万円〉（被保険者一人当たり）18.7万円〈37.3万円〉	11.8万円〈26.0万円〉（被保険者一人当たり）22.0万円〈48.3万円〉	13.9万円〈27.7万円〉（被保険者一人当たり）27.2万円〈54.4万円〉	6.9万円
保険料負担率[5]	9.9%	7.5%	5.7%	6.0%	8.3%
公費負担	給付費等の50%＋保険料軽減等	給付費等の16.4%	後期高齢者支援金等の負担が重い保険者等への補助[7]	なし	給付費等の約50%＋保険料軽減等
公費負担額[6]（平成29年度予算ベース）	4兆2,879億円（国3兆552億円）	1兆1,227億円（全額国費）	739億円（全額国費）		7兆8,490億円（国5兆382億円）

※1　一定の障害の状態にある旨の広域連合の認定を受けた者の割合である。
※2　市町村国保および後期高齢者医療制度については、「総所得金額（収入総額から必要経費、給与所得控除、公的年金等控除を差し引いたもの）及び山林所得金額」に「雑損失の繰越控除額」と「分離譲渡所得金額」を加えたものを年度平均加入者数で除したもの（市町村国保は「国民健康保険実態調査」、後期高齢者医療制度は「後期高齢者医療制度被保険者実態調査」のそれぞれの前年所得を使用している）。協会けんぽ、組合健保、共済組合については、「標準報酬総額」から「給与所得控除に相当する額」を除いたものを、年度平均加入者数で除した参考値である。
※3　被保険者1人当たりの金額を表す。
※4　加入者1人当たり保険料額は、市町村国保・後期高齢者医療制度は現年分保険料調定額、被用者保険は決算における保険料額を基に推計。保険料額に介護分は含まない。
※5　保険料負担率は、加入者1人当たり平均保険料を加入者1人当たり平均所得で除した額。
※6　介護納付金および特定健診・特定保健指導等に対する負担金・補助金は含まれていない。
※7　共済組合も補助対象となるが、平成23年度以降実績なし。
出典：厚生労働省ホームページ『日本の医療保険制度について』。
　　　http://www.mhlw.go.jp/file/06-Seisakujouhou-12400000-Hokenkyoku/0000172084.pdf

① 保険料・保険給付

　保険料は賃金に比例する形で決定されている。加入は世帯単位が原則であり，本人は被保険者であるが，被扶養家族は家族給付の対象となっている。被保険者健康保険本人給付は当初10割給付からスタートしたが，1984年に9割給付に，1997年には8割給付となった。2003年4月より7割給付となった。給付については図表8－6を参照せよ。

② 健康保険組合（組合管掌健康保険）

　大企業の従業員は，事業者単位に形成されている健康保険組合に加入する。健康保険組合は1,405あり，被保険者と被扶養者を合計した加入者は約2,900万人である。近年，後期高齢者医療制度への拠出金負担の急増によって，健康保険組合の経営難が顕著になっており，約7割が赤字組合で，社会保険診療報酬支払基金への預託金や立替金を使う状態になっている。

　健康保険組合加入者の保険料率は，その事業内容や財政状況に応じて，各組合が自主的に定めることができる。健康保険組合「決算見込の概要」によれば，2016年度の組合健保の保険料率の平均は1000分の91.10で，政管健保の保険料率（1000分の100）よりは低いものの，21.7％の組合では，協会けんぽの保険料率を上回る。また，保険料は，労使折半が原則であるが，実際には事業主と被保険者負担の比率は54.4対45.6であった。

③ 全国健康保険協会（協会けんぽ）

　中小企業の従業員は全国健康保険協会（協会けんぽ，2008年9月まで政府管掌健康保険）に加入することとなり，加入者数は2016年3月末時点で約3,700万人であった。協会けんぽ全体の保険料率は，1000分の100に設定されているが，2009年9月からは，都道府県ごとに保険料率が異なっており，最低は新潟県の1000分の96.9から，最高は佐賀県の1000分の104.7まで幅がある。

④ 共済組合

　国家公務員，地方公務員，私学教職員といった特殊職域の被用者は独自に保険集団を形成し，共済の短期事業として医療保険を行っている。2016年3月末時点で約880万人の加入者がいる。

(3) 非被用者の加入する健康保険

非被用者が加入する医療保険は，大きく市町村国民健康保険と国民健康保険組合がある。市町村単位で経営される国民健康保険の保険料は，地域医療格差や保険料の計算方法の違いにより大きな格差がある[4]。

① 保険料・保険給付

市町村国民健康保険，国民健康保険組合ともに，加入は世帯単位を原則としながら，家族も世帯主同様に被保険者となる。保険料は応能負担（割）と応益負担（割）が組み合わされて決定される。応能負担は，所得に応じた所得割と資産に応じた資産割から構成される。応益負担は，被保険者均等割と世帯別平等割から構成される。保険料を100とすると，それぞれの標準的構成割合は所得割40，資産割10，均等割35，平等割15となっているが，実際には，市町村によってある程度自由な組み合わせを選択できる。このため地域によって応能割の比率が高い場合もある。

一方，保険給付は1961年に5割給付でスタート，1963年には7割給付に引き上げられた。保険給付については図表8－6を参照せよ。

② 国民健康保険

国民健康保険の保険者は市町村である。ただし，2018年度から，財政運営の責任は都道府県に移管される。1,716市町村に3,182万人が加入している。国民健康保険の特徴は，①高齢者が多く（65歳以上の高齢者の割合が38％以上），加入者の平均年齢が高い，②低所得者の比率（無職世帯は44.1％，軽減世帯は57.7％）が高い，③医療費の地域格差が大きいため，保険者間の負担が不均等，小規模保険者の増加による経営の不安定化などである（厚生労働省『平成27年度国民健康保険実態調査』）。財政状況は悪く，60％弱の国保が赤字となっている[5]。保険料の収納率低下（全国平均91.45％）も財政に影響を与えている。保険料も計算方法が地域によって異なっており，高齢化の影響を受けて地域格差が広が

---

[4] 地域によって5倍程度の保険料格差がある。保険料の問題については岡本（1989）を参照せよ。

[5] 市町村の一般会計から国保特別会計への赤字補填のための組入れが行われており，これを含めると国民健康保険財政は2,843億円の赤字である。

っている。医療費が高い地域ほど保険料が高くなるが，保険の規模も運営コスト，保険料に影響を与える。加入者数が100万人を超える横浜市や大阪市と数百人の加入者しかいない町村では，リスクの分散や保険運営の規模の経済性に差が出る。市町村国保間の保険料の差は，最大で4倍近くにも及んでいる。

③　国民健康保険組合

自営業者でありながら，医師，芸能人，理髪業，土建業など一部自営業者は同じ職業の者が集まって保険集団を形成している。この保険組合を国民健康保険組合という。国保組合の数は163あり，加入者は286万人で，一部独自の給付や保険料を設定している。保険給付については図表8－6を参照せよ。

④　退職者医療制度と前期高齢者医療制度

被用者年金の受給資格がある被用者は，退職を境に加入制度が，被用者医療保険から脱退して国民健康保険に加入するが，同時に退職者医療制度から受給することになっていた[6]。退職者医療制度は，現役から退職後において，老人保健法の適用を受けるまで健康保険の給付水準の低下を防ぐためのものであり，一部負担割合は被保険者と被扶養者ともに70歳未満は3割，70歳以上は1割（現役並み所得者は3割），保険料と被用者保険等の事業主と被保険者による拠出金（療養給付費交付金）が財源であった。このように退職サラリーマンの医療費を支えた退職者医療制度は廃止され，2008年4月からは，65歳から74歳を対象にした前期高齢者医療費に関する財政調整の制度に変更された。新しい前期高齢者医療制度は，国保や被用者保険という従来の制度に加入したまま，その偏在による医療費の負担の不均衡を各保険者の加入者数に応じて調整することとなっている。この調整方法とは，1）各保険者の加入者数（0歳から74歳まで）に応じて負担をする，2）各保険者における前期高齢者の加入率を基準にして，全国平均に比較し，国保が高く，健保が低い事実に基づき，全国平均より加入率が高い場合は，調整金を受け取り，低い場合は，調整金を支払う仕組みとなる。

6）被用者保険が費用を支払い，基金経由で交付金が市町村に支給される。給付の実施は市町村が行い，退職者医療のレセプトは国保連合会へまわされた。

図表8−6　医療保険制度の概要

制度名		保険者 (平成28年3月末)	加入者数 (平成28年3月末) [本人/家族] 千人	保険　　医療	
				一部負担	高額療養費制度，高額医療・介護合算制度
健康保険	一般被用者 協会けんぽ	全国健康保険協会	37,165 [21,577 15,587]	義務教育就学後から70歳未満 3割 義務教育就学前 2割 70歳以上75歳未満　2割（※） （現役並み所得者　3割） （※）平成26年3月末までに既に70歳に達している者 1割	（高額療養費制度） ・自己負担限度額 （70歳未満の者） 　（年収約1,160万円〜）　　252,600円＋（医療費−842,000円）×1％ 　（年収約770〜約1,160万円）167,400円＋（医療費−558,000円）×1％ 　（年収約370〜約770万円）　80,100円＋（医療費−267,000円）×1％ 　（〜年収約370万円）　　　57,600円 　（住民税非課税）　　　　　35,400円 （70歳以上75歳未満の者） 　（現役並み所得者）　80,100円＋（医療費−267,000円）×1％， 　　　　　　　　　　　外来（個人ごと）44,400円 　（一般）　　　44,400円，外来（個人ごと）12,000円 　（住民税非課税世帯）24,600円，外来（個人ごと）8,000円 　（住民税非課税世帯のうち特に所得の低い者） 　　　　　　　　　15,000円，外来（個人ごと）8,000円 ・世帯合算基準額 　70歳未満の者については，同一月における21,000円以上の負担が複数の場合は，これを合算して支給 ・多数該当の負担軽減 　12月間に3回以上該当の場合の4回目からの自己負担限度額 （70歳未満の者） 　（年収約1,160万円〜）　　　　　　　　　　　　140,100円 　（年収約770〜約1,160万円）　　　　　　　　　 93,000円 　（年収約370〜約770万円）　　　　　　　　　　 44,400円 　（〜年収約370万円）　　　　　　　　　　　　　44,400円 　（住民税非課税）　　　　　　　　　　　　　　 24,600円 　（70歳以上の現役並み所得者）　　　　　　　　　44,400円 ・長期高額疾病患者の負担軽減 　血友病，人工透析を行う慢性腎不全の患者等の自己負担限度額 　10,000円 　ただし，年収約770万円超の区分で人工透析を行う70歳未満の患者の自己負担限度額20,000円 （高額医療・高額介護合算制度） 　1年間（毎年8月〜翌年7月）の医療保険と介護保険における自己負担の合算額が著しく高額になる場合に，負担を軽減する仕組み。自己負担限度額は，所得と年齢に応じきめ細かく設定。
		組合 健康保険組合 1,405	29,136 [15,811 13,324]		
	健康保険法第3条第2項被保険者	全国健康保険協会	19 [13 7]		
	船員保険	全国健康保険協会	124 [58 66]		
各種共済	国家公務員	20共済組合	8,774 [4,504 4,270]		
	地方公務員等	64共済組合			
	私学教職員	1事業団			
国民健康保険	農業者自営業者等	市町村 1,716	34,687 市町村 31,822 国保組合 2,864		
		国保組合 163			
	被用者保険の退職者	市町村 1,716			
後期高齢者医療制度		[運営主体] 後期高齢者医療広域連合 47	16,237	1割 （現役並み所得者　3割）	自己負担限度額　　　　外来（個人ごと） 　（現役並み所得者）80,100円＋（医療費−267,000円）×1％　44,400円 　（多数該当の場合）　44,400円 　（一般）　　　　　　44,400円　　　　　　　　　　12,000円 　（住民税非課税世帯）24,600円　　　　　　　　　　 8,000円 　（住民税非課税世帯のうち特に所得の低い者） 　　　　　　　　　　　15,000円　　　　　　　　　　 8,000円

注1：後期高齢者医療制度の被保険者は，75歳以上の者および65歳以上75歳未満の者で一定の障害にある旨の広域連合の認定を受けた者。

注2：現役並み所得者は，住民税課税所得145万円（月収28万円以上）以上または世帯に属する70〜74歳の被保険者の基礎控除後の総所得金額等の合計額が210万円以上の者。ただし，収入が高齢者複数世帯で520万円未満もしくは高齢者単身世帯で383万円未満の者，および旧ただし書所得の合計額が210万円以下の者は除く。特に所得の低い住民税非課税世帯とは，年金収入80万円以下の者等。

(平成29年6月現在)

給　　付			財　　源	
給　　付		現金給付	保険料率	国庫負担・補助
入院時食事療養費	入院時生活療養費			
(食事療養標準負担額)	(生活療養標準負担額)	・傷病手当金 ・出産育児一時金 等	10.00％ (全国平均)	給付費等の16.4％
・住民税課税世帯 　1食につき　360円	・一般（Ⅰ） 　1食につき　460円 　＋1日につき　320円	同上 (附加給付あり)	各健康保険組合によって異なる	定　額 (予算補助)
・住民税非課税世帯 　90日目まで 　1食につき　210円	・一般（Ⅱ） 　1食につき　420円 　＋1日につき　320円	・傷病手当金 ・出産育児一時金 等	1級日額　390円 11級　3,230円	給付費等の16.4％
91日目から 　1食につき　160円	・住民税非課税世帯 　1食につき　210円 　＋1日につき　320円	同上	9.60％ (疾病保険料率)	定　額
・特に所得の低い住民税 　非課税世帯 　1食につき　100円	・特に所得の低い住民税 　非課税世帯 　1食につき　130円 　＋1日につき　320円	同上 (附加給付あり)	―	なし
			―	
	※療養病床に入院する65歳以上の方が対象 ※難病等の入院医療の必要性の高い患者の負担は食事療養標準負担額と同額	・出産育児一時金 ・葬祭費	世帯毎に応益割(定額)と応能割(負担能力に応じて)を賦課 保険者によって賦課算定方式は多少異なる	給付費等の41％
				給付費等の39.6～47.2％
				なし
同　上	同上 ただし， ・老齢福祉年金受給者 　1食につき　100円	葬祭費　等	各広域連合によって定めた被保険者均等割額と所得割率によって算定されている	・保険料約10％ ・支援金約40％ ・公費約50％ (公費の内訳) 国：都道府県：市町村 　　　　4：1：1

注3：国保組合の定率国庫補助については，健保の適用除外承認を受けて，平成9年9月1日以降新規に加入する者およびその家族については協会けんぽ並とする。
注4：加入者数は四捨五入により，合計と内訳の和とが一致しない場合がある。
注5：船員保険の保険料率は，被保険者保険料負担軽減措置（0.50％）による控除後の率。
出典：厚生労働省（2017）『平成29年版厚生労働白書』。

⑤ 老人保健制度と後期高齢者医療制度

老人保健法は1982年に成立した。退職被保険者および被扶養者が75歳（寝たきりの人は65歳）になったとき，老人保健制度による医療に切り替わることになっていた。被用者保険に加入していた人々は，退職によって国民健康保険に加入することになったため，国民健康保険に老人医療費の負担が集中する。そこで，保険間の高齢者比率のバランスを調整するために，老人保健制度によって制度間の財政調整が行われた。老人保健制度については，1）医療保険の各保険者が拠出している老人保健医療費拠出金の負担増が各保険者の運営の圧迫要因となった，2）現行の老人保健医療費拠出金の算定方式は，各保険者間の公平な負担という点で問題があった，3）老人医療費の給付主体は市町村であるが，その費用は老人保健医療費拠出金という形で各保険者の負担となるため，財政・運営責任が曖昧になりがちであったこと，4）若い頃からの健康管理等の重要性が高まっているにもかかわらず，これに十分対応できていなかったこと等の問題があった。2008年4月からは，75歳以上の高齢者は，後期高齢者医療制度に，65～74歳は前期高齢者医療制度に加入することとなった。後期高齢者医療制度においては，その費用の50％が公費[7]，残り50％が保険財源によって確保される。この保険財源のうち，40％は75歳未満の世代からの拠出金（後期高齢者支援金）[8]，10％が高齢者自身の保険料によって確保される[9]。高齢者の患者・窓口負担は2割が基本となるが，現役並み所得がある場合は，3割負担となる。ただし，2014年3月末までにすでに70歳に達している者は，旧制度が適用され，1割負担が基本で，現役並み所得者のみ3割負担である。また，医療と介護の自己負担の合計が大きくなる場合は，軽減措置がある（高額医療・高額介護合算制度）。

7）国：都道府県：市町村が4：1：1で負担する。
8）この比率は固定されず，高齢化の上昇によって調整されていく。具体的には，後期高齢者の保険料負担分は「10％＋2008年度の若年者負担率（40％）×2008年度から改定年度までの若人減少率×1／2」という計算式によって調整されていく。
9）後期高齢者の負担する保険料は，応益部分（定額部分）と応能部分（所得比例部分）から構成され，個人単位で年金から天引きされる。全国平均保険料は月額5,659円である（2017，2018年度）。

(4) 高額療養費制度

重い病気や長期入院した結果，医療費がかさんだ場合，3割でも負担が困難になる場合がある。この場合，一定の金額（自己負担限度額）を超えた部分が払い戻される高額療養費制度がある。年齢や所得水準によって異なり，具体的には以下のように自己負担の限度額が計算される。一般世帯の例でみるように，一定限度額を超えると，原則1％負担になるため，高額療養費制度は公的医療保険の重要な役割を果たしていることがわかる。負担能力に応じた負担を求める観点から，2015年1月より，70歳未満の者については，限度額の区分が3区分から5区分に変更されている。

① 70歳未満の場合

ア．（生活保護の被保護者や市町村民税非課税世帯）：

月額35,400円が限度額

イ．（アに該当しないが，年収約370万円以下）：

月額57,600円が限度額

ウ．（年収約370万円から年収約770万円）：

月額80,100円＋（医療費－267,000円）×1％

エ．（年収約770万円から年収約1,160万円）：

月額167,400円＋（医療費－558,000円）×1％

オ．（年収約1,160万円以上）：

月額252,600円＋（医療費－842,000円）×1％

② 70歳以上の高齢受給者

カ．低所得者（市町村民税非課税世帯などの者でかつ所得が一定基準に満たない）

……月額15,000円

キ．低所得者（市町村民税非課税世帯，ただしカには非該当）

……月額24,600円

ク．現役並み所得者（月収28万円以上など，窓口負担が3割の者）

……年収に応じて，現役世代の限度額ウ～オのいずれか

ケ．一般（カ～クのいずれにも該当しない）

……月額57,600円

（5）法定給付と付加給付

　医療保険の給付には法定給付と付加給付がある。法令によって保険者が給付することが義務づけられているものを法定給付，保険者が裁量で行う給付が付加給付である。ただし，国民健康保険には付加給付はない。また，医療に関する給付を医療給付といい，現物給付と償還給付がある。他に現金給付として，傷病または出産による休業補償としての傷病手当金，出産手当金や出産育児一時金や埋葬料などの実質的な補償給付がある。

（6）混合診療の拡大

　公的な医療保険が効く医療行為や医薬品は，厚生労働省によって保険適用として限定されている。適用外の医療行為や医薬品の使用は，医療保険が適用されず保険外負担，全額自己負担になる。保険診療と保険外診療を組み合わせると，混合診療として全額保険外負担になっていた。この例外的な制度として，特定の高度先進医療や差額ベッド代は，特定療養費制度として，保険と自己負担の併用が認められていた。2004年の規制改革によって，混合診療について規制緩和が行われ，国内未承認薬や必ずしも高度ではない先端技術などについても保険の併用が可能となる保険外併用療養費制度が創設された。また2007年11月には，東京地裁により「混合診療の一律禁止は違法」との判決が下されたが，2009年9月の東京高裁の控訴審では，混合診療の禁止は適法との判決があり，2011年10月の最高裁判決も，混合診療の禁止は適法であるとした二審判決を支持した。

　実際には，混合診療の範囲は拡大傾向にあるが，基礎的医療を保険対象にし，応用医療は保険外にし，その組み合わせを原則自由にするというような全面的な混合診療規制緩和については，1）患者の知識不足によって不必要な治療までが行われる可能性，2）個人で選択する医療と治療上必要不可欠の医療が必ずしも明確に分けることができないこと，3）医療費のうち公費の負担部分を抑えるために，保険適用範囲を政策的に抑制することになるのではないかなどの問題点も指摘されている。

　そのようななか，国民皆保険の堅持を前提とした上で，保険未収載の先進医

療を受けやすくする仕組みとして，2016年4月には，患者申出療養制度が開始された。

（7）医療保障を支えるシステム

保険者，被保険者，保険医療機関の関係は図表8－4に示すとおりである。被保険者は保険者に保険料を支払い，病気や怪我をした場合，医療機関を選択して一定の窓口負担を支払って医療サービスを受けることができる。医療機関の行う報酬への対価は診療報酬点数表に基づいて計算され，レセプトによって保険者に請求される。この際，レセプトを審査し，医療機関と保険の支払いを結ぶ社会保険診療報酬支払基金（支払基金）等の役割も重要である。

都道府県も医療機関の監督，保険医指定などの権限をもっている[10]。

第3節　医療サービスの供給

皆保険によって拡大した医療サービス需要に対応するために，医療サービスの整備が民間医療機関を中心に進められた。

（1）民間中心の医療機関の整備

当初，日本の医療サービスの主体を公立主導にするか民間主導にするかについては議論があった。医療機関の整備を民間中心とすることが決定的になったのは，1962年の医療法改正による。以降，日本の医療機関の整備は，民間の医療法人主導で進められた[11]。医療機関の自由開業の原則に私的な判断での医療機関の拡充と政府の計画・裁量による医療機関整備，すなわち公的病院の整備という方法が同時に行われた。このため，診療所と病院，私立病院と公立病院の役割分担が不明確になる原因となった。

---

10) 都道府県保険課は，保険医療機関の指導監督をする。保険課に指導医療官，医療事務官が設置されている。
11) 民間では高度医療への対応に限界があったが，一方，公立においても財源制約によって全面的な医療機関の整備ができなかった。

1950年代半ばから1970年代半ばまでは，医療機関の量的拡大期であった。1955年から1985年までに，病院は約4,500増，病床数は約98万床増と，それぞれ30年間で約1.9倍，約2.9倍になった。
　このように高度成長期に医療提供体制は，量的に整備されてきたが，高齢化の進展や疾病構造の変化，医学医術の進歩等に対応する必要性も高まった。さらに，医療資源の地域偏在の解消や病院・診療所の医療機関の連携，地域医療の充実等を図るため，1985年に医療法の改正が行われ，医療計画制度の導入がなされた。医療計画は，医療資源を有効に活用し，その適正配置を図るとともに，医療関係施設間の機能分担と連係を進め，良質な地域医療の体系的な整備を推進することを目的とした。都道府県の区域内に複数の2次医療圏を設定し，一般病床については，「必要病床数（基準病床数）」を設定して，病床の適正配置を行うこととなった。

（2）医療サービスの整備状況
　① 医療機関の状況
　日本の医療サービスの供給面での問題点は，①長い待ち時間と短い診療時間，②医師の患者への説明の不十分，③医療機関の施設，人両面の未整備，④医学研究のレベル，⑤専門職としての質が不十分な点が指摘されている[12]。このほか，准看護師を巡る問題[13]，マルプラクテス（医療過誤）の防止や医療機関のリスクマネジメントの強化，プライマリケアの強化が重要であった。今日，これらに加え，地域の医療機関，救急医療の不足，医師数の偏在，診療科の偏在・不足が喫緊の課題になっている。
　2015年時点で，医療施設は，総数で約17万8,000施設，うち病院が約8,500，一般診療所が約10万1,000，歯科診療所が約6万9,000であり，病院の病床数

---

12) 池上・キャンベル（1996）。
13) 准看護師については，奨学金と勤務が結びついた「お礼奉公」などが問題になっている。また労働条件についても，看護師の賃金の85％に抑えられており，制度自体を解消すべきであるという指摘もある。准看護師には，高次医療機関では需要はないものの，民間中小病院では准看護師の需要が依然として強い。

は，約157万床となっている。

② 医師の需要と供給

医師の総数は，31.9万人（2016年）で，人口10万人当たりの医師数は251.7人となっている。人口別の比率は，最高の京都と最低の埼玉の間で2倍の差がある。また都市部と郡部の差も大きい。医師の数自体は，毎年全国で3,500人から4,000人程度増加しているが，地域別に地域格差が大きく，地方における医療機関・医師の不足が指摘されている[14]。特に，産婦人科，小児科の不足が大きな問題になっている[15]。医師が増加しながら，医師の不足感が高まっている背景には，厳しい病院勤務医の労働環境がある。診療外の業務の増加，臨床医への教育，外来患者への対応などにより，勤務医の労働環境は悪化している。しかし，それにふさわしい処遇が行われず，病院を退職し，診療所へ移っているという指摘もある。なお，厚生労働省「医師の需給推計について（2016年3月）」の中位推計によると，2016年度の医学部入学定員9,262人を前提とすると，2024年頃までは供給不足であるが，その後は供給過剰になるとされる。

③ 看護職員の需要と供給

医療従事者のうち看護職員の割合は6割であり，その数は2015年で約163万人である。内訳は保健師6万人，助産師4万人，看護師は118万人，准看護師は36万人である。2010年に厚生労働省は看護職員の需要予測を行い，2015年に需要を140.4万人と予測し，供給は148.6万人としている。

---

14) この背景には，新しい臨床研修制度により，大学病院による医師紹介機能が低下したことがあるとされている。すなわち，従来の臨床研修は，医局のコントロールのもと，出身大学やその関連病院における専門診療科のみの研修（ストレート方式）を行っており，幅広い診療能力がつきにくく，地域医療との接点が少ないことが問題とされた。2004年からは，臨床研修が必修化され，複数の診療科で研修を行うスーパーローテート方式による新しい臨床研修制度が導入され，多くの研修医が臨床プログラムを有する臨床研修病院で臨床研修を受けている。2010年からは，都道府県別の研修医募集定員に上限が設けられ，研修プログラムの弾力化も行われた。
15) 背景には，不規則な勤務時間や訴訟リスクがあるとされている。

④　薬剤師の需要と供給

　2016年の医師・歯科医師・薬剤師調査によると，薬剤師の総数は30.1万人で，人口10万人当たり237人となっている。また2008年の厚生労働省「薬剤師需給の将来動向に関する検討会」では，2028年時点での需要が29万人，供給が44万人（無職者を含む）になると推計している[16]。

⑤　医療機関の人員配置に関する規制

　医師法上，人員基準（病院の許可条件）により，入院患者100人当たりの医療法上の標準が定められている。

　病院は医療法によって医師・看護師を配置する標準数（人員配置基準）[17]が定められており，標準数に対して2分の1以下の状態が2年以上続いた場合に，知事は，改善命令，最終的には，業務停止命令を行うことができる。こうした医療法上の標準に欠ける病院を「標欠病院」と呼び，診療報酬の減額が行われる。また，現在，医療従事者，特に医師看護師等の役割分担と連携が注目され，チーム医療の推進，ナースプラクティショナー（専門性の高い看護師）制度の推進が行われている。

第4節　医療機関の経営と規制

　医療機関の基本的なルールを定めたのが医療法である。一方，医師法は医療従事者のあり方を規定している。医療法では，病院などの営利目的の禁止，医師・歯科医師以外の医療施設開設の規制，医療法人の剰余金配当の禁止や人員基準や施設基準を定めている。

---

[16] 森川（2011）は，①薬学部6年制への移行に伴い，薬剤師国家試験が難化することによって合格率が低下し，薬剤師の供給増加は限定的となること，また②薬剤師は女性割合が61％を占めるため無業者の割合も高いと推定されることから，この需給予測から薬剤師が過剰になるかは疑問としている。

[17] 一般病院の場合，医師の基準は，一般病床の入院患者16：1，療養病床の入院患者48：1，外来の患者40：1，看護師の配置基準は，一般病床の入院患者3：1，医療療養病床の入院患者4：1（2018年3月31日までは6：1だった），外来の患者30：1となっている。

このように，医療の分野では，他にも免許制度，参入・経営形態への規制，広告規制，病床規制，価格規制などの様々な規制がある。

現在，医療機関経営を許されている経営形態は，医療法人[18]，地方公共団体，独立行政法人，日本赤十字，学校法人，社会福祉法人，宗教法人，協同組合である。1964年には特定医療法人，1985年には一人医療法人，1998年には特別医療法人が創設された。さらに，2006年4月から施行された第五次改正医療法により，非営利性の徹底と社会医療法人の創設が行われた。このうち，特別医療法人については，2012年3月末で廃止された。

医療法は，医療機関の種類を病院，診療所，助産施設の3種類に分類している。診療所には，有床診療所と無床診療所がある。診療所は，患者19人以下の収容施設で，原則として48時間以上同一患者を収容することができない。診療所の数は，医療機関の90％以上を占めている。一方，病院は10％未満であるが，診療報酬の支払額の割合は約70％を占め，病院の種類には一般病院，精神病院，結核病院等がある。

① 医療機関の経営に関わる規制

医療機関については，開業の自由が保障されている。しかし，誰もが医療機関を開業できるわけではなく，医師のみが医療機関を開業できるという参入規制が行われている。

また，医療機関の経営形態として医療法上，医療を営利目的とすることが禁止されているため，民間企業，株式会社の医療機関経営は原則[19]認められていない。医療機関の非営利原則に基づき，①非医師が医業をしてはいけない（非医師の開設禁止），②医療機関は営利を目的にしてはいけない（営利目的禁止），③医療機関が営利目的の商売に手を出してはいけない（業務範囲の禁止），④出資者に配当してはいけない（余剰配当の規制），⑤広告宣伝の規制がある。こうした規制の背景には，営利動機により医療機関が医療費の引き上げや不適当な治療をするという考え方が根底にある[20]。

---

18) 医療法人は1950年の医療法改正によって創設され，財団あるいは社団の形態をとる。
19) 例外的に，1）従業員の福利厚生を主な目的としたごく少数の病院，2）特区における自由診療を行う病院など，は株式会社によって設立されている。

② 医療機関の資金調達

民間の医療機関を経営する場合でも，通常の企業同様に，資金の確保は不可欠である。資金調達は，利益留保，減価償却などの内部金融と外部金融がある。外部金融による資金調達は，銀行や医療福祉機構などの融資を受ける間接金融と病院債や診療報酬債権の証券化[21]，地域医療振興債，医療機関債，社会医療法人債[22]などの直接金融があり，従来は，間接金融中心であったが，最近は，様々な直接金融の手段も広がっている。

(1) 免許制度や広告規制

医療法は，病院，診療所といった医療機関に関する規制や，医療提供の理念や関係者の責任を定めた法律である。

① 免許制度

医療サービスは生命を預かり，高い専門性と知識を必要とする。このため，医療従事者の能力を確認し，医療従事者の質を保証するための免許制度がある。医療専門職のほとんどが業務独占になっているため，免許をもたないものが医療サービスに従事することは許されていない。また保険診療をできる保険医になるためには，都道府県知事の指定が必要である。なお，医師については，ベストの治療を行うため，「診療の自由」が保障されている。こうした前提として医師の高い倫理性が期待されている。

② 広告規制

医師法で，医業に関する厳しい広告規制があったが，第5次医療法改正によ

---

20) 株式会社による医業参入は，アメリカでは1970年代以降急増している。そこでは，競争による効率性が期待されているが，医療費自体は安くなっていない。日本では，経営指導というかたちでの，事実上の株式会社参入が進みつつある。
21) 審査支払機関への請求中の保険診療報酬を証券化したもので，短期的な資金調達手段である。
22) 社会医療法人とは，救急医療等確保事業を行い，都道府県知事の認定を受けた医療機関である。社会医療法人は，公益性の高い医療行為を行うことになっており，不採算な自治体病院の運営受託が期待されており，2007年4月以降，社債を発行して資金調達を行うことができる。

り，規制緩和が図られ，高度医療機器の設置，セカンドオピニオン，診療科ごとの平均待ち時間などの広告が許されるようになった。この一方，客観的な評価が難しい，死亡率・生存率などの広告は規制されている。2015年の第7次医療法改正により，それまでは情報提供や広報として解釈されていた，医療機関のホームページも，医療法上の「広告」として位置づけられ，広告規制の対象となった。

（2）数量規制，医療計画による規制

医療法の改正は，医療機関のあり方に大きな影響を与える。これまで医療法は1985年以降，7回改正されてきた。

第1次改正（1985年）は，医療圏を設定し，病床数規制を導入した。第2次改正（1992年）では，特定機能病院と療養型病床群が導入され医療機関の機能分化が進められた。第3次改正（1998年）では，総合病院制度が廃止され，地域医療支援病院[23]が新設された。第4次改正（2000年）は，一般病床から，慢性期の患者が入院する療養病床を独立させ，そして，残りの結核病床・精神病床・感染症病床以外の病床については，医師・看護師の配置を厚くした。第5次改正（2007年）では，患者の選択に資する医療機関情報提供，広告規制緩和，医療安全対策の強化，患者相談窓口設置の努力義務，医療計画の見直し，医療機能の分化・連携，医療法人制度の改革が行われた。第6次改正（2014年）では，病床の機能分化や連携の推進，在宅医療の推進などが行われた。第7次改正（2015年）では，地域医療連携推進法人制度の創設，医療法人制度の見直しによる非営利性の強化が行われた。第8次改正（2017年）では，特定機能病院のガバナンス改革などが行われた。

第1次医療法改正によって導入された地域医療計画によって，医療圏の設定と基準病床数が規定され，既存病床数が基準病床数を上回る過剰病床圏では，病床の増床や新規病院開設は禁止された。地域医療計画の目的は，医療施設と

---

23) 診療所や中小病院からの紹介患者を一定比率以上受け入れ，これらの医療機関と連携・支援し，地域の緊急医療，医療従事者の研修を行うことを期待されている。

医療資源の偏在解消と医療機関相互の機能連携であったが[24]，実際には，医療費の総額抑制が政府の狙いであった。この背景には，医療機関は，空きベッドがあればその分を埋めるように入院患者を増やす行動（医師誘発需要）があり，ベッド数そのものを抑制する必要性があったためである。医療計画は病床数の数量制約となり，自由開業への事実上の規制になった。しかし，86-88年にかけて規制逃れの前の駆け込み増床が発生し，看護婦不足が発生，さらに，無理な増床はその後の病院倒産につながった。また病床規制が参入規制として，既存の病院の既得権となった。さらに，医療計画の目標の1つであった医療機関の連携は不十分なままであり，財政的インセンティブの裏付けが不十分だったという問題点も指摘された。

地域別の必要病床数は，人口，入院率，流入患者，病床利用率から計算される。現在，基準病床数[25]は全国（2016年）で一般病床・療養病床合計105万，精神病床30.8万，結核病床4千病床となっている。それぞれの実際の病床数（2009年）は，一般病床と療養病床の合計は122.6万病床，精神病床が33.4万病床，結核病床が5千病床あり，過剰になっている。また，地域ごとの過不足にもばらつきはある。

---

24) 池上（1999）は，医療計画による病床数の抑制効果については，必要病床数という考えと駆け込み増床という現象によって，増加抑制効果と増加促進効果が相殺されてしまったと否定的な見方をしている。また，八代（2000）は，数量規制よりも包括払いの拡張によって過剰な病床地域から生産コストの低い競争力のない病院を退出させたり，病床不足地域では単価を引き上げるなど，数量規制よりも診療報酬（価格）調整で過剰ベッドの問題について対応すべきとしている。地域医療計画の問題点については池上（1999）が議論している。病床の増加は，80年代以降に80年と86年と2回のピークがあった。80年のピークは建て替えと検査機器，CTなどの技術進歩に対応するためであった。86年は，各県の地域医療計画策定期であり，計画によって病床数が制限される前に病床を確保する駆け込み増床となった。
25) 基準病床数は病院の開設や増床に許可を与える場合の前提条件となっており，2次医療圏において病床数が基準病床数を超えている場合に，病院の開設や増床が許可されない。このため，病床過剰圏域では，新規病院の参入が抑制される。以前は，必要病床数であったが，第4次医療法改正によって名称が変更になり，算定式も変更になった。また，一般病床，療養病床別々に算定される。

（3）価格規制

　保険診療において，医療機関への報酬を決定しているのが診療報酬である。診療報酬は医療サービスに対する価格表であるが，基本的には全国一律の公定価格になっており，政府は，医療費総額や治療行為のコントロール手段として診療報酬を決定している。診療報酬の詳細については次の第5節で考える。

第5節　診療報酬体系

　保険診療においては，診療行為に対する報酬が医療機関の収入になる。この報酬は，診療報酬点数表に定められた点数に従って，治療行為に対する合計点数で計算される。診療報酬点数表と告示，通知，要領などの文書全体が診療報酬体系である。薬剤も同様に点数制になっており，医師は投薬した薬剤について薬価基準に従って保険請求できる。したがって，診療報酬点数表は，医療サービスの価格表という側面をもつ。診療報酬点数表は2年ごとに改定される。改定は，国民医療費の増大をどの程度認めるか，医療費に関する公費等の予算と関連した総医療費の見通しという政策的な面と個々の診療報酬点，すなわち各診療行為の相対価格の2つの側面をもっている。

（1）診療報酬点数表の役割

　保険診療行為に対するサービス，投薬の対価は，診療報酬点数表，薬価基準という公定価格に基づいて計算される[26]。技術・サービスの評価である点数表は，基本診療料と特掲診療料からなる。図表8－7は診療報酬点数表の例である。

①　診療報酬点数表の仕組み

　診療報酬点数表は，医科，歯科，調剤，老人診療報酬の点数表に分類されている[27]。それぞれ診察，指導管理，検査，手術の各部において詳細に診療行為の内容と価格が記載されている。診療報酬の単価は原則1点10円となっている。

　なお，特例として高齢者医療確保法で，地域別診療報酬がみとめられており，

26）広井（1994）の医療費適正化政策を参照せよ。

図表 8 − 7 　診療報酬点数の例

分類			項目	点数
基本診療料	初診料		病院・診療所	282点
	再診料		再診料（診療所・200床未満の病院）	72点
			外来診療料（200床以上の病院）	73点
	入院料	基本料	○病棟等の類型別に9種類の入院基本料を規定 　（一般病棟入院基本料，療養病棟入院基本料，精神病棟入院基本料，結核病棟入院基本料， 　有床診療所入院基本料等） ○同一類型の入院基本料は看護配置基準，平均在院日数等により 　（例）一般病棟入院基本料10対1入院基本料（1日につき）	1,332点
			○入院時間に応じて初期加算 　（例）一般病棟入院基本料の場合 　　・入院後～14日以内 　　・15日以上～30日以内	450点／日 192点／日
		入院基本料等加算	○医療機関の機能に応じて55種類の加算項目を規定 　（例）総合入院体制加算（1日につき）	120点
		特定入院料	○包括払いを原則とする19の入院料を規定（3日以内） 　（例）救命救急入院料1（1日につき）（4日以上7日以内）	9,869点 8,929点
特掲診療料	医学管理等		（例）特定疾患療養管理料（診療所）	225点
	在宅医療		（例）往診料	720点
	検査		（例）検体検査管理加算（Ⅰ）（月1回） 　（注）フィルム，造影剤等の費用は別途算定	40点
	画像診断		（例）写真診断（頭部，胸部，腹部，脊椎） 　（注）フィルム，造影剤等の費用は別途算定	85点
	投薬		（例）薬剤料 　　　調剤料（外来）（内服薬・屯服薬） 　　　処方料（6種類以下の内服薬の投薬の場合） 　　　処方せん料（6種類以下の内服薬の投薬） 　　　調剤技術基本料（入院中の患者以外の場合（月1回））	別途薬価基準による 9点 42点 68点 8点
	注射		（例）注射料（皮内，皮下，筋肉内注射） 　　　薬剤料	20点 別途薬価基準による
	リハビリテーション		（例）心大血管疾患リハビリテーション料（Ⅰ）	200点
	精神科専門療法		（例）標準型精神分析療法	390点
	処置		（例）創傷処置（100cm²未満） 　（注）薬剤料，材料費等は別途算定	45点
	手術		（例）虫垂切除術（虫垂周囲膿瘍を伴わないもの） 　（注）薬剤料，材料費等は別途算定	6,210点
	麻酔		（例）脊髄麻酔	850点
	放射線治療		（例）体外照射（エックス線表在治療（1回目））	110点
入院時食事療養			入院時食事療養費（1食につき） 標準負担額（一般の患者負担金）平成30年4月～	640円 460円

注：1点の単価は10円。
資料：厚生労働省ホームページ『平成28年度診療報酬改定について』。

都道府県が点数の変更はできる。

② 　診療報酬点数表の役割

　診療報酬点数表は，医療サービスの価格であり，医師の労働に対する報酬，

27）診療報酬点数表は，医学管理等（入院，看護），在宅医療，検査，画像診断，投薬，注射，リハビリ，精神科専門療法，処置，手術，麻酔，放射線治療，病理診断の13種類から構成される。

医師の所得を左右する。診療報酬点数表のもと，医療サービスの価格は基本的に全国一律価格になり，施設や医師の技術，経験などは価格に反映されないことを意味している。この一方，診療報酬点数表の公定化によって，患者と医師の価格交渉コストを節約でき，医師の所得を安定化したという側面もある。

また政府は，診療報酬点数操作によって診療行為や医療費をコントロールできたため，診療報酬点数表は政策的な誘導手段として，診療報酬適正化政策による医療費抑制や医療機関の機能分化，看護師配置基準の改善，特定の診療科の優遇，在宅医療の推進などに使われてきた。

（2）診療報酬点数表の問題点

現行の診療報酬点数表については，いくつかの問題点が指摘されている。まず，診療報酬点数表は実際の原価費用や技術とほとんど関係なく決定されている。診療報酬は，治療（医師），看護（看護師）の労働に対する対価であるが，実際の診療報酬点数構造は，人件費，技術料，管理費などの病院経営に必要な原価を反映していない。

さらに基本的に全国一律価格であり，地域差も評価されていない。このため，都市部では人件費，物品費，固定資産税の負担が大きいため，経営が不利になるという問題も生じた。また，診療報酬の原型が，小さい診療所を想定して設計されていたため，医師による診断と治療の部分（ドクター・フィー）とそれ以外（ホスピタル・フィー）が未分化で，現在のような病院での治療に対応していないという問題点もある[28]。

さらに，診療報酬は医療機関間の利益分配メカニズムも有しており，診療報酬の改定が開業医に有利になるように決定されてきた傾向も指摘されてい

---

28) 診療報酬の原型は，診療所をモデルとしており，入院・看護料以外は医師の指示・診療による行為と報酬が結びついている。診療報酬は医療機関の報酬というよりは医師の報酬となっており，そこから得られた報酬を従事者で配分するスタイルになっている。このため，膨大な設備と人員を要する大病院に適合しておらず，逆に一般診療所や老人病院の利益率を高くする要因になっている。日本の診療報酬は病院・診療所での区分が不十分なため，外来部門の診療報酬を高めると，入院部門が伸びない病院は外来によって収入を確保しようとする傾向がある。

る[29]。

　また，診療報酬により診療行為をコントロールする効果にも限界があるとされる。診療報酬点数という価格を動かしても，医療機関は診療回数を調整できる。このため，検査や投薬などについては，点数が低くなると回数を増やすなどの結果につながる。また，診療報酬の変更は，医療機関の行動に影響を与えることができるものの，医療サービスの需要側である患者は，政府の予想とは異なる行動をする可能性もある。

（3）診療報酬点数表の決定

　診療報酬点数表の決定は，おおむね2年ごとにされる。これまでの診療報酬の改定率の経過は図表8－8の通りである。その決定は，大きく二段階からなる。まず，第一段階として，政府による改定率の決定である。国民医療費の約25％は公費（国庫）であるため，国の予算の枠組みが決定される。第二段階が，第一段階で決定された総額のなかで収まるように，個々の診療行為や薬剤の点数を決定する作業である。これは，厚生労働大臣の諮問機関である中央社会保険医療協議会（中医協）で行われる[30]。中医協の協議は，診療側と保険者側で利害が対立する団体交渉の性格が強い。診療報酬の決定は，国民医療費，

---

[29] こうした傾向は，診察部門と手術部門などに分けた診療報酬点数の相対的な変化からわかる。1960年から1995年の間に初診料は12倍に上昇し，しかも病院と診療所では診療所に有利に設定されている。一方，病院にとっての重要な収入源である手術部門の診療報酬は手術によって差があるものの，おおむね4から5倍に上昇したにすぎない。また80年代以降は看護料の伸びも抑えられている。診療報酬の伸びの違いは，診療科目によってもバラツキがある。高木（1996）はこうした手術部門の点数の相対的な評価の低さが，日本の長期入院の原因の1つと指摘している。手術部門の低い評価は，病院を老人患者の長期ケア収容施設拡大に向かわせた。高木は，日本医師会が開業医に有利な医療費配分を行った結果，病院の療養環境の整備を遅らせ，病院の治療選択も歪ませたとしている。

[30] 事務局は保険局医療課が担当する。実際の作業は，総改定率が決定され，次に各医療行為の点数表が決定され，その影響度を推測しながら，最終調整を行うという段取りで行われる。中医協は20人の委員によって構成される。メンバーの構成は診察側7名（医師5名，歯科1名，薬剤師1名），支払い側7名（保険者，労働者，経営者，自治体の代表），公益代表者6名である。

図表 8 − 8　診療報酬の改定率等の経過（昭和33年〜平成30年）

改定年月日	医科改定率（％）	歯科改定率（％）	調剤改定率（％）	平均改定率（％）
昭和33.10.1	−	−	−	8.5
36.7.1	−	−	−	12.5
36.12.1	−	−	−	2.3
38.9.1	−	−	−	3.7
40.1.1	−	−	−	9.5
40.11.1	−	−	−	3.0
42.12.1	7.68	12.65	−	−
45.2.1	8.77	9.73	−	−
47.2.1	13.70	13.70	6.54	−
49.2.1	19.0	19.9	8.5	−
49.10.1	16.0	16.2	6.6	−
51.4.1	9.0	−	4.9	−
51.8.1	−	9.6	−	−
53.2.1	11.5	12.7	5.6	−
56.6.1	8.4	5.9	3.8	8.1
58.2.1	−	−	−	0.3
59.3.1	3.0	1.1	1.0	2.8
60.3.1	3.5	2.5	0.2	3.3
61.4.1	2.5	1.5	0.3	2.3
63.4.1	3.8	−	1.7	3.4
63.6.1	−	1.0	−	−
平成元.4.1	−	−	−	0.1
2.4.1	4.0	1.4	1.9	3.7
4.4.1	5.4	2.7	1.9	5.7
5.4.1	−	−	−	−
6.4.1	3.5	2.1	2.0	3.3
6.10.1	1.7	0.2	0.1	1.5
8.4.1	3.6	2.2	1.3	3.4
9.4.1	消費税の引き上げに伴う 0.32／診療報酬の合理化に伴う 0.99	0.43／0.32	0.15／1.00	0.77／0.93
10.4.1	1.5	1.5	0.7	1.5
12.4.1	2.0	2.0	0.8	1.9
（これに加え0.5（歯科用貴金属の国際価格変動対応分））			
14.4.1	−1.3	−1.3	−1.3	−1.3
16.4.1	0	0	0	0
18.4.1	−1.50	−1.50	−0.60	−1.36
20.4.1	0.42	0.42	0.17	0.38
22.4.1	1.74	2.09	0.52	1.55
24.4.1	1.55	1.70	0.46	1.38
26.4.1	0.71	0.87	0.18	0.63
28.4.1	0.56	0.61	0.17	0.49
30.4.1	0.63	0.69	0.19	0.55

資料：平成22年以降分は厚生労働省ホームページの該当年度『診療報酬改定について』。
出典：（財）厚生統計協会（2009／2010）『保険と年金の動向』，103頁。

保険料に反映されるため,技術的な要素よりも,政治的決着が図られるようになっている[31]。

実際の改定は,1970年以降,1980年代までは,高度成長,石油危機(オイルショック)後のインフレ,医業費用の上昇分をカバーするスライド制が採用された。1980年代に入ると,財源制約により医療費抑制の一貫として診療報酬の抑制への流れが強くなる。1981年の改定においてスライド制は廃止され,医療費の自然増の抑制が行われ,経済成長の伸び以内に医療費の伸びが抑えられた。

この間,原価方式,技術料の導入,資本コストの調達といった点がたびたび中医協で論点となり,診療報酬体系の抜本的な見直しも主張された。1994年の改定では,質的評価,地域差,資本ストックなどが考慮された改定となり,病院向けの診療報酬表だった甲表と,開業医向けの診療報酬表だった乙表が一本化された。

(4) 診療報酬制度の変遷

今日の診療報酬体系の原型は,戦時体制下の1943年にさかのぼる。それ以前の健康保険創設から戦前の診療報酬体系は,政府と医師会による人頭請負方式,総額を出来高で分配するという形をとっていた。戦前の診療報酬体系は,地域によって単価が異なり,医師間の技術格差は診療報酬に反映されていた。こうした診療報酬体系も戦時体制のなか,医療機関の強化・統制政策,価格統制経済の下で,人頭請負方式の廃止,全国一律の単価制に切り替えられた。現行診療報酬体系の骨格ができたのは1958年である[32]。

---

31) 診療報酬の決定に日本医師会が強く影響を与えるため,開業医有利,病院不利に決定されている。このため,手術では利益があがらず,検査,薬剤に利益が発生するようになっている。また,再診料を引き上げることによって通院が増加し,結局,病院も外来,長期入院で収益を上げるようになっている。
32) 診療報酬体系における点数の計算については,原価に基づく評価への動きがあったが,医師の所得保障を中心に考える医師会と厚生省がおりあわず,結局,原価を反映した診療報酬体系は整備されず,診療報酬体系は厚生省案の甲表,医師会案の乙表に分かれ,医療機関によって選択されることになった。

診療報酬点数表は直接，保険者の負担と医師の収入に影響を与えるため，診療報酬をめぐって中央社会保険医療協議会（中医協）はたびたび紛糾し，中医協医療委員の総辞表提出や保険医総辞退といった問題も発生した[33]。

実際の診療報酬の改定は，医療機関の収入を安定的に確保するために，1974～78まで診療報酬に物価・賃金スライドが導入された。医療費の増加は診療報酬だけではなく，人口増加，医療の高度化などの自然増によっても増えた。この結果「医療費暴騰の70年代」となった。

1981年からは自然増を差し引いた改定幅が導入され，物価・賃金スライド方式は事実上廃止され，政策的に診療報酬がコントロールされる要素が拡大した。

1984年から，国民医療費の伸びを国民所得の伸びの範囲内に抑えることが政策目標となった。厚生省の医療費抑制政策により，1981から1993年までの診療報酬の事実上の凍結が行われた。特に1990年の老人病院における定額払い・マルメの導入により，医療費抑制が鮮明になった。

経済成長の鈍化，デフレなどにより，改定幅圧縮への要求が強く，2000年以降，診療報酬改定は据え置きやマイナスの改定率が続いた。その後，2010年には，医療現場の疲弊や医師不足といった医療危機に対応する形で，10年ぶりのプラス改定が行われ，続く2012年，2014年もわずかながらプラス改定となったが，2016年には，8年ぶりのマイナス改定となった。

以下は，2010年代に行われた診療報酬改定の要点である。2010年度診療報酬改定では，救急，産科，小児，外科等の医療の再建，病院勤務医の負担軽減が行われた。2012年度改定でも，引き続き勤務医の負担軽減が行われ，その他，医療と介護の分化・連携および在宅医療の充実，がん・認知症などの治療における医療技術進歩の促進と導入などに力点が置かれた。2014年度改定では，医療機関の機能分化・強化と連携，在宅医療の充実，後発医薬品の使用促進が重点課題となった。2016年の診療報酬改定では，地域包括ケアシステムの推進，かかりつけ医の普及を図るための，主治医機能を評価する地域包括診

---

33) 診療報酬改定方式の変化については，広井（1994）111頁の表4-2を参照せよ。

療料及び地域包括診療加算の設置基準緩和，引き続き後発医薬品の使用促進や価格適正化などが重点課題であった。

診療報酬改定が2年に1回，介護報酬改定が3年に1回行われることから，両者の同時改定が6年に1回行われることになる。これまで，2006年と2012年の2回，同時改定が行われているが，2018年の同時改定は，来る2025年以前では実質最後になる，病床転換，地域包括ケアの推進といった点からも重要な改定として位置づけられている。

一方，定額払いを含む包括払い方式は，より精緻化され，洗練化されて，諸外国に普及していた[34]。日本においても，医療費抑制の手段として，包括払いの仕組みの開発が進み，急性期病院に診療群別包括支払制・DPC（Diagnosis Procedure Combination）が導入された。この仕組みは，病名に対し，投薬料，注射料，入院料などについて，1日当たりの定額の点数を設定している。従来と異なり，投薬や検査，画像診断を行っても一定額しか収入がない。このため，病院は，なるべく無駄な治療はやめ，疾病別に効率的で効果的な処置を選択し，できるだけ，薬品，医療材料を抑えるようになる。こうした包括払いの仕組みを進めるために，クリティカルパスも普及しつつある。クリティカルパスとは，一定の入院期間内に標準的な治療成果をあげるために，医師，看護師，患者で共有する治療手順・タイムスケジュールのリストである。また，効率的・有効な治療を行うため，入手可能なもっとも信頼できる根拠を把握したEBM（根拠に立脚した医療）も普及している。

また，DPCの普及は，急性病院の在院日数も短縮する。患者は，急性病院から，リハビリ中心の医療機関や在宅へ移ることになる。このため，地域の様々な医療機関が情報を共有し，連携していく必要がある。こうした医療機関間の連携強化を進めるツールが，地域連携クリティカルパスである。地域連携クリティカルパスは，2008年から始まった新しい地域医療計画のなかで，がん，脳卒中，心筋梗塞，糖尿病などの疾病別の連携ツールに位置づけられた。

---

34) たとえば，アメリカでは，包括払いが広がり，出来高払いは全体の10％程度にすぎないとされている。医療の質に基づく支払い（P4P）研究会編（2007）4頁。

看護基準についても，2006年の改革で，看護職員の配置基準を引き上げる入院基本料が新設され，さらに入院患者に対する看護職員の表記が，雇用人数から実際に配置される職員数に変更された。もっとも高い配置基準は，入院患者7人に対して看護師1人という基準となり，大幅に入院基本料が加算された。急性期の病棟に看護師を増やして質を高め，看護師の労働条件を改善する目的であったが，全国の病院で看護師の争奪戦が発生した[35]。

（5）保健医療分野の情報化

政府によって保健医療分野の情報化が進んでおり，保健医療分野の情報化は，医療機能情報の公表制度，レセプトオンライン化といった内容となっている。こうした保健・医療のIT化により，電子カルテによる業務の効率化，医療従事者間の情報管理・共有，遠隔治療などの推進が図られている。それに加えて，保健医療分野におけるマイナンバー制度の活用も検討・推進されているところである。

また，現在，ビッグデータ解析によるICT健康モデルの確立，データヘルス，医療・介護情報連携基盤の全国展開，医療・介護・健康分野における総合的データ連携の実現が進められ，将来的には保健医療分野のさらなる情報化が期待される。

（6）医薬品産業の動向

医薬品産業の規模は約7兆円程度であり，これまで高い収益率と成長率を維持してきた。しかし，最近の薬価引き下げと国際競争の激化によって収益率は低下傾向にある。高齢化と疾病構造の変化により，今後は，慢性疾患向けの製品開発が中心になる[36]。

また，日本の薬価は，欧州と比較すると1.5倍程度高いという指摘もある。薬価の適正化によって医療費が2兆円節約できるという指摘もある[37]。さら

---

35) 診療報酬と看護師配置や看護師の労働供給に関する研究は，角田（2007）を参照せよ。
36) 薬剤開発については，ジェノミクス技術（遺伝子情報の組換えによる新薬開発）の遅れが指摘されている。

に，医療機器についても，内外価格差が問題となっている[38]。

(7) 特殊な医薬品流通

医薬品の流通市場は独特かつ複雑であり，かつては薬剤の売買は大手製薬メーカーのMR（Medical Representative：医療情報担当者）が医師と直接，価格交渉を行い，値引き交渉などが不透明な形で行われていた。1991年に新仕切り価格制度[39]が導入されると，卸と医師が価格交渉するようになった。昨今，流通再編が進み，卸の合併が増加し，上位集中度が高くなった。上位5社で全体の売上高の50％強を占めている。

(8) 薬価決定について

診療報酬同様に，保険医療として使用される薬価も公定・統制価格であり，医療機関への償還価格は，薬価基準法によって定められている。この薬価基準は，市場の取引価格を参考に中央薬事審議会で決定される。この薬価は，医師の投薬，製薬メーカーの行動[40]に重要な影響を与えている。

① 薬価の決定方式と薬価差益

薬価基準はおおむね2年に1回，実勢価格にあわせて改定される。実際の流通価格は薬価より低いため，薬価差益が存在する。薬価差は薬価引き下げの力になる一方で，薬価差益の問題を引き起こした。薬価基準は従来，バルクライン方式[41]で決定されていた。

---

37) ただし，国際的な薬剤費比率の比較は実際にはより慎重に行う必要があり，実際に諸外国との差はそれほど大きくないという研究結果もある。
38) ペースメーカーとカテーテルの内外価格差が代表的事例としてあげられている。吉田・野村（2006）によると，これら医療機器の日米間の価格差は，2倍から5倍となっている。
39) メーカーに医療機関などとの直接取引や価格交渉への介入を禁じる制度。
40) 薬価は，製薬メーカーの収益率を決定する。開発段階から薬価は製造開発インセンティブを決定し，流通においても薬価を上限として競争が行われる。
41) 卸と医療機関の交渉などによって，現実の取引価格はばらばらである。90％バルクライン方式は，100種類の価格と取引されていた場合，安いほうから並べて90番目になる価格をもって薬価にするというものであった。80％バルクライン方式もあった。

償還価格である薬価と実際の取引価格の差から発生する薬価差益の存在は，医師が薬価差の大きい薬を大量に使用するインセンティブをもつことになった。薬価差益は最大時で1兆円を超え，医療機関の資源配分行動に影響を与え，薬漬けという問題をもたらした。日本の医療費における薬剤費の比率は高く，1990年代までは20％を越えており，国際比較において際立っていた。この1つの原因として，薬価差益が薬剤の使用量を高め，医療資源の配分を歪めていると指摘された。ただし，近年では，わが国の薬剤費比率が横ばい状態であることから，国際的には平均的な水準に落ち着いてきている。

② 薬価の決定方式の変化

度重なる薬価の切り下げにより，現在の薬価差益は大幅に低下したとされている。

今日の薬価は，調整幅方式（市場実勢価格加重平均値調整幅方式）で決定されている。この方式は，薬価調査に基づき，税抜き市場実勢価格を求め，これを保険医療機関や保険薬局の平均的購入価格とし，これに消費税を上乗せしたものに調整幅を考慮して，新しい薬価とする。調整幅は改定前の薬価の2％を加えるため，R2方式と呼ばれる。

後発品への置き換えを促進するため，最初の後発品が薬価収載されて5年以上経過している先発品については，後発品への置き換え率が70％に満たない場合，上記によって決定された薬価から特例的な引き下げが行われる。引き下げの幅は置き換え率に依存するが，1.5％〜2.0％の間に決められている。

また，外国価格とのかい離が大きい場合には，薬価の調整を行う方式，外国平均価格調整が取り入れられており，外国平均価格の1.25倍を上回る場合には引き下げ調整，外国平均価格の0.75倍を下回る場合には引き上げ調整が行われる。外国平均価格調整については，米国の価格を参照から外すべきだという指摘や，この制度自体の是非を問う指摘もなされている。

第9章
国民医療費の動向と医療の経済分析

　医療費の動向を決定する要因は，医療サービスのアクセスの容易さ，国民所得，医療機関の整備，医療価格の変化，医療に関する国民の選好といった社会経済要因の他，人口構造の変化，疾病構造の変化などである。

　国民医療費は，国民皆保険を実施した1961年度には，総額5,130億円，1人当たり年間5,400円だった。しかし1978年には10兆円を超え，その後，毎年約1兆円ずつ増加し，国民医療費の規模は，2013年度には40兆円を超えた（図表9－1参照）。今後，一層の高齢化によって医療費の増大は加速することが予測されている。政府は医療費の国民所得比の抑制を目標としているが，国民医療費が急速な高齢化等により増加を続ける一方で，経済基調の低迷により，国民所得の伸びが低水準で推移していたため，国民医療費の伸び率が国民所得のそれを上回る状況が続いていた。近年では両者の伸びが拮抗しているものの，団塊の世代が後期高齢者となる2025年に向けて，医療費の適正化が必要になる。

　本章では，医療保障について経済学的に分析し，さらに医療保障制度をめぐる諸問題について考える。

第9章 国民医療費の動向と医療の経済分析　165

図表9－1　国民医療費の推移

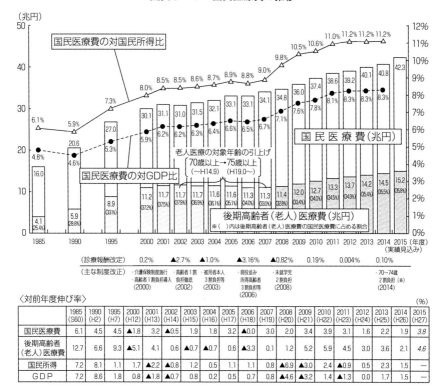

注1：国民所得およびGDPは内閣府発表の国民経済計算による。
注2：2015年度の国民医療費（および後期高齢者医療費。以下同じ。）は実績見込みである。2015年度分は，2014年度の国民医療費に2015年度の概算医療費の伸び率（上表の斜字体）を乗じることによって推計している。
　※70-74歳の者の一部負担金割合の予算凍結措置解除（1割→2割）。2014年4月以降新たに70歳に達した者から2割とし，同年3月までに70歳に達した者は1割に据え置く。
出典：厚生労働省（2017）『平成29年版厚生労働白書』。

第1節　国民医療費の動向と問題

(1) 国民医療費の状況

　国民医療費は1990年に入ってからも増加し続け，2013年には40兆円に達し

図表9-2 国民医療費の見通し

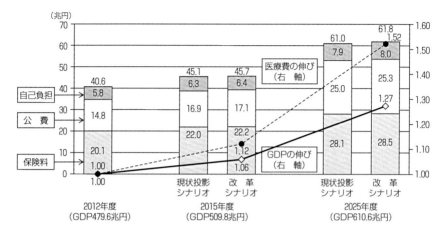

出典:厚生労働省（2015）『医療保険制度改革の背景と方向性』より。

た。この間，1992年度から1996年度まで平均で毎年度5％程度の伸び率，1兆3,000億円程度の規模で増加した。1997年以降は，年平均2～4％の成長率で，2000年，2002年，2006年，2016年はマイナス成長であった。一方，後期高齢者医療費（老人医療費）は，高齢化の影響もあり，国民医療費全体をやや上回る伸びを示しており，2016年度には，75歳以上の医療費が15兆円となっている。今後の政策次第でも変わりうるものの，2025年には，国民医療費はおよそ60兆円に達すると推計されている（図表9-2）。

(2) 医療保障における世代間移転の問題

2006年の医療制度改革で，老人保健制度は廃止され，前期高齢者医療制度，後期高齢者医療制度に改編されたが，拠出金・支援金という形での，若い世代から高齢世代への所得移転の実態はほとんど変化していない。

後期高齢者医療費は，現役世代の被保険者や事業主による後期高齢者医療制度への拠出金約40％と，国や地方公共団体の公費負担約50％，高齢者の保険料約7％でまかなわれている。この拠出金の負担が年々増大し，各医療保険者の財政運営の圧迫要因になっている。

現役世代のサラリーマンから見ると，負担する医療保険料のうち4割以上（前期高齢者医療制度への拠出金も含む）は，拠出金として高齢者医療等のために使用されている。医療保障における世代間の移転は増加を続けている。

(3) 国民医療費の長期動向

戦後の国民所得に占める国民医療費動向は，以下の6つの時期に区分できる。

① 皆保険の成立後

1961～65年は国民皆保険が達成され，国民医療費は急増した。この期間は医療費増加率＞国民所得増加率のため，国民所得に占める医療費は急激に増加した。

② 医療保障充実期と高度経済成長期

1966～73年は，高度経済成長によって国民所得も急増し，医療費増加率＝国民所得増加率とバランスが取れたため，国民所得に占める医療費の比率は安定した。

③ 老人医療無料化と高度経済成長の終焉

1974～82年は，老人医療無料化により高齢者医療費が増加し，一方，経済は低成長を経験したため，医療費増加率＞国民所得増加率となり，国民所得に占める医療費の割合は再び急増した。

④ 医療費抑制期とバブル経済

1983～92年，政府は，国民所得の伸び率以内に医療費の伸び率を抑える政策目標を掲げ，各種抑制政策を行った。一方，バブル経済で経済成長が高かったため，医療費増加率＝国民所得増加率を維持し，国民負担に占める医療費の割合は安定した。

⑤ 高齢者医療の増加と失われた10年

1993年以降は，バブル崩壊による国民所得の伸びの鈍化と高齢化を中心とする医療費の増加により，医療費増加率＞国民所得増加率となり，国民負担率は再び上昇した。医療費の増加傾向は，1997年の患者自己負担引き上げによって一時的に弱まったが，翌年には，この効果が薄まり，再び支出増加傾向が

強まった。

⑥ 2000年以降の状況

2000年以降，特に小泉政権下では，診療報酬の引き下げが繰り返され，医療費の増加にブレーキがかかり，本格的な高齢化を前に，2006年に大がかりな医療制度改革が行われた。しかし，厳しい医療費抑制により医師不足が問題になると，民主党政権は診療報酬を引き上げた。その後，国民医療費は再び漸増傾向にあり，年平均で1兆円程度，増加した。

（4）医療費増加の要因分析

年齢とともに1人当たり医療費が増加する傾向があるため，人口高齢化によって医療費は増大する。2015年度の65歳以上の医療費は25兆円（全体の59.3％），75歳以上の医療費が15兆円（全体の35.8％）となり，高齢化は医療費の拡大要因になっている。

2003年から2015年までの期間の医療費増加の要因分析によると，医療費増加のほとんどが，高齢化要因ないしその他の要因によるものである[1]。また，その他要因の多くは，入院，入院外，および調剤の医療技術進歩に由来する。

一方，医療費の増加要因を価格要因と数量要因に分解してみると，価格要因は縮小傾向になっており，増加要因としては数量要因が強くなっている[2]。

（5）国民医療費の構成

国民医療費は，医療費が発生した機関，医療サービスの内訳，疾患別，診療行為別，医療費の財源，医療費の最終的な負担者，医療費の分配といった多角的な面からみる必要がある。図表9－3は医療費の流れを多角的に示している。

---

[1] 厚生労働省保険局（2016）『内閣府経済諮問会議　経済・財政一体改革推進委員会　社会保障ワーキンググループ　第12回会議資料　医療費の伸びの要因分解』参照。
[2] 経済企画庁（1996）『平成8年経済白書』（413－417頁）は，医療費の増加要因を価格要因と数量要因に分解し，60年代から70年代の増加は数量要因が強く，80年代は増加がおさまったが，90年代より再び数量要因が強まっていることを明らかにしている。

図表9－3　国民医療費の見通し

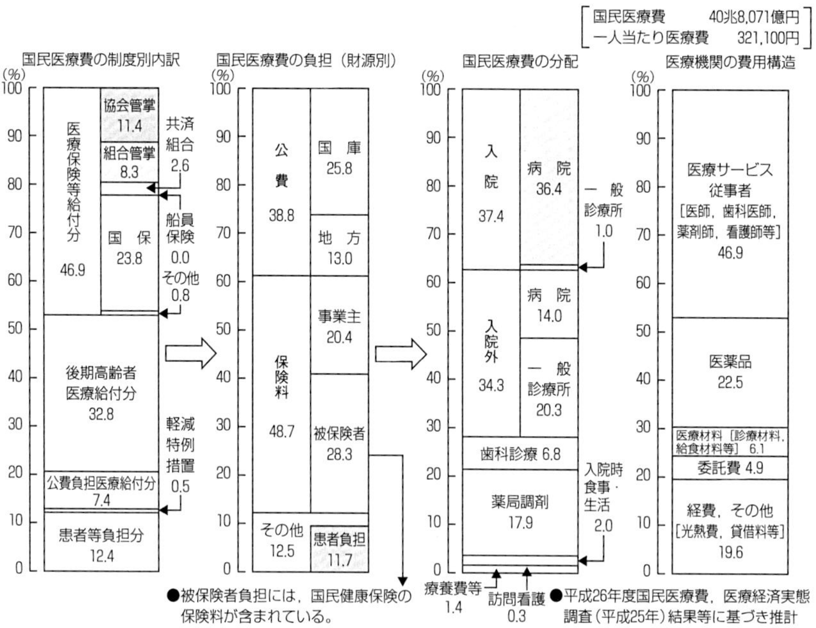

[国民医療費　40兆8,071億円／一人当たり医療費　321,100円]

国民医療費の制度別内訳（％）
- 医療保険等給付分 46.9
  - 協会管掌 11.4
  - 組合管掌 8.3
  - 共済組合 2.6
  - 船員保険 0.0
  - 国保 23.8
  - その他 0.8
- 後期高齢者医療給付分 32.8
- 軽減特例措置 0.5
- 公費負担医療給付分 7.4
- 患者等負担分 12.4

国民医療費の負担（財源別）（％）
- 公費 38.8
  - 国庫 25.8
  - 地方 13.0
- 保険料 48.7
  - 事業主 20.4
  - 被保険者 28.3
- 患者負担 11.7
- その他 12.5

●被保険者負担には，国民健康保険の保険料が含まれている。

国民医療費の分配（％）
- 入院 37.4
- 入院外 34.3
- 歯科診療 6.8
- 薬局調剤 17.9
- 入院時食事・生活 2.0
- 療養費等 1.4
- 訪問看護 0.3

医療機関の費用構造（％）
- 病院 36.4
- 一般診療所 1.0
- 病院 14.0
- 一般診療所 20.3
- 医療サービス従事者［医師，歯科医師，薬剤師，看護師等］46.9
- 医薬品 22.5
- 医療材料［診療材料，給食材料等］6.1
- 委託費 4.8
- 経費，その他［光熱費，貸借料等］19.6

●平成26年度国民医療費，医療経済実態調査（平成25年）結果等に基づき推計

資料：平成26年度国民医療費，医療経済実態調査（平成25年）結果等に基づき推計。
出典：厚生労働省（2017）『平成29年版厚生労働白書』。

① 医療機関と診療科目別構成

　医療費の発生を医療機関別に見ると，病院が7割，診療所が3割の医療費を消費している。診療科目別に見ると，入院，入院外，歯科，薬局，入院時食事，訪問看護，老人保健施設，老人訪問看護で構成されている。

② 疾病別構成

　2015年度の傷病分類別一般診療医療費を見ると，循環器系疾患が19.9％（6兆円），新生物13.7％（4兆1千億円）の構成になっている。感染症が中心的な疾病であった時期は，公衆衛生の充実は外部性が強く，一種の公共財的性格をもっていた。しかし，環境衛生，医療技術の進歩，人口構造の変化によって，1900年から1960年にかけての結核などの感染症から成人病への転換，1980年からの成人病から老人病へ，疾病構造は大きく変化した（「健康転換」）。このた

め，疾患の中心は，感染症などの短期的に消滅する急性疾患から，長期のケアを必要とする成人病，慢性疾患が中心になっている[3]。今後は，長期ケア，介護，リハビリなどが医療保障の中心になり，予防も重要な役割を果たすことになる[4]。こうした状況を踏まえ，住まい・医療・介護・予防・生活支援が一体となって高齢者の暮らしを支える仕組みである，地域包括ケアシステムの構築が進んでいるところである。

③　財源別構成

国民医療費の財源構成は，患者負担等が12.5％，保険料負担48.7％，公費負担38.8％によって構成されている。

④　分配面

国民医療費は医療機関等の収入になり，医療従事者に配分される。この分配面から見ると，医師・看護師その他医療スタッフのための人件費に46.9％，医薬品に22.5％，その他が30.6％になっている[5]。医療は介護，福祉とならんでもっとも人件費比率が高い産業である[6]。

(6) 医療費の国際比較

概して国民1人当たり医療費と1人当たりGDPの間には正の相関がある（図表9－4参照）。

総医療費の規模をOECD諸国間で比較すると，対GDP比では2016年時点で10.9％と高い部類に入る。日本の医療サービス供給の状況について国際比較すると，日本の特徴は，①人口当たりの病床数が多い，②人口当たりの医師数は少ない[7]，③患者の受診率が高い[8]，④入院日数が長い[9]，⑤一病床当たりの

---

[3] これらの多くは生活習慣病といわれており，日常生活習慣を原因として少しずつ悪化する特性をもっている。

[4] 危険因子の早期発見・早期治療によって予防が可能になる。一次予防（健康増進），二次予防（早期発見，早期治療）がより重要になる。

[5] もっとも医師の所得が高いのはアメリカである。医師の所得の国際比較については，広井（1994）153頁を参照せよ。

[6] 2016年度の医療経済実態調査によると，開業医の平均年収は3,161万円で，勤務医の2.1倍となっている。

図表9-4　1人当たり医療費と1人当たりGDP（米ドル表示（購買力平価）2015年）

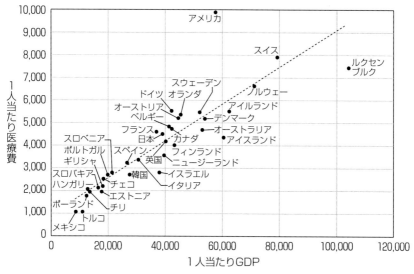

資料：OECD Health Statistics 2017.

医療従事者数が少ない，⑥薬剤比率が比較的高いなどの特徴がある。

第2節　医療の経済分析

　高齢化の進展とともに，国民医療費が経済に占める割合が重要な問題になっている。しかし，なぜ医療への支出が問題になるのであろうか。たとえば，自動車への国民の支出やゲーム，コンピューター，さらにはパチンコといったものへの国民の支出が経済のどのくらいの大きさを占めるのかなどといったことはあまり問題にならない。なぜ医療だけが問題になるのかを経済学的に考える

7）人口当たりの医療スタッフ数について比較すると，アメリカは日本の2倍になっている。日米の医療マンパワー数の比較については，広井（1994）151頁，表6-3を参照せよ。
8）『OECD Health Statistics 2017』によると，2015年時点で日本は仏の2.9倍，独の3.2倍，英の4.2倍，米の4.8倍になっている。
9）入院日数は29日で，国際比較においても格段に長い。

必要がある。

　医療への支出が問題になるのは，他の財・サービスと次の点で大きく違っているからである。①医療サービスの需要は，消費者である患者が決定できない部分が多い，②医療サービスの費用は保険で確保されており，日本ではこの保険は強制加入であり，さらに医療価格が市場原理の機能しないところで決定されている。このように一般的に市場原理が機能し，消費者が自ら購入量を選択する自動車やパソコンなどと異なり，医療サービスの需給には市場原理が十分機能していない点を注意すべきである。

（1）医療サービスをめぐる情報の非対称性

　医療サービスの需要に消費者の決定が反映されにくいという点をみよう。医療サービスは，高度な知識と経験を必要とする。このため，通常の財・サービスと異なり，医療サービスの内容や適切な医療機関の選択について，患者が事前においても事後においても正しい評価をしにくい。このことを「情報の非対称性」といい，医療において消費者主権が成立しにくい要因になる。情報の非対称性を前提にすると，もし医師・医療機関が自らの利潤最大化をめざす行動をとるならば，医師・医療機関は不必要な医療サービス，投薬を行う可能性がある。このような現象を医師誘発需要（供給者誘発需要）という。図表9-5は，人口10万人当たりの病床数が増加するほど1人当たりの入院医療費が増大することを示している。このことから医療サービスの供給が多く，医師1人当たりの患者が少ない地域ほど，1人当たりの患者に多くの医療費をかけており，医師誘発需要の存在を示唆する。

　現在，医療機関に関する広告規制が行われている。これは患者側が，医療に関する情報を正しく理解できないという前提に基づくものであるが，広告，情報についての規制は情報の非対称性をいっそう大きなものにする可能性もある。患者は医療機関の提供するサービスの質について十分な情報を入手できないため，「口コミ」，「近所の評判」といったことを手がかりに，医療機関の選択をしている。さらにインフォームド・コンセントも不十分であり，患者が医療サービスについて疑問，不信をもった場合，患者は医者の変更，重複受診を

図表9－5　入院医療費と病床数の相関（平成27年度）

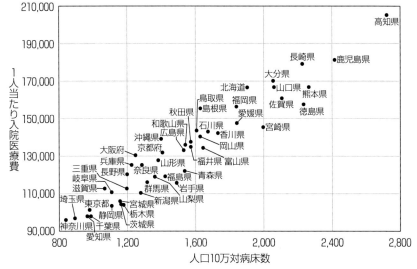

資料：厚生労働省『平成27年医療施設（動態）調査』『平成27年度国民医療費』より作成。

することになる。こうした重複受診により医療費が10％程度増加しているという指摘もある。しかし，カルテ開示の制限や治療成績が公表されず，事前に十分な情報が与えられていない状態下では，患者にとって重複受診しか対抗手段はないことも事実である。大病院志向も同様で，情報が不十分な状態では，危険回避型の個人としては，ひとまず安全な大病院を志向するのは合理的な選択であろう。

広告規制，出来高診療報酬，フリーアクセスは医療資源の浪費を引き起こす可能性もあり，今後も改革が必要になっている。

(2) 医療費の発生リスクと医療保険の役割
① 医療費の発生確率

国民全体に関する傷病状況は，厚生労働省の「患者調査」によって知ることができる。

図表9－6は，主な疾患で必要な入院期間と医療費である。

図表9－6 主な疾患の入院期間と医療費

疾 患 名	在院日数	医療費	疾 患 名	在院日数	医療費
胃ガン	18.8	975,060	急性虫垂炎	6.8	483,010
結腸ガン	15.4	828,190	胆石症	13.6	740,450
肺ガン	14.1	758,570	前立腺肥大症	9.5	492,100
急性心筋梗塞	15.7	1,867,300	白内障	4.2	299,000
肺 炎	15.5	584,860	痔 核	6.2	226,870
喘 息	7.3	297,710	子宮筋腫	9.9	814,000
脳梗塞	28	1,596,280	狭心症	5.4	656,600
脳出血	40.3	2,666,880	腎結石及び尿管結石	4	290,150
糖尿病	16.1	633,470	乳ガン	12.9	764,830
大腿骨頸部骨折	34.7	1,951,600	膝関節症	22.6	1,704,700
胃潰瘍	17.1	732,570	そけいヘルニア	5.1	363,790
急性腸炎	8.2	254,920	全疾患合計	14.4	802,660

資料：(社) 全日本病院協会ホームページ。

ただし，これは平均医療費であり，医療費がどのように分布しているかは別問題である。池上 (2010) によると，医療費のレセプト点数を，高額な順から並べてその金額の分布を見ると，上位25％が全体の医療費の3／4を占めている。こうした傾向は，米国でも同じであり，Getzen (2007) によると，上位1％が全体の医療費の30％，上位5％が医療費の50％を使っている。

このように医療費は特定の人に集中するため，医療保険は，高額医療費のように発生確率は低いものの，一度発生したら大きな費用による医療費リスクをカバーしている[10]。

② 医療保険の仕組み

医療費のリスクをカバーするのが医療保険である。保険とは，保険の加入者が事前に保険料を支払い，保険事故の発生後に，事故にあった加入者がその事故の損害補償を受ける制度である。人々は，医療保険によって，確実に保険料はかかるものの，大きな医療費がかかる病気が発生しても，保険がその費用を確実に支払ってくれるメリットを受けることになる。

---

10) 医療保険における給付の仕組みについては，地主 (1992) を参照せよ。

ここで，人々が保険に加入する行動については，以下のように説明できる。確率αで病気になり，医療費がA円かかる。病気にならない確率は$1-\alpha$である。病気にならなければBの所得を消費することができる。保険に加入すると，病気になった時にかかる医療費Aを補償されるが，Cの保険料を支払う必要がある。ここで，$U = U(X)$は，効用関数と考える。

保険に加入しない場合の効用は，$U = (1-\alpha)U(B) + \alpha U(B-A)$となる。

保険に加入する場合の効用は，$U^* = U(B-C)$となる。

各個人が危険回避型の効用関数をもっていると仮定すると，$U < U^*$となり，保険加入の方が個人の効用が高くなることがわかる。

③ 大数の法則

保険の仕組みを支えるのが大数の法則である。これは，「ある試行を何回も行えば，確率は一定値に近づくという法則」である。すべての加入者が1％の確率で500万円の医療費を必要とする病気をカバーする保険を想定しよう。各加入者にとっての平均期待医療費は，500万円×1％により5万円ということになり，加入者もこの保険料を支払えばよいことになる。しかし，加入者がきわめて少ない場合，たまたま病人がいない場合，逆に数人の病人が出る場合もあり，その場合，保険全体で大きな医療費を確保する必要が出て，高い保険料になる可能性もある。図表9－7は，信頼区間99％の平均期待医療費＝保険料の幅である。加入者の数が少ないと，極端に高額の病気が発生した場合，高い保険料が必要になる場合があることがわかるが，加入者数が多くなると，図表9－7の数値例のように5万円周辺に収斂していくことがわかる。

（3）保険市場の失敗，逆選択

保険が成立するためには，保険料，保険給付，リスクの間には次のような条件が成立する必要がある。保険料C，保険加入者数N，保険給付（保障される医療費）A，保険受給者数Mとすると，C×N＝保険収入，A×M＝保険支出であり，保険収入＝保険支出となっている必要がある。したがって，C×N＝A×Mが成立することを保険財政の収支相等の原則という。

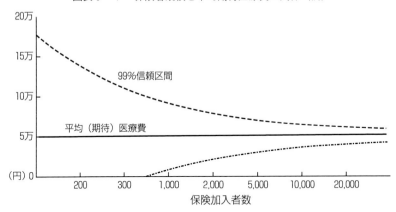

図表9－7　保険者規模と平均期待医療費の関係（例）

出典：駒村（2007）。

さらにC×N＝A×Mは，C＝A×M／Nと変形できる。M／Nは保険事故の発生率である。個人にとっての事故の発生率は，同じようなリスクをもつ個人が多数保険に加入すると$α^*＝M／N$に収斂する。これが先に説明した大数の法則である。したがって，保険料C＝保険給付（保障される医療費）A×$α^*$（事故確率，リスク）は個人にとって，保険料と期待収益率が等しくなっていることを意味する（給付・反対給付均等の原則）。また，この給付・反対給付均等の原則は，保険加入者全員に成立する必要がある（公平な保険料）。このことは，同時に，保険料と病気になる確率（リスク）とが対応している必要があることを意味する。リスクの高い被保険者や高い医療費がかかる被保険者は高い保険料を支払う必要があり，したがって保険者は被保険者のリスクを区分し，保険料を決定することになる。

しかし，被保険者がどの程度のリスクがあるのかについて保険者が測定することは容易ではない。被保険者は自分の健康状態についての情報をもっているが，保険者がこうした情報を入手できない場合，情報の非対称性の問題が生まれる。このような状態で，保険者が平均的なリスクを想定した保険料を提示すると次のような問題が起きる。健康状態が悪く，提示された保険料がリスクに比較して安いと評価する個人は保険に加入する。一方，健康状態が良く，リス

クに比較して提示された保険料が高いと評価する人は保険に加入しなくなる。この結果，保険に加入する人はリスクの高い人だけとなり，結果として，保険料を引き上げることになる。しかし，保険料を引き上げても状況はまったく同じであり，新しい保険料に対して，リスクとの比較で安いと評価するリスクの高い不健康な人は保険に加入するが，新しい保険料を高いと評価する健康状態が比較的良いリスクの低い人は保険から離脱することになり，最終的には保険は成立しなくなる。このように被保険者と保険者の間で，リスクに関する情報の非対称性からリスクの高い人だけが保険に加入するように行動する現象を，逆選択という。

　これとは逆に，保険者が被保険者の健康状態，疾病可能性を完全に把握できれば，リスクが高く，医療費のかかる人については，選別し高い保険料をかけることになる。これを順選択という。この結果，健康状態の悪い人は著しく高い保険料を提示され，保険に加入できなくなる場合もある。医療保険サービスを国民だれもが利用可能にすべきであるという政策的な価値判断を前提にすると，順選択は高いリスク者を他の保険者に押しつけることを意味する。このような問題を，クリームスキミング（いいところ取り）という。

　一般に，公的医療保険がなぜ必要なのかという理由は，民間医療保険における逆選択の存在が指摘される。保険者が，健康な人と不健康な人を区別できない場合，病気がちや健康に自信のない人ほどすすんで保険に加入するため，結果的に保険事故が多く発生し，保険が破綻してしまうことをいう。任意加入の民間医療保険では，逆選択が発生するので，全員強制加入の公的医療保険が必要ということになる。しかし，実際に逆選択が起きるのかどうかという疑問もある。民間医療保険では告知義務などによってむしろ危険選択，すなわち不健康な人を保険に加入させない工夫がとられている。たしかに一部には，無選択保険（「誰でも入れる保険」）が売り出されているが，これは健康に自信のない人が加入することを想定し，保険料がはじめから割高で，保障期間の制限が厳しかったり，給付金を支払わないことになっている病気が多いなど，逆選択を防止する仕組みがとられている。

（4）医療サービス需要の価格弾力性

医療保険に加入することによって，少ない負担で医療サービスを受けることができるようになると，安易に医療サービスを利用する可能性もある。この問題をモラルハザードという。

図表9－8は，縦軸は医療サービスの価格を示している。横軸は医療サービスの利用量，すなわち医療サービス需要である。

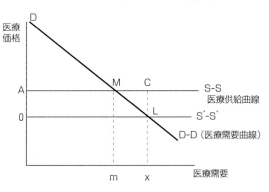

図表9－8　医療サービスの需要分析

医療サービスの需要も通常の財・サービスと同様に，価格が低いほど需要が増えると仮定しよう。医療サービスの供給曲線は水平であるとする。医療保険に加入せず全額自己負担であるならば，供給曲線と需要曲線が交わるM点で需給は均衡する。しかし，保険に加入することによって医療費の一定割合が保険によってカバーされるとする。自己負担が下がれば，医療サービス需要はxまで増加することになる。x－mが医療保険によって発生したモラルハザードともいえる。

このようなモラルハザードは，経済厚生にマイナスの影響を与える。医療保険導入前の消費者余剰は三角形ADMであり，医療保険によって余剰は三角形ODLとなるが，一方で保険料負担が全体で四角形OACLだけ発生してしまうので差し引き，LCMだけの余剰が消滅，すなわち厚生損失が発生することになる。

こうした問題が発生するのは，医療サービスの需要曲線が右下がりであるためである。これは医療サービスの需要が価格に依存することを意味するが，このこと自体，通院するかどうか本人が判断するということを前提にしている。したがって，厚生損失の程度は，医療需要と価格の関係，価格弾力性に依存することになる。価格弾力性が小さいならば，すなわちモラルハザードの程度が

小さければ，厚生損失は小さくなる。現実には医療需要の価格弾力性は疾病の種類によって異なるであろう。急性疾患や重篤な状況であれば，価格弾力性は低いだろう。一方，慢性疾患や軽度な疾病ならば，価格弾力性は高くなる。

自己負担によって医療需要がどの程度変化するかについては，いくつかの研究がある。馬場（1990）[11]は，1985年に被用者保険本人一

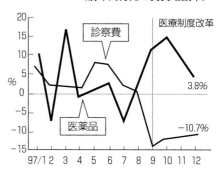

図表9－9　医療費と医薬品への支出（前年同月比の実質増減率）

出典：『日本経済新聞（朝刊）』1998年3月23日。

部負担率がゼロから10％に引き上げられた時の効果について，高血圧症の患者の受療行動に関するデータを使用して分析している。そこでは，自己負担の引き上げによって，受療は減少したものの，半年後には受療行動はもとに戻っていることを確認している。また，より詳細な研究がランド研究所で行われている。そこでも自己負担の有無が受療行動に影響を与え，自己負担が低いと受療が多くなることが確認された。しかし，この効果は，年齢と所得階層によって異なる。特に，低所得層の子供は自己負担の弾力性が大きいことが確認されている。

わが国でも，1997年9月に医療保険改革が行われ，自己負担が引き上げられると，医療機関への通院が減少し，一方，市販薬の需要が増大した（図表9－9参照）。また，現在，わが国の医療保険制度では，70歳を境に自己負担率が変化する[12]仕組みになっているが，70歳になって自己負担率が低下すると，医療需要が増加することが確認されている[13]。これらの結果が示すように，自

---

11) 馬場（1990）および，山岡・小林（1994）91－96頁。
12) 70歳を迎えると，自己負担率は3割から2割になる。ただし，現役並み所得者は，70歳を迎えても自己負担率3割のままである。また，2014年3月までに70歳になった者（現役並み所得者除く）については，70歳を迎えても，自己負担率は1割に据え置かれた。

己負担の変化は医療需要に影響を及ぼす。

(5) 診療報酬制度と医師の行動

　診療報酬体系は，医療機関の収入を決定し，診療行為に大きな影響を与える。現在の出来高払い方式の診療報酬体系は，1958年に導入されたものである。この方式は，医療機関で患者に提供される医療サービスについて，医師を中心とする医療技術者の行為やサービスごとに細分化し，それぞれを診療報酬で価格づけ（点数化）し，行為やサービスの量に応じ報酬を積み上げた金額を保険者は医療機関に支払うことになる。この方式は，急性期疾患が多い疾病状況下で確立し，医療機関が経営を安定させる効果もあった。導入当時は診療所における医師個人による診療が中心であったが，病院の比重が高まった現在において，医療機関の機能を全体として適切に評価する仕組みには十分になっておらず，慢性疾患が増加している現在の疾病状況に合わなくなっている。また，出来高払いを原則としているため，過剰診療等の問題が生じている[14]。このため，疾病の特性や医療機関の機能に応じた報酬の評価を行うべきであると指摘されている。

　診療報酬体系は，出来高払い方式のほかに包括払いの方式，人頭払い方式，総額予算方式などがある[15]。各方式のメリット，デメリットについては図表9－10を参照せよ[16]。

---

13) Fukushima et al. (2016) を参照。なお，論文中では，整形外科や眼科などにおいて，支出の変化が大きいことも確認されている。
14) 八代 (2000) 107頁は，診療報酬の問題点を次のようにまとめている。①検査や薬剤の量的診療行為のコストベースの価格であり，医師の技術といった質的な評価をしていない，②医療機関間の機能の差が診療報酬に反映されていない。特に，設備・医療機器の費用が個別項目になっておらず，検査・診療の項目に包括されている。また情報化の費用や医療廃棄物処理の費用が個別には計上されないため，診療行為の質的向上につながらない，③事後的な治療行為に対する報酬であり，予防や健康診断に対する保険診療は制限されている。
15) WHO（世界保健機関）の分類によると，個別支払方式，件数均一支払い方式，一日当たり均一支払い方式，サービス当たり均一支払い方式，人頭支払い方式，サラリー支払い方式，総予算支払い方式などになっている。岩下 (1998)。
16) 池上 (2010) 27頁より引用。

なお，人頭払い方式はイギリスにおけるNHS（ナショナル・ヘルス・サービス国営医療保障）のGP（家庭医）における方式である。総額予算方式はNHSの病院における方式である。一方，アメリカでは，包括払いの1つの方法として，DRG-PPS（診療群別包括支払方式）[17]が一般化しつつある。これは，疾病ごとに標準を設けて，定額の診療報酬を支払う方法である[18]。

図表9-10　医師・医療機関への支払い方法

	方法	メリット	デメリット
出来高払い	提供した医療行為や材料に対して個別に支払う	医師が必要と認めた医療サービスの費用が補償	過剰医療の危険
包括払い	1回の入院について，包括的な料金を定める（主に急性期） 1日当たりの入院について包括的な料金を決める（主に慢性的）	標準コストに対応した料金ゆえ，サービスの提供も標準化される	過少医療の危険 標準以上のコストが発生する患者の受診を忌避
人頭払い	医師，医療機関に1回登録料を払えば，以後は払わない	受診を抑制するため，予防に配慮	過少医療の危険 重症者の登録忌避
総額予算制	医療機関に対して，年間予算をあらかじめ設定 予算は前年度実績が基本	医療費の抑制が徹底	過少医療の危険 効率化のインセンティブが乏しい

出典：池上（2010）。

日本においても，急性期病院に診療群別包括支払制・DPC（Diagnosis Procedure Combination）が導入され，病名に対し，1日当たりの定額の点数からなる包括評価（投薬料，注射料，入院料）と出来高評価の範囲（手術料，麻酔料）を組み合わせて診療費が決まる仕組みを広げている[19]。

---

17) DRGとは「診断に関連のあるグループ」という意味で，臨床上に類似した疾患で同じコストが必要となる疾病群のグループ化であり，PPSは予定払いを意味する。DRGを進めるためには，十分なデータも必要であるが，逆にDRGのためのデータ整備によって，診療の標準化が進む効果も期待される。
18) マンパワー，薬剤，医療材料，入院日数，コストなどが元データになる。診療群は，疾患名，合併症の有無，診療行為の3要素で定義される。
19) 包括払いによって過小診療による質の低下が心配される。過度なコストカットにより，医療処置が過小になる危険もある。そこで，医療の質をモニターし，質に応じた報酬を支払うというP4P（Pay for Performance）という考え方も広まっている。医療の質に基づく支払い（P4P）研究会編（2007）。

（6）日本における診断群分類と包括払い方式の導入

　日本の病院医療の問題点は，急増する医療費，病院・診療所の連携の不足，医療費の地域格差，施設間格差，長い在院日数などがある。しかし，こうした問題がなぜ，どのように，どの程度起きているのかという客観的なデータが必要である。つまり，診療内容を評価・測定する尺度をつくらなければならない。そこで，多様な医療サービスの内容を標準化し，比較評価する仕組みとして，診断群分類が整備されつつある。この診断群分類と包括払い方式を組み合わせた仕組みがDPC（Diagnosis Procedure Combination）[20]である。DPCの対象となる病院は少しずつ増加しており，2017年4月時点では，一般病床を有する全病院の3割近い，1,664の病院がDPCの対象となっている。DPC導入の影響に関する研究は限定的であるが，患者の受け入れを拒否するような選別は行われていない[21]，病院の生産性効率性を改善する，DPC導入後に入院日数の短縮や包括対象外の診療行為に関わる出来高換算点数が減少している[22]，といった結果がある。

（7）混合診療解禁をめぐる議論

　公的医療保険では，保険診療の対象範囲が限定されている。このため，保険の範囲内の診療と範囲を超えた診療が同時に行われた場合，自由診療となり全額自己負担になる（混合診療の禁止）。

　差額ベッドや予約などアメニティの性格が強い医療サービス以外に，特に厚生労働省が定めた高度医療技術に限り，保険と自由診療を組み合わせた利用を認める特定療養費制度がある。しかし，特定療養費のように制限されていては，患者の選択肢が狭まる。効果や安全性が確認されず，保険診療で認められていない医療サービスでも，患者が自由に選択できるようにするため，混合診療を全面的に認めるべきであるという意見が強くなっている。また産業界からも，

20）診療群分類が医師の診療と診療行為の組み合わせによって決まるという意味である。松田編著（2003）を参照せよ。
21）中央社会保険医療協議会（2005），大坪（2009）参照。
22）松田・伏見（2012）参照。

今後は医療サービス産業が成長産業になるため，それを促進するためにも混合診療を解禁すべきであるという主張が強まっていた。

一方で，政府は財政難のなか，公費医療費を抑制するために，今後生まれる新しい医療サービスの多くを混合診療の対象にし，保険が効く範囲を制限するようになるおそれもある。そのようになると，所得によって医療サービスにアクセスできない人も増えるのではないか。また，安全性・有効性への不安や，医師と患者に医療情報に関する情報の非対称性がある以上，混合診療の解禁により不必要な医療サービスまで患者が購入しなければならなくなるのではないかという点から反対の声も強い。

そうしたなか，2014年から，患者申出療養制度が開始された。これは，保険収載されていないものの，将来的な保険収載をめざす先進的医療について，患者からの申出を起点として，安全性・有効性等を確認した上で，身近な医療機関で受けられるようにするものである。この制度は，国民皆保険の枠組みを維持した上で，患者からの様々な要望に応えるための制度として位置づけられている。患者申出療養の相談窓口はほぼ全都道府県，のべ79の病院に設置されており，今後，全都道府県に設置される予定である。

第3節　医療保障改革の考え方

高齢化に伴う医療費負担を抑えることは先進国共通の課題である。各国において様々な医療保障制度改革が試みられている。その内容は，①需要抑制政策（給付制限），②保険者，医療機関に対する競争原理の導入，③診療報酬に対する価格統制，④供給抑制政策（直接数量規制，医療計画と予算管理）などである。

（1）フリーアクセスをめぐる問題

日本の医療保障制度の特徴は，①国民皆保険，②必要に応じて医療サービスを利用できるフリーアクセスであり，今後も，国民皆保険の維持は必要であろう。

一方，医療機関へのフリーアクセスの維持が絶対的に必要なのかを議論する

必要があろう。フリーアクセスのメリットは疾病の早期発見，治療であるが，一方，フリーアクセスが大病院志向を促し，「3時間待ちの3分受診」という混雑効果を生み出し，資源の非効率的な使用が行われているのも事実である。国民にとって適切な医療サービス，医療機関を選択し，受診の機会が保障されていることが重要なのであり，医療機関へのフリーアクセスはそれ自体が重要ではないため，見直しの議論が進んでいた[23]。

その結果，2016年度から，特定機能病院，一般病床500床以上の地域医療支援病院を，紹介状なしで外来受診した場合，最低でも，初診時5,000円（歯科は3,000円），再診時2,500円（歯科は1,500円）が定額負担として徴収されることとなった。厚生労働省の報告書によると，定額負担の導入後，紹介状なしの患者比率は一定程度減少したとされる[24]。

フリーアクセスを制限する場合は，医療をめぐる情報の非対称性を改善する制度変更が不可欠である。一般に，消費者の厚生を左右する要因は，①選択の自由，②商品・サービスに関する情報であろう。選択の自由は，消費者の嗜好の違いを反映させるためにも重要である。フリーアクセスは一見，このような選択の自由を意味するようにも思える。しかしながら，情報の非対称性や公共政策としての医療保障の性格上いくつかの修正が必要になる。フリーアクセスと実質的な選択，受診機会の保障は異なる問題である点にも注意する必要がある。

医療サービスの目的は通常財と異なり，健康状態の回復である。したがって適切な医療サービスを受ける機会を保障するための制度改革が必要で，医療機関の選択において個人の自由な選択を無制限に認める必要性は低い。1つの方策としては，かかりつけ医を制度化することも検討すべきである。体の変調があれば，まず日頃から健康管理をしてもらっているかかりつけ医に行き，そこから病院を紹介する仕組みである。NHSの英国ではGP制度（家庭医）が導入

---

23) アメリカで一般的になっているマネージドケアもフリーアクセスを制限し，加入者は受診の是非や医療機関について制限されている。
24) 厚生労働省保険局（2017）『第107回社会保障審議会医療保険部会　資料2-2　外来時の負担等について』参照。

されている。社会保険方式のフランス，ドイツでもかかりつけ医への登録が義務化されている。わが国でも，かかりつけ医の機能を強化するべく，2018年の診療報酬改定において，かかりつけ医機能を有する医療機関における初診機能に対する評価を導入し[25]，地域包括診療料等の施設基準を緩和するなどの取組みが行われている。

（2）需要サイドの改革
① 自己負担引き上げ政策

需要サイドからの政策は，被保険者，患者の受診行動のコントロールである。具体的な方法としては，①受診時の窓口負担の引き上げ，②保険給付範囲の限定などである。②の保険給付範囲の限定については，特定の軽費医療を自己負担にする考え方，混合診療の導入や，高齢者医療保険にオプションをつけ，高齢者の経済状況に見合った選択を可能にする方法などもある。

自己負担の引き上げが，過剰受診抑制効果，健康維持意欲，予防意欲を引き上げ，患者の重複受診抑制や，コンプライアンスの低下を防ぐことが期待される。この一方で，①医療サービスは代替財がなく，価格の弾力性は低く，自己負担引き上げは一時的効果しかない，②低所得者世帯にとっての負担が大きい，③病状が重篤になるまで受診せず，かえって医療費を増大させるという指摘もある。

現在，現役世代の自己負担率は原則3割，70～74歳は原則2割，後期高齢者は1～3割となっているが，自己負担引き上げによる医療費抑制は限界に近づいている。

② 消費者（患者）保護

医療においては，医師の自由裁量権（プロフェッショナル・フリーダム）が優先されている。これは，医師の高い倫理性を前提としたものであった。このため医療サービスは父権主義（パターナリズム）が強く，消費者としての患者側の意思・選択は限定されたものであった。こうした供給者優先の根拠は，医療に関

---

[25] 一定の要件を満たすと，初診時に診療報酬800円が上乗せされる。

する情報の非対称性である。これまで政策は、情報の非対称性を解消するのではなく、むしろ広告などを自由に許すと、消費者が間違った判断をするとして強い広告規制を行ってきた。しかし、情報の非対称性を解消するためにも、消費者に情報を提供することは不可欠であり、医療機関を選択するためにも適切な広告規制の見直しが必要である。

(3) 保険システムの改革
① 保険の規模について

保険における改革の視点とは、健康保険組合、全国保険協会管掌健康保険（協会けんぽ）、国民健康保険などの従来の職域、地域単位の保険集団の見なおしである。保険経営が安定するためには[26]、①同じ程度のリスクをもつ人々を保険集団としてプールする、②大数の法則が成立し、高額医療の発生によって保険財政が逼迫しないように、あるいは保険経営の規模の経済性が働くような一定の保険規模を確保する、③被保険者のモラルハザード防止のために、無駄な医療費は自分たちの負担につながるよう意識させる規模の保険集団であること、④保険者が被保険者の健康維持、疾病予防事業を行うインセンティブをもつような保険規模である必要もある。

現在の市町村国保、保険組合のなかには、加入者が少なく、経営が不安定になっているものも多い[27]。こうした小規模の市町村国保の経営を安定化させるため、市町村国保の財政の仕組みを都道府県単位に再編することが進められ、2015年には医療保険改革法案が成立し、2018年度から、市町村国保の財政運営主体が市町村から都道府県に移管されることとなった。移管後は、都道府県は財政運営の責任主体となり、給付に必要な費用の市町村への支払い、市町村ごとの国保事業納付金決定や、財政安定化基金の設置・運営を行う。一方、市町村は、保険給付の決定、被保険者証等の発行、保険料率の決定、住民個々の

---

26) ①〜④の要請はトレードオフをもつ場合もある。
27) 保険集団の規模が小さすぎるので、保険機能が弱い。10,000人未満の保険者が1,060保険を占める一方、50,000人以上の保険者は1,716保険のうち129保険にすぎない（厚生労働省（2017）『国民健康保険実態調査　平成28年度』より）。

実情に応じた賦課・徴収，被保険者の特性に応じた保健事業（データヘルス事業等）などを行う。

② 保険者機能の強化

現在の保険者は事実上，保険料の徴収が主たる業務になっており，保険料，給付率，給付範囲については自由な決定は制限されている。また，保険請求の適切性を判断するレセプト審査についても，社会保険診療報酬支払基金[28]が一時審査を一括して引き受けており，各保険者は二次的審査を許されているだけで，非効率な構造になっている。

保険者は多くの医療機関の治療実績に関するデータを集約できるため，情報蓄積によって医療機関の評価をすることができる。保険者機能として保険者は被保険者のために，望ましい病院を選択し[29]，問題のある病院との保険契約を解除する機能が期待されている。具体的な保険者の機能は，①医師と患者の情報の非対称性を解消，②保険給付の効率性の改善，③消費者の厚生の改善，④健康保険組合の推薦病院リスト作成などである。

現在，各保険者に対して，加入者の健康づくり・健康状態に応じた後期高齢者支援金の加算・減算や補助金の交付という形でインセンティブを設けて，保険者機能の強化が推進されているところであるが，今後は，保険者による医療機関の評価，レセプト審査の強化，契約医療などを認める保険者機能強化の改革が期待される。

③ 保険者改革

現行制度下では，医療保険は皆保険であると同時に，被保険者は職業，地域によって加入すべき保険が限定されている。この状況下では，保険側に競争するインセンティブが存在しない。他方，ドイツは皆保険・強制加入を維持しながら，保険サービスについても競争原理を導入している。日本でも皆保険を維持しながら，被保険者に保険者の選択を認めるような制度の導入も検討すべき

---

28) レセプトのうち，再審査になるものはおよそ１％程度に過ぎない（社会保険診療報酬支払基金ホームページより）。

29) 現行制度では，保険医の認定は都道府県知事が行っている。

である。さらに、保険料をめぐる保険者間競争が有効に機能するためには、保険者と医療機関の診療報酬交渉、医療機関の選別、保険料の多様化が認められていく必要がある。保険者間への競争原理の導入は、医療機関間の競争にもつながることになる。

第10章
医療保障制度改革

　高齢化に伴う医療費の増大，医療保険の財政悪化に対応するため，1997年の健康保険法等の改正をはじめに，数次の医療制度見直し（1997年健康保険法改正等）が行われ，診療報酬の引き下げや，患者自己負担の引き上げが行われた。こうした改革により，危機的な状況は一時回避したが，団塊の世代が60歳にさしかかり，そして後期高齢者となる2025年に備えて，医療保障制度の抜本的な改革が必要となった。2000年を目標にして進められた医療保障の抜本改革であったが，医師会，保険者，労使などの利害が対立し，2005年にようやく改革の骨子である「医療制度改革大綱」がとりまとめられた。2006年に，老人保健制度導入以来，約20年ぶりの大がかりな医療保障制度改革が行われ，老人保健制度は後期高齢者医療制度に切りかわった。

　その後，2015年には医療保険制度関連改革法案が成立し，国民健康保険の再編など，大がかりな改革が行われた。2015年の改革法案を含む，近年の医療保障制度改革では，被保険者，保険者に対するインセンティブの強化，負担の垂直的公平性を高める，医療・介護の連携と機能分化，保険者の財政基盤や機能の強化，といった点が重要視されている。

第1節　2006年医療制度改革

(1) 医療制度改革の背景

　高齢化などの要因によって，医療保険財政は急速に悪化している。高齢者の増加，特に75歳以上の後期高齢者の増加で，慢性疾患などが増加し，罹患期間も長期化し，一方，高齢化により十分な保険料を負担できる人は減少する。

　これまでの医療保険制度は職業別，地域別に分立しており，高齢化や就業構造の変化によって，保険別の年齢構成，所得水準の格差は拡大傾向にある。なかでも非被用者が加入する国民健康保険は，高齢者が多く，所得水準が低いため，財政が急激に悪化した。老人医療費を確保するための老人保健制度は，このような高齢者の偏在を調整するために設立された。老人保健制度の費用は，3割が公費で，残り7割が保険者の拠出金で，拠出金は年齢構造が若い保険者ほど負担が多かった。しかし，各保険者の支出に占める老人保健医療費拠出金の負担の割合は年々増加し，各保険者にとっては大きな負担となった。

　1990年代に入ると，高齢化による医療費増大と長期化する景気後退などで被用者の給与，人数が頭打ちになり，被用者保険の財政余力はなくなり，老人保健制度を通じた医療をめぐる世代間の移転についての不満が増大した。このため，安定的な高齢者向け医療の財源の確保，高齢者医療の効率化が議論されるようになった。特に，医療における世代間の移転，世代間の公平性をめぐる問題に対応するため，高齢者医療費の負担をどのように分担するのか，財政面について，高齢者の範囲，高齢者患者の一部負担のあり方，保険料負担のあり方，財源確保が検討された。いくつかの案が議論されたが，主な案は，1) 突き抜け方式，2) 高齢者医療分離方式，3) すべての医療保険の一本化，4) 年齢を基準にした財政調整方式の4つであった。1) はサラリーマングループ，健康保険組合連合会，財界，労働組合が主張する案で，若い時に入っていた医療保険に老後も入り続けるというものである。2) は医師会などが主張した案で，高齢者の医療保障制度を独立させ，税財源でその財政を確保しようとする考えである。3) はすべての医療保険の一本化，4) は年齢を基準にした財政調整方式で，

第10章 医療保障制度改革　191

保険者間の年齢構成の違いを調整するよう，年齢構成の若い医療保険から高齢化の進んだ医療保険へ財政支援を行う方式である。こうした議論を経て，2）と4）を組み合わせたような形の医療保険制度改革が行われることとなった。

（2）2006年改革の課題になった医療保障給付の抑制

　高齢化による医療費増大を回避するために，経済財政諮問会議では，医療費の伸びをGDPの伸び率以内に抑える伸び率管理，あるいは人口構成の変化を加味した高齢化修正GDP伸び率管理が主張された。この考えは，2004年年金改革で公的年金支出の伸び率を抑えたマクロ経済スライドと通じるものである。一方，厚生労働省は，伸び率管理ではなく，給付範囲の見直しという短期政策と生活習慣病対策を中心とした中長期政策からなる医療費適正化で医療費抑制を行うことをめざした。2006年の医療制度改革は，この厚生労働省の主張に従うような形で決着した。この結果，図表10－1で見るように，2025年

図表10－1　医療給付金の将来見通し（平成18年医療制度改革ベース）

		2006年度（平成18）予算ベース	2010年度（平成22）	2015年度（平成27）	2025年度（平成37）
改革後		27.5兆円	31.2兆円	37兆円	48兆円
	国民所得比	7.3%	7.4%～7.7%	8.0%～8.5%	8.8%～9.7%
	GDP比	5.4%	5.4%～5.6%	5.8%～6.1%	6.4%～7.0%
改革実施前		28.5兆円	33.2兆円	40兆円	56兆円
	国民所得比	7.6%	7.9%～8.2%	8.7%～9.2%	10.3%～11.4%
	GDP比	5.5%	5.8%～5.9%	6.3%～6.6%	7.5%～8.2%
国民所得		375.6兆円	403　～　420兆円	432　～　461兆円	492　～　540兆円
GDP		513.9兆円	558　～　576兆円	601　～　634兆円	684　～　742兆円

（試算の前提）
1．「改革実施前」は，平成18年度の診療報酬改定及び健康保険法等改正を実施しなかった場合を起算点とし，1人当たり医療費の伸びについては従前通り，70歳未満2.1%，70歳以上3.2%と設定して試算している。
2．「改革後」は，平成18年度予算を起算点とし，平成18年度の診療報酬改定及び健康保険法等改正の効果を織り込んで試算したもの。
3．「国民所得比及びGDP比の算出に用いた名目経済成長率は，2011年度までは「改革と展望2005」参考試算，2012年度以降は平成16年年金財政再計算の前提を用いて，「基本ケース」及び「リスクケース」の2つのケースを設定している。

名目経済成長率の推移

	2006	2007	2008	2009	2010	2011	2012～
基本ケース	2.0%	2.5%	2.9%	3.1%	3.1%	3.2%	1.6%
リスクケース	2.0%	1.9%	2.1%	2.2%	2.1%	2.2%	1.3%

出典：厚生労働省保険局「「医療費の将来見通しに関する検討会」議論の整理について」（平成19年7月27日）。

図表10－2　短期の医療費の抑制政策

```
3．医療費の伸びの抑制（短期的対策）

(1) 公的医療保険の給付範囲の見直し等
 ① 高齢者の患者負担の見直し（現行：70歳未満3割，70歳以上1割（ただし，現役並み所得者2割））
  ア 平成18年度から現役並み所得の70歳以上の者は3割負担
  イ 平成20年度から新たな高齢者医療制度の創設に併せて高齢者の負担を見直し
     70～74歳　2割負担，75歳以上　1割負担（現行どおり）
 ② 療養病床に入院している高齢者の食費・居住費の負担引上げ
 ③ 高額療養費の自己負担限度額の引上げ
    高額療養費の自己負担限度額について，低所得者に配慮しつつ，賞与を含む報酬総額に見
    合った水準に引上げ。（現行72,300円→見直し後80,100円）
 ④ 出産育児一時金の見直し
    出産育児一時金を現行の30万円から35万円に引き上げる。
 ⑤ 乳幼児に対する自己負担軽減措置の拡大
    高齢者医療制度の創設に併せて，乳幼児に対する自己負担軽減（2割負担）の対象年齢を
    3歳未満から義務教育就学前までに拡大する。
    等
 ⑥ レセプトオンライン化
(2) 診療報酬の適正化
    平成18年度診療報酬改定→全体改定率▲3.16%（本体▲1.36%　薬価等▲1.8%）
```

出典：厚生労働省ホームページ「医療制度改革大綱による改革の基本的考え方」。

に56兆円に達すると予測された医療給付費は48兆円まで抑制された。医療給付費とは，国民医療費から患者負担を除いた医療費である。短期の医療給付費抑制政策は，2006年4月に決定した診療報酬の引き下げに加えて，高齢者の患者自己負担の引き上げ，療養病床における食費・居住費の引き上げ，高額医療費の自己負担限度額の引き上げといった内容である。このほか，保険免責制度なども検討されたが見送られた（図表10－2）。

中長期抑制策は，生活習慣病対策を柱にした医療費適正化計画であり，国の目標とする全国医療費適正化計画に基づき，各都道府県は2008年度を初年度にした5年計画を策定，その実績評価を行い，その結果によっては，都道府県の診療報酬に特例，格差をつけることができる仕組みとなっている。

図表10－3　2006年医療制度改革

医療費増加の構図

```
                    ┌──────────────┐
                    │  医療費の増加  │
                    └──────────────┘
                           ↑
要因分析 {
  主要因は老人医療費の増加
    ┌ 老人増
    └ 1人当たり老人医療費＝若人の5倍
    ┌ 1人当たり老人医療費は都道府県により大きな格差
    └ （平均75万円，最高：福岡県約90万円，最低：長野県約60万円）
  ┌ 1人当たり入院医療費の増（寄与度の約5割）┐ ┌ 1人当たり外来医療費の増（寄与度の約5割）┐
  │ 病床数の多さ（平均在院日数の長さ）       │ │ 生活習慣病を中心とする外来受診者の受診行動 │
  │ 在宅（自宅でない在宅含む）療養率の低さ   │ │ 内臓脂肪型肥満に起因する生活習慣病患者・予備群の増加 │
}

取組の体系 {
  ・医療機能の分化・連携
    ┌急性期┐
    │回復期│ ←連携→ 介護提供体制
    │療養期│
    └在宅療養┘
    ・地域における高齢者の生活機能の重視

  生活習慣病対策
    ①保険者と地域の連携した一貫した健康づくりの普及啓発
    ②網羅的で効率的な健診
    ③ハイリスクグループの個別的保健指導
}
```

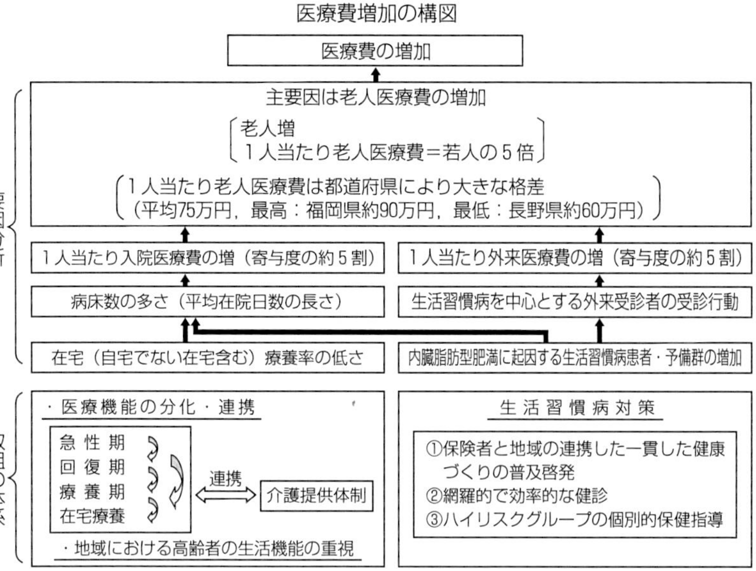

出典：図表10－2と同じ。

（3）2006年医療制度改革－保険単位の見直し

2006年医療制度改革の概要は，図表10－3で示してある。2006年改革の概要について説明しよう。本格的な高齢化社会に対応するための安定的な財政システムの確立が目標であった2006年改革では，大幅に保険単位の見直しが行われた。

第8章でみたように従来の日本の医療保険は，職業・地域によって分立していたが，高齢者は独立した保険ではなかった。

2006年改革では，1）前期高齢者の医療財源に対する保険者間の財政調整の徹底化，2）後期高齢者医療制度を若年者から独立させ，その費用の半分は税財源，40％は若年者の保険料からの拠出金（後期高齢者支援金），10％は高齢者の保険料でまかなうことにした（図表10－4），3）社会保険庁は廃止・民営化され，それまで全国一律の保険料で運営されていた政府管掌健康保険は，各都道府県に設置される健康保険協会（協会けんぽ）によって都道府県単位で運営

図表10－4　後期高齢者医療制度の運営の仕組（平成20年度）

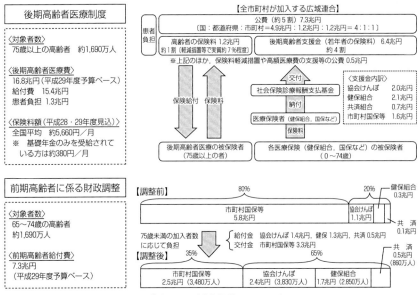

出典：厚生労働省ホームページ『我が国の医療保険について』。

されることになった，4）市町村国保の財政調整機能を高め，事実上の都道府県単位化を進めることになった。4）について，少し補足説明を加える。その内容は，①同一都道府県内の健康保険組合の再編・統合，②政府管掌健康保険の都道府県単位化，③小規模国保の運営の広域化，④後期高齢者に関する広域連合，⑤保険財政共同安定化事業の創設・保険基盤安定化制度による，都道府県単位での市町村国保間の保険料の平準化，安定化などである。こうした改革によって，医療保険の保険単位が都道府県単位に再編される方向に進み，それに合わせて，都道府県にとっては，医療費適正化計画として，地域医療計画，健康増進計画，介護保険事業支援計画の3計画の作成が重要な責務になった。

医療費適正化計画とは，生活習慣病予防の徹底と平均在院日数の短縮であり，2008年から2012年末までに，生活習慣病患者とその予備群を25％減少させ，平均在院日数を短縮させ，最終的には2025年に医療費8兆円を削減することをめざした。都道府県は，それぞれ医療費適正化計画を策定し，保険者の特定

健診・特定保健指導と連携し，さらに医療機能の分化，連携，在宅医療の推進，療養病床の転換を進めることになった。また，都道府県は5年ごとに計画の見直しを行い，計画を達成できなかった都道府県には，国が診療報酬を引き下げるというペナルティーも用意した。医療費適正化の成果は3節で扱う。

地域医療計画も新しい段階に入り，1）従来の1次，2次，3次医療圏を見直し，2）脳卒中，がん，心疾患，糖尿病などの4疾患と，3）救急，災害，へき地，周産期，小児医療の5事業別に，かかりつけ医を中心とした医療定型ネットワークを構築することになっている。入院日数の短縮や在宅での看取り率でその評価が行われる。健康増進計画では，国の示した基本方針と健康増進計画改訂ガイドラインに基づき，都道府県別に計画と目標が設定され，具体的には特定健診，指導の拡大をめざすことになった。

(4) 後期高齢者向け診療報酬体系の見直し

後期高齢者医療制度の成立とともに，後期高齢者医療制度における診療報酬体系の構築が課題となった。日本の1人当たり高齢者の医療費は，若年者の医療費の5倍程度となっている。身体の衰えとともに医療費が上昇するのは避けがたいが，他の先進国における高齢者の医療費は若年者の2－3倍程度であるのと比較すると，日本の高齢者の医療費は高すぎるのではないか，無駄遣いがあるのではないかという見方もある。この高齢者医療サービスの効率化のために，慢性疾患に対応し過剰な治療，投薬を誘発しないような診療報酬体系，薬価体系の確立が急務となり，診療報酬の包括化，定額化が焦点となっている。この他，在宅医療，医療と介護の連携なども進められている。

2006年改革では，後期高齢者の心身の特性等にふさわしい診療報酬体系の確立が確認され，1）終末期医療の評価，2）在宅における日常的な医学管理から看取りまで一貫した対応ができる主治医の普及，3）医師，看護師，ケアマネジャー，ホームヘルパー等の連携による医療・介護の提供，4）在宅医療の補完的な役割を担う，入院による包括的なホスピスケアの普及などが重点事項とされた。

(5) 健康作り・特定健康診査・特定保健指導

　疾病構造は，急性疾患中心から高齢者が罹患しやすい慢性疾患，生活習慣病に中心がうつっている。国民医療費の3割近くが生活習慣病とされており，高齢化社会においては，その抑制も重要な課題となり，疾病，介護予防の推進が重要になった。政府はこれまでも，生活習慣病，健康寿命の伸張のために医療増進法を成立させ，健康作り運動の「健康日本21」を推進してきた(図表10－5)。しかし，その普及は不十分で，成果も芳しくないことが明らかになってきた。

　日本人の健康寿命は先進国でももっとも長く，北欧をしのぐ水準である。しかし，今後のさらなる長寿化を考えると，一層の健康寿命の伸長が必要となる。健康寿命の伸長は医療費，介護費の抑制にもなる。地域における健康づくりの強化が重要である。

　2006年改革では，厚生労働省は健康づくりの普及啓発により生活習慣病を減らし，外来医療費・入院医療費の抑制を通じて医療費全体を抑制することを中長期的な医療費適正化の柱とし，2025年で6兆円の抑制が見込まれていた。そこで，2008年4月より医療保険者には，40歳以上の加入者に対する特定健康診査・特定保健指導という健康診査・保健指導実施が義務づけられることになった。サラリーマンに対しては，従来から労働安全衛生法により健康診断を企業に義務づけてきたが，新しい制度は配偶者も対象になる。職域保険と地域

図表10－5　健康日本21の概要

生活習慣の改善	危険因子の低減	疾病等の減少
○栄養・食生活 ○身体活動・運動 ○休養・こころの健康 ○飲酒 ○歯科保健	○適正体重の維持 ○喫煙 ○血圧 ○糖尿病　　　等	○がん ○心臓病・脳卒中などの循環器疾患 ○糖尿病合併症 ○自殺者 ○う蝕および歯周病等
	検診等の充実 ○検診受診者の増加 ○事後指導の徹底　等	

出典：厚生省（2000）『平成12年版厚生白書』。

図表10－6　後期高齢者支援金と特定健康診査・特定保健指導

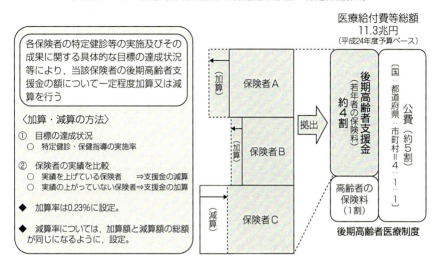

出典：厚生労働省『特定健康診査・特定保健指導の円滑な実施に向けた手引き』。

保険の連携が不可欠となり，そのため保険者協議会，地域職域連携協議会が始まった。さらに国，都道府県，市町村による健診・保健指導，体系的・計画的・効果的な健康増進計画が進められることになった。

　2013年度からは，健診データの把握率や特定健診等保健指導の実施率，目標に比較した生活習慣病患者・予備群などの減少率といった各医療保険者の生活習慣病への取り組みの実施状況や成果に応じて，各保険者の後期高齢者支援金の負担額についての加算・減算が行われた。この仕組みにより，生活習慣病への取り組みが不十分な医療保険の加入者は高い保険料を負担することになり（図表10－6），各保険者に対してはじめて直接的な医療費抑制のインセンティブが組み込まれた[1]。しかしながら，この仕組みではインセンティブが十分ではないということで，2018年度からは加算・減算の仕組みが見直し・強化される。

1）健診・保健指導に関係する業務の増加や効率的な遂行のために，実際の事業をさまざまな事業者にアウト・ソーシングすることも推進されている。

図表10-7　患者自己負担の推移

	～昭和47年12月	昭和48年1月～	昭和58年2月～	平成9年9月～	平成13年1月～	平成14年10月～	平成15年4月～	平成18年10月～		平成20年4月～
	老人医療費支給制度前	老人医療費支給制度（老人福祉法）	老人保健制度						75歳以上	後期高齢者医療制度
国保	3割	高齢者	なし	入院300円/日 外来400円/月	→1,000円/日 →500円/日 （月4回まで） ＋薬剤一部負担	定率1割負担（月額上限付き） ＊診療所は定額制を選択可 薬剤一部負担の廃止 高額医療費創設	定率1割負担 （現役並み所得者2割）	定率1割負担 （現役並み所得者3割）		1割負担（現役並み所得者3割）
被用者本人	定額負担								70〜74歳	2割負担（現役並み所得者3割） ※平成26年3月末までに70歳に達している者は1割 （平成26年4月以降70歳になる者から2割）
			国保 高額療養費創設 （S48〜）	入院3割 外来3割＋薬剤一部負担 （3歳未満の乳幼児2割（H14年10月〜））						
		若人	被用者本人　定額→1割（S59〜） 高額療養費創設	入院2割 外来2割＋薬剤一部負担		3割 薬剤一部負担の廃止	3割	70歳未満	3割（義務教育就学前2割）
被用者家族	5割		被用者家族 3割（S48〜） 高額療養費創設 →入院2割（S56〜） 外来3割（S48〜）	入院2割 外来3割＋薬剤一部負担 （3歳未満の乳幼児2割（H14年10月〜））						

注1：昭和59年に特定療養費制度を創設。将来の保険導入の必要性等の観点から，従来，保険診療との併用が認められなかった療養について，先進的な医療技術等にも対象を拡大し，平成18年に保険外併用療養費制度として再構成。

注2：平成6年10月に入院時食事療養費制度創設，平成18年10月に入院時生活療養費制度創設。

注3：平成14年10月から3歳未満の乳幼児は2割負担に軽減，平成20年4月から義務教育就学前へ範囲を拡大。

参考：介護保険は，これまで1割に据え置いている利用者負担について，相対的に負担能力のある一定以上の所得がある者については，自己負担割合を平成27年8月から2割とする改正を行った。

出典：厚生労働省保険局『第91回社会保障審議会医療保険部会　資料2-2』。

（6）2006年改革後の課題－保険間の連帯と保険料の変質

　後期高齢者医療制度の財政構成は，給付費に対し公費50％，支援金40％，後期高齢者保険料負担は10％となっている[2]。75歳以上の患者自己負担分は原則1割，現役並みの所得のある人は3割となった（図表10-7）。

　後期高齢者医療制度の特徴は，75歳以上の高齢者から構成される独立保険をつくったことと，若年者からの財政支援を従来の老人医療費拠出金から支援金へ切り替えた点である。ここで拠出金と支援金は，一見ラベルの貼り替えの

ようにもみえるが，その基本的な仕組みや理念はかなり変化することになる。

　社会保険は，基本的に被保険者単位で，給付と負担の対応関係が求められる。実際には，職域別に保険が分立し，保険別の人口構成，所得水準の違いを調整するために，基礎年金拠出金，老人保健医療費拠出金（老人保健制度への拠出金，2008年度まで），退職医療費拠出金（2014年度まで），介護給付費納付金といった財政調整の仕組みが組み込まれている。このうち基礎年金拠出金は，事実上の世代間移転であるが，拠出金の原資になる各加入者の保険料負担と将来年金給付の対応関係は明確にされている。一方，介護保険の第2号被保険者の保険料は，反対給付の可能性がゼロといえないが，高齢世代（第1号被保険者）への所得移転が強い。老人保健医療費拠出金は，実質的には現役から高齢者への所得移転の性格は強いが，形式上は，高齢者というハイリスクな人々を多く抱える国民健康保険と高齢者の少ない健康保険との間の「保険者間の連帯保険料」（被保険者個人にとってみれば「間接的な連帯」）とみることができよう。

　これに対し，新たな後期高齢者医療制度における若い世代からの支援金は，老人医療費拠出金のもっていた保険者間の連帯という性格は後退し，「世代間移転」，「賦課方式」の性質をもっている。

　これまで老人保健制度の下では，現役労働者にとって自分自身の保険料と高齢者向け移転部分の区別は不明確であったが，後期高齢者医療制度では，高齢者は独立医療保険制度に加入し，若い世代から支援金という財政移転を受けることになった[3]。支援金という名の世代間移転分が明らかにされるならば，その点については評価すべきであろう[4]。しかし，このことにより，支援金という反対給付のない保険料，すなわち「事実上の目的税」を現役労働者や事業主に対し課す根拠を示す必要が出てくる[5]。老人保健医療費拠出金と支援金の違

---

2) 自己負担も加えた医療費について見ると，15.1兆円の医療費に対し，自己負担1.2兆円（7.8％），保険料負担1.1兆円（7.1％），支援金5.9兆円（39％），残額を公費負担と考えると7.0兆円（46％）の構成になる（厚生労働省『後期高齢者医療事業状況報告　平成27年度』参照）。

3) 支援金という事実上の目的税と公費で給付の9割近くをまかなっている制度が保険と呼べるのかということになり，高齢者医療保障制度には「保険」という名前がつかなくなった。

いは，単なるラベルの付け替えの問題ではすまない。

　従来の老人保健制度とそれに対する拠出金は，高齢化率の異なる保険間の連帯，形式上は「横の連帯」であったが，後期高齢者医療制度とそれに対する支援金は，形式的にも実質的にも世代間の連帯（縦の連帯），世代間移転の仕組みになった。また同時に保険料の徴収方式も，後期高齢者については個人単位での年金からの天引きに統一され，すでに行われている介護保険の天引きも考慮すると手取りの年金はいっそう抑制されることになる。一方，支援金を支払う現役世代についても，従来と異なり自分自身や家族の保険料分である基本保険料率と，後期高齢者支援金分・前期高齢者納付金分などからなる特定保険料率[6]が区分されることになる。しかし，2020～2025年頃には，保険料負担全体に占める世代間移転分（特定保険料率）の割合が50％を超える可能性があり，現役世代にとって，医療保険料の「高齢者医療目的税化」が強まってくることになった。このように社会保険料の性格が変化しているが，さらに高額療養費の自己負担分の設定や高齢者の受診時の自己負担額が所得によって異なることなどが強化された結果，給付時には所得再分配を行わないという社会保険の原則は大きく変質している。

第2節　社会保障税一体改革と2015年医療制度改革

（1）改革までの経緯と社会保障税一体改革

　2009年9月に民主党政権がスタートすると，高齢者を分離する後期高齢者

---

4) 堤（2006）はこの点について，次のような厳しい指摘をしている。「（法案では）後期高齢者支援金に要する費用のための保険料率は，前期高齢者納付金に要する費用と合わせて特定保険料率として一般とは別の料率とされているが，保険料自体は「特定保険料」として別立ての保険料とはされていない。後期高齢者支援金を被保険者が世代間扶養の観点から納める保険料（中略）の束であるとするならば，保険料自体も「後期高齢者支援保険料」といった形で別立てにすべきであろう。そのことによって，被保険者にとっても自分たちが後期高齢者の医療費の一部を負担していることの自覚が生まれ，その医療費の適正化に対する関心も高まるはずである。」

5) 堤（2006）参照。

6) これには療養型病床を老人保健施設等に転換する転換支援金分も含められている。

医療制度は廃止し，2013年3月を目標に新たに新高齢者医療制度を導入することになった。その制度内容は，1）財政構造は，50％を税財源，40％を現役世代からの支援金，10％を高齢者の保険料でまかなうという後期高齢者医療の財源構造の大枠は維持しつつも，高所得の被用者からの負担を引き上げ，2）75歳以上の8割は国民健康保険に加入し，ほかは被用者保険加入者や被扶養者として位置づけ，3）70－74歳の窓口負担を引き上げ，4）国民健康保険の財政を都道府県で運営する，というものである。

2012年7月に民主党政権から自民党政権に政権交代したため，これらの改革は結局実行されなかったものの，1）高所得の被用者からの負担引き上げ，3）70－74歳の窓口負担を引き上げ，4）国民健康保険の財政を都道府県で運営する，については，その後の医療保険改革に引き継がれた。

2012年12月からは社会保障制度改革国民会議にて，少子化対策，医療・介護，年金などの分野を横断する形で，社会保障税一体改革のあり方に関する議論が行われた。そのなかで，医療・介護サービスの提供体制改革については，（1）病床機能報告制度の導入と地域医療構想の策定，（2）都道府県の役割強化と国民健康保険の保険者の都道府県移管，（3）医療と介護の連携と地域包括ケアシステムというネットワークの構築といった論点が，医療保険制度については，①財政基盤の安定化，②保険料に係わる国民負担に関する公平性の確保，③医療給付の重点化・効率化（療養の範囲の適正化等），④難病対策等の改革，といった論点が，それぞれ提示された。2014年には，これらの課題に取り組むべく，社会保障制度改革プログラム法が成立，施行され，引き続いて改革関連の各個別法案も成立，施行された。上記のうち，都道府県の役割強化と国民健康保険の保険者の都道府県移管，財政基盤の安定化，医療給付の重点化・効率化については，2015年医療保険改革法案に盛り込まれることとなった。

一連の改革では，（1）負担能力が高い者の負担を強化して，負担能力が低い者の負担を軽減することによって，保険料等の負担の垂直的公平性を高める，（2）医療と介護，あるいは医療機関同士の機能分化や連携を強化する，（3）国保，協会けんぽなど，財政基盤が弱い保険者に対する財政支援の3点が重要な考え方になっている。

図表10－8　高額療養費の自己負担上限

1. 見直しの趣旨

○高額療養費制度は，家計に対する医療費の自己負担が過重なものとならないよう，医療費の自己負担に一定の歯止めを設ける仕組み。今般，負担能力に応じた負担とする観点から，70歳未満の所得区分を細分化し，自己負担限度額をきめ細かく設定する。（70～74歳患者負担特例措置の見直しに併せて行うもの。）

2. 見直しの内容

（見直し前）

		月単位の上限額（円）
70歳未満	上位所得者 （年収約770万円～） 健保：標報53万円以上 国保：旧ただし書き所得600万円超	150,000＋ （医療費－500,000）×1％ 〈多数回該当：83,400〉
	一般所得者 （上位所得者・低所得者以外） 3人世帯（給与所得者／夫婦子 1人の場合：年収約210万 ～約770万円）	80,100＋ （医療費－267,000）×1％ 〈多数回該当：44,400〉
	住民税非課税	35,400 〈多数回該当：24,600〉

		窓口負担割合	外来	
70～74歳	現役並み所得者 （年収約370万円～） 健保：標報28万円以上 国保：課税所得145万円以上	3割	44,400	80,100＋ （総医療費－267,000）×1％ 〈多数回該当：44,400〉
	一般（～年収約370万円） 健保：標報26万円以下※1 国保：課税所得145万円未満	2割※3	12,000	44,400
	住民税非課税		8,000	24,600
	住民税非課税 （所得が一定以下）		8,000	15,000

（見直し後）

	月単位の上限額（円）	
年収約1,160万円～ 健保：標報83万円以上 国保：旧ただし書き所得901万超	252,600＋ （医療費－842,000）×1％ 〈多数回該当：140,100〉	約1,330万人
年収約770～約1,160万円 健保：標報53万～79万円 国保：旧ただし書き所得600万～901万円	167,400＋ （医療費－558,000）×1％ 〈多数回該当：93,000〉	
年収約370～約770万円 健保：標報28万～50万円 国保：旧ただし書き所得210万～600万円	80,100＋ （医療費－267,000）×1％ 〈多数回該当：44,400〉	
～年収約370万円 健保：標報26万円以下 国保：旧ただし書き所得210万円以下	57,600 〈多数回該当：44,400〉	約4,060万人
住民税非課税	35,400 〈多数回該当：24,600〉	

	窓口負担割合	外来	
現役並み所得者 （年収約370万円～） 健保：標報28万円以上 国保：課税所得145万円以上	3割	44,400	80,100＋ （総医療費－267,000）×1％ 〈多数回該当：44,400〉
一般（～年収約370万円） 健保：標報26万円以下※1※2 国保：課税所得145万円未満※1※2	2割※3	12,000	44,400
住民税非課税		8,000	24,600
住民税非課税 （所得が一定以下）		8,000	15,000

※1　収入の合計額が520万円未満（1人世帯の場合は383万円未満）の場合も含む。
※2　旧ただし書き所得の合計額が210万円以下の場合も含む。
※3　平成26年3月末日までに70歳に達している者は1割。
注：75歳以上の所得区分，限度額に変更はない。

3. 施行日

平成27年1月から。

出典：厚生労働省保険局総務課『医療保険制度改革について』。

① 負担の公平性

（a）高額療養費制度の変更

　高額療養費に関する負担の垂直的公平性を高めるために，現役世代を対象に，高額療養費制度について，それまでよりも所得の区分を細かくして，高所得者については月当たり自己負担の上限額を引き上げ，低所得者については引き下げを行った（図表10－8）。自己負担の上限額が引き下げられるのは，住民税課税世帯かつ年収約370万円未満の場合，一方，自己負担の上限額が引き上げられるのは年収約770万円以上の場合で，年収約1,160万円以上の場合は引き上げ額が特に大きい。

(b) 低所得の国民健康保険・後期高齢者医療の保険料軽減措置拡充

国民健康保険・後期高齢者医療の保険料については，これまでも所得に応じて2割軽減，5割軽減，7割軽減を受けることができた。このうち，2割軽減となる収入上限が223万円から266万円に，5割軽減となる収入上限が147万円から178万円に引き上げられた。この結果，保険料の軽減対象が約500万人拡大した。この改革も，保険料負担に関する垂直的公平性を高めるためのものといえる。

(c) 70～74歳の患者負担特例措置見直し

後期高齢者医療制度が開始される際，70～74歳の前期高齢者については法定自己負担が2割に定められたものの，それまでの1割負担からの急変を避けるという名目で，特例的に1割負担を維持した状態が続いていた。法定通りの運用を行うべきであるという意見や，世代間の負担の公平化を図るべきだという意見を踏まえ，2014年4月以降に70歳を迎える者については，法定通りの運用がなされることとなり，自己負担率が2割になった。ただし，2014年4月までに70歳を迎えている者については，引き上げの影響は受けず，自己負担割合は原則1割のままとした。70～74歳の現役並み所得者については，3割負担のまま変化はない。

② 難病・小児慢性特定疾病対策

難病患者の負担軽減を目的として，2014年には「難病の患者に対する医療等に関する法律」が成立し，2015年1月から，難病に関する新たな医療費助成制度が開始された。自己負担率がこれまでの3割から2割に引き下げられたことに加えて，負担の上限は2,500円～30,000円/月に設定された（子どもはそれぞれ2分の1の負担）。医療費助成の対象も，それまでの56疾患から拡大し，2017年度時点では330疾病が難病として指定されている。その結果，難病医療費助成を受けられる者は従前の約2倍になった。

また，慢性的な疾患を抱える児童および家族の負担軽減を目的として，2014年には「児童福祉法の一部を改正する法律」が成立し，2015年1月から，「小児慢性特定疾患治療研究事業」が「小児慢性特定疾病医療費制度」に移行した。医療費助成の対象は，それまでの514疾患から，現時点で722疾病にまで拡大

された。自己負担率も，それまでの3割（就学前児童は2割）から一律2割に統一された。また，自己負担の限度額は上位所得者（夫婦2人，子1人世帯の場合，年収850万円が目安）でも15,000円（重傷の場合で10,000円）に定められ，慢性疾患の児童を抱える家族の負担が軽減された。

③ 医療と介護の連携

「医療介護総合確保推進法（地域における医療及び介護の総合的な確保を推進するための関係法律の整備等に関する法律）」が2014年に成立し，以下のことが定められた。

(a) 地域医療介護総合確保基金の創設と医療・介護の連携強化

消費税の増収分を財源として，各都道府県の医療計画にある医療・介護事業（病床の機能分化・連携，在宅医療・介護の推進等）のための新たな基金（地域医療介護総合確保基金）を創設した。また，医療と介護の連携を強化するために，厚生労働大臣が基本方針を策定することとなった。各都道府県は，厚生労働省が策定した方針にしたがい医療計画を策定し，それに基づいて，新たに創設された基金を原資として事業が実施される仕組みである。

(b) 地域における効率的かつ効果的な医療提供体制の確保（病床機能報告制度および地域医療構想）

病床機能報告制度は，2014年に成立した医療法改正によって，同年度から開始された制度である。対象となるのは，調査対象年7月1日時点で一般病床・療養病床を有している病院および診療所（歯科診療所含む）である[7]。それぞれの病院は，図表10－9の4つから，保有する各病棟が担っている医療機能を選択し，報告する。また，現時点での医療機能だけでなく，調査時点の6年後，および2025年時点で予定されている医療機能についても同様に報告する。

地域医療構想は，2014年に成立した「医療介護総合確保推進法」によって定められた概念である。地域医療構想とは，病床の機能分化・連携を進めるた

---

[7] 例外として，(1) 精神病床や結核病床，感染症病床しか有しない場合，(2) 刑事施設，入国者収容所等に設けられた医療機関，(3) 宮内庁病院，(4) 都道府県に全許可病床を返還済み又は返還予定である有床診療所，(5) 休院・廃院済み又は休院・廃院予定である医療機関，(6) 7月2日以降に開設した医療機関，は対象外である。

図表10－9　病床機能報告制度における医療機能

医療機能の名称	医療機能の内容
高度急性期機能	○急性期の患者に対し，状態の早期安定化に向けて，診療密度が特に高い医療を提供する機能 ※高度急性期機能に該当すると考えられる病棟の例 救命救急病棟，集中治療室，ハイケアユニット，新生児集中治療室，新生児治療回復室，小児集中治療室，総合周産期集中治療室であるなど，急性期の患者に対して診療密度が特に高い医療を提供する病棟
急性期機能	○急性期の患者に対し，状態の早期安定化に向けて，医療を提供する機能
回復期機能	○急性期を経過した患者への在宅復帰に向けた医療やリハビリテーションを提供する機能 ○特に，急性期を経過した脳血管疾患や大腿骨頚部骨折等の患者に対し、ADLの向上や在宅復帰を目的としたリハビリテーションを集中的に提供する機能（回復期リハビリテーション機能）
慢性期機能	○長期にわたり療養が必要な患者を入院させる機能 ○長期にわたり療養が必要な重度の障害者（重度の意識障害者を含む），筋ジストロフィー患者又は難病患者等を入院させる機能

出典：厚生労働省『平成29年度　病床機能報告マニュアル①　医療機能の選択にあたっての考え方について』。

めのものである。地域ごとに医療需要や病床の必要量を推計し，病床機能報告制度によって把握した病床数と照らし合わせることで，2025年に向けた医療提供体制を構築することが，この制度の目的である。医療需要や必要量の推計は，各都道府県が行うが，推計の単位は原則，二次医療圏である。後述する国民健康保険財政運営主体の都道府県化と同様に，国民の健康維持・増進における都道府県の役割を強化する改革であるといえる。

(c) 地域包括ケアシステムの構築と費用負担の公平化

地域の実情に応じたサービスの提供を行うことができるようにするために，全国一律だった予防給付（訪問介護・通所介護）を，2017年度にかけて段階的に，市町村が取り組む地域支援事業に移行することで，給付内容の多様化を図った。また，低所得者の介護保険料軽減を拡充し，一定以上の所得がある利用者の自己負担を1割から2割に引き上げるなどして，負担の垂直的公平性を高めた。高齢者の病院からの早期退院の促進と在宅での介護の充実を包括的に進める地域包括ケアシステムの構築も急がれる。

(d) その他

医療事故が発生した医療機関が院内調査を行い，その調査報告を民間の第三

者機関（医療事故調査・支援センター）が収集・分析することで，医療事故の再発防止につなげるための仕組みを，医療法に位置づけた。その他，各医療機関が勤務環境改善に向けて，PDCAサイクルを活用して計画的に取り組むための仕組みを創設し，外国医師の臨床修練制度について，教授・臨床研究を目的とした来日を認めるなどの改正も行われた。

（2）2015年医療保険改革法

その後，2015年5月には医療保険改革法案が可決された。その主な内容は，1）国民健康保険の安定化，2）後期高齢者支援金の全面総報酬割の導入，3）負担の公平化等，4）その他に分類できる。この改革では，後述するように，負担能力に応じた負担，財政基盤が弱い被保険者への財政支援の2点が重要な考え方となっている。

① 国民健康保険の安定化

国民健康保険の安定化は，財政支援の拡充と，財政運営主体の都道府県化の2点からなる。財政支援の拡充については，2015年度から開始された，各市町村国保が抱える低所得者数に応じた財政支援に毎年約1,700億円，2017年度から実施された，財政調整交付金の実質的な増額，精神疾患・子どもの被保険者数，非自発的失業者数など，自治体の責めによらない要因による負担への対応，医療費の適正化に向けた取組等に対する支援（保険者努力支援制度），財政安定化基金の創設，高額医療費への対応等に毎年約1,700億円等，のべ年間3,400億円規模で行われる。

一方，財政運営主体の都道府県化については，図表10－10のように整理できる。都道府県の役割は，市町村ごとの納付金，標準保険料の決定，市町村の保険給付の点検や事後調整，市町村が担う事務の標準化，効率化，広域化の促進になる。一方で，市町村の役割は，地域におけるきめ細かい事業，被保険者証の発行，保険料率の決定・賦課・徴収，保険給付，保健事業になる。保険単位を都道府県にすることで，保険の規模を拡大し，保険原理が働きやすくしつつも，事業実施主体は市区町村のままにすることで，各地域の実情に応じた事業が実施されることが期待される。

図表10－10　国保改革（財政運営主体を都道府県に移行）

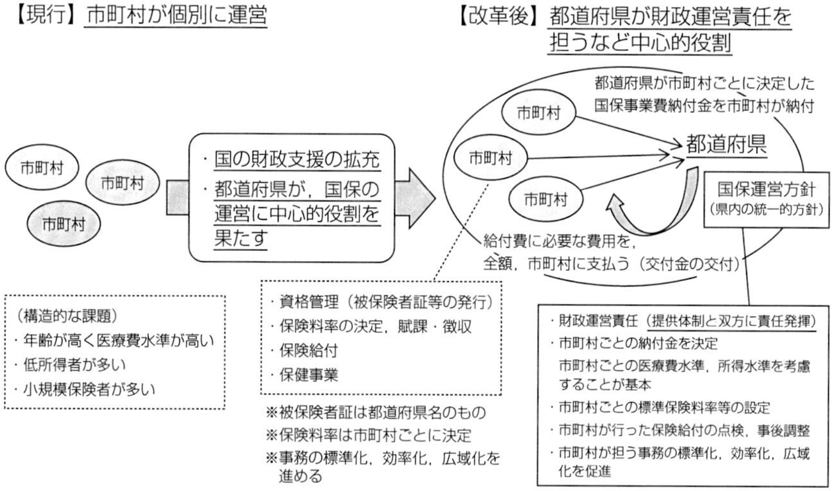
【現行】市町村が個別に運営
【改革後】都道府県が財政運営責任を担うなど中心的役割
市町村
市町村
市町村
・国の財政支援の拡充
・都道府県が，国保の運営に中心的役割を果たす
都道府県が市町村ごとに決定した国保事業費納付金を市町村が納付
市町村
市町村
市町村
都道府県
国保運営方針（県内の統一的方針）
給付費に必要な費用を，全額，市町村に支払う（交付金の交付）
（構造的な課題）
・年齢が高く医療費水準が高い
・低所得者が多い
・小規模保険者が多い
・資格管理（被保険者証等の発行）
・保険料率の決定，賦課・徴収
・保険給付
・保健事業
※被保険者証は都道府県名のもの
※保険料率は市町村ごとに決定
※事務の標準化，効率化，広域化を進める
・財政運営責任（提供体制と双方に責任発揮）
・市町村ごとの納付金を決定
市町村ごとの医療費水準，所得水準を考慮することが基本
・市町村ごとの標準保険料率等の設定
・市町村が行った保険給付の点検，事後調整
・市町村が担う事務の標準化，効率化，広域化を促進

出典：厚生労働省『市町村セミナー 追加開催：医療保険制度改革について』。

②　後期高齢者支援金の全面総報酬割の導入

負担能力と負担の大きさの関係を強め，被用者保険間の格差を解消するという観点から，後期高齢者支援金における全面総報酬割の導入は，かねてから論点となっていた。後期高齢者医療制度の開始当初は，各保険者の加入者に応じて支援金が決定されていた（全面加入者割）。その後，被用者保険間の財政力にばらつきがあることを踏まえ，2010年度からは支援金の３分の１が総報酬割，３分の２が加入者割になっていたが，医療制度改革の一環として，全面総報酬割の導入が決定された。

この改革により，2015年度には２分の１が報酬割に，2016年度には３分の２が報酬割と段階を踏んだ上で，2017年度からは全面的な総報酬割が実施された。全面総報酬割導入の結果，健保組合全体や共済組合全体では負担増になり，協会けんぽでは負担減になる。なお，健保組合のなかでも，報酬水準が低い場合は，これまでよりも支援金が減額になり，報酬水準が高い場合は，支援金が増額になる。

また，全面総報酬割導入によって，公費に余裕が出るため，その分を国保の

財政支援に充てることも検討されていたが，健保組合を中心に反対が根強かったため，浮いた公費による国保の財政支援は見送られることとなった。

③ 負担の公平化

負担の公平化を図るために，入院時食事療養費等の見直し，紹介状なしで大病院を受診する場合等の定額負担の導入，被用者保険や国保における保険料負担の公平化の3つの改革が行われた。

（a）入院時食事療養費等の見直し

入院時と在宅医療を受ける時の負担を公平化する観点から，在宅療養でも負担する費用として，食材費相当額に加えて，調理費相当額の負担を求めることになった。それまでの1食当たり260円から，2016年度からは360円に引き上げられ，2018年度からは460円に引き上げられる。ただし，住民税非課税世帯の負担は1食210円，住民税非課税かつ一定所得以下の世帯は1食100円で据え置きとなり，低所得者への配慮もなされている。

（b）紹介状なしで大病院を受診する場合等の定額負担の導入

外来の機能分化を図る目的で，2016年から，紹介状なしで特定機能病院等を受診する場合，原則，定額負担を求めることとなった。初診時は5,000円（歯科3,000円），再診時には2,500円（歯科は1,500円）の定額負担が必要となる。この結果，初診患者に占める紹介状なしの患者比率は低下しており，定額負担導入は機能分化に一定の役割を果たしていることがうかがえる[8]。

（c）被用者保険や国保における保険料負担の公平化

負担能力に応じた負担という観点から，高い負担能力を有する被保険者を対象に，被用者保険，国保における保険料負担の引き上げが行われた。被用者保険の標準報酬月額は，これまでの全47等級，上限121万円から，全50等級，上限139万円に引き上げられた。また，被用者保険の一般保険料率の上限が，1000分の120から，1000分の130に引き上げられた。国保の保険料の賦課限度額についても，2014年度の81万円から，2015年度には85万円，2016年度からは89万円に引き上げられた。

---

8) 厚生労働省保険局（2017）『第107回社会保障審議会医療保険部会 資料2-2 外来時の負担等について』参照。

④　医療費適正化計画

医療費適正化については，第3節で詳しく述べる。

⑤　その他

その他の改革として，協会けんぽの財政支援，被保険者の所得水準の高い国保組合の国庫補助の見直し，患者申出療養の創設が行われた。

協会けんぽの国庫補助率に関する特例措置は，2014年度で期限切れとなる予定だったが，協会けんぽの財政状況を鑑みて，当面，特例措置を継続し，国庫補助率を16.4％とすることとなった。また，国保組合の国庫補助率の見直しについては，加入者の平均所得水準が150万円未満の場合は32％の定率補助を維持し，150万円以上から所得水準に応じて補助率を段階的に引き下げ，240万円以上の組合については補助率を13％にすることとなった。その他，混合診療に関連して患者申出療養が導入され，将来的な保険収載をめざす先進的医療を，安全性・有効性等を確認した上で，身近な医療機関で受けられるようにし，保険外併用療養費制度の一部に位置づけられた。

第3節　近年の様々な改革・取り組み

わが国の平均寿命は世界でももっとも長い部類に属しているが，平均寿命と健康寿命の差は男性で約9年，女性で約12年あり，2013年度から2022年度の10年間における健康増進政策の基本方針となる『健康日本21（第二次）』においても，健康寿命の延伸は最重要課題とされている（図表10-11）。また，政府が2013年に発表した『日本再興戦略』のなかでも，国民の健康寿命延伸は重要な柱として掲げられており，健康寿命延伸は，現在のわが国がもっとも力を入れて取り組んでいる政策の1つといえよう。

過去数十年の間に生じた疾病構造の転換により，わが国では，生活習慣病が主な疾患となっている。死因の約6割を占める生活習慣病を予防し，健康寿命を延伸するためには，一次予防に相当する生活習慣の改善が重要となる。近年，生活習慣改善や健康寿命延伸に関わる様々な新たな改革が行われているが，これらの改革は，情報技術（ICT，ビッグデータ）の活用，保険者および被保険者

図表10－11　健康日本21（第二次）の概要

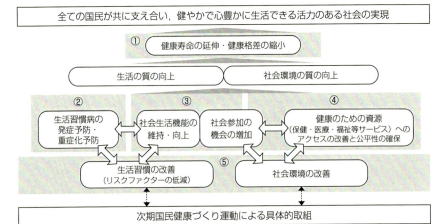

出典：厚生労働省（2012）「健康日本21（第2次）の推進に関する参考資料」。

に対するインセンティブの強化が中核となっている。

(1) 医療費適正化計画

　2008年度に第一次医療費適正化計画が開始され，2018年度からは第三次医療費適正化計画が実施される。医療費適正化計画とは，国民の高齢期における適切な医療の確保を図る観点から，医療費適正化を総合的かつ計画的に推進するためのものである。各都道府県は数年単位で計画を作成，その後，計画を実行し，計画の途中段階や終了後に見直しを行いながら，次の適正化計画へとつなげる。第一次，第二次の適正化計画は5年サイクルであったが，第三次適正化計画からは6年サイクルに変更された。

① 第一次医療費適正化計画

　第一次医療費適正化計画では，1）特定健康診査の受診率を対象者の70％にする，2）特定保健指導の実施率を対象者の45％にする，3）2012年度時点でのメタボリックシンドロームの該当者および予備群を平成20年度比で10％減らす，の3点に重点が置かれた。2012年度に計画が終了した時点では，1）については受診率が46.2％，2）については実施率が16.4％，3）につ

いては減少率が12.0％で，3）のみが達成された。この結果を受けて，各保険者は，レセプト・健診情報等のデータの分析に基づく効率的・効果的な保健事業をPDCAサイクルで実施するための事業計画（データヘルス計画）を2014年度中に策定し，2015年度から計画に基づき実施することとされた。

② 第二次医療費適正化計画

2013年度からの第二次医療費適正化計画では，以下のような改正が行われた。特定健康診査の受診率70％，特定保健指導の実施率45％という全体目標は据え置いた上で，1）2015年度時点でのメタボリックシンドロームの該当者および予備群を2008年度比で25％減らす，2）目標達成度合いの違いを考慮して，市町村国保，協会けんぽ，健保組合など，保険者種別ごとに1）の目標値を設定した。3）平均在院日数についても，医療費適正化の一部として盛り込んだが，全国一律の数字目標は設定せず，各都道府県の医療計画のなかで目標を定める。4）後発医薬品の使用促進について，都道府県ごとに数量シェア，普及啓発施策等の目標を設定することを推奨する。5）たばこ対策の普及啓発施策等の目標を設定することを推奨する。その他，保険者との連携促進，PDCAサイクルの強化も盛り込まれた。

2015年度時点での進捗状況は以下の通りである。1）特定健診の受診率，特定保健指導の実施率ともに伸び悩んでおり，2）メタボリックシンドロームの該当者および予備群についても停滞気味であるが，3）平均在院日数については，各自で定めた目標値をクリアしている都道府県が多い。

③ 第三次医療費適正化計画

2018年度から開始される第三次医療費適正化計画では，1）引き続き，特定健康診査の受診率70％，特定保健指導の実施率45％を目標とする，2）後発医薬品の使用割合を80％にする，3）糖尿病の重症化予防を図る，4）重複投薬（3医療機関以上）と多剤投与（65歳以上で15種類以上）の適正化を図ることが目標とされている。これらの目標が達成された場合，2023年の医療費に0.6兆円の適正化効果が現われると推計されている[9]。

9）厚生労働省『医療費適正化基本方針の改正・医療費適正化計画について』参照。

（2）データヘルス

データヘルス計画は，保険者機能強化の一環として推進されている。上述の通り，現在，わが国の健康増進政策では，一次予防の重視，なかでも特定健康診査・特定保健指導の浸透が重視されている。保険者ごとに加入者の特性や行動様式に差があるため，保健事業を効果的に実施するためには，保険者の特性を考慮しない画一的な政策よりも，加入者集団の特性を理解した上で，各保険者が工夫を凝らすことが望ましい。また，データヘルス事業が推進される背景には，レセプトや健診データの電子的標準化が進展したこともあげられる。すでにレセプトの92.9％が電子化されており，56.8％がオンライン化されている[10]。

データヘルス事業の内容を簡潔に整理すると，保健事業におけるPDCAサイクルの強化を目的としたものである（図表10－12）。「日本再興戦略」では，

図表10－12 データヘルス事業

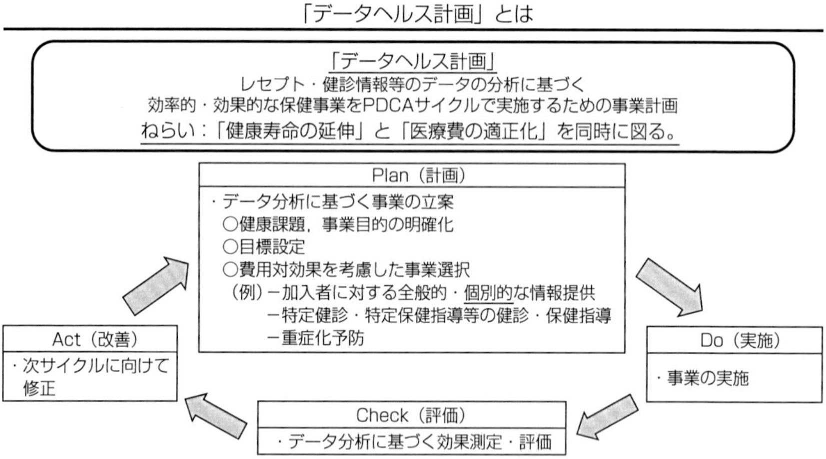

「データヘルス計画」とは

「データヘルス計画」
レセプト・健診情報等のデータの分析に基づく
効率的・効果的な保健事業をPDCAサイクルで実施するための事業計画
ねらい：「健康寿命の延伸」と「医療費の適正化」を同時に図る。

Plan（計画）
・データ分析に基づく事業の立案
　○健康課題，事業目的の明確化
　○目標設定
　○費用対効果を考慮した事業選択
　（例）－加入者に対する全般的・個別的な情報提供
　　　　－特定健診・特定保健指導等の健診・保健指導
　　　　－重症化予防

Do（実施）
・事業の実施

Check（評価）
・データ分析に基づく効果測定・評価

Act（改善）
・次サイクルに向けて修正

出典：厚生労働省（2016）『第96回社会保障審議会医療保険部会 資料3－2』。

---

[10] なお，歯科では比較的電子化率が低いが，それでも87.3％が電子化されている。また，診療所ではオンライン化の割合が60.7％だが，病院では95％以上がオンライン化されている。いずれも厚生労働省ホームページ『レセプト請求形態別の請求状況（平成28年度）　平成29年3月診療分』を参照。

すべての健康保険組合に対して，レセプト等のデータ分析，それに基づいた，加入者の健康保持・増進のための事業計画として，2015年度から2017年度の「データヘルス計画」を作成・公表し，事業実施，評価等を行うことが求められることになった。それに引き続き，2017年度中には，2018年度から2023年度の「第2期　データヘルス計画」が作成された。

データヘルス計画を通じて，被保険者の健康状態改善や医療費の適正化にとどまらず，従業員の健康改善による労働生産性向上も期待されている[11]。

（3）インセンティブによる健康づくり

2015年の国保法等改正において，保険者が加入者に対して予防・健康づくりのインセンティブを提供することが義務づけられた。特定健診の受診率が当初の目標値70％には遠く及ばないこと[12]，一時は低下傾向にあった喫煙率が徐々に横ばい傾向になりつつあることなど，健康づくりに取り組む者とそうでない者[13]が二分化されたままである状況に対して，インセンティブを利用して行動変容を促そうという考え方が，その背後にある。こうした取り組みが可能になったのは，レセプトや健診データの電子化，それらを活用したデータヘルス事業の進展によるところが大きい。

2016年に厚生労働省が発表した『個人の予防・健康づくりに向けたインセンティブを提供する取組に係るガイドライン』によれば，インセンティブによる健康づくりとは，1）自らの健康は自らがつくるという意識をもつ，2）健康無関心層も含め，国民が健康づくりの取り組みを実践・継続する，ことを目標に，①ポピュレーションアプローチとしての様々なインセンティブの提供，②ICT・民間の創意工夫も活用した多様な選択肢（健康プログラム）の提供，ひいては，③個人が無理なく健康づくりを行える環境づくり，④共に取組を進め

11）従業員の健康増進を経営戦略として位置づけ，従業員の健康に積極的に投資することを「健康経営」と呼ぶ。
12）ただし，保険者の種別で受診率に差があり，健保組合（73.9％）や共済組合（75.8％）で受診率が高く，国民健康保険（36.3％）や協会けんぽ（45.6％）において受診率が低い（厚生労働省『平成27年度　特定健康診査・特定保健指導の実施状況』より）。
13）後者は「健康無関心層」と呼ばれることがある。

ることができる新たなコミュニティの構築などを実行するものである。各自治体や保険者には，普段健康に関心をもたない者も含めて，国民全体が健康づくりに取り組めるようにするために，インセンティブを利用したシステムを構築し，その周辺環境を整備することが求められている。

インセンティブを利用した健康づくりの仕組みを簡潔に述べると，運動，禁煙，健診受診といった，個人の健康づくり活動に対して，ポイント[14]を付与し，ポイントは商品券，割引券，健康グッズ等と引き換えられる，というものである。同ガイドライン中によると，インセンティブを提供する際の評価指標としては，参加型（一定の健康づくりの取組やプログラムへの参加を評価），努力型（プログラム等のなかでの本人の取組を評価），成果型（本人の取組の成果としての健康指標の改善を評価）の3つが代表的なものである。参加型の評価指標としては，特定健診・特定保健指導，がん検診，歯科検診などへの参加，努力型はウォーキング・ジョギング，日々の食事内容，成果型は検査値の改善や体重の減少などが例示されている。

（4）保険者に対するインセンティブの強化

後期高齢者支援金の加算・減算という形で，保険者に対するインセンティブの仕組みはすでに取り入れられていたものの，これまでは，被保険者の特定健診・保健指導実施率のみで支援金の加算・減算が決定されていた。2017年に閣議決定された「未来投資戦略2017」において，加入者の予防・健康づくりに向けた取り組みを推進するため，保険者に対するインセンティブを強化することが定められた。見直しの概要は図表10－13の通りである。

保険者種別によらない共通の評価項目は，これまでも評価対象であった1）特定健診・特定保健指導実施率に加え，2）その他健診（がん検診，歯科検診など）実施率，3）糖尿病の重症化予防，4）ヘルスケアポイントなど個人へのインセンティブの提供，5）重複頻回受診・重複投薬・多剤投与等の防止対策，6）後発医薬品の使用促進である。各保険者には，加入者の特定健診受診率や

---

14) ヘルスケアポイント，健康ポイントなどと呼ばれることがある。

図表10－13　後期高齢者支援金によるインセンティブ

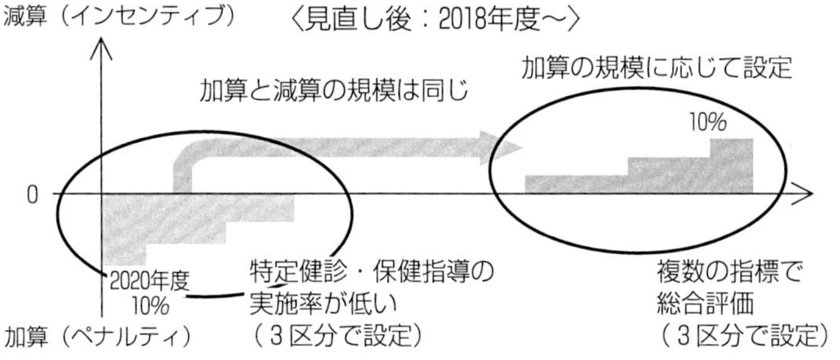

〈見直し後：2018年度～〉
- 加算と減算の規模は同じ
- 加算の規模に応じて設定　10%
- 2020年度　10%
- 特定健診・保健指導の実施率が低い（3区分で設定）
- 複数の指標で総合評価（3区分で設定）
- 減算（インセンティブ）／加算（ペナルティ）

出典：厚生労働省保険局（2017）『第30回保険者による健診・保健指導等に関する検討会資料　資料5』。

特定保健指導実施率を引き上げるだけでなく，加入者の健康づくりをより多角的に支援することが求められることになる。

保険者種別特有の課題を踏まえて，健康保険組合・共済組合においては被扶養者の健診受診率や事業主との連携，協会けんぽにおいては医療機関への受診勧奨を受けた要治療者の医療機関受診率，国保においては保険料収納率向上，後期高齢者医療広域連合においては高齢者の特性を踏まえた保健事業の実施も評価指標として取り入れられる。

また，保険者に対するインセンティブの見直しによって，インセンティブの内容は国保と被用者保険で異なることになった。これらのうち，市町村国保を対象とした仕組みを，保険者努力支援制度といい，後期高齢者支援金の加算・減算が行われなくなった代わりに，目標の達成度合いに応じた補助金が交付されることとなった。一方で，被用者保険については，これまで通り，後期高齢者支援金の加算・減算がインセンティブとなっている（図表10－14）。

第4節　患者による医療機関の評価・選択

医療においても消費者主権の原則が浸透しつつあり，患者が医療サービス，病院を選択できる時代に入り，医療サービスの質的向上が重要になっている。

図表10－14　後期高齢者支援金に関する制度変更

〈現行（2015年度まで）〉

保険者種別	健康保険組合・共済組合	協会けんぽ	国保（市町村）	後期高齢者医療広域連合
	後期高齢者支援金の加算・減算制度 ⇒ 特定健診・保健指導の実施率がゼロの保険者は加算0.23% ⇔ 減算率は0.05%			

〈2016，2017年度〉※全保険者の特定健診等の実施率を，2017年度実績から公表

保険者種別	健康保険組合・共済組合	協会けんぽ	国保（市町村）	後期高齢者医療広域連合
	同　上	2017年度に試行実施 （保険料への反映なし）	2018年度以降の取組を前倒し実施 （2016年度は150億円，2017年度は250億円）	2018年度以降の取組を前倒し実施（20～50億円）

〈2018年度以降〉

保険者種別	健康保険組合・共済組合	協会けんぽ	国保（都道府県・市町村）	後期高齢者医療広域連合
手法等	後期高齢者支援金の加算・減算制度の見直し ⇒ 加算率：段階的に引上げ，2020年度に最大10% 減算率：最大10%～1%	加入者・事業主等の行動努力に係る評価指標の結果を都道府県支部ごとの保険料率に反映	保険者努力支援制度を創設 （700～800億円）	各広域連合の取組等を特別調整交付金に反映 （100億円）
共通指標	①特定健診・保健指導，②特定健診以外の健診（がん検診，歯科検診など），③糖尿病等の重症化予防，④ヘルスケアポイントなどの個人へのインセンティブ等，⑤重複頻回受診・重複投薬・多剤投与等の防止対策，⑥後発医薬品の使用促進			
独自指標	・被扶養者の健診実施率向上 ・事業主との連携（受動喫煙防止等）等の取組を評価	医療機関への受診勧奨を受けた要治療者の医療機関受診率等	保険料収納率向上等	高齢者の特性（フレイルなど）を踏まえた保健事業の実施等

出典：厚生労働省保険局（2017）『第30回保険者による健診・保健指導等に関する検討会資料　資料5』。

　これは，①医療費の膨張と関連し，無駄な治療，投薬をさける必要，②より高い治療パフォーマンスの必要性，③増加する医療過誤などと密接に関連がある。

（1）医療機能情報制度

　第9章で説明したように，広告規制についても大きく見直され，さらに，各医療機関の予約診療，差額ベッド料金，専門医の数，地域連携の体制などの情報から構成される医療機能情報制度の導入が都道府県によって進められており，患者・住民の病院を選ぶ手がかりとして機能することが期待されている。

（2）インフォームド・コンセント

　これまでの医療サービスは医師のパターナリズムに基づき，経済学的にいえ

ば供給者優先に行われてきた。こうした背景には，情報の非対称性の前提や医療従事者の倫理性[15]への依存があった。しかし，今日，医療サービスも通常の財と同様に，患者あるいは患者の家族の選択を反映すべきであるという方向に変化しつつある。患者は治療の内容について理解した上で，自分の意志で選択することになる。この際の1つの重要な概念としてインフォームド・コンセント[16]がある。また，治療内容について情報開示をするためにカルテ開示，レセプト開示も重要である。

(3) 医療機関の評価

通常の財・サービスと異なり，患者は医療機関に関する評価をすることはできない。そのため，患者以外の専門家による医療機関のパフォーマンス評価があれば，医療サービスに関する情報の非対称性を克服できる。こうした病院のパフォーマンスに対する評価は，アメリカにおいては一般的になっている[17]。日本では，公益財団法人日本医療機能評価機構による医療機能の評価が広まりつつある[18]。

(4) かかりつけ医

近年の医療機能分化の流れのなかで，かかりつけ医の役割が重要視されるようになっている。かかりつけ医には，患者の健康状態や生活関係を把握し，患

---

15) 医療従事者の職業倫理規範として「ヒポクラテスの誓い」が尊重されてきた。
16) 説明と同意を意味する。医師は患者や家族に症状と治療法を詳しく説明し，患者が納得したうえで，治療に同意することを意味する。
17) アメリカでは保険医療機関認可合同委員会（JCAHO）が中心に病院等の機能評価を行っており，約9割の病院が認可を受けている。
18) 評価の構成は，
　　1) 患者中心の医療の推進
　　2) 良質な医療の実践1
　　3) 良質な医療の実践2
　　4) 理念達成に向けた組織運営
であり，同機構で評価された認定病院は2,179病院である（2018年2月2日現在。全病院数はおよそ8,440病院）。

者の健康に関することは何でも相談に乗り，必要に応じて専門医や専門医療機関を紹介する総合医であることが期待されている。

　国民の約5割が「自分にはかかりつけ医がいる」と考えているが，そのうち約半数は現在かかっている病気の主治医を「かかりつけ医」と認識しており，自分の健康を総合的に診てくれる，上記の意図どおりの「かかりつけ医」がいると考えているのは，国民の約4分の1に過ぎない[19]。現在，紹介状なしで大病院を受診した場合の定額負担導入，2018年診療報酬改定におけるかかりつけ医加算の新設などで，かかりつけ医のさらなる浸透が図られているところである。医師側から見た場合，かかりつけ医として患者に24時間対応することが大きな負担だと受け止められている[20]。負担軽減策として，2018年の診療報酬改定では，連携する医療機関との協力等により24時間の往診体制および24時間の連絡体制を構築した場合の評価（継続診療加算）が新設された。

---

19) 日本医師会総合政策研究機構（2014）『第5回日本の医療に関する意識調査』参照。
20) 同上。

第11章
労働者に関する社会保障

　少子高齢化によって、日本の労働力人口は減少することが予想されている。また終身雇用、年功序列といった日本的雇用慣行も大きく変化しつつある。さらに近年、若年世代を中心とした不安定労働者の増加に対する対応も必要となってきている。労働、資本以上に知識が重要になる知識資本主義の到来、IoT、AIの普及により、雇用政策の役割も変化しつつある。この他、男女共同参画社会や高齢者雇用の推進のための様々な改革が行われている。男女が等しく社会に参画できる条件整備は不可欠である。本章では、日本の労働の現状と労働者をめぐる社会保障制度について説明する。

第1節　労働力人口の動向

　15歳以上人口は、大きく労働力人口と非労働力人口に分けることができる。さらに労働力人口は、就業者と失業者に分けることができる（図表11−1参照）。

（1）労働力人口の動向

　労働力は、年齢別人口構成と労働力率[1]によって決定される。労働力率（労

働力人口／15歳以上人口）は男女計の年平均では60.5％[2]で，男性の労働力率は70.5％，女性は51.1％である。男性の労働力率は趨勢的には低下傾向であったが，バブル期に上昇，その後，横ばいとなり，2000年代に低下した後，ここ数年は再び横ばい傾向にある。女性の就業率は1975年以降，趨勢的には上昇傾向にあったが，2000年代に停滞した後，近年はふたたび上昇傾向にある。

図表11－1　労働市場の動き

		後の状態		
		非労働力	失業者（無職求職中）	就業者
前の状態	非労働力	↱	求職活動始	就職①
	失業者（無職求職中）	退出（就業意欲喪失）	↱	就職②
	就業者	辞職・解雇等①	辞職・解雇等②	↱

注１：たとえば表側（前の状態）が就業者，表頭（後の状態）が非労働力のセル（辞職・回顧等①）は，「就業者が非労働力になった場合」の意。
注２：各セルの追加説明は下記の通り。
　　　求職活動始：卒業近づく，育児終了等
　　　退出（就業意欲喪失）：求職がうまくいかず，希望を失う等
　　　就職①：職探しをせずに仕事が決まった場合（勧誘や事前約束による就職等）
　　　就職②：職探しをして就職した場合
　　　辞職・解雇等①：就業意欲をなくした場合
　　　辞職・解雇等②：就業意欲を保ち，職探しを始めた場合
注３：非労働力，失業者，就業者の位置付けは下記の通り。

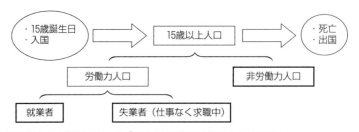

出典：労働調査会出版局（2017）『平成29年度版最低賃金決定要覧』。

---

1)（就業者数＋失業者数）／15歳以上人口。
2) 総務省統計局『平成28年労働力調査』より。

図表11－2　性，年齢階級別労働力人口比率の推移

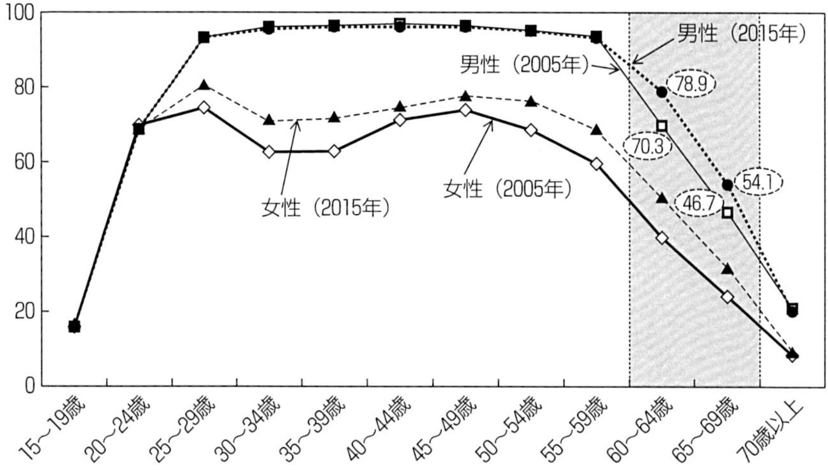

男性（2015年）78.9
男性（2005年）
女性（2015年）
女性（2005年）
70.3
54.1
46.7

出典：厚生労働省（2016）『平成28年版厚生労働白書』。

　労働力率は高齢化率，進学率などの影響を受け，また性，年齢によって異なる。男子は25～54歳で95％以上であるが，55～59歳層は90％台前半，60～64歳層は80％弱，65～69歳は50％台，70歳以上は約20％である。女性の労働力率は年齢によって大きく変動する。25～29歳層がもっとも高く，30～34歳で一度低下した後，ゆるやかに上昇し，45～49歳でピークを迎える。女性の労働力率はM字型カーブを描くとされていたが，近年では，男性同様，台形に近い形状になりつつある（図表11－2参照）。

（2）高齢者の就業行動

　日本の高年齢者の労働力率は，国際的に比較すると高い水準にある。また，これまでの研究から，高齢者の就業は年金額と健康状態に左右されることが確認されている。さらに，年金受給額が増加するほど，就業者割合は低下する傾向にある。特に60～64歳の，就業して厚生年金の被保険者となっている者の年金受給額は在職老齢年金制度により減額されるため，就業意欲にマイナスの効果をもたらすという分析もある。

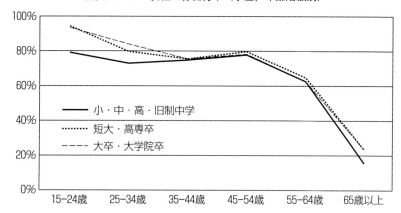

図表11－3　女性の労働力率（学歴，年齢階級別）

出典：総務省統計局（2018）『労働力調査平成29年平均』。

現在，公的年金制度の改正に伴う老齢厚生年金の支給開始年齢の引き上げが行われており，60～64歳までの間，公的年金支給はなくなるため，高年齢者の就業行動は変化する可能性が高い。

（3）女性の就業行動

女性の労働力率を年齢別に見ると，1990年の時点では，第1子の平均出産年齢に当たる20代後半から急速に低下し始め，30代前半を底にほぼ子どもを生み終える30代後半までの間がもっとも労働力率が低いM字型カーブを描いていた。現在では，高学歴女性の場合，M字型ではなく，年齢とともに就業率が下がるキリン型になっている。これはいったん離婚・出産により退職した高学歴女性にとって，ふさわしい条件の再就職の先が少ないことを意味する（図表11－3参照）。

① 出産育児と就業行動

女性の就業率は，出産・育児期に低くなる。雇用動向調査（2015年）によると，11万人の女性が出産，子育てを理由に離職している。特に，末子の年齢が妻の就業率に大きな影響を与えている[3]。また，親との同居の有無による子どもをもつ妻の就労状況の違いを見ると，親と同居している妻の方が，同居し

ていない妻よりも就業率は高い傾向がある。これは妻にかわって同居の親が子どもの面倒をみるため，離職しなくてもすむからである。なお，子どもをもつ妻の就業率は，近年，趨勢的な上昇傾向にあり，出産，子育てを理由とした離職者も減少傾向にある。

② 税制・社会保障と女性の就業

税制や社会保障制度も女性の就業に大きな影響を与える。妻がパートタイム就業者である世帯に対しては税制上の配偶者控除や，国民年金第3号被保険者制度などの優遇制度がある。これら制度については，個人の就業選択を歪ませ，公平上望ましくないなどの問題点が指摘されている。

第2節　高齢化，就労の多様化と労働市場

（1）高齢化の進展と労働市場の流動化

出生率の低下により15歳以上人口の伸びは鈍化傾向にあり，15歳以上人口は2005年には減少に転じており，そこから2030年までに600万人減少する。15歳以上人口の減少は，労働力供給の減少をもたらす。マクロ（年齢計）の労働力率は，①人口の年齢階級別構成，②各年齢階級における労働力率の水準により決まるため，高齢者の労働力率が著しく高まらない限り，高齢化の進展によって労働力率も低下することになる。

労働力人口総数の減少とともに，労働力人口の年齢構成も大きく変化する。15歳以上人口の年齢階級別の構成比をみると，男女計の55歳以上の年齢層が15歳以上人口に占める割合は，1970年代には20％台だったのが，1996年には32.6％に上昇している。さらに，2006年に40％を超え，2017年には約45％にまで達している。

少子高齢化が進んでも景気が安定していれば，マクロ経済の需要が減少しないので，当面の間，労働需要は減少しない。この結果，労働需給は一時的に逼

3）末子が3歳以下の子どものいる世帯の妻の就業率は48.9％であるが，末子の年齢の上昇とともに徐々に就業率は上昇する（総務省統計局「平成27年労働力調査　詳細結果」）。

迫する可能性もある。労働供給が減少するなか、年金の支給開始年齢の引き上げによって高齢者の労働者が増加するため、労働力人口の年齢構成は高齢化する。一方、企業が高齢者差別的で、若年労働者の確保を優先する労働需要が続くと、高齢者の失業者と若年者の不足という年齢によるミスマッチが拡大する可能性もある。年齢によるミスマッチを解消するためには、年齢差別の撤廃と年功賃金制の改革が不可欠である。

　一方、非正規労働者の増加は重要な構造変化である。90年代半ばから正規労働者の数は減少し、非正規、派遣の数が増え、正規雇用の代替として非正規が増えた。図表11－4で示すように97年から16年の20年間に、正規労働者は444万人減、アルバイト・パートは458万人、派遣・嘱託・その他は413万人増加した。2016年時点で、就労者5,741万人のうち35％が非正規労働者である。こうした非正規労働者の増加の最大要因は、バブル崩壊以降のデフレ、景気低迷、グローバル経済のもとでの厳しい国際競争環境にある。また、サービス産業では、柔軟な働き方も必要となっている。厚生労働省の「平成23年有期契約労働に関する実態調査結果の概況」によると、非正規労働者等を採用する最大の理由は業務量の中長期的な変動に対応するためであり、次いで人件

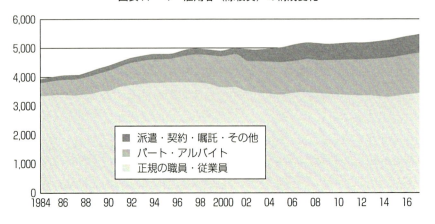

図表11－4　雇用者（除役員）の構成変化

出典：2001年までは、総務庁（総務省）統計局『労働力調査特別調査』2月調査、
　　　2002年以降は総務省統計局『労働力調査（詳細集計）』の年平均結果による。

費の節約である。非正規労働者を採用する背景には，人件費の節約だけでなく，1日や週のなかでの仕事の繁閑に対応するため，契約・嘱託については，専門的な能力を有する人材を一定期間確保・活用するためという理由もある。

しかし，非正規労働者の雇用条件は十分ではない。企業は，非正規労働者が企業の重要な労働力になるにつれ，労働条件の向上に着手しているが，全般的に非正規に対する人事制度の整備は遅れている。この一方，低い賃金で働くワーキングプアと呼ばれる労働者の増加も問題になった。

政府は，正規・非正規の格差を解消し，均衡処遇を進めるため，労働契約法の一部を2012年に改正し，1）有期労働契約が繰り返し更新されて通算5年を超えた場合には，労働者の申込みによって期間の定めのない労働契約（無期労働契約）に転換できること，2）一定の場合には使用者による雇い止めが認められないこと，3）有期契約労働者と無期契約労働者との間で期間の定めがあることによる不合理な労働条件の相違を設けることを禁止すること，が定められた。しかしながら，上記法改正には，通算5年を前に雇い止めする，クーリング期間を延長することで雇用期間のカウントをゼロにする，といった抜け穴があることも指摘されている。

上記の3）は，同一労働同一賃金という概念にも関係する。これは，雇用形態に関わらない均衡処遇の実現に向けたものである。2018年に成立した「働き方改革を推進するための関係法律の整備に関する法律」では，有期契約労働者の均等待遇に関する規定の整備，派遣労働者について派遣先の労働者との均等・均衡待遇などの実施の義務化が行われ，均衡処遇の実施に向けて前進した。

(2) 長時間労働とワーク・ライフ・バランス

長時間労働は，労働者の心身をむしばみ，1カ月当たり45時間以上の時間外労働が続くと過労死のリスクが上昇し，80時間程度になると過労死の危険がかなり高くなる。また，心身の健康が損なわれることは，労働生産性の低下にもつながる恐れがあり，長時間労働をいかにして防ぐかは，労使双方にとって重要な課題である。

わが国の労働時間は，中長期的には減少傾向にあり，先進国中でも労働時間が長いアメリカとの労働時間の差は年々広がっている。ただし，先進国中で労働時間が長い部類であることには変わりない。また，正規雇用者のみで見た場合には労働時間が減少していないとの指摘もある[4]。

社会経済生産性本部や東京商工会議所の調査は，日本的雇用慣行が揺らぐなか，企業の労働者の健康に対する関心が下がっていることや職場内の信頼関係の低下が，労働者の心身に負担をかけていることを明らかにしている。

長時間労働には，労働者自身の心身の健康を悪化させるという問題だけでなく，育児や介護，家事と仕事の両立を難しくさせるという問題もある。仕事と家庭の両立をめざすため，政府はワーク・ライフ・バランスの普及を進めている。

（3）失業の動向

完全失業率は，1970年代前半の1％台の水準から二度の石油危機を経て，次第に高まり，1980年代半ばに2.8％の水準にまで高まったが，1986年末からの景気拡大期に2％台前半に低下した。1991年からの景気後退期以降，再び上昇した。完全失業率の上昇は，その後も続き，2001年には5％台に入り，2002年8月以降は5.5％まで上昇し，一旦低下した後，2010年前後にも約5％になった。その後，数年間は失業率が低下傾向にある。このように，完全失業率は，景気変動による循環的な変動をしている（図表11－5参照）。

失業者の属性別に失業率の推移を見ると，男女を比較した場合，失業率は男性の方が高く，男女差はやや拡大傾向にある。また，年齢別に見ると，失業率が高い若年層において，景気変動の影響が顕著であることがわかる（図表11－6参照）。

（4）雇用政策の役割

雇用政策は，労働者の生活保障，労働者の能力開発と労働市場の効率性を改

4）山本・黒田（2014）参照。

第11章　労働者に関する社会保障　227

図表11−5　求人倍率および完全失業率の推移（季節調整値）

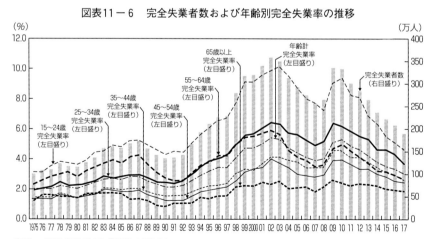

資料出所：厚生労働省「職業安定業務統計」，総務省統計局「労働力調査」。
注1：データは四半期平均値（季節調整値）。また，グラフのシャドー部分は景気後退期。なお，2012年7～9月期から2012年10～12月期については暫定。
注2：有効求人倍率および新規求人倍率については，1973年から沖縄を含む。
注3：完全失業率については，1972年7月から沖縄を含む。
注4：有効求人倍率および新規求人倍率については，新規学卒者を除きパートタイムを含む。
注5：完全失業率の四半期値は，月次の季節調整値を厚生労働省労働政策担当参事官室にて単純平均したもの。ただし，2011年3月から8月までの数値は総務省統計局より補完推計されている数値を用いた。
出典：厚生労働省（2017）『平成29年版労働経済の分析』。

図表11−6　完全失業者数および年齢別完全失業率の推移

資料：総務省統計局「労働力調査」。
出典：厚生労働省（2010）『平成22年度版厚生労働白書』。

善することを目的とし，①失業時の生活保障，②職業能力開発，③労働移動政策を行っている。①はセーフティネットとしての雇用保険における失業給付が中心である。②の職業能力開発は，労働者のエンプロイアビリティの向上を目標としたものである。③としては，職業紹介システムがある。

また，年齢や性別によって就業が不利にならないように，男女雇用均等法や高齢者雇用安定法も整備されている。これら以外に育児や介護が離職原因とならないように，育児休業・介護休業制度なども重要になっている。

① 雇用政策の動向

日本の雇用政策は，主に世帯主の雇用安定を中心とした政策を採用した期間と労働移動の促進による失業防止を目的とした期間，そして，2000年以降の雇用の多様化，流動化に対応する期間に大きく分けることができる。

1974年に失業保険法が廃止され，失業時の対策に加え，積極的に失業の予防や雇用機会の増大などを図ることを目的とした雇用保険法が制定された。このなかで，雇用調整給付金（後の雇用調整助成金）制度が創設され，企業内での雇用の維持・継続の支援が図られることとなった。

1980年代に入ると，産業構造転換対策や高齢者雇用促進によるミスマッチ対策が積極的に行われるようになった。その後，不況期には緊急対策が行われたが，バブル期には労働力需給が逼迫し，中小企業において労働力確保が困難となり，中小企業の人材確保に対する支援へ政策の中心が移った。

1990年代に入りバブル崩壊後は，雇用失業情勢の悪化に対応するため，再び緊急対策が実施され，さらに雇用の創出に対する支援策が拡充されている。

こうした雇用政策の重点の変化は，給付金の配分にも現れる。雇用関係の各種給付金の割合は，1970年代後半で8割以上が雇用維持対策であった。しかし，1980年代以降はその割合が急激に低下し，景気の悪化した1998年においても2割弱となっている。高齢者対策や特定求職者雇用開発助成金など，雇用のミスマッチを解消するための対策の占める割合が増え，さらに1990年代に入ってからは能力開発のウェイトが高まっている。

また，派遣労働の規制が緩和され，雇用の多様化，流動化が広まった。派遣労働者の対象領域は，1985年の労働者派遣法制定当初は13業務分野と限定し

たポジティブリストであったが，1996年には派遣対象業務を26業務に拡大，1999年には製造業等を除くという，ネガティブリスト化に変わり，今日では，建設，警備，港湾業務以外で派遣対象業務の範囲は広がった。立場が弱い派遣労働者の保護を目的として，2012年にも派遣法改正が行われ，日雇派遣の原則禁止，離職後1年以内に派遣労働者として元の勤務先に派遣することの禁止などが盛り込まれた。

② 労働基準法の動向

労働基準法は，1947年に制定された，労働者が働く条件を定めるもっとも基本的な法律である。具体的には，労働契約，賃金，労働時間，休憩・休日，年次有給休暇，災害補償など労働条件の最低基準を定めている。

労働基準が守られているかの調査，是正要求等は，労働基準監督署の業務となる。労働基準監督官は同法違反に関して，指導等を行う行政監督権限とともに，強制調査や逮捕等を行う司法警察職員としての権限が与えられている。だが，警察との組織的な協力関係が構築されていないこと，また事実関係の確認に多大な人手を要するにもかかわらず，監督官1人当たりの事業所数が多く，手が回りきれないことなどから，十分な力を発揮していないという批判もある。

③ 労働基準法2010年改正

改正労働基準法が2010年より施行された。その概要は，次の2点にまとめられる。第一に，時間外労働の削減を目的とした改正である。時間外労働月60時間超に関しては，法定割増賃金率が25％から50％に引き上げられた。そしてその替わりとして，有給休暇を付与することも可能となった。また，同法では週40時間労働と定められているが，労使協定の締結（いわゆるサブロク協定）により，一定の「限度」内で時間外労働をさせることが可能となる。その場合は25％上乗せした賃金（割増賃金）を払わねばならない。特別の事情がある場合には，特定条項付き時間外労働協定を締結することにより，この「限度」時間を超えて労働をさせることが可能になっていた。2010年改正により，この限度時間を超える部分に関してできる限り短くする努力義務，特に法定の25％を超える賃金の割増率を設定する努力義務が課された。第二に，年次有

給休暇の取得を容易にする時間単位制の導入である。それまで年次有給休暇の取得は日単位であったが，その消化率は47.4％（2008年就労条件総合調査）にとどまっていた。そこでその取得を容易にするために，労使協定を結べば1時間単位で有給休暇取得が可能とされた。

④　労働基準法2016年改正

その後，2016年にも労働基準法改正が行われた。主な改正点は以下の通りである。第一に，時間外労働が月60時間を超えた場合の割増賃金について，中小企業も適用対象となった。第二に，10日以上の年次有給休暇が付与される労働者に対しては，そのうち5日について，毎年時期を指定して与えなければならないことを定めた。第三に，フレックスタイム制と企画業務型裁量労働制の見直し，特定高度専門業務・成果型労働制（高度プロフェッショナル制度）の創設など，多様で柔軟な働き方の実現をめざす改正が行われた。

⑤　60歳定年と公的年金

定年年齢は55歳から徐々に60歳に延長され，1986年には60歳以上定年の努力義務が法制化された。その後1994年に義務化が決まり，1998年4月から施行された。60歳定年の普及に伴い60歳代前半層について継続雇用の普及が図られ，1995年からは60歳代前半層の労働者に対し，その就業を援助するため，雇用保険から賃金の一定割合を給付する高年齢雇用継続給付制度が実施されている。一方，厚生年金（老齢給付）は1994年改正で，男性については2001年より支給開始年齢を段階的に引き上げ，2013年には満額支給は65歳からとなり（女性については男性の5年遅れで引き上げ），60歳代前半層には報酬比例部分のみの支給となることが決まった。さらに1999年年金改革で，厚生年金の報酬比例部分の支給開始年齢は65歳（男性は2025年，女性は2030年より）となり，65歳まで厚生年金（老齢給付）は受給できなくなった。

こうした年金支給開始年齢の引き上げスケジュールに合わせるため，事業主に65歳までの定年引き上げを求め，高齢者雇用を促進するために高年齢者雇用安定法が2004年6月に改正された。2012年8月には，さらなる改正が行われて，60歳以上で定年を迎えた者のうち，希望者全員を対象とする継続雇用制度の導入を義務づけた。これらの法改正は，一定程度，高齢者の雇用促進に

つながったとされる。

⑥ 男女雇用機会均等法

1985年に「男女雇用機会均等法」が成立し、雇用の分野における女性に対する差別が禁止された。その後1997年の改正により、従来、事業主の努力義務であった募集・採用、配置・昇進についての女性に対する差別禁止、女性のみを対象とする措置の原則禁止、行政指導に従わない場合の企業名公表制度の新設など、「男女雇用機会均等法」が強化され、「労働基準法」の女性に関する時間外・休日労働、深夜業の規制が解消された。

2007年施行の改正法では、男性に対する差別も禁止され、差別禁止対象が雇い止めや雇用形態の変更等に拡大された。また、昇進要件に転勤を加える等の行為が間接差別として禁止された。さらに、2017年施行の改正法では、妊娠・出産等に関するハラスメント防止措置を講じることが義務づけられた。

⑦ 育児・介護休業制度

1991年には「育児・介護休業制度」が成立し、労働者は事業主に申し出ることにより育児休業を取得することができることになった。事業主は、育児休業の申出をしたこと、または取得したことを理由として、労働者を解雇できないことになった。1995年には、育児休業中の労働者に雇用保険から賃金の25％相当の給付金が支給される育児休業給付金制度が開始され、2010年4月より50％に引き上げられた[5]。さらに、1999年からは、介護についても介護休業制度の義務化と介護休業給付制度が実施された。

2005年には、期間雇用者のうち一定の要件を満たす者にも適用拡大が行わ

---

[5] 育児休業給付金制度は、1歳未満の子を養育するために育児休業を取得する被保険者に対して、給付金を支給する制度である。育児休業給付は、以前は育児休業期間中に支給される「育児休業基本給付金」と、育児休業後、職場復帰した場合に支給される「育児休業者職場復帰給付金」によって構成されていたが、2010年より「育児休業給付金」に一本化された。受給資格は、①雇用保険に加入していること（給付金の財源は雇用保険である）、②1歳未満の子を養育するために育児休業制度を利用する人、③育児休業開始前2年間に11日以上働いた月が12カ月以上あること、である。育児休業給付金の額は、休業開始後180日以内は休業開始時点の賃金月額の67％、その後は同50％である。申請先は公共職業安定所（ハローワーク）である。

れ，また，一定の事情がある場合には，子が1歳6カ月になるまで育児休業を取得することが可能となった。さらに，介護休業の取得回数制限が緩和された。2010年には，3歳までの子を養育する労働者を対象とした短時間勤務制度が事業主に対し義務化され，父親の育児休業を促進する制度が導入された[6]。加えて，介護のための短期の休暇制度や，苦情処理・紛争解決の援助・調停の仕組み，罰則が導入された。2017年にも，いくつかの改定が行われ，一定の事情がある場合の育児休業期間が，1歳6カ月から2歳まで延長された。それ以外に，育児休業等制度の個別周知が企業の努力義務となり，就学前までの子どもを有する労働者が育児にも使える休暇制度を設置することが企業に義務づけられた。

また2005年には次世代育成支援対策法が施行され，国や自治体だけでなく，従業員数300人以上の企業に対しても，行動計画の策定が義務づけられた。育児休業取得率等，一定の要件を満たす企業は，「認定」を受けて，その旨をしめすマーク「くるみん」を使用することができることとなった。2008年には従業員数101人以上の企業に範囲が拡大された。同法は当初，10年間の期限付き立法であったが，2014年には，法律の有効期限が2025年3月末まで延長された。また，同時に，くるみん認定を受けた企業のうち，実施状況が優良な企業に対する特例認定も行われることとなった。

⑧　育児休業給付

被保険者が1歳または1歳2か月[7]未満の子を養育するために育児休業を取得した場合に，休業開始前の2年間に賃金支払基礎日数が11日以上ある完全月が12か月以上あれば，育児休業給付の受給資格の確認を受けることができる。その上で，

1．育児休業期間中1か月ごとに，休業開始前の1か月当たりの賃金の8割以

---

6) 父母がともに育児休業を取得する場合，1歳2か月までの間に1年間，育児休業を取得可能とした。また，父親が出産後8週間以内に育児休業を取得した場合，再度，育児休業を取得可能とした。配偶者が専業主婦（夫）の場合，夫（妻）は育児休業の取得が不可能であったが，可能となった。

7) 支給対象期間の延長に該当する場合は，1歳6か月または2歳になる。

上の賃金が支払われていないこと
2．就業している日数が支給単位期間ごとに10日以下であること

などの要件を満たす場合に支給される。なお，支給額は以下の通り計算される。

育児休業給付金の支給額 ＝ 賃金日額[8]（離職前6か月の賃金総額÷180）
　　　　　　　　　　　　× 給付率（67％[9]）

⑨　介護休業給付

家族を介護するための休業をした被保険者で，介護休業開始日前2年間に，賃金支払基礎日数が11日以上ある完全月が12か月以上ある方が支給の対象となる。その上で，

1．介護休業期間中の1か月ごとに，休業開始前の1か月当たりの賃金の8割以上の賃金が支払われていないこと
2．就業している日数が支給単位期間（1回の介護休業につき，毎回，介護休業開始日から起算した1か月ごとの期間）ごとに10日以下であること

などの要件を満たす場合に支給される。なお，支給額は以下の通り計算される。

介護休業給付金の支給額 ＝ 賃金日額[10]（離職前6か月の賃金総額÷180）
　　　　　　　　　　　　× 給付率（67％）

同じ家族に関する支給期間の限度は93日，支給回数の限度は3回までである。

⑩　労働者派遣法

高い専門能力を有する労働者を弾力的に雇用したいという労働力需要と弾力的な就業を求める供給の双方のニーズに対応して，1985年に「労働者派遣法」が成立した。

労働者派遣法の対象は当初限定されていたが，労働力需給調整機能の強化，規制緩和等の観点から，1996年に対象業務がそれまでの16業務から26業務に

---

[8]「賃金月額」が449,700円を超える場合，育児休業給付金の支給額は301,299円（給付率50％の場合は224,850円）が上限になる。
[9] 育児休業の開始から6か月経過後は50％になる。
[10]「賃金月額」が495,000円を超える場合，育児休業給付金の支給額は331,650円が上限になる。

拡大された。さらに1999年の改正によって，個人情報の保護の拡充を前提に，建設の業務，港湾運送の業務，警備の業務，医師，歯科医師の行う医療行為に係る業務，看護師の行う診療補助などの業務以外については，労働者派遣を行うことができることになった。また，有料職業紹介事業についても，1999年の職業安定法改正によって，一部の職業をのぞいて，職業紹介ができることになった。2004年の職業安定法改正では，有料職業紹介事業の対象に熟練技能者が加えられ，また地方公共団体や学校等が行う一定の無料職業紹介事業について，届出で実施が可能になった。同年の労働者派遣法改正では，対象事業が製造業等に拡大されるとともに，派遣受入期間が延長され，1年から最長3年となった[11]。また3年を超えて受け入れようとする場合は，直接雇用を申し入れる義務が定められた。2017年の職業安定法改正では，虚偽の求人申込みが罰則の対象となり，職業紹介事業者が紹介実績等を情報提供することの義務化などが行われた。

⑪　職業訓練政策

技術革新や高齢化の進展等により，能力開発の重要性が増大してきたが，1985年にそれまでの「職業訓練法」が「職業能力開発促進法」に改められ，労働者の生涯にわたる職業能力開発を促進する体制の整備が進められた。また1993年からは，ホワイトカラーの体系的な職業能力習得を支援するため，職業能力習得制度が実施された。1997年には「職業能力開発促進法」が改正され，労働者の自発的な職業能力開発を支援するため，事業主が労働者に対して有給教育訓練休暇や長期教育訓練休暇を与えることになった。

1998年12月からは，教育訓練にかかった費用の一部を雇用保険から支給する教育訓練給付制度が実施され，2014年には給付の大幅な引き上げに加え，旧教育訓練給付金を引き継ぐ一般教育訓練給付金と，資格取得や専修学校での学修を支援するための専門実践教育訓練給付金に分かれるなど[12]，抜本的な

---

11) 3年に延長するに際して，労働者の代表（過半数により組織される労働組合，または過半数により選任された代表者）の意見を聴取する義務がある。なお製造業派遣については，2007年2月までは最長1年であった。また育児休業や介護休業を取得する労働者については，期間上限が撤廃された。

改正が行われた。前者は業種・職種によらず一般的に役立つ技能の向上，後者は特定の職種・業種において必要な資格取得の支援などが中心となる。後者については，2018年からは給付率の引き上げも行われる。

⑫　若年者雇用対策の充実

長引く不況により，急速に若年者の労働市場は悪化しており，15～24歳の若年者の失業者は2002年には69万人，失業率は9.9％となった。また，同年の15～34歳までの「フリーター」の数は200万人に達した。

こうした状況に対応するために，政府は，2003年に若年雇用対策「若者自立・挑戦プラン」を策定し，新しい職業訓練制度の確立，就職支援の強化を打ち出している。具体的な方策は，若者向けの能力開発や職業紹介を一括して手がける「ジョブカフェ」（ワンストップセンター）や企業実習と教育訓練を組み合わせた，若年者を対象とする「日本版デュアル・システム」の導入，若年者のための就職支援相談員（ジョブサポーター），若年キャリアコンサルタントの配置などである。さらにキャリア形成を支援するためにジョブカードも導入された。その後，ジョブ・カードの普及が進んでいないとの見方もあったことから，現在では，いくつかの点を見直した新ジョブ・カードとして普及が図られている。

2015年10月には，若者雇用促進法が施行され，職場情報の積極的な提供，ハローワークにおける，労働関係法令違反があった事業所からの求人不受理，若者の採用・育成に積極的で雇用管理の状況が優良な中小企業に対する「ユースエール認定企業」認定などの政策が開始された。

若年者雇用を促進する助成金としては，現在，トライアル雇用助成金（一般トライアルコース），キャリアアップ助成金，特定求職者雇用開発助成金（三年以内既卒者等採用定着コース）などがあるが，ユースエール認定企業になると，これらの助成金に一定額が加算される仕組みになっている。

2010年代後半になって，15～24歳の若年者の失業率は5％未満に低下し，

---

12) 一般教育訓練給付金および専門実践教育訓練給付金は，厚生労働大臣の指定する教育訓練を受講し修了した場合，教育訓練施設に支払った教育訓練経費の一部が，公共職業安定所（ハローワーク）から支給される制度である。

フリーター数も減少しているが，若年者の就業状況は景気に左右されやすく，非正規雇用者も中長期的には増加しているため，今後も若年者雇用の対策の充実は必要であろう。なかでも，積極的労働政策[13]といわれる職業訓練政策の強化が重要となる。

⑬　ワーク・ライフ・バランス

女性雇用や長時間労働などの問題は労使の私的関係から生じるものであり，法律に基づく公権力の介入には限界がある。2000年代中頃には，少子化の進展もあって，これらの問題については労使や国民全体を巻き込んだ意識変革運動が必要との認識が高まった。そこで2007年12月には，内閣府に設置された政労使トップ会議において，仕事と生活の調和（ワーク・ライフ・バランス）憲章が合意された。これは，若年者・女性・高齢者雇用問題，長時間労働問題，少子化等と経済成長を，仕事と生活が両立しにくいワーク・ライフ・バランスの問題という枠組みで扱っている。めざすべき社会として，就労による経済的自立が可能な社会，健康で豊かな生活のための時間が確保できる社会，多様な働き方・生き方が選択できる社会の3つをあげ，そのために企業と働く者，国民，国，地方自治体のそれぞれに果たすべき役割の大枠を定めた。同時に合意された行動指針では，果たすべき役割の細目を定めただけでなく，数値目標・実現度指標を設定し，その進捗状況を点検・評価・見直しする場の設置を定めた。

同指針に従って内閣府に推進室が設置され，連携推進・評価部会等の事務を取り扱う一方で，関連情報の収集・公開・広報，取り組みへの支援等を行っている。なお政権交代に伴い，2010年6月には「新しい公共」や「ディーセント・ワーク」概念を取り入れた同憲章の修正が行われた。

同指針によると，ワーク・ライフ・バランス政策の数値目標として掲げられているのは，フリーター数を178万人から124万人に減らす，週労働時間60時間以上の雇用者を10％から5％に減らす，年次有給休暇取得率を47％から70％に引き上げる，第一子出産前後の女性の継続就業率を38％から55％に引

---

[13] ヨーロッパ諸国における積極的労働政策については，駒村（1998）がイギリスの労働政策を，駒村（1999）がスウェーデンの労働政策を紹介している。

き上げる，男性の育休取得率を1％から13％に引き上げる，などである。2016年度時点での目標の達成度には差がみられ，第一子出産前後の女性の継続就業率のように達成間近のものもあれば，男性の育休取得率のように達成に程遠いものもある[14]。

第3節　最低賃金制度

　最低賃金制度とは，国が強制力をもって設定している賃金の最低限度であり，使用者はその金額以上の賃金を労働者に支払わなければならない。最低賃金制度は，常用，臨時，パートを問わずすべての労働者に適用され，さらに企業・事業の規模にかかわらず，労働者を1人でも使用しているすべての使用主に適用される[15]。

　最低賃金には，地域別最低賃金，特定（産業別）最低賃金がある。地域別最低賃金は都道府県単位で決定され，都道府県ごとに全部で47の最低賃金が定められている。都道府県内のすべての労働者とその使用主に適用される。特定（産業別）最低賃金は，特定の産業の労働者とその使用主に適用される。特定（産業別）最低賃金は，基幹労働者を対象に地域最賃より高い金額で設定されている[16]。都道府県別最低賃金については図表11－7を参照せよ。

　最低賃金は，労働者の生計費，類似の労働者の賃金および通常の事業の賃金支払い能力を考慮して定められる。地方最低賃金審議会（公益代表，労働者代表，使用者代表の各同数の委員で構成）での審議を経て，地方労働局長により決定される。

　2007年に最低賃金法が40年ぶりに抜本改正され，1）生活保護との整合性

---

[14] 内閣府（2016）『仕事と生活の調和連携推進・評価部会（第40回）仕事と生活の調和関係省庁連携推進会議 合同会議　資料2　第3章 仕事と生活の調和実現の状況　第1節 数値目標設定指標の動向』より。
[15] ただし，都道府県労働基準局長の許可を受けた場合，減額特例がある。適用除外の対象者は，（1）精神又は身体の障害により著しく労働能力の低い者，（2）試みの使用期間中の者，（3）基礎的な技能等を内容とする認定職業訓練を受けている者のうち厚生労働省令で定める者，（4）軽易な業務に従事する者，（5）断続的労働に従事する者である。
[16] 地域最賃と特定最賃が同時に適用になるケースでは，高い方の最低賃金額が適用される。

図表11－7　2017年度地域別最低賃金額の改定状況

都道府県	時間額	都道府県	時間額	都道府県	時間額	都道府県	時間額
全国加重平均	848	千　葉	868	三　重	820	徳　島	740
北海道	810	東　京	958	滋　賀	813	香　川	766
青　森	738	神奈川	956	京　都	856	愛　媛	739
岩　手	738	新　潟	778	大　阪	909	高　知	737
宮　城	772	富　山	795	兵　庫	844	福　岡	789
秋　田	738	石　川	781	奈　良	786	佐　賀	737
山　形	739	福　井	778	和歌山	777	長　崎	737
福　島	748	山　梨	784	鳥　取	738	熊　本	737
茨　城	796	長　野	795	島　根	740	大　分	737
栃　木	800	岐　阜	800	岡　山	781	宮　崎	737
群　馬	783	静　岡	832	広　島	818	鹿児島	737
埼　玉	871	愛　知	871	山　口	777	沖　縄	737

出典：労働調査会出版局（2017）『平成29年度版　最低賃金決定要覧』。

の確保，2）最低賃金違反に対する罰則強化，3）派遣労働者には派遣先の地域（産業）の最低賃金が適用されることになった。都道府県によって幅はあるが，この見直し以降，2017年までの10年間に，最低賃金は全国平均で約170円上昇している。

第4節　雇用保険と労働者災害補償保険

　1974年に，失業保険法から雇用保険法に改正された。その際には，従来の「失業給付」に加え，失業の予防をその目的とした，雇用保険三事業が新設された。このうち，雇用改善事業では雇用調整給付金制度が創設された。これは雇用調整のために従業員を休業させる事業主に対し，休業手当の一部を補助するものである。その主旨は，企業内で雇用の維持を図る長期雇用慣行の長所を政策面から支えることを意図していた。また能力開発事業では，従来の職業訓練校に加え，職業訓練短期大学校，技能開発センターが設置された。

　1990年代に入ると，失業率上昇などの影響から，雇用保険の財政問題や給付のあり方がクローズアップされるようになった。

　そして，現在では雇用保険法第1条において，①労働者が失業した場合，②労働者が教育訓練を受けた場合，③労働者について雇用の継続が困難となった

場合，に支給する「失業等給付」が第一の柱，労働者の職業の安定に資するための給付である雇用二事業が第二の柱となっている。

雇用保険は，政府が管掌し，一部の事業所以外は原則すべての事業所が全面適用される[17]。被保険者に対する給付は，従来の失業救済の失業給付のみならず，雇用継続給付や，就職促進給付などがある。また，雇用安定，能力開発などの雇用二事業は，雇用対策として事業主への給付となっている[18]。

（1）雇用保険の仕組み

現在の雇用保険は，労働者が失業した場合に失業等給付（基本手当等）を支給すること等により，雇用におけるセーフティネットの役割を果たしている。それは，失業中の家計を下支えする効果があり，安定した生活の下での求職活動を可能にし，就職を促進させる機能をもっている。さらに，マクロ経済的には，消費の減少による景気の落ち込みを抑制する効果をあわせもつ。

雇用保険の失業給付の受給者実人員は，バブル期にいったん減少し，バブル崩壊以降，大幅に増加を続けたが，景気回復とともに減少した。厚生労働省による「平成28年度雇用保険事業年報」によると，2016年度の雇用保険受給者人員は月平均約40.1万人となっている。また，1人当たりの平均給付月額は約13万円程度となっている。

① 保険者と被保険者

雇用保険の保険者は政府であり，被保険者の範囲や種類は法律によって定められている。原則として事業所規模にかかわらず，労働者を雇う事業所は，適用事業となる。しかし，個人経営で従業員が5人未満の農林水産業や畜産業などの事業は，暫定的に任意適用となる。被保険者は，おおむね①一般被保険者，②高年齢継続被保険者（65歳を経過する前から，同一事業所に継続して被保険者でい

---

[17] 正確には，常時5人未満の労働者を使用する個人経営の農林水産業は暫定任意適用とされるなどの要件がある。

[18] 雇用二事業は，失業の予防や雇用状態の是正および雇用機会の増大を図ることを目的とする「雇用安定事業」と，労働者の能力の開発および向上を目的とする「能力開発事業」がある。

る者），③短期雇用特例被保険者（季節的な労働者，または同一事業主に雇用される期間が1年未満の短期の雇用者）[19]，④日雇労働被保険者の4つに大別されていた。このうち，高年齢継続被保険者については，2017年から制度が改正され，65歳以上の労働者全般が⑤高年齢被保険者として雇用保険に加入することになった[20]。

　適用除外は，以下の4種類の雇用者である。①短時間の労働で短時間労働被保険者に該当しない者（1週20時間未満，雇用期間1年未満の者），②日雇い労働者で日雇い労働被保険者に該当しない者，③4カ月以内の季節的事業に雇用される者，④国・都道府県・市町村などで雇用されて離職した時，雇用保険の失業給付の内容以上の給付を受ける者。65歳に達した日以後に雇用される者については，以前は雇用保険の対象外であったが，上記の改正により雇用保険に加入することになった。

　パート労働者や派遣労働者の労働市場に占める割合が増加しているにもかかわらず，これまでこうした労働者は，雇用保険の適用外とされてきた。この基準が見直され，2001年4月1日から，年収要件（年収90万円以上）が撤廃された。

　1週間の所定労働時間が20時間以上であり，パートタイム労働者については31日以上の雇用見込みがある場合，登録型派遣労働者については，同一の派遣元事業主に31日以上雇用される見込みがある場合，それぞれ雇用保険の被保険者となる。登録型派遣労働者の場合，派遣元で雇用保険に加入する。

　雇用保険の財源は，原則保険料によってまかなわれているが，「国庫は毎年度，予算の範囲内において雇用保険事業の予算の範囲内において雇用保険事業の事務の執行に要する経費を負担する」と規定され，国も費用負担することになっている。

　雇用保険は，事業者に対する労働者への雇用責任を超える制度であるため，

---

19) 具体的には，季節的に雇用される者の内，①4カ月以内の期間を定めて雇用される者および②1週間の20時間以上30時間未満である者に該当しない者が短期雇用特例被保険者となる（雇用保険法第6条および38条1項）。
20) なお，2016年終了時点で高年齢継続被保険者であり，2017年1月1日以降に雇用される場合には，自動的に高年齢被保険者に切り替えられた。

図表11－8　雇用保険の保険料率（2017年度）

事業の種類	①労働者負担（失業等給付の保険料率のみ）	②事業主負担	失業等給付の保険料率	雇用保険二事業の保険料率	①+②雇用保険料率
一般の事業	3/1,000	6/1,000	3/1,000	3/1,000	9/1,000
(2016年度)	4/1,000	7/1,000	4/1,000	3/1,000	11/1,000
農林水産・清酒製造の事業 ※	4/1,000	7/1,000	4/1,000	3/1,000	11/1,000
(2016年度)	5/1,000	8/1,000	5/1,000	3/1,000	13/1,000
建設の事業	4/1,000	8/1,000	4/1,000	4/1,000	12/1,000
(2016年度)	5/1,000	9/1,000	5/1,000	4/1,000	14/1,000

注：枠内の下段は2016年度の雇用保険料率。
出典：厚生労働省ホームページ。

①求職者給付（高年齢求職者給付金を除く）に対しては4分の1，②広域延長給付に係る求職者給付および③日雇労働求職者給付金に対しては3分の1，④雇用継続給付に関しては8分の1の国庫負担が規定されている[21)22)]。一般保険料は，事業主と被保険者が負担する。一般保険料率は1000分の9で，一部失業のリスクが異なる産業別に，保険料率が異なる場合もある（図表11－8参照）。図表11－8には，2017年度の雇用保険料率を掲載した。一般保険料率は，2010年度～11年度の1000分の15.5から段階を踏んで引き下げられている。

② 雇用保険事業の内容

雇用保険事業の内容は，失業等給付と雇用二事業である。失業等給付は，失業者に対する所得保障制度であり，求職者給付，就職促進給付，教育訓練給付，雇用継続給付がある（図表11－9，図表11－10参照）。

雇用安定事業，能力開発事業などは事業主に対する給付である。一定の要件を満たした雇用保険の事業主に対して奨励金・助成金などが支給される。雇用関係の法律内容以上の給付（定年の延長，介護休業の導入，障害者の雇用など）が該

---

21) 雇用保険の国庫負担については，本文中の規定のほか，雇用保険法附則において，当分の間は負担割合の100分の55とされている。ただし，雇用保険の財政状況を鑑みて，2017年度からの3年間は，負担割合が100分の10にまで引き下げられている。
22) ただし，高年齢求職者給付，高年齢雇用継続給付については，例外的に国庫負担なしである。

図表11－9　雇用保険給付内容

給付の種類	給付の内容
求職者給付	雇用保険の被保険者であった期間や離職理由・年齢を勘案して，基本手当日額（賃金日額の50～80％）の90日～360日の基本手当など
就職促進給付	基本手当の日数を一定以上残して再就職した場合の再就職手当など
教育訓練給付	雇用保険の一般被保険者又は一定の要件を満たす一般被保険者であった者が厚生労働大臣指定の教育訓練を受け，これを修了した場合に，費用の一部を給付。一般教育訓練給付金の場合は原則2割（上限10万円），専門実践教育訓練給付金の場合は原則5割（上限40万円）
雇用継続給付	高年齢者（60歳以上65歳未満），育児休業取得者，介護休業取得者について，職業生活の円滑な継続を支援するため，給付金を支給。高年齢者については，高年齢雇用継続基本給付金（60歳到達時の賃金額に比べて一定率以上賃金額が低下した状態で就労しているときに，その差額の一部を支給）と同年齢再就職給付金（基本手当を100日以上残して再就職した場合に，再就職後の賃金が60歳到達時の賃金に比べて一定率以上低下した状態で就労するときに，その差額の一部を支給）がある。

資料：総務省統計局（2018）『労働力調査平成29年平均』。

当する。

③　失業等給付の種類

（a）一般被保険者

　被保険者が失業した場合，求職者給付，就職促進給付，教育訓練給付，雇用継続給付が受給できる。雇用保険の被保険者期間，年齢，離職理由によって受給期間が異なる。失業給付の受給には，求職の申し込みが必要である。受給者は公共職業安定所で職業紹介を受け，新たな職場を探す必要がある。新たな職場が見つかるまでの一定期間の生活保障が雇用保険の役割である。

（b）高年齢被保険者

　65歳以上の被保険者に対しては，高年齢求職者給付金が支給される。受給要件としては，原則，離職の日以前1年間に被保険者期間が通算して6カ月以上の高年齢受給資格が発生している者が該当する。

　受給日数は，被保険者期間により異なる。被保険者であった期間が1年未満の場合は基本手当日数の30日分，1年以上の場合は50日分が一時金として支給される。

　その他，短期雇用特例被保険者に対しては「特例一時金」，日雇労働被保険者には就業日数に応じて「日雇労働求職者給付金」という失業給付もある。

図表11－10　雇用保険制度の概要

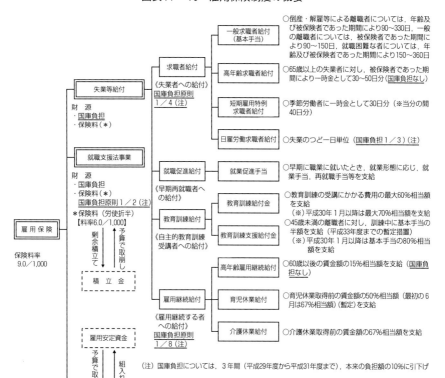

出典：厚生労働省（2017）『平成29年版厚生労働白書』。

(c) 基本手当の計算

　雇用保険の失業等給付（基本手当）は，退職前1年間に6カ月以上の雇用保険の加入期間のある人が退職した場合に，退職前の6カ月の賃金額や退職の事由に応じた所定給付日数分（90日から330日）[23]の基本手当が支給される。ただし，自己都合による退職の場合は，退職前2年間に12カ月以上の雇用保険加入期間がなければ，給付が受けられない。

図表11－11　賃金日額・基本手当日額の変更について

賃金日額・基本手当日額の上限		
離職時の年齢	賃金日額の上限額（円）	基本手当日額の上限額（円）
29歳以下	13,500	6,750
30～44歳	14,990	7,495
45～59歳	16,500	8,250
60～64歳	15,740	7,083
賃金日額・基本手当日額の下限		
離職時の年齢	賃金日額の下限額（円）	基本手当日額の下限額（円）
全年齢	2,480	1,984

　基本手当の受給額は，その人の基本手当日額と所定給付日数により決まる。なお，基本手当は，4週間に1回公共職業安定所（ハローワーク）に出向き「失業の認定」を受けた日について支給される。失業の認定には，①労働する意思と，②労働する能力を有する，③就業できない状態の3要件が必要である。また，基本手当は，失業の翌日から即支給されるものではなく，待機期間として7日間必要とされる。7日経過後に所定の要件が揃えば，失業認定日より支給されるが，退職事由による支給制限というものもある[24]。

　基本手当日額は，原則次のように計算される。また，基本手当日額の上限と下限は図表11－11の通りである（2018年8月から変更）。

基本手当日額 ＝ 賃金日額（離職前6か月の賃金総額÷180）
　　　　　　　　× 給付率（80％～50％，賃金水準が低いほど高い給付率となる）

---

[23] 一定の就職困難者に対しては，求職者給付が最長で360日になる場合もある。しかし，360日の給付が受けられる者は45歳以上65歳未満で算定基礎期間が1年以上の就職困難者という特殊形態であるので，あえて本書では330日を最長と記載した。

[24] 次の給付制限に該当する場合は，一定期間，失業給付は支給されない。
　①失業給付の受給資格者が，職業安定所の紹介する職業につくことや職業安定所所長の指示する公共職業訓練や再就職のための職業指導を受けることを正当な理由なく拒否した場合は，その拒否した日から1カ月間は，失業給付が支給されない。
　②雇用保険の被保険者が，自己の責に帰すべき重大な理由によって解雇された場合，また正当な理由がなく自己の都合により退職した場合は，待機期間終了後，1カ月以上3カ月以内の期間で，職業安定所所長の定める期間は，失業給付が支給されない。

図表11－12　雇用保険の基本手当の所定給付日数（2017年度）

1　倒産・解雇等による離職者（3を除く。）※補足1

区分＼被保険者であった期間	1年未満	1年以上5年未満	5年以上10年未満	10年以上20年未満	20年以上
30歳未満	90日	90日	120日	180日	－
30歳以上35歳未満	90日	120日（90日（※補足2））	180日	210日	240日
35歳以上45歳未満	90日	150日（90日（※補足2））	180日	240日	270日
45歳以上60歳未満	90日	180日	240日	270日	330日
60歳以上65歳未満	90日	150日	180日	210日	240日

2　倒産解雇等以外の事由による離職者（3を除く）

区分＼被保険者であった期間	1年未満	1年以上5年未満	5年以上10年未満	10年以上20年未満	20年以上
全年齢	90日	90日	90日	120日	150日

3　就職困難者

区分＼被保険者であった期間	1年未満	1年以上5年未満	5年以上10年未満	10年以上20年未満	20年以上
45歳未満	150日	300日	300日	300日	300日
45歳以上65歳未満	150日	360日	360日	360日	360日

※補足1：特定理由離職者のうち「特定理由離職者の範囲」の1に該当する方については，受給資格に係る離職の日が2009年3月31日から2022年3月31日までの間にある方に限り，所定給付日数が特定受給資格者と同様となる。
※補足2：受給資格に係る離職日が2017年3月31日以前の場合の日数。
出典：ハローワークインターネットサービス。

　失業をした場合に受ける基本手当の給付体系は，従来は年齢と被保険者期間で一律的に給付日数が増加する仕組みがとられていた。しかし，転職などにより自己都合退職した者（自発的失業者）と，会社の倒産，リストラなどで予期せずにやめる人（非自発的失業者）では，失業のリスクは異なるという考え方から，前者については給付日数は圧縮，後者については中高年層を中心に「倒産・解雇等による離職者」には，より手厚い給付日数となっている（図表11－12参照）。

（2）雇用保険制度の改革

これまでわが国は，先進諸国のなかでも低い失業率を保ってきたが，長引く不況の影響で，一時，失業率は5.5％水準にまで上昇し，受給者が急増し，雇用保険制度もまた財政問題をかかえることとなった。しかし，近年の景気回復により失業率は低下し，再び雇用保険財政は好転し，その積立金は増加傾向にある。

他方，日本的雇用慣行と呼ばれる長期勤続が崩れつつあること，派遣労働者やパート労働者の増加などの労働環境の構造的な変化に，雇用保険がどう対応すべきか重要な問題となっている。それらの課題に対応するため，雇用保険や育児休業・介護休業制度は断続的に改革されている。以下は，2010年代に行われた改革の概要である。

① 2010年改革

（1）非正規労働者に対する適用範囲の拡大（「6か月以上雇用見込み」から「31日以上雇用見込み」），（2）雇用保険未加入者に対する遡及適用期間の改善，（3）雇用保険二事業の財源不足を補う仕組みの確立，などが行われた。

② 2012年改革

（1）雇い止めされた有期契約労働者に関する給付日数の充実（暫定措置の延長），（2）再就職が困難な場合の給付日数延長（暫定措置の継続），などが行われた。

③ 2014年改革

（1）育児休業給付の充実（給付割合を休業開始前の賃金の67％に），（2）就業促進手当（再就職手当）の拡充，などが行われた。

④ 2016年改革

（1）失業等給付に係る保険料率の見直し（1.0％から0.8％），（2）介護休業給付の充実（給付割合を休業開始前の賃金の67％に），などが行われた。

⑤ 2017年改革

（1）雇用情勢が悪い地域に居住する者の給付日数延長（5年間の暫定措置），（2）雇い止めされた有期雇用労働者の所定給付日数延長（同），（3）倒産・解雇等により離職した30～45歳未満の者の所定給付日数引き上げ，（4）基本

手当等の算定に用いる賃金日額について，上限・下限の引き上げ，（5）専門実践教育訓練給付の給付率を最大60%から70%に引き上げ，（6）職業紹介の機能強化および求人情報等の適正化，といった改革を行った。

（3）労働者災害補償保険

労働災害によって死亡した労働者の遺族に対しては遺族補償年金，けがにより障害が残った労働者には障害（補償）年金また障害一時金，けがの治療のために仕事ができない期間は，休業補償給付やけがの治療のための療養補償給付などが行われる。新規受給者は2016年度で約63万人，保険給付費等は約7,400億円となっている。

① 労災保険の仕組み

労働者災害補償保険（労災保険）は，労働者が業務中または通勤途上での事故，災害などによる障害，疾病，死亡などのリスクに対し，補償を行う社会保険制度である。労働者への社会復帰，生活保障を行うことで，労働者とその家族の支援，適正な労働条件の確保，労働者の福祉の増進に寄与する制度である。

労働者災害補償保険の加入は，すべての会社や個人事業主に雇われて働く人が含まれる。国籍や年齢，雇用形態，居住地などを問わない。また，一定の手続きを経れば，中小企業事業主，個人事業主，家内労働者なども任意加入が認められる。

労災保険料率は，労働保険料のうちの労災保険分である。この労災保険料は使用者の労働基準上の災害補償責任の履行の確保という規定が基となっている関係上，事業主のみの保険料負担でまかなわれている。そのため，労働者側の負担は求められていない。

保険料の計算方法は，当該事業に使用するすべての労働者に支払う賃金の総額に，一般保険料率（雇用保険と労災保険料率の合計）を乗じて算出する。また，労災保険料については，「過去3年間の業務災害及び通勤災害に係る災害率並びに二次健康診断等給付に要した費用の額，社会復帰促進等事業として行う事業の種類及び内容その他の事情を考慮して厚生労働大臣が定める」としている。つまり，過去3年間の災害率と労働福祉事業利用等の事情を考慮して決定される。

業務災害のリスクの程度は業種によって大きな差があるため，労災保険料は事業の種類ごとに決定される。最高の保険料率は金属鉱業，非金属鉱業又は石炭鉱業の88／1000，最低は電気機械器具製造業などの2.5／1000と定められている。このうちの0.6／1000は，非業務災害率として，一律に保険料率に含まれている。非業務災害率とは，通勤災害に係る率（0.6／1000）に二次健康診断等給付に係る率（事実上0），その他の事情を考慮して厚生労働大臣が定めた率で決定される。通勤災害のリスクは，業種とほとんど関係がないため，一定である。また，個別の事業所の努力によって，災害はある程度予防できることから，労災保険料を労災災害の発生状況とリンクさせるメリット制が1952年に導入された。これは，労災予防に努めるように職場環境，就業環境を整備することにより，労災保険料率を軽減させるという経済的インセンティブを与えている。労災発生の予防に努めず，労災事故が多発すれば，保険料が上昇するというペナルティーをあたえることで，事業主に就業環境整備を促す効果を兼ねそろえている措置である。

メリット制による保険料は以下のような式によって計算される[25]。

$$\text{メリット増減後の労災保険率} = [\text{基準となる労災保険率} - \text{非業務災害率}] \times \frac{(100 + \text{増減率}(\%))}{100} + \text{非業務災害率}$$

② 給付の種類

(a) 業務災害

業務上の理由によって負傷や疾病を負った場合，その治療は，現物給付として療養補償給付で補償される。被災労働者は，受診した指定病院等を経由して，所轄の労働基準監督署に請求する。

療養補償給付に要した費用は，労災指定医療機関等から，医療機関所轄の労働基準監督署に請求される。その費用は，労災保険の診療報酬で計算され，被災労働者の一部負担はなく，全額が労災保険から支出される。通勤災害の場合は，療養給付が支給されるが，こちらは定額の一部負担金があるほかは，給付

---

[25] 厚生労働省ホームページ『労災保険のメリット制について』参照。

内容は療養補償給付と同一である。

　業務災害による疾病等で休業する場合には，休業第4日目から休業補償給付および休業特別支給金が支給される。それぞれ平均賃金の60％，20％の水準である[26]。休業第3日目までは，労働基準法に基づき，使用者が休業補償を支払わなければならない。

　業務上の事故によって障害が残った場合には，障害（補償）給付の適用になる。また，死亡した場合には，遺族に遺族（補償）給付が支払われる。

　障害の程度が重い場合には，障害（補償）年金（障害の程度に応じて1級〜7級），障害特別年金，障害特別支給金が支給される。休業補償給付を受けて1年6カ月を経過してもなお，重度の症状である場合，傷病補償年金（1級〜3級は年金），傷病特別年金・傷病特別支給金が支払われる。また，介護を要する状態にあるときは，介護補償給付，介護給付が支給される。

(b) 通勤災害

　通勤災害は，業務災害と異なり，すべてが労災保険でカバーされるわけではなく，その対象となるものとならないものがある。通勤経路での事故で，就業のための出勤と帰宅の往復であり，途中でその通勤経路をはずれた場合には，対象外となる。給付内容は，ほとんど業務災害と同じである。しかし，療養給付の場合に限り，初回に一部負担金200円が休業給付から控除される形で徴収される。

(c) 労災認定基準

　労災認定の判断基準は，通達によって，業務起因性の一般的な判断基準のほか，各種の事故や疾病についての判断基準がある。業務と事故の相当因果関係（時間，場所）を要素として判断される。

　労災の給付に関しては，地域所轄の労働基準監督署が業務災害の認定を行う。業務上の疾病（職業病）は，業務による有害因子をどの程度評価するかで判断される。たとえば，業務上の負傷による病気，騒音などの難聴，手足の障害，

---

[26] 厳密には，労災における休業の際に支給される賃金は，「給付基礎日額」というものが用いられる。平均賃金との相違点は，①最低保障額の設定，②スライド制，③年齢階層別の最低・最高限度額の規定が設けられている点である。

じん肺，発ガン性物質，過労による病気などがある。最近は，過労死が増加しており，業務起因性に関する認定基準が設けられてはいるが，認定に企業側の協力が必要であることから，労災認定には困難が伴う。

2011年には，「心理的負荷による精神障害の認定基準」が定められて，精神障害の労災認定に関しては一歩前進した。また，2015年には，職場におけるストレスチェックの実施が義務づけられたことで，今後，労災による精神障害の減少が期待される。

第12章
高齢者関係の社会福祉と介護保険

　2000年に介護保険制度ができるまでは，高齢者向けの福祉政策は，老人保健，老人福祉といった複数の制度によって構成されていた。しかし，財源，利用方法，費用負担などが複雑であった。2000年4月に介護保険制度が成立したことにより，財源，利用方法が統合された。その後，複数回の改正を経て介護保険制度は定着したものの，介護給付費が急速に増加し，財政の安定性の確保が課題になっている。

第1節　高齢者をめぐる社会保障制度－介護保険成立以前

（1）老人福祉法の成立 (1960～70年代)
　① 老人福祉法の成立
　図表12－1は，介護保険導入までの高齢者保健福祉関連制度の変遷を示している。日本の高齢者福祉に関する政策は，1963年の老人福祉法の成立以降進められた。これ以前は，生活保護法による養老施設への収容保護という形が中心で，対象者も一部の低所得者に限定され，公的扶助の一分野にすぎなかった。しかし，産業構造の変化や人口の都市集中等による核家族化の進展から，

図表12－1　高齢者保健福祉の変遷－介護保険の導入まで

1960年代　高齢者福祉の創設	
1962（昭和37）	訪問介護（ホームヘルプサービス）事業の創設
1963（昭和38）	老人福祉法制定
1968（昭和43）	老人社会活動促進事業の創設（無料職業紹介など）
1969（昭和44）	日常生活用具給付等事業の創設
	ねたきり老人対策事業（訪問介護，訪問健康診査など）の開始

1970年代　老人医療費の増加	
1970（昭和45）	社会福祉施設緊急整備5か年計画の策定
1971（昭和45）	中高年齢者等雇用促進特別措置法制定（シルバー人材センター）
1973（昭和48）	老人医療費無料化
1978（昭和53）	老人短期入所生活介護（ショートステイ）事業の創設
	国民健康づくり対策
1979（昭和54）	日帰り介護（デイサービス）事業の創設

1980年代　保健・医療・福祉の連携と在宅サービスの重視	
1982（昭和57）	老人保健法制定（医療費の一部負担の導入，老人保健事業の規定）
	ホームヘルプサービス事業の所得制限引上げ（所得税課税世帯に拡大，有料制の導入）
1986（昭和61）	地方分権法による老人福祉法改正（団体委任事務化，ショートステイ・デイサービスの法定化）
1987（昭和62）	老人保健法改正（老人保健施設の創設）
	社会福祉士及び介護福祉士法制定
1988（昭和63）	第1回全国健康福祉祭（ねんりんピック）の開催
	第2次国民健康づくり対策
1989（平成元）	高齢者保健福祉推進十か年戦略（ゴールドプラン）の策定
	健康長寿のまちづくり事業の創設

1990年代　計画的な高齢者保健福祉の推進	
1990（平成2）	福祉八法改正（在宅サービスの推進，福祉サービスの市町村への一元化，老人保健福祉計画）
	ねたきり老人ゼロ作戦
	在宅介護支援センターの創設
	介護利用型軽費老人ホーム（ケアハウス）の創設
	高齢者世話付住宅（シルバーハウジング）生活援助員派遣事業の創設
1991（平成3）	老人保健法改正（老人訪問看護制度創設）
1992（平成4）	福祉人材確保法（社会福祉事業法等の改正）
1993（平成5）	福祉用具の研究開発及び普及の促進に関する法律制定
1994（平成6）	新・高齢者保健福祉推進十か年戦略（新ゴールドプラン）の策定
1995（平成7）	高齢社会対策基本法制定
1997（平成9）	介護保険法制定
	痴呆対応型老人共同生活援助事業（痴呆性老人グループホーム）の創設
1999（平成11）	今後5か年間の高齢者保健福祉対策の方向（ゴールドプラン21）の策定
	介護休業の義務化

2000年代　新たな介護制度の開始	
2000（平成12）	介護保険法施行

出典：厚生省（2000）『平成12年版厚生白書』。

家族の老親扶養能力は急激に低下した。そのため，高齢者の生活保障を公的扶助原理による選別型から，どの高齢者をも対象とする普遍型への転換が必要になった。

老人福祉法により，生活保護法に位置づけられてきた養老施設は養護老人ホームとして引き継がれた。また，低所得者に限定せずに介護が必要な高齢者を入所対象とした特別養護老人ホーム，さらには軽費老人ホームが創設され[1]，老人家庭奉仕員制度（訪問介護員）の制度化など，高齢者を幅広く対象とする福祉政策が進められた。

1960～70年代は，高齢化の進展も緩やかで，高齢者福祉政策も低所得者が中心であった。特別養護老人ホームは，加齢に伴って介護を必要とする者を，その経済的な状況に関わりなく対象とできたが，介護を必要とする高齢者の数に比べて施設が不足したため，入所は緊急度の高い低所得者等が優先された（図表12－2参照）。また入所にあたっては，所得調査を受けることが必要であり，利用しやすいものではなかった。

図表12－2　老人福祉法における施設入所者の規定

養護老人ホーム	65歳以上の者であって，身体上もしくは精神上又は環境上の理由及び経済的理由により居宅において介護を受けることが困難なもの
特別養護老人ホーム	65歳以上の者であって，身体上又は精神上著しい障害があるために常時の介護を必要とし，かつ，居宅においてこれを受けることが困難なもの

出典：厚生省（2000）『平成12年版厚生白書』。

② 老人医療費無料化

高齢者に対する医療保障は医療保険制度を中心に行われていたが，当時は年金制度が成熟しておらず，高齢者の負担能力が十分ではなかったため，必ずしも適切な医療が確保されない傾向があった。そこで1973年，老人福祉法による老人医療費支給制度が創設され，一定の所得水準以下の70歳以上の高齢者

---

1) 養護老人ホームが，養老施設の流れを汲んで，経済的に困窮している高齢者を入所対象としていたのに対し，特別養護老人ホームは，心身の障害が著しいため常時介護を必要とするにもかかわらず，居宅において養護を受けることが困難な高齢者を入所対象とした。これにより，わが国で初めて，経済的な状況にかかわらず介護を必要とする高齢者を養護する施策が，制度的に登場した。

を対象に医療費が無料化された。

（2）老人保健法の成立（1980年代）

1973年秋のオイルショック後，景気回復のための財政出動によって財政赤字が拡大し，財政再建の必要性が強く認識されるようになった。また，老人医療費無料化によって，高齢者の通院が増加し「病院のサロン化」，「はしご受診（重複受診）」と呼ばれるような現象が医療資源の浪費として社会問題となった。

一方，家庭内の老人扶養機能の低下と高齢化の進展により，高齢者介護の必要度は高くなっていた。高齢者福祉施設の数量的不足により，高齢者が介護のために入院するという社会的入院の問題もあり，老人医療費は急増した。

福祉による高齢者介護と老人医療費の問題が明らかになったため，予防・リハビリテーションを含む総合的なサービスを提供し，急増する老人医療費を国民全体で公平に負担するため，1982年に老人保健法が制定された[2]。

老人保健法は，①老人医療に定額一部負担を導入する，②老人医療費に係る各医療保険者間での負担の不均衡を解消し，老人医療費を全国民で公平に負担するため，各医療保険者の共同事業として老人保健制度へ拠出金を提供する仕組みを導入する，③成人病時代に対応し，疾病の予防から機能訓練に至る保健事業を総合的に推進するというものであった。

老人医療費は，老人加入者数を反映し伸びた。その後，寝たきりや痴呆等の要介護高齢者の増加に対応し，1986年には老人保健施設が[3]，1991年には老人訪問看護制度が創設された。

（3）ゴールドプラン・新ゴールドプランの策定と福祉八法改正（1990年代）

本格的な高齢社会を前に，1989年に高齢者の保健福祉サービスの分野において，1999年までの目標を掲げた「高齢者保健福祉推進十か年戦略（ゴールドプラン）」が策定され，高齢者保健・福祉サービス基盤の計画的整備が図られる

2）老人保健制度は，国民の老後における健康の保持と適切な医療の確保を図るため，壮年期からの疾病の予防から治療，機能訓練に至る総合的な保健医療サービスを提供するとともに，必要な費用は国民が公平に負担することをねらいとした。

図表12－3　主要な高齢者保健福祉サービスの概要と目標量

事　業	事　業　概　要	目標値 新ゴールドプランにおける1999（平成11）年の目標値	目標値 ゴールドプラン21における2004（平成16）年の提供見込量	実　績 1998（平成10）年度末
訪問介護（ホームヘルプサービス）	日常生活に支障のある高齢者がいる家庭を訪問して、介護・家事サービスを提供	17万人	225百万時間（35万人）※	15.8万人
老人訪問看護ステーション	在宅の寝たきり老人等に対し、かかりつけの医師の指示に基づき、看護サービスを提供	5千か所	44百万時間（9,900か所）※	3,384か所
通所介護／通所リハビリ（デイサービス・デイケア）(注1)	送迎用バス等で通所介護施設（デイサービスセンター）に通う高齢者に、入浴、食事、健康診査、日常動作訓練等のサービスを提供	1.7万か所	105百万回（2.6万か所）※	11,458か所
短期入所生活介護（ショートステイ）	寝たきり老人等の介護者に代わって、特別養護老人ホーム等で短期間、高齢者を預かる	6万人分	4,785千週（9.6万人分）※	4.9万人分
介護老人福祉施設	常時介護が必要で、家庭での生活が困難な高齢者のための福祉施設	29万人分	36万人分	27.9万人分
介護老人保健施設	常時介護が必要で、家庭での生活が困難な高齢者のための福祉施設	28万人分	29.7万人分	20.8万人分
痴呆対応型共同生活介護（痴呆性老人グループホーム）	安定状態にある痴呆の要介護者に対し、痴呆性老人グループホームで、入浴、排せつ、食事等日常生活上の世話や機能訓練を行う	－	3,200か所	－
介護利用型軽費老人ホーム（ケアハウス）	車いすや訪問介護員（ホームヘルパー）等を活用し、自立した生活を継続できるよう工夫された新しい軽費老人ホーム	10万人分	10.5万人分	37,492人分
高齢者生活福祉センター	介護支援、安心できる住まい、地域住民との交流の機能を総合的に備えた小規模な複合施設	400か所	1,800か所	243か所

注1：通所リハビリ（デイケア）分は，新ゴールドプランの目標値および実績にのみ含まれる。
注2：ゴールドプラン21のうち，（　）※の数値については，一定の前提条件の下で試算した参考値である。
出典：厚生省（2000）『平成12年版厚生白書』。

3）老人保健施設は，病状安定期にある老人等に対し，入院治療する必要はないが，リハビリテーション，看護・介護を中心とした医療ケアと日常生活サービスを提供することにより，老人の自立を支援し，家庭への復帰をめざすことを目的として，設置された。サービスの内容は，入所サービスとして，離床期または歩行期のリハビリテーション，日常生活動作訓練，体位交換，清拭，食事の世話，入浴等看護介護サービス，比較的安定した病状に対する診察，投薬，注射，検査，処置等の医療ケア，理髪等個人的な世話，教養娯楽のための催し等の日常生活サービスがある。さらに，在宅サービス（短期入所，通所日帰り，夜間通所日帰り）もある。いわゆる痴呆性老人も，精神病院で専門的な医療および保護が必要な者を除き老人保健施設の利用対象者とする。施設の役割分担については図表12－3を参照せよ。

ことになった。

　さらに，1990年には，在宅福祉サービスの積極的な推進，在宅・施設サービスの実施に係る権限の市町村への一元化，各地方自治体における老人保健福祉計画策定の義務づけを内容とする福祉八法改正が行われた。

　その後，各地方自治体において策定された老人保健福祉計画が取りまとめられ，これを反映する形で1994年にゴールドプランが見直され，「新ゴールドプラン」が策定された。この期間は，日帰り介護（デイサービス），訪問介護（ホームヘルパー），短期入所生活介護（ショートステイなど），在宅福祉の整備が進んだ（図表12－3参照）。

（4）介護保険の導入とゴールドプラン21

　第3節で詳説する介護保険が2000年にスタートした。介護保険法で定められたように，地方自治体が，要介護者の実態を把握し，将来の介護サービスの推計を行い，介護保険事業計画を作成することになった。すでに1999年度中に，2000年度から2004年度までの5年間を計画期間とする第1期の計画が，全国の地方自治体において作成された。これらの推計をもとに，新ゴールドプランの後継として，1999年12月に，「今後5か年間の高齢者保健福祉施策の方向（ゴールドプラン21）」が策定された。

第2節　介護保険の概要

（1）介護保険導入の背景

　1990年代に入り，ゴールドプラン，福祉八法改正，新ゴールドプラン，ゴールドプラン21というように，長期計画に基づいて高齢者保健・福祉の拡充，福祉の分権化が進められたが，その背景には次のような根本的な問題が存在した。
　（a）特別養護老人ホームを中心とする高齢者福祉施設が圧倒的に不足していた。
　（b）施設不足から介護のために入院する社会的入院が増加した。1999年の厚生省の調査によると，75歳以上の入院患者の4人に1人が社会的入院であった。

(c) 施設利用や在宅サービス利用の際に，世帯収入に応じた利用者負担が求められることから，中高所得層にとって重い負担となっていた。
(d) 利用者の多様なサービスへの需要が反映されていなかった。
(e) 福祉施設は措置制度，老人病院・老人保健施設は契約によって入所・入院が決定するというように，利用の仕組み，財源，費用負担の仕組みが整合的ではなかった。

そこで，高齢者保健・福祉制度を組み直すために，新しい制度の必要性が認識され，介護保険の成立につながった。

(2) 介護保険の仕組み

介護保険は，保険料と公費を財源に，自力で日常生活を送ることが困難で，介護が必要な状態（要介護状態）にある高齢者や虚弱高齢者に対し，介護サービス，寝たきりの予防や自立の支援につながるよう，必要なサービスを提供する仕組みである。図表12－4は介護保険システムを示している。

① 保険者

国民にもっとも身近な行政単位である市町村を，介護保険制度の保険者としている。国，都道府県，医療保険者等は市町村を重層的に支える。

	役　割
市町村（保険者）	① 被保険者の管理 ② 要介護認定 ③ 保険給付のための費用の支払い ④ 需給の見込み，市町村介護保険事業計画の策定 ⑤ 保険料徴収
都道府県	① サービス事業者の支援・監督 ② 財政安定化基金の運営 ③ 介護提供体制の基盤整備 ④ 費用負担
国	① 制度全体の枠組みの策定 ② 要介護認定，保険給付の内容，事業者・施設等の基準の設定 ③ 費用負担
医療保険者	① 第2号被保険者からの介護保険料の徴収
年　金	① 第1号被保険者からの介護保険料の徴収

図表12−4　介護保険制度の仕組み

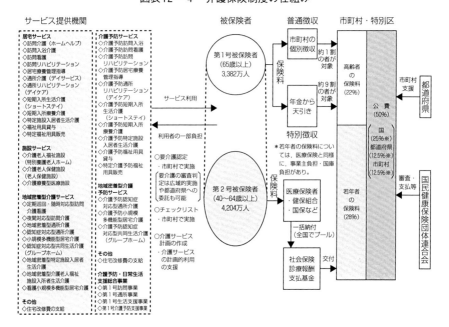

注1：国の負担分のうち5％は調整交付金であり，75歳以上の方の数や高齢者の方の所得の分布状況に応じて増減
注2：施設等給付費（都道府県指定の介護保険3施設および特定施設に係る給付費）は，国20％，都道府県17.5％
注3：第1号被保険者の数は，「平成27年度介護保険事業状況報告年報」によるものであり，平成27年度末現在のものである。
注4：第2号被保険者の数は，社会保険診療報酬支払基金が介護給付費納付金額を確定するための医療保険者からの報告によるものであり，27年度内の月平均値である。
出典：厚生労働省（2017）『平成29年版厚生労働白書』。

② 財源構成

　介護保険制度においては，給付に必要な費用を安定的にまかなうため，半分を保険料，残りの半分を公費でまかなう。公費のうち，国，都道府県，市町村の負担割合は，2：1：1（それぞれ総給付費の25％，12.5％，12.5％）としている。

　国費の25％のうち5％分は，後期高齢者の加入割合の相違や高齢者の負担

図表12-5　介護保険制度の財政

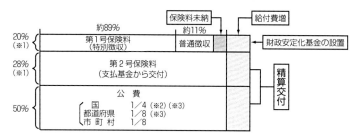

※1　27～29年度における第1号被保険者と第2号被保険者の推計人口比率に基づく割合である。
　　（12～14年度はそれぞれ17％，33％　15～17年度はそれぞれ18％，32％
　　　18～20年度はそれぞれ19％，31％　21～23年度はそれぞれ20％，30％
　　　24～26年度はそれぞれ21％，29％）
※2　国費の5％分は，市町村間の財政の格差の調整のために充てる（市町村により交付割合が異なる）。
　　（調整事由）①後期高齢者の加入割合の相違　②高齢者の負担能力（所得段階別被保険者数）の相違　③災害時の保険料・利用料減免等（特別調整）
※3　平成18年度からの介護保険施設等（＊）に係る給付費の負担割合は次のとおり。
　　（＊）都道府県指定の介護保険3施設および特定施設
　　　　　国　25％　→　20％　　都道府県　12.5％　→　17.5％
※4　平成27年度から，保険料の低所得者軽減強化のために別枠で公費負担（国・都道府県・市町村）を行っている。
出典：厚生労働省（2017）『平成29年版厚生労働白書』。

能力の相違等によって生じる市町村間の財政力の格差の調整のために充てることになっている（図表12-5参照）。

③　被保険者

被保険者は40歳以上の者とし，65歳以上の第1号被保険者と，40歳以上65歳未満の医療保険加入者である第2号被保険者の2つに区分している（図表12-6参照）。第1号被保険者と第2号被保険者では給付条件が異なっている。第1号被保険者は，常に介護を必要とする状態（要介護状態）や，日常生活に支援が必要な状態（要支援状態）になった場合にサービスが受けられる。一方，第2号被保険者については，初老期の認知症，脳血管疾患など老化が原因とされる病気（特定疾病として16の疾病を指定）により要介護状態や要支援状態になった

図表12－6　介護保険制度の被保険者

	第1号被保険者	第2号被保険者
対象者	65歳以上の者	40歳以上65歳未満の医療保険加入者
受給権者	・要介護者（寝たきり・認知症等で介護が必要な状態） ・要支援者（日常生活に支援が必要な状態）	要介護・要支援状態が，末期がん・関節リウマチ等の加齢に起因する疾病（特定疾病）による場合に限定
保険料負担	市町村が徴収	医療保険者が医療保険料とともに徴収し，納付金として一括して納付
賦課・徴収方法	・所得段階別定額保険料（低所得者の負担軽減） ・年金が年額18万円以上の方は特別徴収（年金からのお支払） それ以外の方は普通徴収	・健保：標準報酬及び標準賞与×介護保険料率（事業主負担あり） ・国保：所得税，均等割等に按分（国庫負担あり）

出典：厚生労働省（2017）『平成29年版厚生労働白書』。

場合にサービスが受けられる。

④　保険料

　第1号被保険者の保険料については，市町村によって異なる。低所得者の負担を軽減するため，市町村ごとに所得段階に応じた定額の保険料を設定することとなっている。また，年額18万円以上の公的年金等を受けている者については，公的年金からの特別徴収（いわゆる天引き）が行われ，全体の約85％が該当していると推計されている[4]。それ以外の者については，個人が直接市町村に納付する（普通徴収）。第1号被保険者の保険料額については，図表12－7の通りである。

　一方，第2号被保険者の介護保険料については，医療保険者が全国均一の1人当たり介護保険料を，医療保険料に上乗せする形で一体徴収することとなっている。ただし，2017年の法改正によって，被用者保険間で総報酬割に応じて負担する方法に変更され，激変緩和のため2020年度まで段階的に移行することになっている。医療保険者が徴収した，第2号被保険者分の介護保険料は，社会保険診療報酬支払基金（以下，支払基金という）に介護納付金として納付され，支払基金は給付費等に応じて，各市町村に介護給付費交付金等を支払う[5]。

　保険料を滞納した場合，期間によって延滞金の徴収が行われる。また，利用

4）厚生労働統計協会（2017）『国民の福祉と介護の動向　2017/2018年』。

図表12－7　第1号被保険者の保険料

段階	対象者	保険料	(参考)対象者(平成27年度)
第1段階	・生活保護受給者 ・市町村民税世帯非課税かつ老齢福祉年金受給者 ・市町村民税世帯非課税かつ本人年金収入等80万円以下	基準額×0.5	629万人
第2段階	市町村民税世帯非課税かつ本人年金収入等80万円超120万円以下	基準額×0.75	246万人
第3段階	市町村民税世帯非課税かつ本人年金収入等120万円超	基準額×0.75	236万人
第4段階	本人が市町村民税非課税（世帯に課税者がいる）かつ本人年金収入等80万円以下	基準額×0.9	532万人
第5段階	本人が市町村民税非課税（世帯に課税者がいる）かつ本人年金収入等80万円超	基準額×1.0	426万人
第6段階	本人が市町村民税非課税かつ合計所得金額120万円未満	基準額×1.2	440万人
第7段階	本人が市町村民税非課税かつ合計所得金額120万円以上190万円未満	基準額×1.3	394万人
第8段階	本人が市町村民税非課税かつ合計所得金額190万円以上290万円未満	基準額×1.5	241万人
第9段階	本人が市町村民税非課税かつ合計所得金額290万円以上	基準額×1.7	296万人

注1：上記表は標準的な段階。市町村が条例により課税層についての区分数を弾力的に設定できる。なお，保険料率はどの段階においても市町村が設定できる。
注2：平成27年度から，公費の投入により，第1段階について基準額×0.05の範囲内で軽減強化を実施。
注3：第2号被保険者の保険料は，加入している医療保険者ごとに算定される。
出典：厚生労働省（2017）『平成29年版厚生労働白書』。

時にペナルティー（全額自己負担など）が課される。その期間や程度は未納の程度に依存する。

⑤　保険給付の手続・内容

　介護保険の給付を受けるためには，介護が必要な状態かどうかの認定＝要介護認定を受ける必要がある。本人やその家族等が市町村の窓口に申請を行い，申請を受けた市町村は，被保険者の心身の状況等の調査を行う（図表12－8参

5）なお，第2号被保険者の保険料については，医療保険料と一体徴収になることから，医療保険に加入していない40歳～65歳未満の生活保護受給者は，介護保険の被保険者にはならない。介護が必要になった場合，その費用は生活保護の介護扶助費でまかなわれる。一方，第1号被保険者は，医療保険の加入の有無にかかわらず被保険者となるため，生活保護受給者も介護保険の被保険者として，保険料を支払うこととなるが，この費用は，生活保護の生活扶助費によりまかなわれる。さらに要介護（支援）状態になった場合は，介護保険から給付を受けるが，利用者負担は生活保護の介護扶助費でまかなわれる。

図表12－8　介護保険の請求と給付

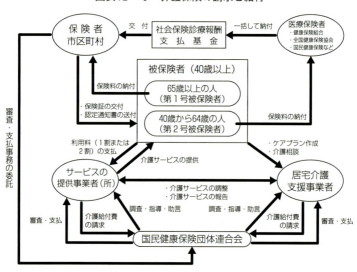

出典：独立行政法人福祉医療機構「介護保険制度解説」。
(http://www.wam.go.jp/content/wamnet/pcpub/kaigo/handbook/system/)

図表12－9　在宅サービスの支給限度額

要介護度	支給限度額
要支援1	5,003単位／月
要支援2	10,473単位／月
要介護1	16,692単位／月
要介護2	19,616単位／月
要介護3	26,931単位／月
要介護4	30,806単位／月
要介護5	36,065単位／月

注：1単位：10～11.40円（地域やサービスにより異なる）
出典：厚生労働省（2017）『平成29年版厚生労働白書』。

照）。この結果と主治医師の意見をもとに，市町村に設置される介護認定審査会において審査判定が行われ，その結果に基づき市町村が7段階の要介護認定または要支援認定を行う。在宅サービスについては，要介護度別に支給限度額が設定されている（図表12－9）。

⑥ 保険給付の内容

介護給付は，要介護度ごとに必要とされる介護サービスの費用額に基づき，居宅サービスと施設サービスそれぞれに応じて設定される。介護保険で受けられるサービスは，大きく分けて居宅サービス，施設サービス，地域密着型サービスがある（図表12－10参照）。

居宅サービスは，（ア）訪問・通所介護，（イ）訪問・通所リハビリテーション，（ウ）訪問入浴介護，（エ）ショートステイ，（オ）訪問看護サービス，（カ）福祉用具サービスなどがある。

施設サービスは，（ア）介護老人福祉施設（特別養護老人ホーム），（イ）介護老人保健施設，（ウ）介護療養型療養施設の3つがある。2014年改正によって，特別養護老人ホームは，原則，要介護3以上の高齢者に利用が限定された。

地域密着型サービスは2005年改正によって創設され，要介護者が住み慣れた地域で生活ができることを目的としている。地域密着型サービスは，市町村がサービスの必要整備量について計画を定め，地域の実情に応じた指定基準，介護報酬の設定をすることとされ，原則，当該市町村の住民のみがそのサービスを利用することができる。サービスの種類としては，（ア）定期巡回・随時対応型訪問看護，（イ）地域密着型通所介護，（ウ）夜間対応型訪問介護，（エ）小規模多機能型居宅介護等がある。

保険給付以外にも，要支援・要介護状態になる前からの介護予防を推進することを目的に，市町村が実施する地域支援事業がある。また2015年4月には，介護予防・日常生活支援総合事業（以下，総合事業という）が創設され，既存の介護事業所によるサービスに加えて，NPO，民間企業，ボランティアなど地域の多様な主体を活用できることとなった。一方で，これまで介護保険から支給されていた介護予防訪問介護と介護予防通所介護は，保険給付からは切り離され，総合事業で実施することとなった。

⑦ 利用者負担

サービスを利用する者と利用しない者との間の公平性を確保するため，利用者負担を支払うことになる。利用者負担は，収入に応じて1～3割（3割は2018年8月から）とされている。施設入所者はこのほかに，食事の提供に係る

図表12−10　介護保険給付の内容

	総合事業におけるサービス	予防給付におけるサービス	介護給付におけるサービス
都道府県が指定・監督を行うサービス		・介護予防サービス 　介護予防訪問入浴介護 　介護予防訪問看護 　介護予防訪問リハビリテーション 　介護予防居宅療養管理指導 　介護予防通所リハビリテーション 　介護予防短期入所生活介護 　介護予防短期入所療養介護 　介護予防特定施設入居者生活介護 　介護予防福祉用具貸与 　特定介護予防福祉用具販売	・居宅サービス 　訪問介護 　訪問入浴介護 　訪問看護 　訪問リハビリテーション 　居宅療養管理指導 　通所介護 　通所リハビリテーション 　短期入所生活介護 　短期入所療養介護 　特定施設入居者生活介護 　福祉用具貸与 　特定福祉用具販売 ・居宅介護支援 ・施設サービス 　介護老人福祉施設 　介護老人保健施設 　介護療養型医療施設
市町村が指定・監督を行うサービス	・介護予防・日常生活支援総合事業 　第1号訪問事業 　第1号通所事業 　第1号生活支援事業 　第1号介護予防支援事業	・介護予防支援 ・地域密着型介護予防サービス 　介護予防認知症対応型通所介護 　介護予防小規模多機能型居宅介護 　介護予防認知症対応型共同生活介護	・地域密着型サービス 　定期巡回・随時対応型訪問介護看護 　夜間対応型訪問介護 　地域密着型通所介護 　認知症対応型通所介護 　小規模多機能型居宅介護 　認知症対応型共同生活介護 　地域密着型特定施設入居者生活介護 　地域密着型介護老人福祉施設入所者生活介護 　看護小規模多機能型居宅介護
その他	−	・住宅改修	・住宅改修

注：「地域の自主性及び自立性を高めるため改革の推進を図るための関係法律の整備に関する法律」の一部施行に伴い，都道府県が指定・監督を行うサービスについて，指定都市・中核市に権限移譲されている。
出典：厚生労働省（2017）『平成29年版厚生労働白書』。

費用のうち家計における平均的な食費の額と日常生活費を負担することになる（図表12−11）。

　ただし，利用者負担が高額なものとならないよう，高額介護（介護予防）サービス費という制度があり，利用者負担に上限が設けられている。月々の介護サービス費の1～3割の負担額が世帯合計で上限額を超えた場合，その分が払い戻される（図表12−12）。

図表12－11　利用者負担の仕組み

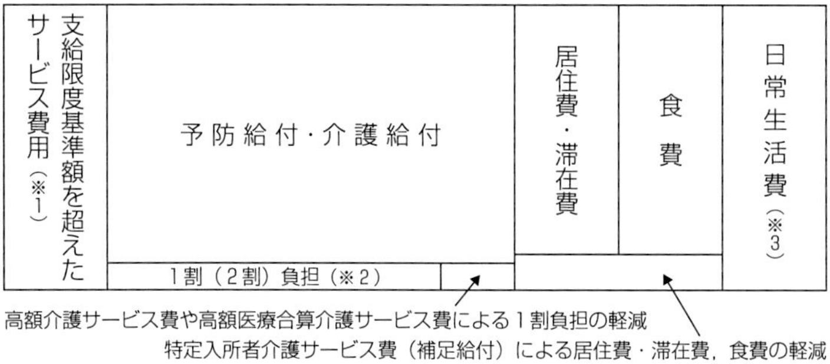

サービス費用（※1）の支給限度基準額を超えた	予防給付・介護給付	居住費・滞在費	食費	日常生活費（※3）
	1割（2割）負担（※2）			

高額介護サービス費や高額医療合算介護サービス費による1割負担の軽減
特定入所者介護サービス費（補足給付）による居住費・滞在費，食費の軽減

※1　在宅サービスについては，要介護度に応じた支給限度基準額（保険対象費用の上限）が設定されている。
※2　居宅介護支援は全額が保険給付される。2015年8月以降，一定以上の所得者については2割負担となる。
※3　日常生活費とは，サービスの一環で提供される日常生活上の便宜のうち，日常生活で通常必要となる費用（例：理美容代，教養娯楽費用，預かり金の管理費用など）。
出典：厚生労働省老健局（2015）『公的介護保険制度の現状と今後の役割』。
（http://www.mhlw.go.jp/stf/seisakunitsuite/bunya/hukushi_kaigo/kaigo_kourei
sha/gaiyo/index.html）。

図表12－12　高額介護サービス費の限度額

所得段階	所得区分	上限額
第1段階	① 生活保護の被保護者 ② 15,000円への減額により生活保護の被保護者とならない場合 ③ 市町村民税世帯非課税の老齢福祉年金受給者	① 個人15,000円 ② 世帯15,000円 ③ 世帯24,600円 　 個人15,000円
第2段階	○ 市町村民税世帯非課税で［公的年金等収入金額＋合計所得金額］が80万円以下である場合	世帯24,600円 個人15,000円
第3段階	○ 市町村民税世帯非課税 ○ 24,600円への減額により生活保護の被保護者とならない場合	世帯24,600円
第4段階	○ 第1～3段階及び第5段階に該当しない者	世帯37,200円
第5段階	○ 世帯内の被保険者の課税所得が145万円以上であり，かつ，世帯内の第1号被保険者の収入が合計520万円（第1号被保険者が1人のみの場合は383万円）以上である場合	世帯44,400円

出典：厚生労働省老健局（2015）『公的介護保険制度の現状と今後の役割』。
（http://www.mhlw.go.jp/stf/seisakunitsuite/bunya/hukushi_kaigo/kaigo_kourei
sha/gaiyo/index.html）。

（3）報酬改定と保険料負担

① 介護報酬の見直し

　介護保険制度では，3年おきに介護報酬が見直される。これまで，2003年，2006年，2009年，2012年，2015年，2018年と改定されてきた。2015年度の介護報酬の見直し内容は，介護従事者の離職率が高く，人材確保が困難であるという現実を考慮し，介護従事者の処遇改善分として1.65％プラス，良好なサービス（中重度の要介護者，認知症高齢者へのサービス）を提供する事業所への加算措置等として0.56％のプラスとしたものの，介護施設の収支状況などを反映してほぼすべてのサービスの基本報酬は引き下げられ，全体として2.27％のマイナス改定となった。

② 介護保険料の見直し

　要介護認定を受けた者は2016年4月末で約622万人となっており，2000年の制度スタート時と比較して，およそ3倍に増加した。なかでも要支援と要介護1が増加傾向にある（図表12－13参照）。

　介護保険の財政は3年に一度見直されることになっており，保険料も要介護認定者や利用者の増加を背景に，大幅に上昇している。2015年4月から第6期に入ったが，第1号被保険者の保険料は全国平均で月額5,514円となっており，第1期の2,911円からおよそ2倍に増加した。また都道府県ごとの保険料額にも差があり，平均額がもっとも高いのは沖縄県の6,267円，もっとも低いのは埼玉県の4,835円であった。

（4）認知症高齢者の増加と新しい介護保険へ

① 認知症高齢者の増加

　今後，介護保険を取り巻く状況の変化は，量の問題と質の問題に分けることができる。量の問題としては，人口高齢化に伴う高齢者数および要介護者数の増加である。特に，団塊の世代が65歳以上になり，そして後期高齢者である75歳以上になる2015年から2025年の間に，介護保険の費用は急増することが見込まれている（図表12－14参照）。

　介護の質の変化としては，加齢とともに認知症の疾患をもつ高齢者の増加で

ある（図表12-15参照）。現時点で，「何らかの介護・支援を必要とする認知症がある高齢者」は，所在にかかわらず，要介護（要支援）認定者の相当割合を占める。将来は要介護者の7割が認知症をもつとされる。介護・支援を要する認知症高齢者の今後の大幅な増加を見越した場合，介護保険サービスを含む地域の高齢者介護全体を，介護予防から終末期に至る全ステージで，認知症高齢者に重点をおいた仕様に転換していくことが，介護保険の新しい課題となっている。

厚生労働省は，2012年に「認知症施策推進5か年計画（オレンジプラン）」（2013年度～2017年度までの計画）を策定し，標準的な認知症ケアパス，早期診断・早期対応，地域での生活を支える医療サービスの構築，若年性認知症施策

図表12－13　要介護（要支援）認定者数の推移

各年4月末時点

	2000年	2001年	2002年	2003年	2004年	2005年	2006年	2007年	2008年
要支援1	290,923	319,595	398,322	504,835	601,258	673,542	58,678	527,027	551,720
要支援2	−	−	−	−	−	−	45,414	521,549	629,071
経過的要介護	−	−	−	−	−	−	654,952	39,557	1,460
要介護1	551,134	709,493	890,772	1,070,191	1,252,269	1,332,078	1,386,738	876,240	769,388
要介護2	393,891	489,560	571,012	640,574	594,806	614,040	651,370	755,749	806,110
要介護3	316,515	357,797	393,646	430,709	492,195	527,329	560,602	652,255	711,337
要介護4	338,901	365,352	393,783	423,846	478,585	496,616	524,989	547,175	578,873
要介護5	290,457	340,662	381,472	414,169	455,021	464,550	465,350	488,753	500,255
合計	2,181,621	2,582,459	3,029,007	3,484,324	3,384,154	4,108,155	4,348,093	4,408,305	4,548,214

	2009年	2010年	2011年	2012年	2013年	2014年	2015年	2016年
要支援1	574,997	603,560	662,247	692,126	772,816	824,654	873,999	887,841
要支援2	661,881	653,899	668,629	712,425	770,816	805,585	839,110	858,355
経過的要介護	0	−	−	−	−	−	−	−
要介護1	788,133	852,325	909,673	970,466	1,051,891	1,114,774	1,175,743	1,223,871
要介護2	822,691	854,158	900,892	952,406	992,717	1,029,165	1,062,102	1,083,300
要介護3	737,951	712,847	699,783	724,287	746,722	769,081	792,848	812,742
要介護4	589,512	629,757	641,176	669,754	696,060	711,038	729,956	746,855
要介護5	514,758	583,671	593,228	606,926	612,113	604,770	603,677	602,442
合計	4,689,923	4,870,217	5,075,610	5,330,396	5,643,155	5,859,067	6,077,435	6,215,406

資料：厚生労働省老健局「介護保険事業状況報告」。
注：介護保険法改正時（2006年4月1日施行）に要支援認定を受けていた者は，その認定時期の満了まで「経過的要介護」となっている。
出典：厚生労働省（2017）『平成29年版厚生労働白書』。

図表12－14　介護保険給付の将来推計

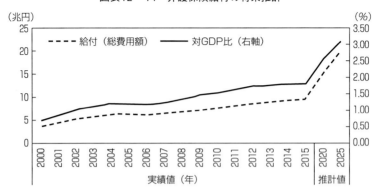

資料：介護給付額は，2000年度は厚生労働省老健局（2015）「介護保険制度の現状と今後の役割」，2001年度から2015年度は厚生労働省（2017）『平成27年度介護給付費等実態調査』，2020年度および2025年度は厚生労働省（2012）「社会保障に関わる費用の将来推計の改定について」より。
GDPは，2000年度から2015年度は内閣府（2017）『平成27年度国民経済計算年報』，2020年度および2025年度は内閣府（2018）「中長期の経済財政に関する試算」のベースラインケースより。
出典：上記資料より筆者作成。

の強化など7つの取り組みにかかる具体的な数値目標を定めた。

また2013年には，オレンジプランに引き継ぎ，「認知症施策推進総合戦略（新オレンジプラン）」を策定した。新オレンジプランは，認知症の人の意思が尊重され，できる限り住み慣れた地域の良い環境で自分らしく暮らし続けることができる社会の実現をめざし，認知症への理解を深めるための普及・啓発の推進，若年性認知症施策の強化，認知症の人の介護者への支援など7つの柱で構成されている。

② 新しい介護形態と介護予防

従来の介護3施設は，特別養護老人ホームは日常生活での自立した生活支援をする機能，老人保健施設は在宅生活へ復帰するためのリハビリ，介護療養型医療施設（介護医療院）は長期にわたる療養の必要性が高い重度の要介護に対するケアといったように，介護保険導入後もその特性を生かした役割分担を行っ

図表12－15　認知症高齢者の将来推計

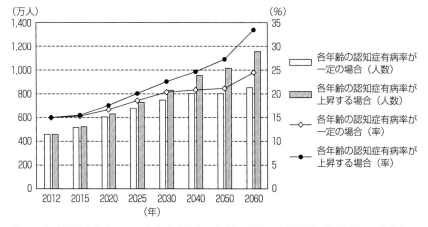

注１：久山町研究からモデルを作成すると，年齢，性別，生活習慣（糖尿病）の有病率が認知症の有病率に影響することがわかった。本推計では2060年までに糖尿病有病率が20％増加すると仮定した。
注２：長期の縦断的な認知症の有病率調査を行っている福岡県久山町研究データに基づいた，各年齢層の認知症有病率が，2012年以降一定と仮定した場合と，各年齢層の認知症有病率が，2012年以降も糖尿病有病率の増加により上昇すると仮定した場合である。
資料：「日本における認知症の高齢者人口の将来推計に関する研究」（平成26年度厚生労働科学研究費補助金特別研究事業　九州大学二宮教授）。
出典：内閣府（2017）『平成29年高齢社会白書』。

ている。

　この一方で，集団処遇の問題点も多く明らかになり，個別ケアを行うための小規模，多機能，地域密着の介護サービスも注目されており，特に認知症対応型共同生活介護，いわゆる認知症高齢者グループホームは急激に増えている。

　きめ細かいケアと本人の残存能力を活かす小集団ケアの有効性が確認されるにつれて，特別養護老人ホームなどでも，要介護の高齢者を少人数に分けて，ユニットケアを取り入れた小規模生活単位特別養護老人ホームの採用が増加し，厚生労働省もこれに対する整備費の補助を行っている。

　また，在宅サービスと施設サービスの利用者の負担の均衡を図るために，施設入居者のホテルコストの負担を求めるようになっている。

さらに介護保険を機能させるためには，介護予防・生活支援事業も重要になっている。2005年の介護保険法の改正で，地域包括ケアの考えが導入され，地域包括支援センターが各市町村に設置された。センターには保健師，主任ケアマネジャー，社会福祉士が置かれ，地域住民の保健・福祉・医療の向上，虐待防止，介護予防マネジメントなどを総合的に行うことになった。

　2012年の社会保障・税一体改革では，住み慣れた地域，在宅での介護を推進するために，医療と介護の連携が地域包括ケアシステムとして強化されることになった。

　また2015年改正では，介護予防・日常生活支援総合事業が導入され，市町村が中心となって，地域の実情に応じた多様な主体が参画し，多様なサービスを充実させることで，介護予防を含めた事業を実施することとなった。

第3節　介護サービス市場と産業

（1）介護保険のインパクト

　介護保険のインパクトは，財源の中心が保険料になることだけではなく，これまで措置制度のなかでサービスを割り当てられていた利用者が，介護サービスの「消費者」となり，介護サービス市場が生まれた点である。公的介護保険の導入により，保険者から介護リスクが現実化したと認定されれば，被保険者はサービス供給者を選択できるようになる。これは，従来の措置制度において，供給者によって需要が制約され，サービスが割り当てられていたシステムからの大転換である。

（2）産業としての介護サービス

　介護サービスの市場化で期待された介護サービスを供給する事業所数は，介護保険制度の成立以降，増加している。居宅介護サービスのうち訪問系や，特定施設入所者生活介護などにおいては，開設（経営）主体別に見ると営利法人（会社）が占める割合が高くなっている（図表12-16）。

　このように介護サービス市場には，民間企業が多く参入した。しかし，制度

図表12－16　開設（経営）主体別事業所数の構成割合

(単位：％)　　　　　　　　　　　　　　　　　　　　　　　　　　　平成28年10月1日現在

	総数	地方公共団体	日本赤十字社・社会保険関係団体・独立行政法人	社会福祉法人1)	医療法人	社団・財団法人	協同組合	営利法人（会社）	特定非営利活動法人（NPO）	その他
居宅サービス事業所										
（訪問系）										
訪問介護	100.0	0.3	…	18.7	6.2	1.3	2.3	65.5	5.2	0.4
訪問入浴介護	100.0	0.2	…	37.3	2.1	0.7	0.6	58.7	0.5	－
訪問看護ステーション	100.0	2.2	2.1	7.0	28.4	8.9	2.1	47.2	1.7	0.4
（通所系）										
通所介護	100.0	0.7	…	39.7	8.4	0.5	1.6	47.3	1.7	0.1
通所リハビリテーション	100.0	2.8	1.3	8.7	77.0	2.7	…	0.1	…	7.5
介護老人保健施設	100.0	3.6	2.0	16.5	74.0	2.9		－		0.9
医療施設	100.0	2.0	0.7	1.4	79.7	2.5	…	0.1	…	13.5
（その他）										
短期入所生活介護	100.0	1.9	…	83.0	3.6	0.1	0.4	10.4	0.4	0.2
短期入所療養介護	100.0	3.9	1.6	12.0	77.4	2.8		－		2.3
介護老人保健施設	100.0	3.6	1.9	15.6	75.0	2.9				1.0
医療施設	100.0	4.7	0.9	0.5	84.9	2.3	…			6.6
特定施設入居者生活介護	100.0	0.8	…	23.7	5.9	0.6	0.3	67.7	0.4	0.6
福祉用具貸与	100.0	0.0	…	2.3	1.2	0.7	1.7	93.3	0.7	0.4
特定福祉用具販売	100.0	－	…	1.7	0.9	0.3	1.7	94.4	0.7	0.3
地域密着型サービス事業所										
定期巡回・随時対応型訪問介護看護	100.0	－	…	31.6	17.3	1.8	2.4	45.2	1.3	0.5
夜間対応型訪問介護	100.0	0.5	…	36.3	8.2	2.2	0.5	50.5	1.6	－
地域密着型通所介護	100.0	0.3	…	11.5	3.8	0.9	1.1	75.6	6.3	0.5
認知症対応型通所介護	100.0	0.4	…	44.2	12.1	0.9	1.4	35.0	5.7	0.2
小規模多機能型居宅介護	100.0	0.1	…	31.7	12.9	0.8	2.0	46.2	6.0	0.3
認知症対応型共同生活介護	100.0	0.1	…	24.4	16.8	0.4	0.6	53.2	4.4	0.2
地域密着型特定施設入居者生活介護	100.0	－	…	32.9	15.9	0.7	0.7	47.4	2.1	0.3
複合型サービス（看護小規模多機能型居宅介護）	100.0	－	…	20.0	20.7	4.4	2.2	49.1	3.6	－
地域密着型介護老人福祉施設	100.0	4.5	－	95.5	・	・	・	・	・	・
介護予防支援事業所（地域包括支援センター）	100.0	25.6	…	54.1	13.5	3.5	1.0	1.4	0.6	0.2
居宅介護支援事業所	100.0	0.8	…	25.2	16.0	2.4	2.3	49.5	3.2	0.6

注：訪問看護ステーション，通所リハビリテーション，短期入所療養介護および地域密着型介護老人福祉施設については，開設主体であり，それ以外は，経営主体である。
1）「社会福祉法人」には社会福祉協議会を含む。
出典：厚生労働省（2017）『平成28年介護サービス施設事業所調査』。

創設当時は，民間企業にとって，社会福祉法人・社会福祉協議会との競争は大きな問題であった。介護サービスがスタートしたばかりのころは，多くの高齢者は「信頼できる」非営利の社会福祉法人などを選択し，営利企業にとっての在宅介護サービスの参入コストは高かった。これは経済学で指摘されている「契約の失敗」という現象が現れているともいえる。「契約の失敗」とは，供給者（営利企業）と需要者（介護利用者）のあいだに，サービスの品質について情報のギャップがある場合，需要者は供給者（営利企業）の品質低下による利潤増大行動を疑い，需要を縮小させることになる。こうした供給者への信頼の低下が，需要量を縮小させる。実際に，国民生活センターが2000年11月に公表した「介護契約にかかわる相談の実態」によると，営利企業が多い有料老人ホームや訪問介護におけるトラブルが全体の半分近くを占め，その内容も質，費用に関する不満が多いことが報告されていた。

第4節　住宅政策

　住宅政策が社会政策の柱となっているヨーロッパ諸国と異なり，日本では社会政策としての住宅保障政策は不十分である。本節では，高齢者在宅ケアとの関わりで住宅政策を扱うが，本来，独立した社会保障の項目として扱うべき問題である。

（1）日本の住宅政策
　日本の住宅政策は，金融公庫法，公営住宅法，日本住宅公団法の3法成立により，持ち家促進政策が中心となった。この背景には，日本型雇用慣行があり，長期雇用，年功給・生活給により，持ち家取得が可能な条件も整っていた。さらに持ち家でない世帯に対しては，企業内福祉により給与住宅が提供された。欧米と異なり日本は，生活の基礎としての居住，最低居住水準という点に関心が低い。むしろ住宅は私的財であり，資産としての側面が強く，従来は社会保障制度の対象としてはみられてこなかった。
　この背景には，土地は有利な資産であるという不動産神話，大企業などの企

業内福祉の一環として給与住宅が充実していたこと，住宅建築が景気対策として用いられたことなどがある。社会政策としての住宅政策の欠如は，都市の乱開発，1980年代後半の都市部の地価高騰，狭小住宅，家計にとって重い住宅ローンの負担，公共住宅の不足をもたらした。

1990年代半から非正規雇用者の増加により，持ち家が困難な世帯が増えた。特に2007年のリーマンショックにより失職した派遣労働者が日比谷公園に集まった，いわゆる派遣村問題で住宅政策の欠如が明らかになった。

（2）高齢者のための住宅政策
① 介護と住宅政策の連携

社会政策としての住宅政策の不在は，社会保障体系に大きな影響を与えた。生活保護制度では，最低限度の居住保障として住宅扶助があるものの，基礎年金の水準や施設介護をめぐる住居費をどのように考えるか難しい問題も多い。

今日，介護政策と高齢者住宅政策の連携が注目されている。有料老人ホームやケアハウスは，特定施設入所者生活介護の指定を受けると介護保険の給付対象となり，さらに認知症高齢者グループホームも，認知症対応型共同生活介護の指定を受けると居宅介護サービスとなる。このように「福祉施設の在宅化」という形で，高齢者住宅と老人ホームの境界も曖昧になっている。

また住宅改修により介護費用が削減でき，要介護高齢者を在宅でケアするため，施設中心から在宅中心を進める鍵として高齢者向けの住宅政策が重要になる。

② 高齢者居住法（高齢者の居住の安全を確保する法律）の成立

高齢者障害者向けの良質な住宅の供給は不足している。このため，2001年に高齢者居住法が成立した。2011年には法改正が行われ，バリアフリー構造等を有し，介護・医療と連携して高齢者を支援するサービスを提供する「サービス付き高齢者向け住宅」の登録制度が創設された。高齢者向けの住まいとしては，サービス付き高齢者住宅，有料老人ホーム，養護老人ホーム，軽費老人ホーム，認知症高齢者グループホームがある（図表12－17参照）。

③ 新たな住宅セーフティーネット

2007年,「住宅確保要配慮者に対する賃貸住宅の供給の促進に関する法律(住宅セーフティーネット法)」が施行された。背景には,高齢者等で保証人がい

図表12-17 高齢者向け住まいの概要

	①サービス付き高齢者向け住宅	②有料老人ホーム	③療養老人ホーム	④軽費老人ホーム	⑤認知症高齢者グループホーム
根拠法	高齢者住まい法第5条	老人福祉法第29条	老人福祉法第20条の4	社会福祉法第65条 老人福祉法第20条の6	老人福祉法第5条の2第6項
基本的性格	高齢者のための住居	高齢者のための住居	環境的,経済的に困窮した高齢者の入所施設	低所得高齢者のための住居	認知症高齢者のための共同生活住居
定義	高齢者向けの賃貸住宅又は有料老人ホーム,高齢者を入居させ,状況把握サービス,生活相談サービス等の福祉サービスを提供する住宅	老人を入居させ,入浴,排せつ若しくは食事の介護,食事の提供,洗濯,掃除等の家事,健康管理をする事業を行う施設	入所者を養護し,その者が自立した生活を営み,社会的活動に参加するために必要な指導及び訓練その他の援助を行うことを目的とした施設	無料又は低額な料金で,老人を入所させ,食事の提供その他日常生活上必要な便宜を供与することを目的とする施設	入居者について,その共同生活を営むべき住居において,入浴,排せつ,食事,介護その他の日常生活上の世話及び機能訓練を行うもの
介護保険法上の類型	なし ※外部サービスを活用	特定施設入居者生活保護			認知症対応型共同生活介護
主な設置主体	限定なし(営利法人中心)	限定なし(営利法人中心)	地方公共団体 社会福祉法人	地方公共団体 社会福祉法人 知事許可を受けた法人	限定なし(営利法人中心)
対象者	次のいずれかに該当する単身・夫婦世帯 ・60歳以上の者 ・要介護/要支援認定を受けている60歳未満の者	老 人 ※老人福祉法上,老人に関する定義がないため,解釈においては社会通年による	65歳以上の者であって,環境上及び経済的理由により居宅において養護を受けることが困難な者	身体機能の低下等により自立した生活を営むことについて不安であると認められる者であって,家族による援助を受けることが困難な60歳以上の者	要介護者/要支援者であって認知症である者(その者の認知症の原因となる疾患が緊急性の状態にある者を除く。)
1人当たりの面積	25㎡ など	13㎡ (参考値)	10.65㎡	21.6㎡(単身) 31.9㎡(夫婦) など	7.43㎡
件数※	6,124棟 (H28.4)	10,627件 (H27.7)	952件 (H26.10)	2,250件 (H26.10)	12,985件 (H28.3)
		特定施設入居者生活介護の指定を受けている施設:4,727件 (H26.10)			
定員数※	199,860棟 (H28.4)	422,612人 (H27.7)	64,443人 (H25.10)	93,479人 (H26.10)	190,500人 (H28.3)
		特定施設入居者生活介護(予防を含む)を受けている利用者数:199千人 (H26.10)			
補助制度等	整備費への助成	なし	なし	定員29人以下:整備費等への助成	

※① → サービス付き高齢者向け住宅情報提供システム調べ,② → 厚生労働省老健局調べ,③・④ → 自治体調べ,⑤,特定施設 → 介護給付費実態調査(「定員数」の値については利用者数)

出典:第2回福祉・住宅行政の連携強化のための連絡協議会「資料3 住宅確保要配慮者等に対する居住支援施策(見取り図)(案)」(http://www.mhlw.go.jp/stf/shingi2/0000153345.html)

ない場合に，賃貸住宅の契約が結べないケースや，民間賃貸住宅の大家のなかには入居への拒否感をもつケースなどがあり，特に低所得である場合に住宅の確保が困難であった。一方で，地方自治体に公共住宅の供給を増やせる余力はなく，今後，住宅確保要配慮者が増えると見込まれていた。

　住宅確保要配慮者とは，高齢者だけではなく，低所得者（生活保護受給者を含む），障害者，子育て世帯（ひとり親・多子世帯），DV被害者，児童養護施設退所者，被災者などが想定されている。

　住宅セーフティーネット法では，国等が民間賃貸住宅への円滑な入居を促進することとされた。また居住支援協議会について定めており，地方自治体，宅地建物取引業者，居住支援団体等と連携して，住宅・サービス等の総合的な支援をするための協議会を組織できるとされた。

　2017年10月には改正法が施行された。新たな住宅セーフティーネット法の主な内容は，（ア）住宅確保要配慮者向けの賃貸住宅の登録制度，（イ）登録住宅の改修や入居者への経済的支援，（ウ）住宅確保要配慮者の居住支援である。入居者への経済的支援として，月額2万円の家賃補助，1戸当たり3万円の家賃保証料低廉化が導入された。

第13章
子ども・子育て支援関連の社会保障制度

　子ども・子育て支援関連の社会保障制度には，現物給付として，①就学前教育・保育サービスの提供，②劣悪な環境にある子どもの救済・保護，健全育成を目的とした児童養護施設や児童相談所などの児童向けのセーフティネット[1]，現金給付として，③子育て費用の軽減を目的とする児童手当，児童扶養手当，④経済的な困窮度が高い母子父子・寡婦家庭に対しては，生活支援の相

---

1) 児童本人または家庭が問題を抱えている場合や，保護者がいない・在宅での支援によって保護者による適切な監護が期待しえない場合には，児童福祉施設等の入所措置が行われている。近年は，児童虐待の増加や家庭状況の複雑化によって，児童養護施設の入所理由もかつての両親の死亡から，虐待，放任，怠惰，父母の精神障害など多様化し，対応がいっそう難しくなっている。児童養護施設は，児童福祉法に定められた児童福祉施設で，予期できない災害や事故，親の離婚や病気，また不適切な養育を受けているなどの事情により，家族による養育が困難な2歳から18歳の子どもたちが生活している。児童虐待防止法が2000年11月から施行され，(1) 身体的な暴行，(2) わいせつな行為，(3) 食事を与えない，長時間の放置（ネグレクト），(4) 心理的に傷つける言動などの虐待がある場合，児童相談所職員は，児童の自宅などを立ち入り調査し，警察官の援助を求められる。学校や医療機関の職員らには児童相談所への通告義務がある。子どもへの虐待，長時間の放置が増加しているなか，児童相談所の積極的な役割が期待されている。

談や自立支援のために母子父子寡婦福祉資金の貸付などの支援が行われている。また、⑤出産・子育てによる離職を防ぐ育児休業制度などの労働政策もある。本章では、①と③を中心に制度の仕組みと問題点について見ていく。

第1節　児童福祉の歴史

児童1人ひとりを人格主体として、その権利を認めた福祉制度の形成がみられるのは、20世紀に入ってからのことである。1989年に、「児童の権利に関する条約」が国連で批准され、1994年にはわが国でも批准された。今日ではすべての子どもたちに良好な育成環境を保障するのは社会の責務である。

（1）戦前の児童福祉

明治期の児童養護は、貧困問題が中心であった。1874年の恤救規則（じゅっきゅうきそく）では、13歳以下の孤児を養育するものに対し、年間米7斗が支給されていた。その後は、公的救済の不備を補う形で、民間の篤志家による慈善的・博愛的な児童養護事業が行われるにすぎなかった。

貧困ゆえの児童の長時間労働（児童労働問題）、子女の身売り、栄養失調などの児童養護問題があとをたたなかった。1911年の工場法の成立によって、はじめて12歳未満の児童の使用禁止、15歳未満の者の12時間労働および深夜労働（午後10時から午前4時）の禁止が規定された。1922年には、貧困ゆえの非行や犯罪をとりしまるための少年法および矯正院法が成立した。

1929年には、救護法の成立により、13歳以下の貧困者の救済がなされ、1933年には、児童虐待防止法とそれまでの感化法を含めた少年救護法、1937年には母子保護法が成立した。しかし、こうした一連の児童福祉は、富国強兵政策に基づく人口政策、教育との関連が強かった。

（2）戦後の児童福祉

戦後の混乱期、戦災で親や家をなくした孤児や浮浪児が急増した。浮浪児の発見と収容施設での保護が緊急の課題になり、終戦直後の1946年に児童福祉

施策を所管する児童局が厚生省に新たに設置され，戦災孤児等の緊急援護が実施された。また，1947年には児童福祉施策の基本法である児童福祉法が制定された。ここで，児童福祉法はそれまでの保護を要する児童のみを対象とした内容から，次世代を担う子どもたちの健全育成を保障するという考え方に転換した。さらに1951年には，児童の基本的人権を尊重し，その幸福を図るための大人が守るべき事項を規定した児童憲章が制定された。

1950年代からの高度経済成長の下，児童をとりまく生活環境は大きな変化を遂げた。工業化の進行は，都市への人口集中をもたらし，伝統的な地域・血縁関係は希薄になった。核家族化の進行，共働き世帯の増加で，家庭の養育機能の弱体化が指摘されるようになった。この時期から，一般児童の健全育成の重要性が注目され，保育ニーズへの対応や児童と家庭を一体として把握する方向が打ち出された。さらに，女性の社会進出が進むなか，第2次ベビーブーム（1973〜75年）の到来を背景に，保育所の大幅な整備が進められた。1972年には，子育てに関する家計の経済的負担を軽減するために，児童手当制度が創設され，経済面での生活の安定と健全な育成が図られた。

オイルショック以降，出生率は低下し，合計特殊出生率が2を切るようになる。特に，1989年に合計特殊出生率が1966年の丙午（ひのえうま）の1.58を下回る1.57となると，少子化の深刻さを社会が再認識するようになった（1.57ショック）。少子化の急速な進行を背景に，子どもを産み育てやすい環境整備が児童福祉の重要な政策目標となっている。

子どもへの社会保障のあり方についても質的な変化があった。1994年には，国連の児童の権利に関する条約[2]の締約国になった。これにより，児童を独立した人格として尊重し，子どもの最善の利益をもって守ることが明確になった。

(3) 子育て支援の拡充期

図表13－1は，子ども・子育て支援政策の流れである。厚生省は，1994年

---

2)「児童の最善の利益」の尊重を基本理念として掲げ，意見表明権，表現の自由などの市民的自由権，児童の養育および発達についての父母の第一義的責任と国による援助，虐待・放置・搾取からの保護，社会保障への権利，教育についての権利等を定めている。

第13章 子ども・子育て支援関連の社会保障制度　279

図表13－1　子育て支援に関するこれまでの取組み

年	法律	閣議決定	少子化社会対策会議決定	上記以外の決定等
1990（平成2年）	〈1.57ショック〉			
1994（平成6年）12月				4大臣（文・厚・労・建）合意　エンゼルプラン＋3大臣（大・厚・自）合意　緊急保育対策等5か年事業（1995（平成7）年度～1999年度）
1999（平成11年）12月				少子化対策推進関係閣僚会議決定　少子化対策推進基本方針
1999（平成11年）12月				6大臣（大・文・厚・労・建・自）合意　新エンゼルプラン（2000（平成12）年度～04年度）
2001（平成13年）7月		2001.7.6 閣議決定　仕事と子育ての両立支援等の方針（待機児童ゼロ作戦等）		
2002（平成14年）9月				厚生労働省まとめ　少子化対策プラスワン
2003（平成15年）7月	2003.9.1 施行　少子化社会対策基本法			2003.7.16から段階施行　次世代育成支援対策推進法
2003　　　　　9月				
2004（平成16年）6月		2004.6.4 閣議決定　少子化社会対策大綱		
2004（平成16年）12月			2004.12.24 少子化社会対策会議決定　子ども・子育て応援プラン（2005年度～09（平成21）年度）	
2005（平成17年）4月				地方公共団体、企業等における行動計画の策定・実施
2006（平成18年）6月			2006.6.20 少子化社会対策会議決定　新しい少子化対策について	
2007（平成19年）12月			2007.12.27 少子化社会対策会議決定　「子どもと家族を応援する日本」重点戦略	仕事と生活の調和（ワーク・ライフ・バランス）憲章　仕事と生活の調和推進のための行動指針
2008（平成20年）2月			「新待機児童ゼロ作戦」について	
2010（平成22年）1月		2010.1.29 閣議決定　子ども・子育てビジョン	2010.1.29 少子化社会対策会議決定　子ども・子育て新システム検討会議	
2010（平成22年）11月		待機児童解消「先取り」プロジェクト		
2012（平成24年）3月			2012.3.2 少子化社会対策会議決定　子ども・子育て新システムの基本制度について	
2012（平成24年）8月	2012.3.30 閣議決定　子ども・子育て新システム関連3法案を国会に提出　2012.8.10 法案修正等を経て子ども・子育て関連3法が可決・成立（2012.8.22から段階施行）　子ども・子育て支援法等子ども・子育て関連3法			
2013（平成25年）4月		待機児童解消加速化プラン		
2013（平成25年）6月			2013.6.7 少子化社会対策会議決定　少子化危機突破のための緊急対策	
2014（平成26年）7月		放課後子供総合プラン		
2014（平成26年）11月				2014.11.28（一部規定は同年12.2）施行　まち・ひと・しごと創生法
2014（平成26年）12月				2014.12.27 閣議決定　長期ビジョン・総合戦略
2015（平成27年）3月		2015.3.20 閣議決定　少子化社会対策大綱		
2015（平成27年）4月			2015.4.1 施行　子ども・子育て支援新制度本格施行	2015.4.1～2025.3.31　次世代育成支援対策推進法延長
2016（平成28年）4月	2016.4.1 施行　子ども・子育て支援法改正			
2016（平成28年）6月		2016.6.2 閣議決定　ニッポン一億総活躍プラン		
2017（平成29年）3月				2017.3.28 働き方改革実現会議決定　働き方改革実行計画

出典：内閣府（2017）「平成29年版少子化社会対策白書」。

　12月に「エンゼルプラン」，「緊急保育対策等5ヵ年事業」に基づき，低年齢児保育や延長保育等を推進した。「エンゼルプラン」では，子育てと仕事の両立を支援するために多様な保育サービスを充実させることや，家庭における子育て支援のための地域子育て支援センターの大幅拡充等が目標にかかげられた。1998年4月には，改正児童福祉法が施行された。最大の変更点は，市町

村にあった保育所の選択権を保護者に移し，保護者が保育所を選択できるようにすることであった。さらに1）すべての保育所で乳児保育を実施できるような職員配置体制の整備，2）保育所の入所定員を超過した受入れを認めるための定員の弾力化，3）分園方式の試行的導入を実施した。ついで，1999年度には，「新エンゼルプラン」を発表し，低年齢の待機児童の完全解消を図るために，低年齢児受入枠の拡大（53.5万人から58.4万人へ）や都市部において設置しやすい「都市型小規模保育所」を100カ所整備するとともに，入所定員についても一層の弾力化を実施することとした。

各地方自治体でも様々な取り組みが行われ，待機児童を多くかかえる横浜市では，認可外の保育施設に補助金を支給することで，保育サービスの水準を引き上げ，待機児童数の解消を図っている。東京都も一定の条件を満たす許可外保育施設を認証保育所として補助をしている。

2004年6月に少子化社会大綱が閣議決定され，企業や地域が少子化問題に計画的に取り組むことが求められるようになった。そこで，2009年までに取り組む少子化対策として，子ども・子育て応援プラン（新新エンゼルプラン）が発表された。その内容は，仕事と家庭の両立支援，働いているか否かにかかわらず，地域全体での子育て支援，子育てしやすい街作りなどである。

2010年1月には，少子化社会対策大綱（子ども・子育てビジョン）が閣議決定された。これを受けて子ども・子育て新システム検討会議が発足し，新たな子育て支援の制度についての検討が始められた。そして2012年3月には，子ども・子育て新システムに関する基本制度が決定され，これに基づき政府は社会保障・税一体改革関連法案として，子ども・子育て支援法等の3法案が国会に提出された。これにより2015年4月から，子ども・子育て支援新制度が施行されている。

第2節　子ども・子育て支援新制度

(1) 制度施行の経緯

従来，日本では，保育所が主に保育サービスを提供していた。保育所は，児

童福祉法に基づく児童福祉施設であり、保育に欠ける児童を日々、保護者の委託を受けて保育することを目的としていた。一方で幼稚園は、学校教育法に基づく教育施設であり、満3歳以上を対象とし、親が希望すれば入園が認められる。幼稚園の預かり時間は4時間が原則で、春休み・夏休みなどもある。

女性の就業率の上昇や就業意欲が高まるにつれ、都市部を中心に保育所不足が深刻となり、待機児童の解消が課題となっていた。一方で、幼稚園は預かり時間が短いこともあってミスマッチが起きており、その有効活用などが議論されていた。

そこで政府は、2015年に子ども・子育て支援新制度（以下、新制度という）を創設して教育・保育を一体化し、また地域での支援事業・サービスを充実させて、総合的な制度をスタートさせた。

(2) 新制度の概要

図表13-2は、新制度の概要である。給付としては、施設型給付、地域型保育給付の2つがあり、またそのほかに地域子ども・子育て支援事業、仕事・子育て両立支援事業が実施されている。

図表13-2　子ども・子育て支援新制度の概要

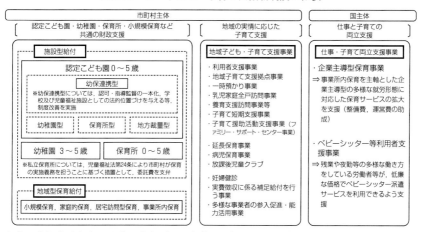

出典：内閣府子ども・子育て本部（2017）『子ども・子育て支援新制度について（平成29年6月）』。

① 施設型給付

施設型給付（給付のための費用）は，施設（＝認定こども園，保育所，幼稚園）を利用する保護者に対する給付ではあるものの，確実に教育・保育の費用に充てることを目的に，保育サービス等を提供する事業者が，市町村から直接受領する仕組みをとっている（法定代理受領）[3]。なお，利用者負担分は利用者が施設に支払う。

② 地域型保育給付

地域型保育給付は，原則として0～2歳児を対象としている。待機児童が多く，施設の新設が困難な都市部における保育サービスの充実，子ども数の減少が続く地域での保育サービスの確保を目的としている。

地域型保育には，小規模保育，家庭的保育，居宅訪問型保育，事業所内保育がある（図表13－3参照）。家庭的保育は一般に「保育ママ」と言われるサービスであり，家庭的保育者は必ずしも保育士の資格を有する必要はない。

図表13－3　地域型保育サービスの種類

事　業	内　容
小規模保育事業	利用定員6人以上19人以下。
A型	保育所分園，ミニ保育所に近い類型。
B型	A型とB型の中間型。
C型	家庭的保育（グループ型小規模保育）に近い類型。
家庭的保育事業	利用定員5人以下で，家庭的保育者として各市町村の認定を受けた者が，保育者の自宅等で保育を行う。
居宅訪問型保育事業	子どもの居宅において保育を行う。
事業所内保育事業	企業が主として従業員の子育て支援として実施するほか，地域の子どもの保育を行う。

出典：内閣府子ども・子育て本部（2017）『子ども・子育て支援新制度について（平成29年6月）』より筆者作成。

---

[3] ただし，児童福祉法第24条において，保育所における保育は市町村が実施することとされていることから，私立保育所における保育の費用については，施設型給付ではなく，従前制度と同様に，市町村が施設に対して，保育に要する費用を委託費として支払っている。また，幼稚園は新制度に移行した幼稚園と移行していない幼稚園があり，移行していない私立幼稚園は従来通りの私学助成等を受けるため，施設型給付の対象となっていない。

③ 地域子ども・子育て支援事業

地域子ども・子育て支援事業は，市町村が地域の実情に応じ，市町村子ども・子育て支援事業計画に従って実施する。現在実施されている事業は，図表13－4の通りである。この事業は，従来，児童育成事業として行われていたサービスを改めたものであり，原則，費用は年金特会の子ども・子育て支援勘定（旧　児童手当勘定）から支出される。

図表13－4　地域子ども・子育て支援事業の一覧

事　　業	内　　容
利用者支援事業	子どもや保護者の身近な場所で，教育・保育施設や地域の子育て支援事業等の利用について情報収集を行うとともに，それらの利用に当たっての相談に応じ，必要な助言を行い，関係機関等との連絡調整等を実施する事業
地域子育て支援拠点事業	家庭や地域における子育て機能の低下や，子育て中の親の孤独感や負担感の増大等に対応するため，地域の子育て中の親子の交流促進や育児相談等を行う事業
妊婦健康診査	妊婦の健康の保持及び増進を図るため，妊婦に対する健康診査として，①健康状態の把握，②検査計測，③保健指導を実施するとともに，妊娠期間中の適時に必要に応じた医学的検査を実施する事業
乳児家庭全戸訪問事業	生後4か月までの乳児のいるすべての家庭を訪問し，子育て支援に関する情報提供や養育環境等の把握を行う事業
養育支援訪問事業	乳児家庭全戸訪問事業などにより把握した，保護者の養育を支援することが特に必要と判断される家庭に対して，保健師・助産師・保育士等が居宅を訪問し，養育に関する相談支援や育児・家事援助などを行う事業
子どもを守る地域ネットワーク機能強化事業	要保護児童対策地域協議会（子どもを守る地域ネットワーク）の機能強化を図るため，調整機関職員やネットワーク構成員（関係機関）の専門性強化と，ネットワーク機関間の連携強化を図る取組を実施する事業
子育て短期支援事業	母子家庭等が安心して子育てしながら働くことができる環境を整備するため，一定の事由により児童の養育が一時的に困難となった場合に，児童を児童養護施設等で預かる短期入所生活援助（ショートステイ）事業，夜間養護等（トワイライトステイ）事業
子育て援助活動支援事業（ファミリー・サポート・センター事業）	乳幼児や小学生等の児童を有する子育て中の労働者や主婦等を会員として，児童の預かり等の援助を受けることを希望する者と当該援助を行うことを希望する者との相互援助活動に関する連絡，調整を行う事業

一時預かり事業	家庭において一時的に保育を受けることが困難になった乳幼児について，保育所，幼稚園その他の場所で一時的に預かり，必要な保護を行う事業
延長保育事業	保育認定を受けた子どもについて，通常の利用日及び利用時間以外の日及び時間において，保育所等で引き続き保育を実施する事業
病児保育事業	病気の児童について，病院・保育所等に付設された専用スペース等において，看護師等が一時的に保育等を行う事業
放課後児童健全育成事業	保護者が労働等により昼間家庭にいない小学校に就学している児童に対し，授業の終了後等に小学校の余裕教室や児童館等において適切な遊び及び生活の場を与えて，その健全な育成を図る事業
実費徴収に係る補足給付を行う事業	保護者の世帯所得の状況等を勘案して，特定教育・保育施設等に対して保護者が支払うべき日用品，文房具その他の教育・保育に必要な物品の購入に要する費用又は行事への参加に要する費用等を助成する事業
多様な主体が本制度に参入することを促進するための事業	新規参入事業者に対する相談・助言等巡回支援や，私学助成（幼稚園特別支援教育経費）や障害児保育事業の対象とならない特別な支援が必要な子どもを認定こども園で受け入れるための職員の加配を促進するための事業

出典：内閣府子ども・子育て本部（2017）『子ども・子育て支援新制度について（平成29年6月）』より筆者作成。

④ 仕事・子育て両立支援事業

仕事・子育て両立支援事業は，従来の子ども・子育て支援に加え，夜間・休日勤務のほか非正規社員などの多様な働き方に対応した仕事と子育ての両立支援が求められたことを背景に，2016年の法改正で創設された。事業の内容は，図表13－5の通りである。

図表13－5　仕事・子育て両立支援事業の一覧

事　業	内　容
企業主導型保育事業	事業所内保育を主軸とした企業主導型の多様な就労形態に対応した保育サービスの拡大を支援。
ベビーシッター利用者支援事業	多様な働き方をしている労働者がベビーシッター派遣サービスを利用した場合に，利用料金を助成する。

出典：内閣府（2016）『平成28年版少子化社会対策白書』より筆者作成。

（3）給付対象と「保育の必要性」の認定

　新制度は，就学前の0～5歳の児童を対象としており，児童の年齢と保育の必要性によって，3つのグループに分けられている。保育の必要性については，図表13－6のように国が参考基準を示しており，保育を必要とする事由に該当するかどうか，該当する場合どれくらい保育が必要かによって，利用できる保育時間が異なる。実際の認定基準は，市町村が定めることになっている。

　この保育の必要性の認定によって，1号（3～5歳で保育を必要としない），2号（3～5歳で保育を必要とする），3号（0～2歳で保育を必要とする）に分類される。1号の場合は，教育標準時間が認定され，幼稚園や認定こども園を利用する。2～3号の場合は，保育所や認定こども園等を利用する（図表13－7参照）。このように新制度では，保育所，幼稚園，認定こども園の利用可否を，1つの認定基準で判断できるようになった。

図表13－6　保育の必要性の認定

保育を必要とする事由	保育の必要量
・就　労 ・妊娠，出産 ・保護者の疾病，障害 ・同居又は長期入院等している親族の介護，看護 ・災害復旧 ・求職活動 ・就　学 ・虐待やDVのおそれがあること ・育児休業取得中に，すでに保育を利用している子どもがいて継続利用が必要であること ・その他，上記に類する状態として市町村が認める場合	①「保育標準時間」認定（最長11時間） ②「保育短時間」認定（最長8時間）

出典：内閣府子ども・子育て本部（2017）『子ども・子育て支援新制度について（平成29年6月）』より筆者作成。

図表13－7　保育の必要性と利用可能な施設

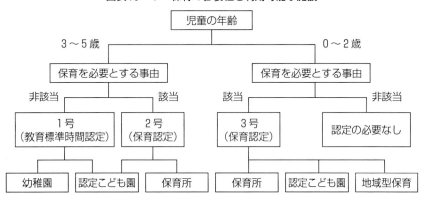

出典：内閣府子ども・子育て本部（2016）『子ども・子育て支援新制度 なるほどBOOK』より筆者作成。

（4）施設の種類

　これまでは，保育に欠ける児童は保育所，教育を受ける児童は幼稚園，と目的によって利用可能な施設が異なっていたが，認定こども園では教育・保育の両方のサービスを提供するため，すべての児童が利用できる。しかし新制度では，既存の施設等を1つの制度にまとめ，また保育所・幼稚園が柔軟に認定こども園にも移行できるようにしたため，施設の種類が増え，設置基準等も複雑化した。

　認定こども園は，幼保連携型，幼稚園型，保育所型，地方裁量型に分類される。幼保連携型は，幼稚園と保育所の両方の機能を併せもつ施設である。幼稚園型は，幼稚園が保育を必要とする子どものための保育時間を確保するなど，保育所的な機能を備えた施設である。保育所型は，認可保育所が保育を必要とする子ども以外の子どもも受け入れるなど，幼稚園的な機能を備える施設である。そして地方裁量型は，認可保育所以外の保育機能施設等が保育を必要とする子ども以外の子どもも受け入れるなど，幼稚園的な機能を備える施設である。

　図表13－8には，類型別に認定こども園の特徴を示している。施設の法的な位置づけ，職員の資格，給食の提供，開園時間等がそれぞれに異なっており，教育と保育の一体化をめざした幼保連携型では，幼稚園教諭の免許と保育士資

図表13－8　認定こども園の特徴

	幼保連携型	幼稚園型	保育所型	地方裁量型
法的性格	学校かつ児童福祉施設	学校（幼稚園＋保育所機能）	児童福祉施設（保育所＋幼稚園機能）	幼稚園機能＋保育所機能
職員の性格	保育教諭（幼稚園教諭＋保育士資格）	満3歳以上 → 両免許・資格の併有が望ましいがいずれかでも可 満3歳未満 → 保育士資格が必要	満3歳以上 → 両免許・資格の併有が望ましいがいずれかでも可 満3歳未満 → 保育士資格が必要 ※ただし、2・3号子どもに対する保育に従事する場合は、保育士資格が必要	満3歳以上 → 両免許・資格の併有が望ましいがいずれかでも可 満3歳未満 → 保育士資格が必要
給食の提供	2・3号子どもに対する食事の提供義務 自園調理が原則・調理室の設置義務 （満3歳以上は、外部搬入可）	2・3号子どもに対する食事の提供義務 自園調理が原則・調理室の設置義務 （満3歳以上は、外部搬入可） ※ただし、基準は参酌基準のため、各都道府県の条例等により、異なる場合がある。	2・3号子どもに対する食事の提供義務 自園調理が原則・調理室の設置義務 （満3歳以上は、外部搬入可）	2・3号子どもに対する食事の提供義務 自園調理が原則・調理室の設置義務 （満3歳以上は、外部搬入可） ※ただし、基準は参酌基準のため、各都道府県の条例等により、異なる場合がある。
開園日・開園時間	11時間開園、土曜日が開園が原則 （弾力運用可）	地域の実情に応じて設定	11時間開園、土曜日が開園が原則 （弾力運用可）	地域の実情に応じて設定

出典：内閣府子ども・子育て本部（2017）『子ども・子育て支援新制度について（平成29年6月）』より筆者作成。

格の両方をもつ保育教諭が職員として配置される。

（5）利用者負担

　給付には一部，利用者負担がある。市町村は児童の扶養義務者（主に父母）から，認定別・保育利用時間に応じて，利用料を徴収する。利用者負担の金額は，国が上限額の基準を示しており，受けたサービスの種類に基づく応益負担の要素と，世帯の収入に基づく応能負担の要素を組み合わせて定められている（図表13－9参照）[4]。

　ただし，実際の利用者負担額は，市町村が独自に定めている。保育サービスの上乗せや利用者負担の軽減によって発生する費用は，各地方自治体が支払う

---

[4] ただし，2～3号の児童のいる世帯については，多子世帯の減額がある。

図表13－9　所得階層別利用者負担額（2017年度）

階層区分	1号	階層区分	2号		3号	
			保育標準時間	保育短時間	保育標準時間	保育短時間
① 生活保護世帯	0円	① 生活保護世帯	0円	0円	0円	0円
② 市町村民税非課税世帯（所得割非課税世帯含む）（～約270万円）	3,000円〔0円〕	② 市町村民税非課税世帯（～約260万円）	6,000円〔0円〕	6,000円〔0円〕	9,000円〔0円〕	9,000円〔0円〕
③ 所得割課税額77,100円以下（～約360万円）	14,100円〔3,000円〕	③ 所得割課税額48,600円未満（～約330万円）	16,500円〔6,000円〕	16,300円〔6,000円〕	19,500円〔9,000円〕	19,300円〔9,000円〕
		④ 所得割課税額57,700円未満（77,101円未満）（～約360万円）	27,000円〔6,000円〕	26,600円〔6,000円〕	30,000円〔9,000円〕	29,600円〔9,000円〕
④ 所得割課税額211,200円以下（～約680万円）	20,500円	⑤ 所得割課税額169,000円未満（～約640万円）	41,500円	40,900円	44,500円	43,900円
⑤ 所得割課税額211,201円以上（約680万円～）	25,700円	⑥ 所得割課税額301,000円未満（～約930万円）	58,000円	57,100円	61,000円	60,100円
		⑦ 所得割課税額397,000円未満（～1,130万円）	77,000円	75,800円	80,000円	78,800円
		⑧ 所得割課税額397,000円以上（1,130万円～）	101,000円	99,400円	104,000円	102,400円

注：〔　〕書きは，ひとり親世帯，在宅障害児（者）のいる世帯，その他の世帯（生活保護法に定める要保護者等，特に困窮していると市町村の長が認めた世帯）の額。
出典：内閣府子ども・子育て本部（2017）『子ども・子育て支援新制度について（平成29年6月）』より筆者作成。

ことになっている。

第3節　待機児童問題と女性の就労継続

（1）待機児童問題

　図表13－10は，2017年時点の保育所・幼稚園・認定こども園の利用状況を示している。利用児童数は約400万人ほどであり，うち6割超が保育を必要と

図表13－10　認定別利用児童数

	認定別 1号	認定別 2号	認定別 3号	合計
保育所	－	2,064,296		2,064,296
幼稚園	1,184,285	－	－	1,184,285
認定こども園（小計）	255,559	270,052	164,170	689,781
幼保連携型	160,310	215,977	135,266	511,553
幼稚園型	87,633	19,914	7,984	115,531
保育所型	6,630	32,407	19,638	58,675
地方裁量型	986	1,754	1,282	4,022
地域型保育	－	－	56,923	56,923
合計	1,439,844	2,555,441		3,995,285

注1：幼稚園には認定を受けていない児童もいるが，すべて1号として記載した。
注2：地域型保育は，原則0〜2歳を対象としているため，3号として記載した。
出典：厚生労働省子ども家庭局保育課（2017）「保育所等関連状況取りまとめ（平成29年4月1日）」，文部科学省（2017）「平成29年度版学校基本調査」，内閣府子ども・子育て本部（2017）「認定こども園に関する状況について（平成29年4月1日現在）」より筆者作成。

する2〜3号である。また利用施設別に見ると，利用児童のうち約半数が保育所を利用しており，認定こども園の割合は20％に満たない。

図表13－11は，保育所等の待機児童数および利用率を示している。政府は，2015年度に新制度を施行する以前より，保育所等の定員を増やすため，様々な取り組みを行っており，保育所等の利用率は2010年から2017年にかけて32.3％から42.4％へと大きく上昇している。しかし，保育所等の利用ニーズには追いついておらず，待機児童は増加傾向にあり，2017年時点でおよそ2万6千人が待機児童となっている。

待機児童の問題は，特に都市部に集中しており，東京都だけで待機児童全体のおよそ3分の1を占めている（図表13－12）。一方，人口減少・過疎地域では保育所の空きが目立ち，保育所経営の安定化が課題になっている。

さらに保育所の受け入れ年齢にミスマッチの問題がある。待機児童は0歳児，1，2歳児などの低年齢児に多い。低年齢児保育が進まないのは，保育コストが高く，自治体側が積極的に受け入れ枠の拡大ができないことが1つある。ま

図表13－11　保育所等の待機児童数および利用率（2010年～2017年）

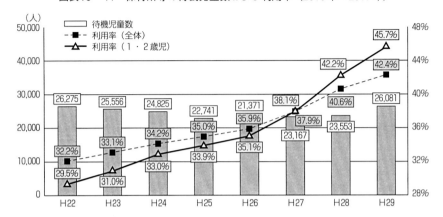

出典：厚生労働省子ども家庭局保育課（2017）「保育所等関連状況取りまとめ（平成29年4月1日）」。

た，保育所側もほふく室などの設備が別途必要になることや，1人の保育士が担当できる子ども数に限りがあるため，保育所の新設は利益に結びつかない。

　少子化が進み，就学前児童数そのものは減少している一方，女性の就業の増加等によって，保育需要は拡大・多様化している。保育所は次世代の子どもたちの育成に欠かせないだけでなく，女性の仕事と育児の両立にも欠かせないものになっている。

（2）女性の就労継続支援

　1990年代半ばから，少子化対策として保育サービスの拡充が行われてきたものの，待機児童の解消には至っておらず，出産によって退職する女性の割合も高い。図表13－13は，第1子～第3子の出生年別に見た女性の就業変化を示している。1990年代前半に第1子を出産した女性では，出産前に就労していた者のうち出産退職したのは6割ほどであり，2010年代前半においても4割超が出産退職している。

　ただし，同期間の出産において，育児休業を利用した場合の就労継続割合は大きく上昇しており，2010年代前半の出産においては，就労継続者のうちお

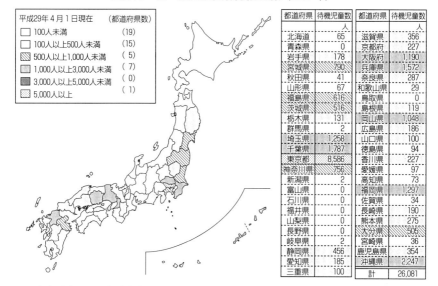

図表13－12　都道府県別待機児童数（2017年）

注：各都道府県には指定都市・中核市を含む。
出典：厚生労働省子ども家庭局保育課（2017）「保育所等関連状況取りまとめ（平成29年4月1日）」。

よそ7割が育児休業を利用している。

　第2子の場合は，1990年代～2010年代の出産において，就労継続の割合は8割前後と横ばいである。妊娠前から無職の割合は1割ほど減っているが，2010年代前半の第2子出産においても過半数以上が妊娠前から無職であり，第1子出産後に無職だった場合，第2子出産までに再就職した割合が低いことがうかがえる。

　このように，日本ではいまだに出産・子育てによって，女性の就労が断絶されている。OECD各国の少子化対策で成功した政策を整理したSleebos（2003）"Low Fertility in OECD Countries: Facts and Policy Responses" によると，1）継続的，2）包括的，3）体系的な政策を行った国は，両立に成功していると確認している。育児をしながらも就労継続できるようにするためには，長期的な視点をもった保育サービスの充実や就業環境の整備が重要である。

図表13－13　出産前後の妻の就業変化

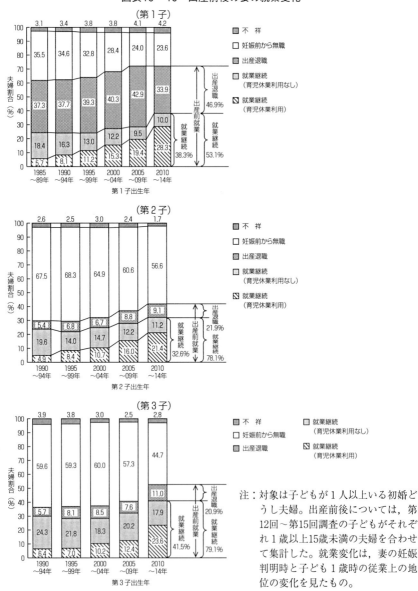

注：対象は子どもが1人以上いる初婚どうし夫婦。出産前後については，第12回～第15回調査の子どもがそれぞれ1歳以上15歳未満の夫婦を合わせて集計した。就業変化は，妻の妊娠判明時と子ども1歳時の従業上の地位の変化を見たもの。

出典：国立社会保障・人口問題研究所（2017）『第15回出生動向基本調査（独身者調査ならびに夫婦調査）報告書』。

第4節　児童手当・児童扶養手当

（1）児童手当

　児童手当は，児童の養育費用の軽減を目的に導入された制度であった。児童手当法は1971年に制定され，創設当初は児童（18歳未満）を3人以上扶養している父母に対し，義務教育終了前の第3子以降を対象としていた。1985年の改正により，第2子以降の義務教育就学前の児童に対し支給されることになり，1991年には支給対象を第1子からとするかわりに，支給期間が3歳までとなったが，金額の引き上げが行われた。

　2006年4月の改正によって，支給期間が第1子以降0歳から小学校修了前に延長され，所得制限が緩和された。2007年4月より，出生順位にかかわらず3歳未満は一律月額1万円，3歳以上小学校修了前については，第2子までは月額5,000円，第3子以降は月額1万円になった。

　2009年9月に発足した民主党政権は，マニフェストに沿って子ども手当制度を導入し，所得制限の廃止，給付対象児童の大幅な拡大，給付額の引き上げを行った。しかし，財源，とりわけ国庫負担や所得制限をめぐる再度の見直しが行われた。

　2012年には再び児童手当となり，所得制限が復活したものの，高所得世帯でも特例給付が支給されている（図表13−14参照）。

（2）児童扶養手当

　児童扶養手当法は，1961年に，父と生計を同じくしていない児童の世帯の生活の安定と自立促進に寄与するという目的のもと制定され，対象は離別した母子世帯であった。1970年代の福祉拡充期においては，児童扶養手当も引き上げられていったが，1980年代の行財政改革の流れで見直しが進められ，所得上限の引き下げなどが行われた。

　2002年8月に制度改正が行われ，受給者の前年の年収130万円未満（2人世帯），130万円以上365万円未満の場合は，所得に応じて10円きざみで支給停

図表13-14　児童手当の概要

制度の目的	○家庭等の生活の安定に寄与する ○次代の社会を担う児童の健やかな成長に資する		
支給対象	○中学校修了までの国内に住所を有する児童 （15歳に到達後の最初の年度末まで）	所得制限 （夫婦と児童2人）	○所得限度額（年収ベース） ・960万円未満
手当月額	○0～3歳未満　一律15,000円 ○3歳～小学校修了まで ・第1子、第2子：10,000円 ・第3子以降　　：15,000円 ○中学生　　　　一律10,000円 ○所得制限以上　一律 5,000円 （当分の間の特例給付）	受給資格者	○監護生計要件を満たす父母等 ○児童が施設に入所している場合は施設の設置者等
		実施主体	○市区町村（法定受託事務） ※公務員は所属庁で実施
		支払期月	○毎年2月、6月及び10月（各前月までの分を支払）
費用負担	○児童手当等の財源については、国、地方（都道府県、市区町村）、事業主拠出金で構成されている。 事業主拠出金の額は、標準報酬月額及び標準賞与額を基準として、拠出金率（2.3／1000）を乗じて得た額。		

		被用者	非被用者	公務員
0歳～3歳未満	特例給付	国 2/3　地方 1/3	国 2/3　地方 1/3	所属庁 10/10
	児童手当	事業主 7/15　国 16/45　地方 8/45	国 2/3　地方 1/3	
3歳～中学校修了前	特例給付	国 2/3　地方 1/3	国 2/3　地方 1/3	所属庁 10/10
	児童手当	国 2/3　地方 1/3	国 2/3　地方 1/3	

財源内訳 (29年度予算)	［給付総額］　2兆1,985億円　　（内訳）国負担分　：1兆2,175億円（1兆2,320億円） 　　　　　　（2兆2,216億円）　　　　　地方負担分　：6,087億円（6,160億円） ※（　）内は28年度予算額　　　　事業主負担分：1,832億円（1,835億円） 　　　　　　　　　　　　　　　　公務員分　　：1,891億円（1,902億円）
その他	○保育料は手当から直接徴収が可能、学校給食費等は本人の同意により手当から納付することが可能 （いずれも市町村が実施するかを判断）

注：子育て支援に係る財政上または税制上の措置等について、扶養控除の廃止による影響を踏まえつつ、その在り方を含め検討を行い、その結果に基づき必要な措置を講ずるものとされている。特例給付の在り方についても、その結果に基づき、必要な措置を講ずるものとされている。

出典：内閣府子ども・子育て本部「児童手当の概要」。
　　　（http://www.cao.go.jp/shoushi/jidouteate/gaiyou.html　最終閲覧日：2018年2月15日）

止されることになった。

　しかし、日本の貧困問題が顕在化し、特にひとり親世帯の貧困率が高いことが明らかとなり、2010年8月から父子世帯にも支給されることになった。また2016年には第2子および第3子以降の加算額が引き上げられた。

　2016年度金額は、児童1人目は月額42,330円（全額支給）、児童2人目の加算は10,000円（全額支給）、3人目以上は1人につき6,000円（全額支給）ずつ加算される。支給対象者は、18歳に達する日以後の最初の3月31日までの児童の母子世帯もしくは父子世帯等である。

第14章
障害者のための社会保障

　障害者福祉は，社会保障制度のもっとも重要な分野の1つである。その内容は，障害者向けの様々な支援・サービス，障害の発生予防，保健・医療サービスの充実，教育，雇用，所得保障，権利養護，バリアフリーの整備などの社会資本整備，住宅保障など多様な分野にまたがっている。

　障害者とは，身体障害，知的障害，精神障害，難病等により，長期間にわたり日常生活，社会生活に制限を受けている者である。障害者のための社会保障制度は，現物給付として訓練，医療，介護，生活援助等があり，現金給付として障害年金，特別児童扶養手当などがある。同様の経済的支援である税制上の優遇措置として，障害者控除がある。就労支援としては，訓練や就労機会の提供以外に，「障害者の雇用の促進に関する法律」があり，事業主，国，地方公共団体等に一定の障害者雇用率を義務づけている。

　一方，高齢化の進展によって障害をもつ高齢者も増加し，障害者のための施策は一部の人のためだけではなく，より普遍的な性格をもつようになっている。

　様々な障害をもつ人が快適な生活をおくれるような制度，社会サービスや社会資本整備は今後，重要な役割をもつ。さらに障害者観も変化し，分離して保護する考え方から，「障害者はニーズを満たすのに困難を要する市民」と捉え，

社会に統合し，社会全体で機能・能力の低下，社会的不利を補い，障害者の自立と社会参加を進める方向に転換している。

第1節　障害者福祉の変遷

　戦前の障害者福祉は，優生学思想に基づき，施設収容，隔離政策に重きを置いた政策であった。優生学思想は戦後においても影響をもち，旧優生保護法 (1948～96年) の下で障害者に不妊手術を強制するなどの問題につながった。一方で，戦争は多くの身体障害者を生み出した[1]。戦後，多くの傷痍軍人が帰還すると，彼らの職業復帰に対する社会的要請が強まり，1949年に日本ではじめて身体障害者を対象とした身体障害者福祉法が制定された。必要な補装具の貸し出し，指導訓練を通し，彼らの自立援助を行った。

　知的障害については，1960年に精神薄弱者福祉法が制定され，1999年には知的障害者福祉法に改正された。

　さらに1947年には児童福祉法が成立し，身体障害児に対して，医療・教育両面からのケアを融合させた「療育」に基づいた施策が進められた。知的障害児に対しては，施設による保護だけでなく，独立自活に必要な知識技能の育成を目的とした知的障害児施設が整備された。また，1950年には精神障害者に対して，適切な医療・保護の機会を提供することを目的とした精神衛生法が成立し，1988年に精神保健法に改正され，1995年には精神保健福祉法に再改正された。1961年に社会福祉事業法の成立，福祉事務所の設置がなされ，これによって障害者福祉法の一部が改正され，18歳未満の身体障害児に対して身体障害者手帳の交付が行われることになった。

　また，経済的支援を行うために，1959年には国民年金制度で障害福祉年金の支給が開始された。1960年には，成人した知的障害者に対する福祉を目的とした精神薄弱者福祉法 (知的障害者福祉法) が，1970年には身体障害者対策基本法が制定され，福祉分野にとどまらず，関係省庁協力の下，障害者施策の推進が図られることになった。1975年には，「特別児童扶養手当等の支給に関す

---

　1) ヨーロッパにおいても第一次世界大戦後，障害者福祉の重要性が認識された。

る法律」の一部改正により，福祉手当の支給制度が創設され，政策の充実が進められていった。

その後，障害者福祉政策は，従来の施設充実型から，ノーマライゼーションの考えに基づき，政策転換がなされた[2]。1984年には，身体障害者福祉法が改正され，理念が「更正の努力」から「自立への努力」に変更された。1985年には，国民年金法の改正に伴い，障害基礎年金が創設され，さらに，従来の福祉手当にかわって，最重度の障害者の経済的支援を目的とした特別障害者手当が創設された。

1990年には福祉関係八法改正がなされ福祉の地方分権化が進み，1993年には「国連・障害者の10年」を受けて，政府は10年間の国の方向性を示した「障害者基本計画」を策定した。そして心身障害者対策基本法は，1993年11月に，1）それまでの身体障害・精神薄弱（現在の知的障害）の2障害から精神障害を加えた3障害となり，2）法律の目的は「保護や救済」から「自立と社会経済活動への参加」に変更された障害者基本法に改正された[3]。

1997年からの社会福祉基礎構造改革と2000年の介護保険の導入により，福祉サービスにおいても「措置から契約」が広まった。2003年からは，障害者福祉も支援費制度へ移行した。従来の行政がサービスを決定する仕組みから，障害者自身がサービスを選んで契約する仕組みとなった。一方，介護保険の適用対象を20歳まで含める議論があり，これに伴い障害者福祉と介護保険制度を統合することも検討された。2004年には，障害保健福祉の総合化，自立支援型システムの転換，制度の持続可能性を目的とした「今後の障害保健福祉施策について（改革のグランドデザイン案）」が発表された。しかし，支援費制度では精神障害者は対象外とされるなど障害種別間のサービス格差の問題や，予算基盤が弱く，利用者数の増大などによって毎年度予算不足に陥るなどの課題があった。

その後，支援費制度に代わり，障害の種別にかかわらず，障害者の福祉サー

---

[2] 国連の1971年の「知的障害者の権利宣言」，1975年の「障害者の権利宣言」の決議，1981年の「国際障害者年」と障害者の人権回復の世界的動きが広がっていった。

[3] 改正のポイントは，1）障害を理由にした差別禁止，2）国のみならず都道府県，市町村に対して，障害者のための施策に対する基本的な計画（障害者基本計画）の策定を義務づけた。

ビスを一元化し，身近なところでサービスが受けられることを目的とした障害者自立支援法が2006年に施行されたが，介護保険との統合は見送られた。障害者自立支援制度は，身体障害，知的障害，精神障害の3障害に対する施策が総合化され，障害種別の格差が解消されると期待された。また，障害を弱者と捉えるのではなく，必要な支援を受けて自己実現や社会貢献を行う主体と考える，新しい自立観も提示された。一方で，障害者に費用の原則1割の定率負担を求めた点に批判が集中した。

そのため，2013年に障害者自立支援法は障害者総合支援法に改編され，世帯の収入状況に応じて負担上限額が設けられ，負担上限額よりもサービス費用の1割相当額のほうが低い場合は，費用の1割を負担することとなった。

障害者総合支援法では，「自立」に代わって新たに「基本的人権を享有する個人としての尊厳」が基本理念として明記された。また，障害者の範囲や定義の見直しも行われ，難病患者等も制度の対象となった。これまで難病患者等への支援は，研究事業の一環として特定疾患の患者に対して医療負担の軽減が行われていたり，一部の市町村で生活支援事業が実施されていたりするのみであった。難病患者等も制度の対象となることによって，身体障害者手帳の取得はできないが，一定の障害がある人も障害福祉サービスを利用できるようになり，初めて難病等への支援も社会保障制度に含まれるようになった。障害者の範囲の見直しは，制度の谷間のない支援を目的としたものであった。なお，難病及び小児慢性特定疾病への医療助成の対象者は，2015年度で約165万人と推計される。

障害者総合支援法では，障害者程度区分から障害支援区分に支援の必要度の認定方法も変更され，知的障害者や精神障害で区分が低く判定される傾向があった方法が改められた。そのほか，重度訪問介護や地域移行支援の対象拡大，地域生活支援事業の追加なども行われた。

2010年代には，国連の障害者権利条約（2006年採択）の批准に向けて，国内法の制定・改正も多く行われた。まず2011年に障害者基本法が改正され，障害者の定義の見直し，地域社会における共生の確保，差別の禁止・合理的配慮義務などが規定された。合理的配慮義務とは，障害者が権利を行使できない環境に置かれている場合に，過度の負担とならない範囲で，個々の状況に応じた

環境の改善，調整，変更等を実施する義務であり，実施を怠った場合は差別として位置づけられる。さらに2013年には，障害者差別解消法の制定，障害者雇用促進法の改正（いずれも2016年施行）が行われた。

第2節　障害者の福祉政策

（1）障害者の実態

　図表14－1は，障害者数の推計値であり，身体障害児・者が約392万人，知的障害児・者が約74万人，精神障害者が約392万人となっている。また，図表14－2で見るように，近年は高齢の障害者も増加している[4]。

　身体障害者とは，視覚障害，聴覚・言語障害，肢体不自由，内部障害などの障害がある者で，その居住地の都道府県知事，指定都市，中核市市長より，身体障害者手帳の交付を受けた者である。15歳未満の場合は，本人に代わって保護者が手帳の申請を行う。

　知的障害は，国の法律では定義されていないが，厚生労働省の「知的障害者（児）基礎調査」においては，「知的機能の障害が発達期（おおむね18歳まで）にあらわれ，日常生活に支障が生じているため，何らかの特別の援助を必要する状態にある者」と定義されている。各都道府県は，知的障害児・者が福祉サービス等を受けやすくすることを目的に，療育手帳を交付している。

　療育手帳の申請は市町村の窓口で行い，18歳未満の場合は児童相談所，18歳以上の場合は知的障害者更生相談所で障害の程度等の判定を受け，その結果に基づき，都道府県知事等が療育手帳を交付する。知的障害は，知的機能や日常生活能力などから総合的に認定され，療育手帳には障害程度が記載される。

4）障害概念については，WHOは1980年に国際障害分類（ICIDH）を発表し，障害を機能障害（医学レベル），能力障害（個人の生活レベル），社会的不利（障害ゆえに基本的人権が制限される）という3つのレベルに分けた。その後，ICIDHが医学レベルに偏っているという批判があり，2001年にWHOで国際生活機能分類（ICF）が採択された。ICFとICIDHの違いは，ICIDHが「機能障害→能力障害→社会的不利」という一方方向の考え方であったが，ICFは心身機能・身体構造，活動，参加，環境因子，個人因子の各要因の相互作用モデルとなっている。

図表14－1　障害者数の推計

(万人)

		総数	在宅者数	施設入所者数
身体障害児・者	18歳未満	7.6	7.3	0.3
	男性	－	4.2	－
	女性	－	3.1	－
	18歳以上	382.1	376.6	5.5
	男性	－	189.8	－
	女性	－	185.9	－
	不詳	－	0.9	－
	年齢不詳	2.5	2.5	－
	男性	－	0.7	－
	女性	－	0.9	－
	不詳	－	0.9	－
	総計	392.2	386.4	5.8
	男性	－	194.7	－
	女性	－	189.9	－
	不詳	－	1.8	－
知的障害児・者	18歳未満	15.9	15.2	0.7
	男性	－	10.2	－
	女性	－	5	－
	18歳以上	57.8	46.6	11.2
	男性	－	25.1	－
	女性	－	21.4	－
	不詳	－	0.1	－
	年齢不詳	0.4	0.4	－
	男性	－	0.2	－
	女性	－	0.2	－
	不詳	－	0.1	－
	総計	74.1	62.2	11.9
	男性	－	35.5	－
	女性	－	26.6	－
	不詳	－	0.1	－

		総数	外来患者	入院患者
精神障害者	20歳未満	26.9	26.6	0.3
	男性	16.6	16.5	0.2
	女性	10.1	9.9	0.2
	20歳以上	365.5	334.6	30.9
	男性	143.1	128.9	14.2
	女性	222.9	206.2	16.7
	年齢不詳	1	1	0.1
	男性	0.4	0.4	0
	女性	0.6	0.6	0
	総計	392.4	361.1	31.3
	男性	159.2	144.8	14.4
	女性	233.6	216.7	16.9

注1：精神障害者の数は，ICD-10の「Ⅴ 精神及び行動の障害」から知的障害（精神遅滞）を除いた数に，てんかんとアルツハイマーの数を加えた患者数に対応している。
　また，年齢別の集計において四捨五入をしているため，合計とその内訳の合計は必ずしも一致しない。
注2：身体障害児・者の施設入所者数には，高齢者関係施設入所者は含まれていない。
注3：四捨五入で人数を出しているため，合計が一致しない場合がある。

資料：身体障害者
　在宅者：厚生労働省「生活のしづらさなどに関する調査」（平成23年）。
　施設入所者：厚生労働省「社会福祉施設等調査」（平成24年）等より厚生労働省社会・援護局障害保健福祉部で作成。

知的障害者
　在宅者：厚生労働省「生活のしづらさなどに関する調査」（平成23年）。
　施設入所者：厚生労働省「社会福祉施設等調査」（平成23年）より厚生労働省社会・援護局障害保健福祉部で作成。

精神障害者
　外来患者：厚生労働省「患者調査」（平成26年）より厚生労働省社会・援護局障害保健福祉部で作成。
　入院患者：厚生労働省「患者調査」（平成26年）より厚生労働省社会・援護局障害保健福祉部で作成。

出典：内閣府（2017）「平成29年版障害者白書」。

図表14－2　年齢階級別にみた身体障害者数の推移（人口千人対）

年次	総数	18〜19歳	20〜29歳	30〜39歳	40〜49歳	50〜59歳	60〜64歳	65〜69歳	70歳以上
1955（昭和30）年	14.5	5.3	7.1	14.5	16.0	20.6	25.4	25.4	29.4
1980（　55）年	23.8	3.5	4.9	7.0	16.0	33.7	55.8	68.7	87.6
2006（平成18）年	32.7	4.5	4.1	6.1	11.6	24.4	48.9	58.3	94.9
2011（　23）年	35.2	4.3	4.2	6.0	10.0	19.8	44.1	53.5	105.4

注：人口千人対の身体障害者数算出の基礎人口は，総務省統計局の「国勢調査」および「推計人口」における18歳以上の人口を用いた。
資料：厚生労働省社会・援護局障害保健福祉部「身体障害児・者実態調査」。
出典：厚生労働省（2017）『平成29年版厚生労働白書』。

図表14－3　障害者の手帳制度

	発行件数（千）	根拠規定	発行責任者	交付申請窓口
身体障害者手帳	5,194	身体障害者福祉法第15条	都道府県知事，指定都市市長，中核市市長	居住地を管轄する福祉事務所長（福祉事務所を設置しない町村の場合は町村長。）
療育手帳	1,009	療育手帳制度について（昭和48年厚生省発児第156号）	都道府県知事，指定都市市長	居住地を管轄する福祉事務所長（福祉事務所を設置しない町村の場合は町村長。）
精神障害者保健福祉手帳	864（年度末現在の交付台帳登録数から有効期限切れのものを除いた数）	精神保健及び精神障害者福祉に関する法律第45条	都道府県知事，指定都市市長	居住地を管轄する市町村長

資料：発行件数については，身体障害者手帳および療育手帳は，「平成27年度福祉行政報告例」，精神障害者保健福祉手帳は，「平成27年度衛生行政報告例」による。
出典：厚生労働省（2017）『平成29年版厚生労働白書』。

しかしながら手帳交付の実施要綱は，都道府県等が定めていることから，地域によって手帳交付率や交付基準が異なっている。また，実際には軽度の人を中心に手帳取得率が低く，支援から取り残されている可能性もある。

精神障害は，精神機能の障害であり，最近はうつ，アルツハイマー型認知症といった人が増えている。1995年の精神保健福祉法の制定時に，一定の精神障害の状態にあることを示し，支援策を受けやすくすることを目的に，精神障害者保健福祉手帳が創設された。対象者は，精神障害により長期にわたり日常生活・社会生活への制約のある人で，等級は重度の１級と中度の２級，軽度の３級がある。

図表14－３は各手帳の状況であるが，身体障害者手帳の発行件数が最も多いことがわかる。

第３節　障害者総合支援法の導入

（１）障害者総合支援法の概要

日本では障害保健福祉施策が，身体障害，知的障害，精神障害の３障害でそれぞれ独自の発展をとげてきたため，障害福祉サービスは，障害の種類と年齢によって，制度体系（身体障害者福祉法，知的障害者福祉法，精神保健福祉法，児童福祉法）が異なっていた。

2006年に障害者自立支援法が施行され，身体障害者，知的障害者，精神障害者，障害児に，共通の自立支援のための各種福祉サービスが一元的に提供されることになった（図表14－４）。サービスの提供主体は，市町村に一元化された。

さらに，2013年には障害者総合支援法が施行され，難病患者等も支援の対象となり，また重度訪問介護や地域移行支援の対象拡大，地域生活支援事業の追加なども行われた。

（２）障害者が利用できる福祉サービス

障害者が利用できる福祉サービスは，個別給付の自立支援給付と地域生活支援事業に大別される（図表14－５）。

図表14－4　障害者自立支援制度への移行

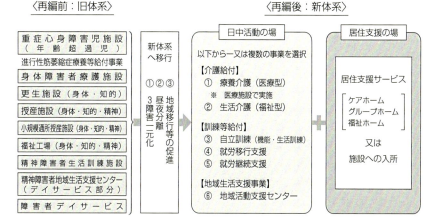

出典：厚生労働省（2010）『平成22年版厚生労働白書』。

図表14－5　地域生活支援事業の自立支援給付

	地域生活支援事業	自立支援給付（障害福祉サービス）
性格	地域の実情や利用者の状況に応じて、自治体が柔軟な形態で実施することが可能な事業	介護、就労訓練といった個別の明確なニーズに対応した給付
費用の流れ	自治体が実施（自治体は自ら事業を実施、又は事業者への委託等により実施）	利用者本人に対する給付（実際には、事業者が給付費を代理受領）
利用者	実施主体の裁量	障害支援区分認定（介護給付は18歳以上のみ必要、訓練等給付は必要なし）※、支給決定が必要
利用料	実施主体の裁量	応能負担
事業実施にあたっての基準	実施主体の裁量（一部運営基準有り：地域活動支援センター、福祉ホーム）	指定基準（人員、設備及び運営に関する基準）等有り
財源	補助金（一部交付税措置有り） （補助割合：都道府県事業　国 1／2以内 　市町村事業　国 1／2以内 　都道府県 1／4以内）	負担金 （負担割合：国1／2、 　都道府県・市町村1／4）

※同行援護について、身体介護を伴わない場合については、障害支援区分認定は不要。
※訓練等給付のうち、共同生活援助については、一定の場合は障害支援区分認定が必要。
出典：厚生労働省（2017）『平成29年版厚生労働白書』。

図表14－6　自立支援給付の体系

	サービス	事業所数	利用者数	サービスの内容
介護給付	居宅介護（ホームヘルプ）	19,757	169,861	自宅で，入浴，排せつ，食事の介護等を行うもの
	重度訪問介護	7,302	10,615	重度の肢体不自由者又は重度の知的障害若しくは精神障害により行動上著しい困難を有する者で常に介護を必要とする人に，自宅で，入浴，排せつ，食事の介護，外出時における移動支援などを総合的に行うもの
	同行援護	6,249	24,757	視覚障害により，移動に著しい困難を有する人に，移動に必要な情報の提供（代筆・代読を含む），移動の援護等の外出支援を行うもの
	行動援護	1,583	9,907	自己判断能力が制限されている人が行動するときに，危険を回避するために必要な支援，外出支援を行うもの
	重度障害者等包括支援	10	31	介護の必要性がとても高い人に，居宅介護等複数のサービスを包括的に行うもの
	短期入所（ショートステイ）	4,450	50,637	自宅で介護する人が病気の場合などに，短期間，夜間も含め施設で，入浴，排せつ，食事の介護等を行うもの
	療養介護	246	20,010	医療と常時介護を必要とする人に，医療機関で機能訓練，療養上の管理，看護，介護及び日常生活の世話を行うもの
	生活介護	9,621	271,949	常に介護を必要とする人に，昼間，入浴，排せつ，食事の介護等を行うとともに，創作的活動又は生産活動の機会を提供するもの
	障害者支援施設での夜間ケア等（施設入所支援）	2,606	130,647	施設に入所する人に，夜間や休日，入浴，排せつ，食事の介護等を行うもの
訓練等給付	自立訓練（機能訓練・生活訓練）	1,346	14,474	自立した日常生活又は社会生活ができるよう，一定期間，身体機能又は生活能力の向上のために必要な訓練を行うもの
	就労移行支援	3,275	32,238	一般企業等への就労を希望する人に，一定期間，就労に必要な知識及び能力の向上のために必要な訓練を行うもの
	就労継続支援（A型・B型）	14,320	290,016	一般企業等での就労が困難な人に，働く場を提供するとともに，知識及び能力の向上のために必要な訓練を行うもの
	共同生活援助（グループホーム）	7,342	108,302	主として夜間において，共同生活を行う住居で相談，入浴，排せつ又は食事の介護その他の必要な日常生活上の援助を行うもの

※事業所数，利用者数については，平成29年3月の国民健康保険団体連合会による支払いの実績データから，抽出・集計したものである。
出典：厚生労働省（2017）『平成29年版厚生労働白書』。

　自立支援給付には，介護給付，訓練等給付，自立支援医療，補装具がある。具体的には，介護給付は，居宅介護（ホームヘルプ），重度訪問介護，同行援護，行動援護，重度障害者等包括支援，短期入所（ショートステイ），療養介護，生活介護，障害者支援施設での夜間ケア等（施設入所支援）がある。
　訓練等給付は，自立訓練（機能訓練・生活訓練），就労移行支援，就労継続支援（A型・B型），共同生活援助（グループホーム）である（図表14－6）。

第14章　障害者のための社会保障　305

図表14－7　障害支援区分の認定プロセス

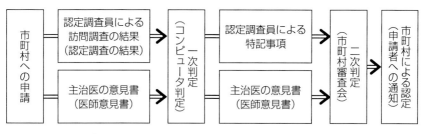

出典：厚生労働省「障害支援区分の概要」。(http://www.mhlw.go.jp/file/06-Seisakujouhou-12200000-Shakaiengokyokushougaihokenfukushibu/1_26.pdf)

地域生活支援事業は，移動支援，地域活動支援センター，福祉ホームがある。

サービスを利用する際には，利用者1人ひとりの個別支援計画が作成され，利用目的に沿ったサービスが提供されることになった。

なお，65歳以上の障害者は，介護保険サービスの利用を優先することになり，不足分は障害者総合支援法のサービスで補うことになる。介護保険サービスの利用では利用者負担（1～3割）が発生するが，一定の条件を満たせば軽減される。

(3) サービスの利用方法
① 利用アクセス

障害者が福祉サービスを利用するためには，市町村へ利用申請後，図表14－7のようなプロセスを経ることになる。

利用申請がなされると，市町村は障害支援区分の認定を行う。障害支援区分とは，障害の特性や心身の状態に応じて，必要とされる標準的な支援の度合いを総合的に示すものであり，区分1（必要とする支援の程度が低い）から区分6（必要とする支援の程度が高い）の6段階で評価される。

一次判定では，障害者の心身の状況を判定するため，アセスメント調査（認定調査）を行い，次にこの認定調査結果をコンピュータ・ソフトによって判定する。その後，市町村が設置する審査会で，医師意見書や認定調査員の特記事項も勘案して二次判定が行われ，障害支援区分が認定される。

図表14-8　障害福祉サービスの利用者負担

区分	世帯の収入状況	負担上限月額
生活保護	生活保護受給世帯	0円
低所得	市町村民税非課税世帯(注1)	0円
一般1	市町村民税課税世帯（所得割16万円(注2)未満） ※入所施設利用者（20歳以上），グループホーム利用者を除きます(注3)。	9,300円
一般2	上記以外	37,200円

注1：3人世帯で障害者基礎年金1級受給の場合，収入が概ね300万円以下の世帯が対象となる。
注2：収入が概ね600万円以下の世帯が対象になる。
注3：入所施設利用者（20歳以上），グループホーム利用者は，市町村民税課税世帯の場合，「一般2」となる。
出典：厚生労働省「障害者の利用者負担」。
　　　(http://www.mhlw.go.jp/bunya/shougaihoken/service/hutan1.html)

市町村が自立支援給付等の支給決定をする際は，障害支援区分の判定結果，社会活動や介護者・居住等の状況，サービス利用意向等が勘案される。

② 利用者負担の仕組み

障害者自立支援法施行によって，利用者負担は利用量の原則1割とされ，また障害種別で異なっていた食費・光熱水費等の実費負担も見直され，3障害共通した利用者負担の仕組みとなった。しかし，利用者負担の定率負担は反発を呼び，施行後も負担上限額などの見直しがされた。

障害者総合支援法の施行においては，世帯の収入状況に応じて負担上限額が設けられており，負担上限額よりもサービス費用の1割相当額のほうが低い場合は，費用の1割を負担する。負担上限額は，世帯収入に応じて，4段階設定されている。1カ月間に利用したサービス量にかかわらず，これ以上の利用者負担は生じない（図表14-8）。

第4節　特別学級から特別支援教育への動き

日本では，1948年より盲学校・聾学校の義務化が進み，1979年より都道府

県に対して，養護学校の設置が義務づけられ，就学義務と特殊教育諸学校[5]の設置義務が完全実施された。障害児に対する教育や学習の権利が保障された。しかし，そこでは，障害児だけを分離した「特殊教育」の考え方が支配的であった。

一方，国際的には，ユネスコが1994年にサラマンカ宣言を出し，「すべての者のための教育（Education for All）」の方針が出され，すべての子どもたち，とりわけ障害児や移民など「特別な教育的ニーズ」をもつ子どもたちを包み込むインクルーシブな教育が提案された。

分離からインクルーシブ，特殊学級から「特別な教育的ニーズ」への動きを受け，文部科学省は2003年に「今後の特別支援教育の在り方について」という報告書を発表した。

報告書では，従来の特殊教育や障害児教育という言葉に代わり「特別支援教育」という考え方が示された。こうした動きを受け，2006年の改正学校教育法によって，従前の盲・聾・養護学校は特別支援学校に一本化された（図表14－9）。

特別支援教育とは，1）障害のある子どもの自立や社会参加に向けた主体的な取組を支援する，2）一人一人の教育的ニーズを把握し，その持てる力を高め，生活や学習上の困難を改善または克服するため，適切な指導および必要な支援を行う，というものである。また従来の特殊教育の対象の障害にとどまらず，学習障害，注意欠陥多動性障害，高機能自閉症も対象にしている（図表14－10）。

2016年時点で，特別支援学校に在籍している児童生徒と通級による指導を受けている児童生徒は，約38万7千人である。これは，児童生徒全体の3.9％にあたり，年々増加傾向を示している。また，通常の学級においても発達障害の可能性がある児童生徒が在籍している。2012年に文科省が実施した調査では，知的な遅れはないものの学習面または行動面で著しい困難を示す児童生徒

5）障害児のみを対象にしている学校のことを特殊教育諸学校と呼び，盲学校，聾学校，養護学校（知的障害，肢体不自由，病弱）の3つに区分されていた。

図表14−9　特別支援学校への移行

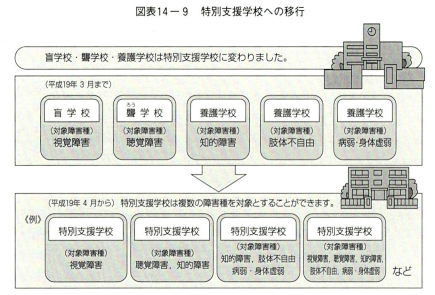

注：制度上はすべて「特別支援学校」となるが，以前の盲学校・聾学校・養護学校などの校名が残ることもある。
出典：文部科学省「パンフレット「特別支援教育」について」。
　　　（http://www.mext.go.jp/a_menu/shotou/tokubetu/main/004.htm）

は，6.5％程度と推計している[6]。

　障害者が自立した生活を送り，社会参加していくためには，特別支援学校卒業後に，就労することが重要となっている。しかし，特別支援学校高等部卒業後の進路は，施設等入所者の割合が6割を超えて，横ばい状態が続いている（図表14−11）。一方で就職者の割合は3割程度である。この背景には，特別支援学校高等部卒業後の就職者数は増加しているものの，特別支援学校高等部在籍者数も大幅に増加していることがあり[7]，学校から社会への移行が課題となっている。

---

6) 文部科学省（2012）「通常の学級に在籍する発達障害の可能性のある特別な教育的支援を必要とする児童生徒に関する調査結果」より。
7) 文部科学省（2017）『平成28年度文部科学白書』。

図表14－10　特別支援教育の対象の概念図

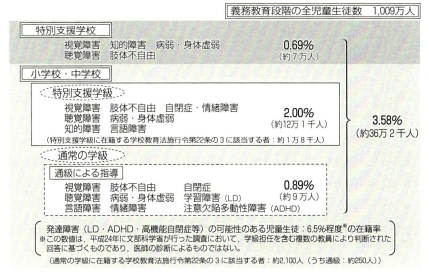

出典：文部科学省「特別支援教育の対象の概念図（義務教育段階）」。
（http://www.mext.go.jp/a_menu/shotou/tokubetu/__icsFiles/afieldfile/2017/02/21/1236746_01.pdf）

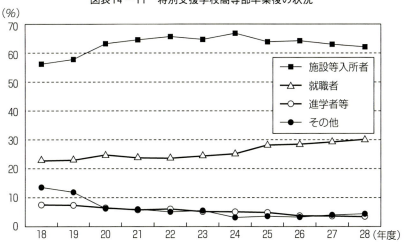

図表14－11　特別支援学校高等部卒業後の状況

出典：文部科学省（2017）『平成28年度文部科学白書』。

第5節　障害者就労の促進

(1) 障害者雇用の促進

1960年に障害者雇用の促進のために「障害者の雇用の促進等に関する法律」が成立した[8]。これは、障害者も一般労働者と同じ水準において常用労働者となり得る機会を与えることを目的とし、事業主は障害者雇用率（＝常用労働者数に占める障害のある労働者数）の達成が義務づけられている。

2018年4月より法定（障害者）雇用率は、国・地方公共団体が2.5％、都道府県等の教育委員会が2.4％、民間企業が2.2％、特殊法人等は2.5％である。障害者雇用率は、以下のように計算される。

■民間企業における雇用率設定基準

$$障害者雇用率 = \frac{対象障害者である常用労働者の数 + 失業している対象障害者の数}{常用労働者数 + 失業者数}$$

※対象障害者とは、身体障害者、知的障害者または精神障害者（精神障害者保健福祉手帳の交付を受けた者に限る）をいう。
※短時間労働者は、原則、1人を0.5人としてカウント。
※重度身体障害者、重度知的障害者は1人を2人としてカウント。短時間重度身体障害者、重度知的障害者は1人としてカウント。

■特殊法人、国および地方公共団体における障害者雇用率

一般の民間企業の障害者雇用率を下回らない率をもって定めることとされている。

障害者雇用率を満たさない場合、公共職業安定所がその事業所（常用労働者100人超）から不足人数分の納付金を徴収し、これを財源に一定率以上の障害者を雇用している事業所に対し、調整金や報奨金を支払う[9]。この仕組みを障害者雇用納付金制度という（図表14-12）。

---

[8] 障害者雇用率の対象者は、障害者手帳の保有者である。当初の障害者雇用率は、1.3％でありかつ努力義務であった。しかし、1976年に改正が行われ1.5％に引き上げられたとともに法的義務となった。さらに1988年改正では、1.6％となった。重度障害者はその1人をもって、2人の障害者とみなすいわゆるダブルカウントの制度もある。

図表14－12　障害者雇用納付金制度の仕組み

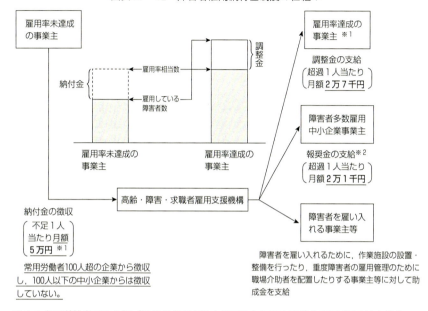

※1：常用労働者100人超（常用労働者200人超300人以下の事業主は平成27年6月まで，常用労働者100人超200人以下の事業主は平成27年4月から平成32年3月まで納付金が4万円に減額される）。
※2：常用労働者100人以下で障害者を4％または6人のいずれか多い数を超え雇用する事業主。
＊上記のほか，障害者雇用納付金制度においては，在宅就業障害者または在宅就業支援団体に年間35万円以上の仕事を発注した事業主に対して，特例調整金または特例報奨金を支給している。
出典：厚生労働省「障害者雇用納付金制度の概要」。(http://www.mhlw.go.jp/file/06-Seisakujouhou-11600000-Shokugyouanteikyoku/0000065519.pdf)

　障害者雇用納付金制度は，障害者雇用率に達していない企業から納付金というペナルティを徴収し，企業が障害者を雇用する際の作業設備や職場環境の改善，特別の雇用管理や能力開発を行う費用をまかない，障害者雇用を支援する

9）雇用率が達成されない場合，公共職業安定所は障害者を雇用するように事業者に指導をし，悪質な場合は，企業名を公表することがある。

という，一種のメリット制である。

　企業が障害者の働きやすい環境を整備し，従事しやすい職場を本社から独立させ，子会社として位置づけたのが特例子会社である。親会社は，子会社で働く障害者を親会社に雇用されているものとみなして，障害者雇用率にカウントできる。

　2002年の改正により，特例子会社の認定要件が緩和され，企業は企業グループ単位で，障害者に配慮した職場環境や障害特性に対応した業務の再編が行いやすくなった。一方，雇用率の雇用義務の軽減措置である除外率制度が縮小され[10]，企業等が雇用すべき障害者数が増加することになった。

　障害者雇用率未達成の企業等に対しては，公共職業安定所が「障害者の雇入れに関する計画」を作成するように命ずることができる。実際の身体障害者および知的障害者の雇用状況は，2017年6月時点で，2.0％の法定雇用率が適用される一般の民間企業（常用労働者数45.5人以上規模の企業）では，障害者雇用率は1.97％となり，50％の民間企業は法定雇用率を達成している。民間企業に雇用されている障害者は，約50万人となり過去最高となった。

　また，障害者を雇用しやすくするための支援策が強化され，障害者就業・生活支援センター，職場適応援助者（ジョブコーチ）事業，精神障害者の雇用の促進が行われることになった。このほか，障害者雇用を促進するために，事業主に対し様々な助成金や税制上の優遇が用意されている。

（2）障害者への就労支援

　障害者の雇用には，障害者雇用制度によって推進される雇用以外に，通常の事業所に雇用されることが困難な障害者を対象にした就労支援がある。障害者総合支援法における就労支援は，就労移行支援事業，就労継続支援A型事業，就労継続支援B型事業の3つがある（図表14−13）。

　就労移行支援事業は，就労を希望する65歳未満の障害者で，通常の事業所

---

10) 各企業が雇用しなければならない法定雇用障害者数を計算する時に，その基礎となる常用労働者数を先に計算する必要があるが，一定の業種に属する事業については，労働者数から一定率の人数を除外することができる。

図表14－13　就労系障害福祉サービス

	就労移行支援事業	就労継続支援A型事業	就労継続支援B型事業
事業概要	就労を希望する65歳未満の障害者で，通常の事業所に雇用されることが可能と見込まれる者に対して，①生産活動，職場体験等の活動の機会の提供その他の就労に必要な知識及び能力の向上のために必要な訓練，②求職活動に関する支援，③その適性に応じた職場の開拓，④就職後における職場への定着のために必要な相談等の支援を行う。 （利用期間：2年） ※ 市町村審査会の個別審査を経て，必要性が認められた場合に限り，最大1年間の更新可能	通常の事業所に雇用されることが困難であり，雇用契約に基づく就労が可能である者に対して，雇用契約の締結等による就労の機会の提供及び生産活動の機会の提供その他の就労に必要な知識及び能力の向上のために必要な訓練等の支援を行う。 （利用期間：制限なし）	通常の事業所に雇用されることが困難であり，雇用契約に基づく就労が困難である者に対して，就労の機会の提供及び生産活動の機会の提供及び能力の向上のために必要な訓練その他の必要な支援を行う。 （利用期間：制限なし）
対象者	① 企業等への就労を希望する者	① 就労移行支援事業を利用したが，企業等の雇用に結びつかなかった者 ② 特別支援学校を卒業して就職活動を行ったが，企業等の雇用に結びつかなかった者 ③ 企業等を離職した者等就労経験のある者で，現に雇用関係の状態にない者	① 就労経験がある者であって，年齢や体力の面で一般企業に雇用されることが困難となった者 ② 50歳に達している者又は障害基礎年金1級受給者 ③ ①及び②に該当しない者で，就労移行支援事業者等によるアセスメントにより，就労面に係る課題等の把握が行われている者
報酬単価	711単位（平成27年4月〜） ※ 利用定員が21人以上40人以下の場合	519単位（平成27年4月〜） ※ 利用定員が21人以上40人以下の場合	519単位（平成27年4月〜） ※ 利用定員が21人以上40人以下の場合

出典：厚生労働省「障害者の就労支援対策の状況」。(http://www.mhlw.go.jp/stf/seisakunitsuite/bunya/hukushi_kaigo/shougaishahukushi/service/shurou.html)

で雇用される見込みがある者に対して，就労能力向上のための訓練や就職活動への支援等を行っている。就労継続支援では，通常の事業所に雇用されることが困難である障害者を対象としている。そのなかで雇用契約に基づく就労が可能な場合は，原則，雇用契約に基づく就労の機会が提供される（A型事業）。A型事業は利用者に対して原則，最低賃金以上を支払う必要がある（一部，除外制度あり）。一方で，雇用契約に基づく就労が困難である場合は，雇用契約に基づかない就労の機会や生産の機会が提供される（B型事業）。

　図表14－14に示すように，2016年3月に特別支援学校を卒業した障害者のうち，およそ6割は就労系障害福祉サービスに進んでいる。就労系障害福祉サービス利用のうち就労継続支援B型事業の割合が高く，全体の7割を超える。しかしながら，就労継続支援B型事業は，雇用契約に基づかないため，最低賃

図表14−14 就労支援対策の対象となる障害者数

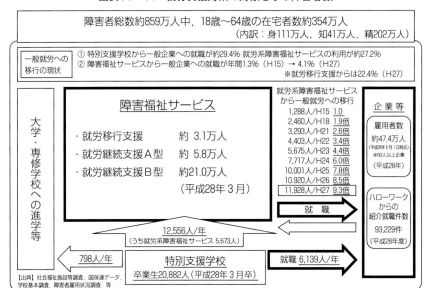

出典：厚生労働省「障害者の就労支援対策の状況」。(http://www.mhlw.go.jp/stf/seisakunitsuite/bunya/hukushi_kaigo/shougaishahukushi/service/shurou.html)

金は適用されず，障害者に支払われる工賃（賃金）は月額で15,295円，時間額で199円と相当に低い（図表14−15）。就労継続支援A型事業では，原則，雇用契約に基づくため，最低賃金以上が原則であり，工賃（賃金）は7万円を超えており，時間額も795円となっている。

政府は，就労継続支援B型事業（障害者自立支援法施行以前は授産施設等）の工賃（賃金）を引き上げるため，2007年から2011年にかけて工賃倍増5か年計画を実施し，また2012年からは工賃向上計画によって福祉的就労の底上げを図ってきた。原則，個々の事業所が工賃向上計画を定めることとされ，都道府県と共同して工賃の引き上げに取り組んできた。就労継続支援B型事業の工賃は，2006年からの10年間で12,222円から15,296円に引き上がったものの（図表14−16），障害年金と合わせても依然として，地域において自立した生活を実現するには十分とはいえない。

図表14－15　2016年度平均工賃（賃金）の実績

施設種別	平均工賃（賃金）		施設数（箇所）	平成27年度（参考）	
	月額	時間額		月額	時間額
就労継続支援B型事業所（対前年比）	15,295円（101.7%）	199円（103.1%）	10,434	15,033円	193円
就労継続支援A型事業所（対前年比）	70,720円（104.3%）	795円（103.4%）	3,385	67,795円	769円

出典：厚生労働省「平成28年度工賃（賃金）の実績について」。
(http://www.mhlw.go.jp/file/06-Seisakujouhou-12200000-Shakaiengokyoku shougaihokenfukushibu/0000199264.pdf)

（3）社会的雇用の検討

　こうした福祉的就労全般に対し，より積極的に障害者に働く権利を保障し，施設・工場などが行政からの補助金を受けて，障害をもつ就労者に最低賃金を保障するといった社会的雇用も検討されており，一部，滋賀県や大阪府箕面市などで試みられている。

　公・民を問わず，障害者雇用の推進は重要であり，この際に，1）障害者個人への支援政策（訓練，教育，支援，機器・労働環境整備），2）施設への支援（企業による物品の優先調達，経営支援）により，賃金の上昇を誘導する必要がある。

図表14－16　平均工賃（賃金）分布の推移

（就労継続支援Ａ型事業所）

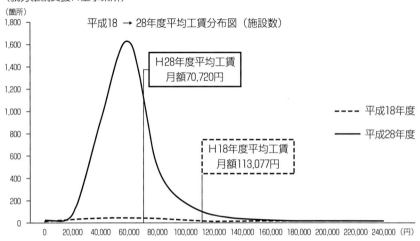

（就労継続支援Ｂ型事業所）

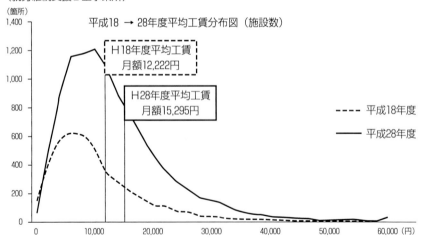

出典：厚生労働省「平成28年度工賃（賃金）の実績について」。
　　　(http://www.mhlw.go.jp/file/06-Seisakujouhou-12200000-Shakaiengokyoku
　　　shougaihokenfukushibu/0000199264.pdf)

第15章
生活困窮者・低所得者に対する社会保障

　日本の経済は市場原理に従って機能しており，所得は能力，貢献に応じて決定されている。この結果，所得格差が発生することになる。しかし，本人の責任や能力以外の原因などによる過度の所得格差は，公平性の基準から望ましくない場合もある。所得格差は通常，ジニ係数で把握される場合が多い。過度な所得格差は様々な所得再分配政策によって是正されることになる。また，自由競争の結果，人々の生活水準が最低水準以下に陥る可能性があり，最近では貧困率の上昇が問題となっている。こうした場合，最後のセーフティネットとして生活保護の役割が期待される。近年では生活困窮者自立支援法も成立し，政府は困窮者の自立支援を推進している。

第1節　日本の所得格差・貧困の状況

（1）所得格差
　所得格差を示す指標として，ジニ係数がある。ジニ係数は，0から1の値をとり，係数が大きいほど格差が大きいことを示す。ジニ係数が0の場合は，すべての個人（世帯）が同じ所得を有している状況であり，これを完全平等とい

う。また1の場合は、一個人（世帯）がすべての所得を有している状況であり、これを完全不平等という。

ジニ係数は、ローレンツ曲線から算出される。ローレンツ曲線とは、所得を低いほうから並べた累積比率を縦軸に、個人（世帯）の累積比率を横軸にとった曲線である（図表15－1）。ジニ係数は、ローレンツ曲線と45度線で囲まれた面積の、三角形OABの面積に対する比率となる。

図表15－1　ローレンツ曲線

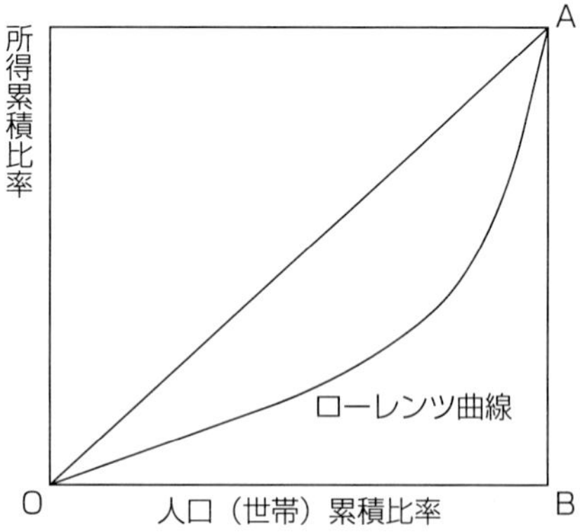

図表15－2は、日本におけるジニ係数の推移を示している。税・社会保障による再分配前の所得のジニ係数は、1980年代から上昇傾向にあるが、再分配後の所得によるジニ係数で見ると、およそ横ばいである。これは、税・社会保障の所得再分配機能が高まっていることを示し、格差縮小に寄与しているこ

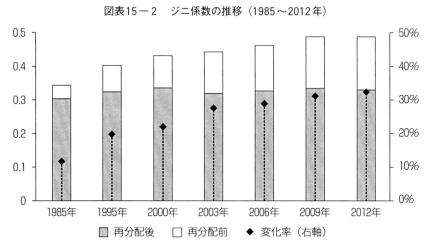

図表15－2　ジニ係数の推移（1985～2012年）

出典：OECD Income Distribution Databaseより筆者作成。

図表15−3　ジニ係数の国際比較（2010年代中ごろ）

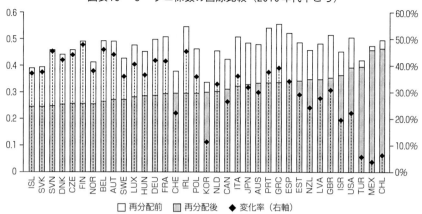

注：日本は2012年，チリは2013年，それ以外の国は2014年のデータである。
出典：OECD Income Distribution Databaseより筆者作成。

とがわかる。

　ただし，諸外国との比較で見ると，日本の再分配機能は大きいとはいえない。図表15−3は，諸外国の再分配前後のジニ係数と，再分配によるジニ係数の変化率を示している。日本の再分配後のジニ係数は35カ国中14番目に高い一方で，再分配による変化率は35カ国中14番目に小さいことから，比較的格差の大きい国であり，また税・社会保障が格差縮小に与える効果も弱いほうである。

(2) 貧　困

　貧困は，ある社会において一定水準以下の所得・消費にしかない個人（世帯）が，社会全体に占める割合で示される方法が一般的である。しかし，何をもって貧困とするかは一義的に定まらず，貧困とみなす水準も時代や社会の移り変わりに影響される。そのためこの方法は，貧困を統計的に把握することを目的とした簡便的な1つの定義にすぎない。

　貧困とみなす水準を貧困線といい，貧困線は絶対的貧困線と相対的貧困線の2つに大別される。絶対的貧困線は，ある時点のある社会において生存に必要な栄養や，生活をするのに最低限必要な消費項目を積み上げる「マーケットバ

図表15－4　相対的貧困率の国際比較（2010年代中ごろ）

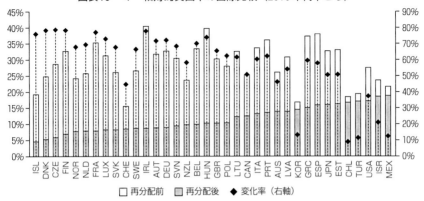

注：オーストラリア・ハンガリー・日本・ニュージーランド・メキシコは2012年，それ以外の国は2013年のデータである。
出典：OECD Income Distribution Databaseより筆者作成。

スケット方式」などを用いて決定される。相対的貧困線は，所得・消費の中位値または平均値の一定割合を貧困線とし，ある社会のなかで相対的に所得や消費が低い個人（世帯）を測る。OECDでは，中位可処分所得の50％を貧困線として諸外国の相対的貧困率の比較を行っている。

　図表15－4は，再分配前後の相対的貧困率および再分配による相対的貧困率の変化率を比較している。日本は，諸外国のなかでも相対的貧困率が高いほうであり，36カ国中7番目である。相対的貧困率が低い国は，デンマーク，フィンランドなどの北欧諸国や，チェコ，スロバキアなど旧共産主義国などであり，いずれの国も再分配によって70％以上，相対的貧困率を低下させている。

　このように，日本は諸外国と比較して相対的貧困率が高く，特に1990年代からの不況や非正規労働者の増加に伴って，貧困問題が表面化した。

第2節　生活保護制度の役割

　公的扶助は，貧困に陥った困窮者を公費（税）によって事後的に救済する仕組みである。日本では公的扶助として生活保護があり，国が最低限度の生活を

保障するとともに，自立を助長する制度である。日本国憲法第25条で「すべての国民は，健康で文化的な最低限度の生活を営む権利を有する」として，生存権を保障しているが，生活保護制度はこの第25条の理念に基づいている。

　国が貧困を救済する理由は，貧困は必ずしも個人に帰するのではなく，社会の責任でもあり，また貧困の発生は，国家・社会にとっても有益ではないとの考えからである。生活保護は最後のセーフティネットと呼ばれ，社会保障制度においてもっとも根幹的な制度となっている。

第3節　生活保護制度の歴史

(1) 戦前の公的扶助

　明治以前は，組織的な貧困者救済措置はほとんど行われず，天災や飢饉が起こった時に，窮民救済をするにすぎなかった。

　政府による本格的な貧困者救済は，1874年の明治政府による恤救規則の公布に始まる。その内容は，救済は親族や地域による「人民相互の情誼」を前提とし，例外的に公的な救済措置がとられることとされた。救済の条件は，極貧であることに加え，年齢が70歳以上の高齢者か，13歳以下の子ども，そして，身よりがない独身者，廃疾，重病などで働けない者とされた。給付額も，50日以内の米代とされるなど，きわめて制限的な内容で，政府の責任や被保護者の権利性は認められていなかった。

　1929年に政府は，恤救規則に代わり救護法を制定した。貧困者救済を行政の義務としたものの，実質的な対象者は65歳以上の老衰者，幼児，妊婦，障害者で，かつ扶養義務者が扶養できない場合に限定されていた。また，素行不良な者，勤労を怠る者は除外するという欠格条項をもち，受給者の選挙権を認めないという規定をもっていた。同じ年に世界恐慌が起こり，大量の失業者が発生したにもかかわらず，救済費用を調達できず，ようやく1932年に競馬の政府納付金を財源に救護法は施行された。

　救護法による救済の費用負担は，国が2分の1，都道府県が4分の1，残りを市町村が負担するものとし，国の費用負担が明確化された。救護方法は，生

活扶助，医療，助産，生業扶助の4種類であった。

（2）戦後の公的扶助

戦後，日本には大量の戦災者，浮浪者が存在し，貧困者救済が急務の課題となった。これまでの制限的な救護法では対処しきれず，政府は1946年に（旧）生活保護法（以下，旧法という）を制定し，従来の高齢者，幼児などの年齢要件を撤廃した。しかし旧法は，救護法と同様，勤労を怠る者や素行不良の者は除外されていた。保護の種類は，生活扶助，医療，助産，生業扶助，葬祭扶助の5つであった。

旧法は，保護の要否の認定が民生委員に委ねられ客観性に欠けること，保護の基準が低く権利性が明確になっていないこと，欠格条項があることなどで，GHQから批判を受けた。また，社会保障制度審議会「生活保護制度の改善強化に関する件」において，国の保障する最低限度の水準が，国民が健康で文化的な最低限度の生活を営みうる水準であること，公的扶助は権利であり不服申し立てもできること，欠格条項の撤廃等が勧告された。

これらの指摘を受け，1950年に旧法を全面改定し，現行の（新）生活保護法が施行された。

第4節　生活保護制度の原理・原則

（新）生活保護法では第1条から第4条までに，目的および考え方を述べている。第1条の目的では，「困窮の程度に応じ，必要な保護を行う」と同時に「自立を助長すること」を述べている。つまり，金銭などの給付だけでなく，貧困から脱却し，個人の能力を引き出し，経済的自立を果たすこと（自立助長）も生活保護の大きな目的である。

（1）生活保護の4原理
① 国家責任の原理
憲法25条の「すべての国民は，健康で文化的な最低限度の生活を営む権利

を有する」を受けて,「国が生活に困窮するすべての国民に対して,……最低限度の生活を保障する」(生活保護法第1条)とされており,国の責任および国民の権利の明確化,自立助長が謳われている。

② 無差別平等の原理

生活保護法第2条では,「すべて国民は,この法律の定める要件を満たす限り,この法律による保護を,無差別平等に受けることができる」と規定している。つまり,生活保護は,国民の権利である。給付の権利は,性別,年齢,社会的身分などに関係なく,無差別平等に扱う。旧法の欠格条項がなくなったため,貧困の理由が何であろうと,貧窮の事実が明らかになれば,保護が開始されることになった。

③ 最低生活保障の原理

生活保護法で保障される最低生活の内容は,憲法第25条の生存権を実現するためのものであり,第3条ではこの水準を「健康で文化的な生活水準を維持することができるものでなければならない」と規定している。実際の水準は,厚生労働大臣が決定する。

④ 補足性の原理

生活保護法第4条は,保護の前提として,国民の果たすべき自助努力の要件を定めている。保護を受けるにあたって,個人は能力や資産の活用,他制度の利用(雇用保険の失業給付や年金制度など)がまず求められ,それらを活用してもなお最低限度の生活を営めない場合に,保護されることになっている。この意味で,生活保護は最後のセーフティネットと呼ばれるのである。

保護の決定や,給付額の決定をするため,資力調査(ミーンズテスト)が行われる。資産の活用の場合,宅地や家屋は処分価値と利用価値を比較して,処分価値が大きいもの以外は,そのまま保有が認められる。また田畑については,現に耕作している場合は,その地域の平均耕作面積までは保有が認められている。それ以外の家電製品などの生活用品・贅沢品は,処分価値なども考慮しつつ,その地域の普及率が70%を超えるものについては,原則保有が認められる[1]。

能力については,資産と同様,稼働能力がある者についてはまず,勤労が求められる。

また、民法に定める扶養義務は、生活保護より優先して行われる。現行の民法では、3親等までの親族の扶養義務があるとされ、生活保護の適用の1つの障壁となっている。

（2）実施上の原則

生活保護を実施する上での原則として、以下の4つがある。

① 申請保護の原則

保護の開始は、請求権に基づいて行われる（申請主義）。申請ができるのは、要保護者本人、もしくは扶養義務者、同居の親族に限られる。

しかし、要保護者が急迫した状況にあるときは、申請がなくとも職権で必要な保護ができる[2]。いわゆるホームレスも申請可能であり、居宅、病院、施設などで受給できる。

② 基準および程度の原則

生活保護法第8条では、厚生労働大臣が保護の基準を定め、要保護者の収入などがそれに達しない場合に、その不足分を補う程度において保護を行うと定めている。

③ 必要即応の原則

保護は、要保護者の年齢、性別、健康状態など個々の事情を考慮した上で、有効適切に行われるべきだとしている。これは、機械的な運用ではなく、要保

---

[1] 家電製品の所有をめぐる問題に、1994年夏の桶川市のクーラー事件がある。桶川市福祉事務所の職員が、生活保護を受けていた1人暮らしの女性（79歳）の家から、70％の普及率に達しないという理由で、クーラーをはずさせた。ところが、その夏は猛暑で、女性の住む室内は40度以上に達し、脱水症状を起こして入院し、新聞等マスコミに大きく取り上げられた。ここで、クーラーの取り扱いが自治体によってまちまちであることが明らかになり、厚生省は「電気製品などの処分にあたっては、被保護者の実態に応じて個別に判断することが認められているが、この趣旨が徹底していなかった」として、障害者世帯や高齢者世帯については、個別の事情に応じてクーラー保有を認めることになった。

[2] 1996年、池袋で77歳の女性と41歳の長男が餓死しているのが、死後1カ月後に発見された。豊島区役所も生活保護受給をすすめていたが、本人がこれを堅く固辞し、申請保護の原則から救済ができなかった。漏救防止をどう進めるかの課題が残された。

護者の実情を理解した上で行われることを定めている。
　④　世帯単位の原則
　生活保護は，他の制度とは異なり，世帯単位で要保護の可否や給付が行われる。生活は世帯単位で行われるという考え方からであるが，例外的な取り扱いとして，現実には世帯構成員であっても，これを世帯単位で取り扱うことが最低生活の保障と自立の助長の面から妥当でない場合は，世帯分離ができる。たとえば，世帯員の稼動能力があるにもかかわらず，収入を得るための努力をしていない場合，通常は保護の対象外となるが，他の世帯員がやむをえない理由で保護を要する状態にあるときは，そのものを切り離して他の世帯員だけ保護することがある[3]。

第5節　生活保護制度の現状

(1) 生活保護の種類

　保護には，生活扶助，教育扶助，住宅扶助，医療扶助，出産扶助，生業扶助，葬祭扶助，介護扶助の8種類があり，具体的な保護内容が定められている（図表15-5参照）。これらの扶助は，要保護世帯の実情に応じて，1種類の扶助（単給）または複数の扶助を組み合わせて（併給），給付される。また，扶助の方法も，現金給付と現物給付がある。
　①　生活扶助
　いわゆる生活費に相当し，扶助のなかでも基本的なものである。食費，被服費，光熱費，交通・通信代，文化的費用などが含まれる。
　生活扶助は，第1類と第2類，さらに妊産婦，母子，障害者などの特別な需要に対しての加算で構成される。第1類は，個人単位の飲食費，被服費などで，第2類は光熱費，家具什器などの世帯単位で消費される経費にあてられる。また，第2類には冬季の暖房費などを考慮した加算もある。

3）篭山（1996）94頁参照。

図表15－5　生活保護の体系

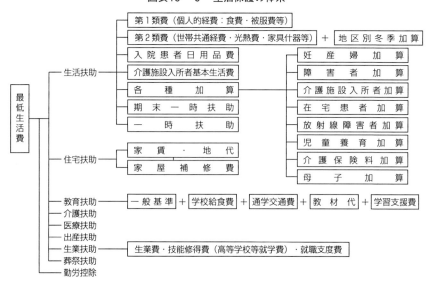

出典：厚生労働省社会保障審議会生活保護基準部会（2016）「第23回参考資料　生活保護制度の概要等について」。

② 教育扶助

教育扶助は，義務教育の修学に必要な費用を給付する。塾やおけいこ事などの費用，高等学校，大学などの修学費用は対象外である。学用品費，通学用品費，学校給食費などが含まれる。

現在では，高等学校への進学率の上昇を反映して，高校就学に必要な費用が生業扶助費として支給されることになっている。

③ 住宅扶助

住宅扶助は，借家等に居住する場合，居住地別に定められた家賃，間代，地代の実費が給付される。住宅扶助は住まいを保障するもので，住宅改造，改築，住宅の取得は対象としていない。

扶助は，被保護世帯主またはこれに準ずるものに現金給付がされる。また，現物給付として保護施設である宿所提供施設を利用することもできる。

④ 医療扶助

　日本の医療保険制度が国民皆保険体制のなかで，被保護者は国民健康保険の対象外としているため，医療扶助が給付される。

　診察，投薬，医学的措置を受けるには，毎月発行される医療券を指定医療機関へ提出し，治療を受けることになる。給付は，現物給付で行われ，自己負担はない。指定医療機関で受けた場合の診療報酬は，都道府県知事，または市町村長から社会保険診療報酬支払基金を通して指定医療機関へ支払われる。

⑤ 出産扶助

　出産扶助は，出産前後の助産を内容としている。原則として，被保護者に対して現金給付が支給される。

⑥ 生業扶助

　生業扶助は，自立を助長するねらいから，暮らしをたてる仕事をするための費用や技能の修得，就労準備に必要な費用を給付する。原則として被保護者に現金給付がされるが，授産施設，訓練施設を利用する現物給付も行われている。

⑦ 葬祭扶助

　被保護者が死亡した場合，検案，遺体の運搬，火葬，納骨など葬儀にかかる費用を原則として，葬祭を行うものに給付する。

⑧ 介護扶助

　介護保険制度の創設に伴い，2000年度に新設された。介護保険制度による利用者負担を負担できない者に対しても，最低限度の介護需要にこたえるため，創設された。対象は，介護保険法に規定される第1号被保険者または第2号被保険者の要介護者および要支援者，40～65歳未満で医療保険未加入のため，第2号被保険者にならないものについても，要介護および要支援者を対象としている。

　給付は，医療扶助と同様，指定介護機関（居宅サービス事業者，居宅介護支援事業者，介護保険施設等）に委託して行われ，利用者負担分と入所している者の食事代が現物給付される[4]。本人支払額を証する介護券が発行され，直接，指定

4）ただし，短期入所については，補足給付（相当額）適用後の負担限度額については自己負担となっており，生活扶助費のなかから本人が支出することになっている。

介護機関へ福祉事務所から送付される。

(2) 生活保護基準と最低生活費

生活保護では，要保護者の年齢，世帯構成，所在地等によってそれぞれの扶助に基準額が設定されている。各地域の生活様式や物価の違いを基準額に反映するため，全国を3つの地域に分け，さらにそれを2つに分類し，計6種類の地域区分が設けられている。1級地は大都市，2級地は県庁所在地などの中都市，3級地はその他の市町村である。

図表15-6で示すように，要保護世帯の最低生活費は，該当する基準額を合計して算出され，世帯の収入充当額から最低生活費を差し引いた額が，扶助額として支給される。

(3) 生活扶助基準の改定方式

「文化的で最低限度の生活」を支える生活保護制度であるが，その保護基準は厚生労働大臣が定めるものとされている。ここでは，生活扶助の計算方法の変遷について見ていく。①，②は絶対的貧困，③，④は相対的貧困の考え方に従っている。

① マーケットバスケット方式 (1948～60年)

スーパーの買い物かごに商品を入れるかのように，最低生活を営むのに必要な個々の品目（飲食費，衣類費など）の価格を積み上げて，基準額を計算する方式。

② エンゲル方式 (1961～64年)

一般所得階層の消費支出に占める飲食物費の割合（エンゲル係数）に着目し，標準的栄養所用量を満たす飲食物費を理論的に計算し，同程度の飲食物費を支出している一般所得階層のエンゲル係数を用いて，総基準額を計算する方式。

③ 格差縮小方式 (1965～83年)

一般国民と被保護世帯との生活水準格差を縮小するという目的から，一般国民の生活水準の伸びを基礎[5]とし，これに格差縮小分を加味して改定率を決定する方式。

第15章 生活困窮者・低所得者に対する社会保障 329

図表15－6 最低生活費の計算方法

【最低生活費＝A＋B＋C＋D＋E＋F】

(単位：円/月額)

生活扶助基準（第1類）

年齢	基準額①			逓減率①		
	1級地-1	1級地-2	2級地-1	2級地-2	3級地-1	3級地-2
0～2	21,510	20,540	19,570	18,600	17,640	16,670
3～5	27,110	25,890	24,680	23,450	22,240	21,010
6～11	35,060	33,480	31,900	30,320	28,750	27,170
12～19	43,300	41,360	39,400	37,460	35,510	33,560
20～40	41,440	39,580	37,710	35,840	33,980	32,120
41～59	39,230	37,520	35,750	33,990	32,220	30,450
60～69	37,150	35,480	33,800	32,140	30,460	28,790
70～	33,280	32,020	30,580	29,120	27,290	26,250

世帯人員	1級地-1	1級地-2	2級地-1	2級地-2	3級地-1	3級地-2
1人	1.000	1.000	1.000	1.000	1.000	1.000
2人	1.000	1.000	1.000	1.000	1.000	1.000
3人	1.000	1.000	1.000	1.000	1.000	1.000
4人	0.950	0.950	0.950	0.950	0.950	0.950
5人	0.900	0.900	0.900	0.900	0.900	0.900

生活扶助基準（第2類）

世帯人員	基準額②						逓減率②					
	1級地-1	1級地-2	2級地-1	2級地-2	3級地-1	3級地-2	1級地-1	1級地-2	2級地-1	2級地-2	3級地-1	3級地-2
1人	44,630	42,680	40,670	39,060	36,880	36,640	26,660	25,520	24,100	23,540	22,490	21,550
2人	49,460	47,240	45,010	42,790	40,560	38,330	29,970	28,690	27,090	26,470	25,290	24,220
3人	54,840	52,370	49,900	47,440	44,970	42,500	34,390	32,920	31,090	30,360	29,010	27,790
4人	56,760	54,200	51,680	49,090	46,500	43,980	39,170	37,500	35,410	34,580	33,040	31,650
5人	57,210	54,660	52,070	49,510	46,910	44,360	38,430	36,790	34,740	33,990	32,810	31,060

（表下部続き）

1級地-1	1級地-2	2級地-1	2級地-2	3級地-1	3級地-2
40,800	39,050	36,800	35,420	34,420	32,970
50,180	48,030	45,360	44,310	42,340	40,550
59,170	56,630	53,480	52,230	49,920	47,810
61,620	58,970	55,690	54,390	51,970	49,780
65,690	62,880	59,370	57,990	55,420	53,090

	1級地-1	1級地-2	2級地-1	2級地-2	3級地-1	3級地-2
	1.0000	1.0000	0.8850	0.8850	0.8350	0.8350
	1.0000	1.0000	0.8850	0.8850	0.8350	0.8350
	1.0000	1.0000	0.8850	0.8850	0.8350	0.8350
	0.8850	0.8850	0.7675	0.7675	0.7675	0.7675
	0.7140	0.7140	0.7140	0.7140	0.7140	0.7140

※ 冬季（11月～翌3月）には地区別に冬季加算が別途計上される（札幌市の例、4人世帯の場合は月額40,100円）。

生活扶助基準（第1類＋第2類）①
　各居住世帯員の第1類基準額を合計し、世帯人員に応じた逓減率を乗じ、第2類基準額を加える。

生活扶助基準（第1類＋第2類）② [A]
　[生活扶助基準（第1類＋第2類）②(①の3分の2](①×0.9)よりも少ない場合は、
　[生活扶助基準（第1類＋第2類）②](①×0.9)に置き換える。

加算額 [B]

	1級地	2級地	3級地
障害者			
身体障害者障害程度等級表1・2級に該当する者等	26,750	24,880	23,010
身体障害者障害程度等級表3級に該当する者等	17,820	16,590	15,340
母子世帯等			
児童1人の場合	23,170	21,560	19,940
児童2人の場合	25,000	23,270	21,540
3人以上の児童1人につき加える額	940	870	800
3歳未満の場合（子ども1人につき）	15,000		

① 妊産婦がいるときだけ、その分を加える。
② 入院患者、施設入所者は金額が異なる場合がある。
③ このほか、「在宅患者」などがついている場合は、別途妊産婦加算等がある。
④ 児童とは、18歳になる日以後の最初の3月31日までの者。
⑤ 障害者加算と母子加算は併給できない。
※ 中学校修了前の児童を養育する場合（子ども1人につき）

住宅扶助基準 [C]

	1級地	2級地	3級地
	69,800	69,800	53,200

※ 東京都の例。基準額の範囲内で実費相当が支給される。

教育扶助基準、高等学校等就学費 [D]

	小学生	中学生	高校生
基準額	2,210	4,290	5,450
学習支援費	2,630	4,450	5,150

※ このほか必要に応じ、教材費・入学金などの実費が計上される。

介護扶助基準 [E]

居宅介護等にかかった介護費の平均月額

医療扶助基準 [F]

診療等にかかった医療費の平均月額

最低生活費認定額

※ このほか、出産、葬祭などがある場合は、それらの経費の一定額がさらに加えられる。

出典：生活保護制度研究会（2014）『生活保護のてびき平成26年度版』。

④　水準均衡方式（1984年〜現在）

1983年，中央社会福祉審議会が「現在の生活扶助基準は，一般国民の消費実態との均衡上，ほぼ妥当な水準に達している」と意見答申し，現行生活扶助基準の水準を妥当としたうえで，一般国民の生活水準の向上に応じて，扶助基準を改定する方式で，おおむね一般所得世帯の消費支出の6〜7割程度をめどにしている。

第6節　被保護者の動向

生活保護を受給している者の数，つまり被保護人員数は，社会・経済状況の変動に左右される。図表15−7は，被保護人員数の動向を見たものである。戦後まもない現行法の制定直後の1950年頃は，200万人を超えていたが，1965年には160万人以下にまで減少している。この背景には，神武景気や岩戸景気などの好景気の影響に加え，1960年代前半に児童扶養手当法，老人福祉法があいついで創設され，これらの制度が高齢者，母子世帯などの所得保障の役割を果たすことになったことが大きい。

その後は，いわゆる高度経済成長期の影響で，1970年には被保護人員数は130万人台にまで減少したが，1973年の石油危機（オイルショック）による不況を受け再び増加傾向に転じ，1984年には147万人弱となった。

1980年代後半になると，再び被保護人員数は減少傾向を示す。これには，好景気や1985年の年金改正において障害基礎年金が創設されたことも影響しているが，1981年に出された「123号通知」いわゆる「適正化」が図られたことが大きい。このころ，暴力団関係者などの不正受給が社会問題化し，資力調査がいっそう強化された。この通知によって提出を求められている同意書は，本人のみならず世帯員を含めた資産，収入の状況について，銀行，信託会社，本人，世帯員の雇い主，その他関係人に報告を求めることを内容としている。

5）具体的には，予算編成直前に発表される政府経済見通しによる個人消費支出の伸び率である。

第15章　生活困窮者・低所得者に対する社会保障　331

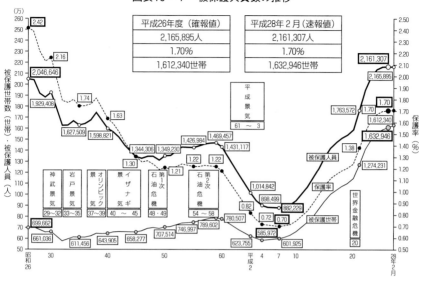

図表15－7　被保護人員数の推移

出典：厚生労働省社会保障審議会生活保護基準部会（2016）「第23回参考資料　生活保護制度の概要等について」。

　生活保護において，資力調査を適切に行うことは必要であるが，いきすぎた調査が受給者にスティグマ（屈辱感）[6]を与えることや，水際作戦と呼ばれる新規受給者に福祉事務所で申請を取り下げるような働きかけをすることが，批判を受けている。

　その後，被保護人員数および保護率は低下し続け，1990年代半ばには90万人程度，保護率も最低の0.7％となった。しかし，バブル崩壊に端を発した経済不況により，再び被保護人員数は増加に転じた。2008年にはリーマンショック，世界金融危機が起こり，派遣切りにあった労働者などの救済が課題となった。厚生労働省は，福祉事務所の体制強化や，稼働能力があっても就労の場がなければ，保護の対象になり得ることを自治体に通知し，支援の徹底を図っ

6）スティグマは，貧困の烙印，不名誉の印，汚名として，古くから社会福祉の問題点の1つとされてきた。懲罰的な処遇方法がとられた「福祉の世話になる」，「世間体が悪い」などの理由で，生活保護の利用が浸透しない。

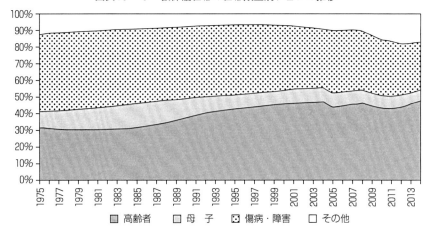

図表15-8　被保護世帯の世帯類型別シェアの推移

出典：国立社会保障・人口問題研究所「「生活保護」に関する公的統計データ一覧」より筆者作成。

た。この結果，高齢者世帯，母子世帯，傷病・障害世帯ではない「その他世帯」が全体に占める割合が上昇した（図表15-8）。ただし，被保護世帯でもっとも多いのは高齢者世帯であり，その割合も上昇傾向を示している。三世代同居率が低下し，単身高齢者が増加することが予測されているなか，高齢者の貧困はより一層大きな問題になろう。

　2011年には，被保護人員数は216万5千人となり，新法制定以降，過去最高を更新した。2016年時点では，216万1千人である。保護率は1.7％となっており，1950年〜1960年代頃と同水準になっている。

第7節　自立の助長

（1）貧困の罠

　高齢者，障害者などの稼動能力の活用が期待しにくい世帯が，被保護世帯に占める割合が高くなるにつれて，生活保護の受給期間の長期化という問題が生まれてきた。一方で，2008年のリーマンショックを契機として，稼働年齢層

にある被保護者も増え，生活保護においては，「自立の助長」をいかに図るかが，大きな課題となっている。

　生活保護は，最低生活費と収入認定額の差額が保護費として支給されるが，就労収入の全額が収入として認定されてしまうと，その分の支給される保護費が減額されるため，就労しても生活状況は良くならず，就労する意欲を失ってしまう。また，収入認定額が最低生活費を少しでも上回ってしまうと，保護費は支給されない一方で，これまで負担していなかった税や医療費等の支出が増えてしまうので，かえって生活状況が悪化してしまう場合があり，貧困から脱出する意欲が失われる。これらを「貧困の罠」という。

　そのため，生活保護では自立の助長を促すため，勤労控除を設けており，すべての就労収入を収入として認定しないことによって，就労意欲を阻害しないよう工夫している。また保護脱却後の不安定な生活を支え，再び保護に陥ることを防止するため，2014年には就労自立給付金が創設された。就労自立給付金は，保護受給中の就労収入のうち，収入認定された金額の範囲内で別途一定額を仮想的に積み立て，保護廃止に至ったときに一括で支給する制度である。

（2）負の所得税と給付付き税額控除

　貧困の罠を防ぎ，自立の助長と最低生活保障を両立させる方法として，「負の所得税」の考え方がある[7]。公的扶助と所得税を統合し，資力調査は行わず，一定所得以下の世帯に対しては，所得を申告することによりマイナスの税を支払う（つまり給付を受ける）ことになる。一方で，高額所得者はプラスの税を支払う。

　図表15－9では，横軸に課税前所得Ｉをとり，縦軸に課税後の所得である可

7） 負の所得税といわれる考えは，フリードマンが代表とされるが，ほかにもトービン，ランプマンも類似の主張をした。それぞれの考えは違いがあり，トービンは基本給付方式という考えに従い，家族規模・構成に応じていったん最低保障所得額を計算し，そこから課税前所得に税率を乗じた額を差し引く考え方であった。フリードマンは税制に着目したため，貧困ラインではなく課税最低限を分岐点と考えたが，ランプマンはあくまでも最低所得保障という視点で分岐点を貧困ラインと捉えた。

処分所得 I_d をとる。税がない場合，課税前所得と可処分所得は一致する。これは45度線で示される。貧困線Mは所得ゼロの時の最低保障所得水準である。N点は，プラスの税を支払うか，マイナスの税を支払うかの分岐点である。LMの傾きは税率である。I_1 より所得が多ければ，45度線とL線の差だけ所得税を払わなければならないが，もし，I_1 よりも所得が低ければ，L線と45度線の差の

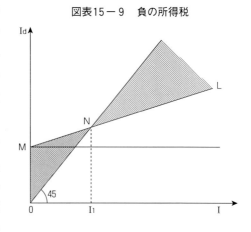

図表15－9　負の所得税

所得移転（マイナスの税）を受けることができる。負の所得税の長所は，貧困線から所得が増加した場合でも，可処分所得の増加につながるため，就労意欲が阻害されないという効果がある。また，資力調査が行われないため，行政の裁量が働かず，事務も効率化が進む，資力調査などによる屈辱感を受けない点にある。

　このほか，給付付き税額控除（Tax Credit）という考えもある。所得税の計算を行う際に所得控除を行うと，納める税金が減額されるため，一種の補助金になる。しかし，所得控除が同額の場合，累進課税制度だと，限界税率の違いから高所得者ほど高い補助金を受けることになる。さらに，課税最低限未満の世帯はこの補助金を利用できない。これに対して給付付き税額控除は，家族規模・構成が同じであれば，所得にかかわらず同額の補助になる。また，税額控除後の税額がマイナスになれば，給付を行うことも可能になる。

　さらにベーシックインカムという考えもある。これは，全国民に個人単位で一律に，無条件の最低水準の現金給付を行う考え方である[8]。しかし，ベーシックインカムの実現に必要な財源は莫大であり，またベーシックインカムがあれば労働供給をしない者も現れると考えられることから，課税ベースが落ち込みより高い税率を課す必要が出てくる。

またボランティアなどの社会参加を条件にした現金給付の考えとして，イギリスの経済学者A. E. アトキンソンは参加所得という考えを提案している。

第8節　生活困窮者自立支援制度

　生活保護制度は，貧困や困窮に陥った者を事後的に救済する制度であるが，保護に至る前の段階で支援を提供することで，自立した生活を維持することを目的に，2015年に生活困窮者自立支援制度（以下，困窮者制度という）が創設された。

　困窮者制度は，福祉事務所が設置される約900の自治体が実施主体となり，図表15－10の事業が展開されている。困窮者は支援を受けるため，自立相談支援事業において相談・利用申請が行われる。そして，自立に向けた支援計画が策定され，支援計画に基づき，居住支援，就労支援，緊急一時支援，家計再建支援等が実施される。

　これまでは，相談内容によって役所等の窓口が異なっていたが，困窮者制度では，困窮者はワンストップ型の支援を受けることができ，また自治体は複合的な課題を抱える困窮者に対して包括的・継続的な支援を提供することができる。

　しかしながら，制度創設からまだ間もないということもあって，任意事業の実施率が都道府県で大きく異なることが課題となっており，地域によって利用不可能な事業がある。図表15－11は，都道府県別に任意事業の実施状況を示したものである。2017年度時点で，子どもの学習支援事業は，全国平均で54％と過半数の都道府県で実施されているものの，ホームレスの自立支援等にも活用される一時生活支援事業は28％と相当低くなっている。

8）ベーシックインカムを上回った所得については課税されることになるが，個人単位でベーシックインカムと負の所得税を数式で表現すると同じ姿になる。たとえば，図表15－9で税率50％，最低所得保障水準を年間100万円とすると，LM線は$Id = 100 + 0.5I$という表記になる。一方，ベーシックインカムを100万円とし，それ以上については税率50％を課税すると，この場合の所得も$Id = 100 + 0.5I$と表記されることになる。

図表15－10　生活困窮者自立支援制度の事業

事業名	内容	国庫負担割合
必須事業		
自立相談支援事業	生活困窮者に対して， ① 生活困窮者が抱える課題をアセスメントし，ニーズを把握する ② ニーズに応じた支援が計画的に行われるよう，自立支援計画を策定 ③ 各種支援が包括的に行われるよう，関係機関との調整 を実施する。	4分の3
住宅確保給付金	離職等により経済的に困窮し，住居を失った又はそのおそれがある者に対し，家賃相当の給付金を有期で支給する。	4分の3
任意事業		
就労準備支援事業	直ちに一般就労への移行が困難な生活困窮者に対して， ① 生活習慣形成のための指導・訓練（生活自立段階） ② 就労の前段階として必要な社会的能力の習得（社会的自立段階） ③ 事業所での就労体験や，一般就労への就職活動に向けた技法や知識の取得等の支援（就労自立段階） の3段階の支援を有期で実施する。	3分の2以内
一時生活支援事業	住居のない生活困窮者であって，所得が一定水準以下の者に対して一定期間内（原則，3か月）に限り，宿泊場所や衣食の供与等を実施する。	3分の2以内
家計相談支援事業	家計管理の支援（家計簿等の作成支援），滞納（家賃，税金，公共料金等）の解消や各種給付制度等の利用に向けた支援，債務整理の支援，貸付のあっせん等を実施する。	2分の1以内
学習支援事業	生活困窮世帯（生活保護世帯を含む）子どもに対して，学習支援を実施する。	2分の1以内
都道府県知事等による認定		
就労訓練事業（「中間的就労」）	雇用による就業を継続して行うことが困難な生活困窮者に対して，対象者の状態等に応じた就労の機会（清掃，リサイクル，農作業等）の提供と併せ，個々人の就労支援プログラムに基づき，支援担当者による一般就労に向けた支援を実施する。一般就労と福祉的就労との間の就労形態として位置づけられる。	2分の1以内

出典：厚生労働省社会・援護局地域福祉課生活困窮者自立支援室（2015）「生活困窮者自立支援制度について」(http://www.mhlw.go.jp/file/06-Seisakujouhou-12000000-Shakaiengokyoku-Shakai/2707seikatukonnkyuushajiritsusiennseidonituite.pdf 最終閲覧日：2018年3月10日），厚生労働統計協会（2017）『国民の福祉と介護の動向2017/2018』厚生労働統計協会より筆者作成。

第15章　生活困窮者・低所得者に対する社会保障　337

図表15−11　任意事業の実施状況（2017年度）

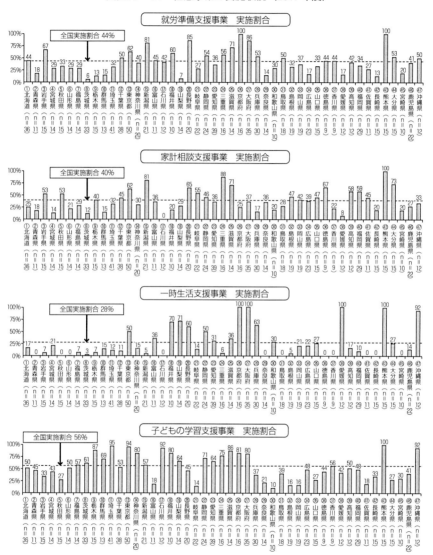

出典：厚生労働省社会・援護局地域福祉課生活困窮者自立支援室（2017）「平成29年度生活困窮者自立支援制度の実施状況調査集計結果」。

生活困窮者自立支援法と生活保護法が2018年に改正され，社会的孤立などより広範な困窮問題に対するための包括的な支援体制が強化されることになった。改正の内容は，①関係機関間の情報共有を行う会議体の設置，②無料低額宿泊所の規制と日常生活支援住居施設の新設，などである。

　子どもの学習支援事業は，子どもの貧困を改善するには，単に学習を支援するだけではなく，子どもの居場所づくりや，生活習慣・環境の向上も必要とされることから，2018年度から「子どもの学習・生活支援事業」に改編される。

　また，自立した生活を維持するためには，家計の管理・債務の整理，就労収入の引き上げも重要であることから，自立相談支援，就労準備支援，家計改善支援を一体的に実施されることになる。

第16章
福祉サービスの改革

　福祉サービスの提供をするためには，資源の投入が必要になる。1章で述べたように，資源に制約がある以上，福祉サービスといえども効率的に提供される必要がある。今日，人々の福祉サービスのニーズも多様化しており，従来のような供給者・提供者優先のシステム，すなわち「措置制度」から「利用者優先」の「契約」，「選択方式」に切り替えていく必要がある。しかしながら，福祉サービスとして通常の財と同様に自由な市場で取引するには多くの課題がある。社会福祉に選択と効率化をもち込むためには，社会的，経済的弱者が排除されないように慎重な工夫が必要になる。その際には，擬似市場原理（準市場メカニズム）によって，民間部門と政府部門の適切な役割分担を進めていく必要がある。本章では，社会福祉の仕組みと福祉サービスの改革について経済学的に分析していくことを目的とする。

第1節　社会福祉の仕組み

（1）社会福祉の実施体制
　社会福祉は，貧困，加齢，障害，健康，児童など様々な原因でハンディキャ

ップをもつ人々に，公の責任と財源をもって生活上の困難，障害を軽減し，自立した生活と社会参加を促すことを目的としている。社会福祉の実施体制は，図表16－1のように国，都道府県，政令都市等，市町村といった行政そして

図表16－1　社会福祉の実施体制

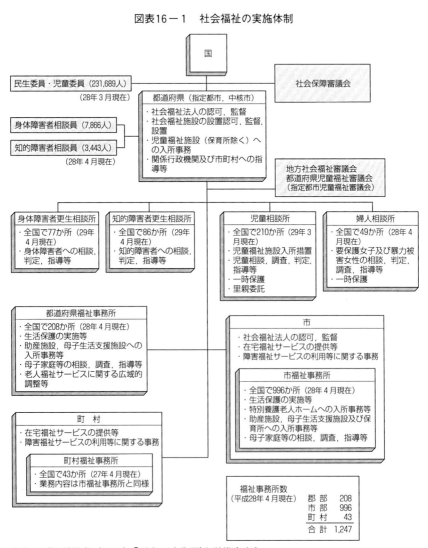

出典：厚生労働省（2017）『平成29年版厚生労働白書』。

福祉の現場にちかい児童相談所，福祉事務所など様々な出先機関，関連機関から構成されている。

（2）社会福祉施設の概要

社会福祉施設は，老人，児童，障害者，生活困窮者など様々なハンディをもつ者を援護，育成し，または更生のための各種治療訓練を行い，これら要援護者の福祉増進を図ることを目的としている。

社会福祉施設は，老人福祉施設，障害者支援施設，保護施設，婦人保護施設，児童福祉施設，その他の施設に分けることができる。

全国の社会福祉施設[1]の総数（2015年10月現在）は約13.4万カ所で，利用者の定員総数は約513万人であり，施設の80％が私営である。また施設の72％が成人施設であり，特に老人福祉施設がもっとも多い。

社会福祉施設の経営は，原則として，地方自治体（都道府県・市区町村）あるいは民間の社会福祉法人が運営することが定められている。

（3）社会福祉分野で働く人々

対人サービスである社会福祉サービスでは，多くの労働者を必要とする。社会福祉施設従事者総数は，2015年10月で常勤換算すると89.9万人であり，そのうち保育所等が51.7万人，老人福祉施設が44.3万人となっている。

福祉の職種としては，保育士，介護職員，保健師・助産師・看護師，支援員などがある。福祉の分野の資格としては，社会福祉行政分野の基本資格である社会福祉主事，保育士，児童指導員，国家資格である社会福祉士[2]，介護福祉

---

1) 社会福祉施設は，老人，児童，心身障害者，生活困窮者等，社会生活を営む上で，様々なサービスを必要としている者を援護，育成し，または更生のための各種治療訓練等を行い，これら要援護者の福祉増進を図ることを目的としている。
2) 専門的知識および技術をもって，身体上もしくは精神上の障害があることまたは環境上の理由により日常生活を営むのに支障がある者の福祉に関する相談に応じ，助言，指導その他の援助を行うことを業とする者である。大学において厚生大臣の指定する社会福祉に関する科目を修めて卒業した者等で，社会福祉士試験に合格した者が，登録を受けて社会福祉士になることができる。

士[3]などがある。

（4）社会福祉事業の歴史

1947年に，浮浪児や戦災孤児等を救済する目的で児童福祉法が，1949年に，戦争により増加した身体障害者を救済する目的で身体障害者福祉法が，1950年に，生活能力を失った人々を救済する目的で生活保護法があいついで制定された。さらに，1951年に，社会福祉の共通基盤である社会福祉法人，福祉事務所，共同募金，社会福祉協議会などについて規定するため，社会福祉事業法が制定された。このように，社会福祉制度の基本的な枠組みは，1940年代半ばから1950年代半ばにかけて形成された。

各種の社会福祉サービスに共通する基本的事項も規定したのが，1951年制定の社会福祉事業法である。

社会構造の変化に伴い，今日，社会福祉を取り巻く環境も大きく変化した。高度成長期を経て国民の生活水準が大幅に向上し，低所得者を対象とする選別的社会福祉サービスから，核家族化，女性の社会進出，国民の家族に対する意識の変化による家庭の生活保持機能の低下を補うだれもが利用者になる普遍的な社会福祉サービスが必要になりつつある。また，人口構造の急激な変化は，福祉サービスの利用者人口・構成にも変化を与えることになる。こうしたなか，社会福祉基礎構造改革により，2000年5月に社会福祉法に改正された。

（5）社会福祉法人

社会福祉法人は民間の非営利法人であり，社会福祉サービスの提供においては中心的な役割を果たしている。

---

[3] 専門的知識および技術をもって，身体上または精神上の障害があることにより日常生活を営むのに支障がある者につき入浴，排泄，食事その他の介護を行い，ならびにその介護者に対して介護に関する指導を行うことを業とする者である。高校卒業以上の者で，厚生労働大臣の指定する養成施設を卒業した者および3年以上介護等の業務に従事し，介護福祉士試験に合格した者が，登録を受けて介護福祉士となることができる。

① 社会福祉法人とは

　社会福祉施設の70％は，社会福祉法人を中心とする民間事業者が設置運営している。社会福祉法人[4]は，社会福祉法第2条に定められた社会福祉事業（第1種社会福祉事業および第2種社会福祉事業）を行う目的に，社会福祉法の規定に基づき設立される非営利の民間の公益法人である。

　第1種社会福祉事業とは，利用者への影響が大きいため，経営安定を通じた利用者の保護の必要性が高い事業（主として入所施設サービス）であり，生活保護法に規定する救護施設，更生施設，児童養護施設，養護老人ホーム，特別養護老人ホーム，障害者支援施設，授産施設などである。第1種社会福祉事業は，原則，行政および社会福祉法人が行うことになり，その他の者が第1種社会福祉事業を経営しようとするときは，都道府県知事等の許可を得ることが必要であり，民間営利法人の参入は制限されている。さらに個別法により，保護施設ならびに養護老人ホームおよび特別養護老人ホームは，行政および社会福祉法人に限定されている。他方，第2種社会福祉事業とは，利用者への影響が比較的小さいため，公的規制の必要性が低い事業であり，主として在宅サービスとなっている。保育所，幼保連携型認定こども園，老人デイサービス，老人デイケア，障害者福祉サービス事業などであり，経営主体の制限はなく，すべての主体が届出をすることにより事業経営が可能となっている。

　また社会福祉法人制度は，公の支配に属さない慈善博愛の事業に対する公金の支出を禁じた憲法第89条との整合性の確保や，社会福祉事業の公共性や信頼性，事業の継続性の確保などを目的として創設された制度である。福祉各法に基づく地方自治体による社会福祉法人への措置委託や，社会福祉法人制度に

4）社会福祉法人とは，社会福祉事業法第2条に定められている社会福祉事業（第1種社会福祉事業および第2種社会福祉事業）を行うことを目的として，社会福祉事業法の規定により設立される法人である。社会福祉法人制度は，社会福祉事業の公共性から，民法上の公益法人に比べてその設立運営に厳格な規制が加えられている。社会福祉法人の設立等の認可は，厚生労働大臣（事業が2以上の都道府県かつ2以上の地方厚生局管轄区域にまたがる場合），もしくは地方厚生局長（事業が2以上の都道府県かつ1地方厚生局管轄区域内の場合），都道府県知事または指定都市もしくは中核市の市長が行う。

図表16－2　社会福祉の施設の精微に要する費用分担

設置主体＼費用負担者	国	都道府県 (指定都市, 中核市を含む)	市町村	社会福祉法人等
社会福祉法人等	$\frac{50}{100}$	$\frac{25}{100}$	―	$\frac{25}{100}$

注：平成17年度より，高齢者関連施設等および児童関連施設の整備については，従来の社会福祉施設等施設整備費負担（補助）金から，それぞれ地域介護・福祉空間整備等交付金，次世代育成支援対策施設整備交付金に再編された。
　　また，平成20年度より，保育所の整備については，従来の次世代育成支援対策施設整備交付金から子育て支援対策臨時特例交付金（安心こども基金）により取り扱うとともに，新たに保育所等整備交付金が創設された。

出典：厚生労働省（2017）『平成29年版厚生労働白書』。

対応した税制上の措置が，社会福祉法人による社会福祉施設の設置運営を支えてきた。

② 社会福祉施設の運用費用

社会福祉施設の運営のための費用は，国，都道府県，市町村が措置費として施設に支給している。建物や施設などの設置コストは，図表16－2のように調達されている。民間組織である社会福祉法人が施設を設置する場合，設置費用の4分の1を施設に寄付しなければいけない[5]。

(6) 社会福祉協議会の役割

社会福祉法人が直接，社会福祉サービスを利用者に提供する役割を果たすのに対し，社会福祉協議会は地域における社会福祉サービスの推進，整備，調整を行う。

社会福祉法では，市区町村社会福祉協議会は「地域福祉の推進を図ることを目的とする団体」とされている。社会福祉協議会は，全国組織である全国社会福祉協議会，都道府県および指定都市社会福祉協議会，市町村社会福祉協議会がある。さらに市町村のなかに，小学校区を単位にした住民互助の地区社会福祉協議会（地区社協）がある。

---

[5] 社会福祉法人が施設を解散する場合，土地などは国に寄付することになる。

社会福祉協議会は，民間団体であるものの，社会福祉法に定められ，地域の福祉サービスや民間福祉事業者，住民，行政の橋渡し，福祉人材の確保，福祉サービスの第三者評価，行政サービスの受託，福祉・介護サービス事業，障害者など要援護者の生活相談事業等を行う。さらには共同募金事業の事務局を兼務することが多い。

第2節　社会福祉基礎構造改革の動き

社会福祉サービスの利用について，社会福祉基礎構造改革以降，行政の判断によりサービスを提供する措置制度から，利用者が自らサービスを選択し，サービス提供者との契約によりサービスを利用する制度への移行が進められた。

(1) 社会福祉サービスの特性

社会福祉サービスの特性を経済学的に整理すると，①対人サービスであり，労働集約的であり，費用に占める人件費の比率が高い，②提供するサービスは，生活支援という性格が強く，利用者の健康，障害や生活上の課題，そして必要度に応じたきめ細かいサービス提供が必要で，時間的にも不規則な需要が多い。また，③在宅サービスに典型的に現われているように，地域に密着したサービスという性格をもっており，天候，地形などの地域特性の影響をうける，④サービス従事者の技量，処遇がサービス内容の質的な面に大きな影響を与える，⑤専門の知識や技術，経験が必要とされ，業務の実施にあたっては，各種法制度に基づき，国家試験等の資格試験によって付与される免許等[6]の取得が必要とされることが多い，⑤公的制度に基づいて提供されるため，報酬体系や規制といった公的コントロールの範囲がきわめて大きい。さらに⑥対象者は低所得者など生活困窮を抱えている世帯も多く，一律の自己負担，利用料を徴収できない，⑦児童相談所，保健所，福祉事業所等の行政機関などとの密接な連携が必要である業務が多い，⑨対人サービスの対象者は，経済的，社会的または身体的，知的，精神的，認知能力面でハンディキャップやストレスなどにより判断能力に課題を有する人々が多い，⑩対象者の生命や健康，生活や個人のプ

ライバシーに直接関わるサービスであることから，強い倫理性を求められる，などがある。①，②，③，④，⑤など，通常のサービス財と共通する特性がある一方で，⑥，⑦，⑧，⑨，⑩など社会福祉サービスで特に留意すべき特性もある。

(2) 措置から契約へ

　戦後から社会福祉の根幹をなす措置制度の仕組みは，行政が限られた社会資源を優先度に応じて配分するという「割り当て」システムである。利用者が福祉サービスの申し込みを措置権者（市町村などの行政）に行い，措置権者が指定した事業者から利用者に給付（サービス提供）を行うというのが措置制度である。しかし，措置制度は，行政が，利用者に対する社会福祉サービス提供を社会福祉法人等の事業者に委託することから，利用者の意向によるサービスの選択が行われることはない。そのため，サービス提供者とサービスの間には明確な取引関係が生まれず，需要と供給が質的にも，量的にも乖離し，不効率な面が明らかになりつつある。これにたいして，契約制度は，利用者が事業者を選択し，直接契約し，その費用の一部あるいは全部を行政が事業者に支払うというものである。

　図表16－3は，措置制度と契約制度を比較したものである。

　さらに選択制度の導入に合わせて，事業者に対する報酬の仕組みも変更された。

　介護保険では介護報酬，障害者福祉では障害者福祉サービス報酬，子ども子育て支援新制度においては公定価格が定められ，事業者はサービス提供量に応

---

6) 社会保障関係分野においては，人命や人の健康に関わる業務であることや，サービスの質の向上を図る等の観点から，業務の専門性や能力を客観的に評価し，社会的な信用を確保するために，国家試験による免許制度など，約40の資格が整備されている。これらの資格には，その資格を取得しなければ業務を行うことを禁止されている資格（「業務独占」の資格。たとえば，医師や歯科医師，看護師等の資格）と，その資格を取得することにより資格の名称を名乗ることができる資格（「名称独占」の資格。たとえば，社会福祉士や介護福祉士等の資格）に大別できる。

図表16−3　社会福祉サービスの利用方法の比較

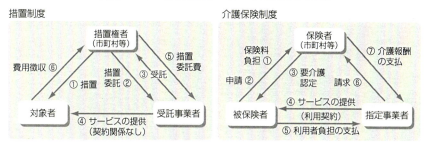

出典：厚生省（2000）『平成12年版厚生白書』。

じて報酬表等に規定された報酬が支払われることになった。これら報酬は，事業者の経営状況などを根拠に3年に一度改定される。報酬の設定によっては，サービス提供に大きな影響を与えることになる。

　措置制度では，事業者にとっての「消費者」は利用者ではなく，措置権者（行政）であり，施設に関する様々な情報は措置権者に提供される。これに対し，介護保険制度等では，利用者（受給者）が「消費者」として事業者を選択し，利用者はサービスを受ける際に一定の費用補助を受けることになる。この補助は形式的には，行政（介護保険の場合は保険者）から事業者に費用の一部が直接支払われるが，受給者から選択されないと費用補助を受けることができない。契約方式は利用者補助を意味することになり，施設は利用者に選択してもらうため，様々な情報を受給者に提供する必要がある。

　高齢者福祉分野においては介護保険法の制定，児童福祉分野においては児童福祉法の改正，そして子ども・子育て支援新制度の導入，障害者福祉の分野でも支援制度，障害者福祉総合支援法によって措置制度から選択制度への改革が進んでいる。

　図表16−4は，行政の代行的な性格をもつ措置制度，措置費と介護報酬の性格を比較したものである。

図表16－4　措置費と介護報酬の比較

	措置費	介護報酬	（参考）診療報酬
性格	一定のサービス提供を委託により実施するための費用	サービス提供の対価	サービス提供の対価
使途 （積算の考え）	施設運営費 〔人件費＋管理費 ＋入所者生活費〕 ・施設整備等の経費及び法人本部の経費に充てることは，原則，認められない。	制限なし ・事業主体の判断により，事業活動支出（減価償却費を含む）や事務費支出（法人本部の経費を含む）等に充てられる。	制限なし ・事業主体の判断により，医療費用（減価償却費を含む）や本部費用等に充てられる。
地域差の取扱い	人件費－公務員の調整手当に準じて調整 管理費－一律 生活費－生活保護の区分に準じて調整（老人保護措置費に限る）	介護職員・看護職員等の人件費相当分について，実態を踏まえて調整。 訪問系サービス（訪問リハビリテーションを除く）については，離島等サービスの確保が困難である地域は，15％加算。	一律 ・ただし入院環境料について公務員の調整手当に準じて調整
規定額と支払額の関係	規定された金額どおりに委託費として支払われる。	事業者によっては介護報酬の額から一定率の割引きを行うことが可能。	規定された金額どおりに報酬が支払われる。
支払方法	当月分を前払い	2ヶ月後に支払い	2ヶ月後に支払い

出典：図表16－3と同じ。

（3）社会福祉基礎構造改革のインパクト

社会福祉サービスにおける措置から契約への動きを決めたのが，1998年から進められた社会福祉基礎構造改革である。

社会福祉基礎構造改革は，1）サービスの利用者と提供者との間の対等な関係の確立，2）利用者本位の考え方に基づく利用者の多様な需要への地域での総合的な支援，3）利用者の幅広い需要に応える多様な主体の参入促進，4）サービスの質と効率性の向上，5）情報公開などによる事業運営の透明性の確保，6）増大する社会福祉のための費用の公平かつ公正な負担，7）住民の積極的かつ主体的な参加に根ざした個性ある福祉文化の創造，という7つの基本的考え方に沿っている（図表16－5）。このような改革の理念に基づき，改革は1）社会福祉事業の推進，2）質と効率性の確保，3）地域福祉の確立の3つの柱にまとめられた。

社会福祉基礎構造改革により，措置制度における施設補助，供給者補助から

図表16-5 社会福祉基礎構造改革の概要

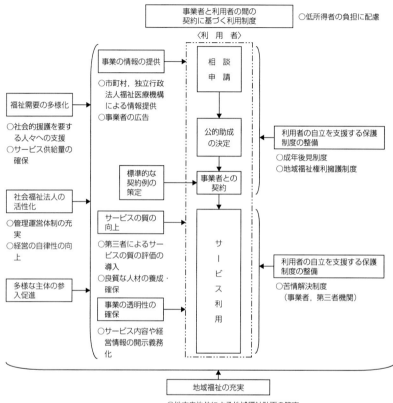

出典：厚生労働省（http://www.mhlw.go.jp/shingi/2004/06/s0623-13a1.html）。

利用者補助に切り替わることになるが，他方で自己責任の性格が強まることになる。

　社会福祉サービスの知識が不十分であったり，自己決定能力が低下すると，サービスの利用が難しくなることもある。

　そこで，認知症の高齢者など自己決定能力が低下している者の権利を擁護したり，日々の福祉サービスの利用を支援する制度の整備が不可欠であり，成年

後見制度とともに，それを補完し，福祉サービスの適正な利用を支援する仕組みとして日常生活支援事業などが重要になる。こうした地域への福祉サービスの基盤を支える担い手として，社会福祉協議会が期待される。

また，利用者がサービスを選択し利用する制度への移行に伴い，サービスの提供過程，評価などの基準の設定，専門的な第三者機関によるサービスの評価やサービスに関する情報開示などを導入する擬似市場原理を支える市場基盤の整備が必要となる。

こうして権利擁護のための相談援助事業や障害者の情報伝達を支援するための事業など，新たな社会福祉事業の追加，社会福祉法人の経営基盤の確立や適正な事業運営の確保など，社会福祉サービスの基盤および供給サイドの強化が必要になった。

① 社会福祉事業法他7法の改正

社会福祉基礎構造改革に従って，2000年5月に社会福祉法[7]他関連法の改正が行われた。介護保険の導入，保育制度における子ども・子育て支援新制度の導入，障害者福祉における支援費制度[8]，そして障害者総合支援法といった契約方式による社会福祉制度がスタートした。

② 社会福祉事業の充実・活性化

社会福祉基礎構造改革では，社会福祉事業の範囲，社会福祉法人の規定整備が行われ，障害者福祉サービスの充実のために事業[9]が追加され，社会福祉事業は90事業になった。また，成年後見制度を補完するために，1999年10月より地域福祉権利擁護事業，これを法文化した「福祉サービス利用援助事業」(精神上の支障がある者に対する福祉サービスの利用相談)がスタートした。また，二

---

7) 社会福祉事業法は社会福祉法へ題名改正が行われた。他の7法は身体障害者福祉法，知的障害者福祉法，児童福祉法，民生法，生活保護法，社会福祉施設職員等退職手当共済法などである。知的障害者福祉法の改正については，市町村への権限委譲も含まれる。

8) 自分でサービスを選択し，事業者と契約を結び，契約に基づいて，事業者に対してサービスの対価を支払い，これに市町村が支援費を支給する。

9) 身体障害者，知的障害者および障害児の各種相談支援事業，手話通訳事業，盲導犬の訓練施設，知的障害者デイサービス事業（知的障害者に対し，入浴，食事の提供，創作活動，機能訓練を行う）など。

ーズに柔軟に対応できるように小規模作業所の社会福祉法人化への道を開き（10人以上に規制緩和），在宅サービスの福祉法人の資産要件を1億円から1千万円へと条件を緩和した。

③　社会福祉協議会の役割（自己決定能力が低下している人への権利擁護，苦情処理）

社会福祉法では，市区町村社会福祉協議会は「地域福祉の推進を図ることを目的とする団体」となった。地域住民に対し，地域福祉サービスを提供する自立組織としての機能が期待される。地域での生活支援事業（高齢者・障害者・児童等の自立生活支援，福祉サービス利用者の権利擁護，苦情解決），介護保険事業（サービスの質の向上，サービス評価結果，財務状況の公開，経営会議への住民参加）の実効性を高めるため，経営力の強化（理事，役員構成），組織再編，人材育成確保が急がれる。

第3節　社会福祉サービスへの擬似市場原理

以上のような社会福祉基礎構造改革は，公的サービス部門における市場原理の導入と評価できる。ここでは社会福祉基礎構造改革を経済学的に分析してみよう。

（1）擬似市場原理導入の政策目的

社会福祉基礎構造改革は，社会福祉サービスの分野に競争を導入することであり，効率性を優先し，公平性を損なうという危惧も指摘されている。この点について，まず，①介護，障害者福祉，保育といった社会福祉サービスは特殊な財であり，その需給に政府が介入する必要性がある，②公的介護保険，子ども子育て支援新制度，障害者総合支援法といった，社会福祉基礎構造改革の流れをくむ擬似市場原理導入の目的は，公平性を損なわないで効率性を改善することである。

経済学における効率性の基準とは，市場参加者の効用が極大化される資源の最適配置を意味している。費用が下がっても質的に悪化し，消費者の効用が下がれば，効率的になっていない。効率性の改善は，同じ質・量の財・サービス

を提供するためにはより少ない資源の投入が望ましいということである。

(2) 介護・保育・障害者福祉サービスの特性

介護，保育，障害者福祉サービスはどのような性格の財であろうか。経済学のアプローチに従えば，その財の需給に政府が介入するか否かは，①その財が公共財であれば，市場では過少取引が発生する，②政府が給付することによって所得再分配を達成できる，③その財が価値財であるかどうか，という基準から検討される。

① 公共財としての評価

消費の非競合性，非排除性，外部性が認められると，その財の供給は政府が行うことになる。しかし，公共財であるか否かによって市場と政府の役割分担を整理することには，限界がある。また，公共財の定義は，外部性のために市場では自分の負担を過少申告するため，過少の取引しか成立しないということを意味しているにすぎず，政府が直接生産すべきであるということを意味していない。消費者が限界効用を過少申告することによって最適需給が達成されないからといって，政府が直接生産する必要性はない。

② 現物給付による所得再分配からの評価

価格弾力性が小さい必需財において，所得階層別価格を設定することによって再分配機能を期待できる見方もある[10]。たしかに措置制度では，介護・保育・障害者福祉といった税を財源とする補助金により所得階層別料金体系，所得制限付きの差別価格を設定することによって，再分配効果をもたせている。しかし，このような価格政策による再分配は，資源配分を歪める問題[11]も伴う場合もある。現物給付は一律の価格設定を行い，他方で所得保障政策で再分配を行う方法もあるが，現実には多くの社会福祉サービスでは所得階層別料金

---

10) 措置制度による所得再分配を重視する見方もある。
11) 価格政策による所得再分配機能は，①所得階層によって需要の価格弾力性が異なっているため，効果が明確でなく，②利用者負担徴収基準が，所得把握の差を通じて水平的公平を阻害するため，相対的な価格体系を変化させる。このため価格政策よりも現金給付による所得再分配政策の方が優れている。

となっている。

③ 価値財[12]としての評価

消費者が利用ないし消費の価値を正しく認識するのに十分な情報や判断力が不足しており，消費行動を矯正するために政府が介入する必要のある財を価値財と定義する。

価値財の考え方は，政府と市場，どちらを信頼するかという問題とも通じている。価値財のアプローチの拡大は，政府が，父権主義（パターナリスティック）的に判断し，消費者の選好に介入するため，政府の独善的な行動につながる可能性がある。しかし，介護サービスや保育サービスの性格を検討する場合，情報や判断力の制約という問題を軽視してはならない。介護，保育，障害者福祉といったサービスの最終的な消費者，利用者は，意志決定や情報収集に制約がある機能上の弱者である老人や児童であり，購入者である家族はあくまでも代理人である。この家族が必ずしも本人のために行動しない場合には，政府が介入する根拠はある。

（3）介護・保育・障害者福祉サービスをめぐる情報の非対称性と不確実性

介護・保育・障害者福祉サービスは，他の財・サービスとは異なった性格[13]をもつ財・サービスである。福祉サービスの最終的な消費者，利用者は，意志決定や情報収集に制約がある機能上の弱者であり，消費者は必ずしも十分な判断力をもっていないという市場への参加能力の限界がある。

① 情報の非対称性

福祉サービスにはいくつかの情報の非対称性が発生する可能性が高い。情報の非対称性には，「隠された特性」，「隠された行動」，「隠された情報」，「隠さ

---

12) 価値財とは，消費者が利用ないし消費の価値を正しく認識するのに十分な情報や判断力が不足しており，消費矯正の問題のために政府が介入する必要のある財である。価値財の考え方は，政府がパターナリスティックに判断し，消費者の選好に介入するため，政府の独善的な行動につながる可能性があり，あまり多用すべきではない。

13) 通常，サービス財は①需給の同時性，②貯蔵の不可能性，③取引の対面性から，需要変動に伴う設備や人員の利用効率が低下し，効率性改善が困難であるという性格をもっている。

れた意図」などがある。

(a) 「隠された特性」とは，財・サービス供給者の特性を，事前に消費者が知らない場合に発生する。介護サービスは利用して初めて品質がわかる経験財であり，福祉サービスではこの問題が発生する可能性が大きい。

(b) 「隠された行動」は，購入者が供給者の行動を監視できない場合に発生する。介護サービスは購入者である家族と消費者である高齢者が分離している場合が多いため，消費者が認知症老人であった場合など，購入者である家族がサービスの品質を認知できない可能性が高い。

(c) 「隠された情報」は，購入者が供給者の行動を監視できるが，評価できない場合に発生する。介護サービスの場合は，医療などと異なり，購入者側もある程度のサービスに関する知識があるため，隠された情報の問題が起きることは少ない。

(d) 「隠された意図」は，購入者・消費者が供給者の機会主義的な行動を認識できるが阻止できない状態である。購入者・消費者が引き返すことができないような状況になり，そのため供給者にまったく依存するいわゆる「ホールドアップ」といわれる状況に追い込まれることになる。入所時に多額の費用を支払う有料老人ホームなどが典型である。このような理由から，介護サービスに市場原理を導入する場合には，情報提供が行われるよう政府が積極的に介入する必要がある。

② オプショナル・デマンドとしての社会福祉

福祉サービスには，需要の発生の不確実性という制約もある。弱者になるという不確実な出来事に対する個人の予想能力の限界を政府が補い，実際にその財・サービスを利用するかどうかにかかわらず，利用機会をシステムとして保障する必要がある。このようなオプショナル・デマンドとして福祉サービスを評価することもできる。この理由から，福祉サービスの費用が税や社会保険といった公的な資金でまかなわれ，その利用が政府から保証されることは正当化できる。

③ 認知機能の低下

高齢者や精神障害者のなかには，認知機能の低下により判断能力，意志決定

(4) 擬似市場と政府の役割
① 擬似市場原理の可能性

　福祉サービスは，オプショナル・デマンドや価値財的な性格をもつ「公共財的性質をもつ準市場財」として評価できる。これらの理由から，福祉サービスに市場メカニズムが機能しない可能性[14]があり，政府の介入が正当化できると考えられる。しかし，このことから直ちに政府が自らサービスを生産するということにはならない。政府の介入の形態は，①公的提供[15]，②公的誘導[16]，③公的規制[17]がある。

　福祉サービスの場合は，公的提供から公的誘導と公的規制を組み合わせながら，市場メカニズムを利用した効率的な供給制度への移行，すなわち擬似市場原理の導入が必要になる。この擬似市場原理のポイントは，供給者と購入者の分離である。これまで政府は自らの部門で公的サービスを生産し，自ら購入してきた。しかし擬似市場原理では，政府は自らサービスの生産はしない。サービスの生産は直接的にも間接的にも，政府ではなく多様な競争的な民間事業者が行う。また，購入者と財政（支出者）の分離も必要である。これまで政府は

---

14) 市場メカニズムが機能するためには，①完全競争，②同質的な財，③情報が無料で利用可能，④すべての財と生産要素の無制限な分割可能性，⑤外部効果による非自発的な交換関係が存在しないこと，⑥すべての生産要素と財の完全な可動性，⑦時間を越えた適応プロセスが条件となる。ピコー，ディートル，フランク（1999）38頁。

15) 公的提供とは，公共財を政府が財政収入で提供する場合であるが，提供主体は私企業・公企業でもよい。

16) 公的誘導とは，外部不経済への対処のため，金銭的・非金銭的手段で市場参加者を誘導することである。

17) 公的規制とは，ルール規制（間接規制）と参入・価格自体に介入する直接規制があるが，規制の目的に応じて経済的規制と社会的規制の2種類ある。経済的規制は，自然独占や情報の非対称性によって資源の効率配分がゆがめられる場合に適用され，社会的規制は，外部性・公共財・情報の非対称性，リスク等によって資源の配分効率がゆがめられ，社会の秩序の維持，社会経済の安定性が損なわれる場合に適用される。健康・安全・環境・災害などが例としてあげられる。

図表16－6　介護システム図

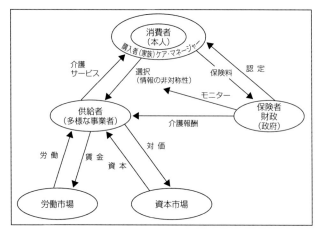

出典：駒村（2000）。

購入者であり，かつ財政（支出者）であった。しかし，擬似市場原理では，政府は財政（支出者）になるが購入者にはならない。公共サービスの利用者はこれまでの依存的な立場から脱却し，政府から購入権[18]を与えられた購入者あるいは消費者になり，自ら選択権を行使できる。一方，多様な事業者は供給者として，購入者をめぐり競争をすることになる（図表16－6）。

　擬似市場原理は，財源・費用負担[19]，質に対するモニタリング，意志決定能力への補佐といった点で通常の市場原理と大きく異なる。あくまでも目標は，利用者の満足度を高めるための手段としての選択・競争原理の導入である。従来の措置原理は供給者優先のメカニズムであり，供給者が専門家として「良かれ」と思ったことがサービス改善の原動力である[20]。供給者優先の社会福祉から利用者優先の社会福祉システムになり，供給者は公の代行組織ではなくなり，さらにサービス提供過程がより重要になる。

18）購入者に割り当てられる購入権は現金ではない。バウチャーが典型例となる。
19）財源を税・保険料とする点で，普通の市場とは異なる。
20）これまでは施設，人員配置などの外形上の最低基準が設定されていたが，これを満たしていれば十分ということになり，同時に質の上限になった。

（5）擬似市場原理と財・サービス市場，労働市場，資本市場

擬似市場原理のインパクトを財・サービス市場におけるインパクト，労働市場におけるインパクト，資本市場におけるインパクトから見てみよう。

① 財・サービス市場

事業者は購入権をめぐって競争することになる。しかし，価格が固定されているため価格競争ではなく，質の競争が行われることになる。ここで情報の非対称性が重要になってくる。悪質な供給者の排除はもちろん，サービスの品質に関する情報が重要になってくる。中立な立場からのサービス評価の仕組みはきわめて重要である。また，重度の利用者が排除されるクリームスキミングが発生しないような制度設計，特に供給者のインセンティブを左右する報酬体系を慎重に設定する必要がある。

② 労働市場

財・サービス市場における競争原理の導入は，福祉労働者市場にもインパクトを与える。従来の措置制度においては，福祉労働者の賃金は公務員準拠になっていた[21]。擬似市場のもとでの賃金体系は公務員準拠ではなく，賃金・待遇は，通常の産業と同様に生産性と需給に基づいて決定されるべきであろう。重要な点は，専門性の適切な評価と処遇，生産性と賃金，報酬がリンクできるのかという点である。労働者の賃金は介護報酬や公定価格に制約され，報酬が抑えられると労働者の賃金も抑えられることになる。福祉サービス労働者に十分な待遇をし，専門性を評価できる賃金体系や労務管理の構築が必要になる。

③ 資本市場

サービスを生産するためには，労働と並んで資本・投資が不可欠である。しかし，これまでの社会福祉法人制度においては，この資本・投資への考慮がほとんどなされてこなかった。現行の社会福祉法人制度は，初期資本投資の4分の1は設置者による寄付でまかなわれており，そして設備投資や補修といった減価償却，投資コストの調達は措置費のなかでは考慮されていない。こうした

---

21) 民間社会福祉施設の専門職員の給与は国家公務員，地方公共団体の給与に準拠し，人事院勧告に準じて改定した。

制度の欠陥は,収支均等だけをチェックする特殊な会計ルールを見ても明らかであり,結果として様々な問題をこれまで引き起こしてきた。特殊な資本調達ルールは,今後の施設介護サービス充実の制約となる。現に,資本調達による規制のために,立地産業でなければならない特別養護老人ホームの立地が地価の安い郊外に集中し,都市部では不足するという歪みを引き起こしてきた[22]。また,積極的な投資計画もできない状態である。近年の社会福祉基礎構造改革では,会計ルールの一部見直し,規制緩和[23]が行われた。

(6) 福祉サービスにおける擬似市場原理の条件と政府の役割

以上,福祉サービスにおいても部分的に市場原理が導入され,利用者中心になっていくこと自体は大変好ましい。国・地方自治体の役割は,基盤整備,利用促進といったインフラ整備が中心になる。特に,国の役割では,サービスに対する報酬体系の設計が重要になる。一方,市町村は措置の実施主体ではなくなり,擬似市場原理の管理者[24],財源確保の主体になる。福祉サービスで擬似市場が成功するためには,市場基盤整備(情報公開,アクセス,評価者の公平性,客観性,評価プロセス,評価者の評価,判断・意思決定への補助,消費者保護)が一層必要であろう。

① 情報の非対称性への対応

前述のように措置制度下では,行政による実施が基本で,社会福祉法人は行

---

[22] 社会福祉各法においては,設置費は設置者が負担することが原則とされており,「設置者負担主義」と呼ばれている。設置費は土地購入費,借用費,建設費,施設改善改築費,備品費である。設置費は全体の4分の3を国・地方自治体が補助し,残り4分の1が設置者の自己負担になる。この自己負担への融資制度として,社会福祉医療事業団による融資や共同募金配分金,社会福祉事業振興会,各種助成財団からの融資がある。特に,用地取得が補助金でカバーされていないため,施設の立地計画が歪み,都市部での需要が多いにもかかわらず,施設が確保されない要因になっている。社会福祉法人が特別養護老人ホームを設立する際に,土地の寄付が求められるため,立地が利便性の悪いところに集中している。

[23] 規模規制,基本財産規制などの一部が廃止される。

[24] サービスの質,改善のモニター,誇大広告の禁止,苦情解決,都道府県地域福祉支援計画,市町村地域福祉計画の策定,成年後見など意思決定に関する支援。

政の受託者であり，地域の福祉需要の把握とサービスの提供責任は行政にあった。行政が福祉需給の一元管理を行ったため，利用者が社会福祉施設のサービス内容を具体的に知るシステムがなかった。

他方，通常のサービス市場では，消費者はサービスの中身を理解して購入すると想定されている。措置制度の下での福祉サービスの場合，割り当て原理であったため，サービスの内容を広告する考え方はなかった[25]。

契約制度になると情報は重要になり，利用者にとって情報収集のコストは低い必要がある。しかし，福祉サービスは品質に関する情報の非対称性が強く，情報収集コストが高価になる可能性がある。このため品質に関する情報が入手しやすくなるように，政府が情報提供を補助する必要があろう。第三者評価機関や格付け機関の整備を，政府は積極的に支援すべきである。

第三者評価機関については，①評価基準，②地域による多様性，③コスト確保，④評価者の能力，⑤評価によるメリット，がポイントになる。措置制度における最低基準のチェックではなく，第三者機関による評価が不可欠である。

情報開示について，情報公開の方法，情報へのアクセス確保，公開のルール，情報作成のルール（作成基準），情報作成者の客観性，評価者の公平性・客観性，情報公開のプロセスの透明性，評価の評価，虚偽情報に関するペナルティ，契約内容の明示が必要になる。

② 施設運営の透明性（アカウンタビリティー）

社会福祉法人には株主が存在せず，資金の流れがチェックされない。通常，株式会社は会計情報[26]を開示し，資本市場からのチェックを受ける。会計情報は組織内の資源配分を示す重要な情報である。従来の社会福祉法人の会計ルールは，運営費として使用制限の強い措置制度を前提にしたもので，収支の均衡のみが重要で，行政からの委託を滞りなく執行すればよかった。しかし，2016年社会福祉法の改正により，経営強化，効率的経営の視点から，一定規

---

[25] 1997年の児童福祉法改正による選択制度により，保育所と市町村の情報提供義務が法定化された。

[26] 会計情報は組織内の価格情報であり，投資家に対する情報であり，組織内の財の配分を決定する擬似価格機構である。

模以上の社会福祉法人に対し会計監査人による監査が義務づけられた。

③　十分な供給者と資本調達の多様性

措置制度では，適切な能力に欠ける事業者が退出し，優れた事業者によって買収されるようなダイナミックな効率性がなかった。擬似市場原理が有効に機能するためには，十分な供給量を確保できるかが重要である。供給者が増えない場合には，利用者は選択できない。選択とは供給者が多くあって初めて成立する。逆に供給量が足りないと対等な契約関係が生まれず，利用者の交渉力が低下する。今後，事業者の参入が増加することが期待されるが，新たに施設を作る場合には，資金が制約になる場合も多い。従来のような寄付行為に対する規制を緩め，低利のエコボンド（地域福祉債）を発行し，地域住民に買ってもらうなど，資本調達の多様化を行うべきである。また，地域住民や利用者の経営参加の拡大や多様な事業者の参入を認める必要もある。

④　サービスに対する報酬体系の工夫

供給者にとっての価格は，サービスに対する報酬体系である。介護報酬，公定価格などの報酬単価は政府が決定するため，必ずしも需給を反映していない。福祉サービスへの評価を報酬にフィードバックさせる仕組みが必要になる。本来は利用者が介護サービスを高く評価しているならば，それは高い介護報酬として反映されるべきであろう。この擬似価格のコントロールはかなり難しいことになる。報酬体系によっては，より軽度な利用者が歓迎され，重度な利用者は敬遠されるという，クリームスキミングが発生する可能性もある。

⑤　選択能力の補完（代理人制度）とアクセス保証

認知症の高齢者，知的障害者，精神障害者などは判断能力に課題をもつ人が多い。他の分野以上に消費者保護が必要であり，意志決定能力の低下した人のための成年後見制度の整備や消費者保護ルールも，擬似市場原理導入の前提になる。成年後見制度，相談助言，地域福祉権利擁護事業，介護支援専門員がこの機能を果たすが，モデル契約，苦情解決という点で地方自治体の役割もますます重要になる。加えて，サービスを必要としている人が確実にサービスを利用できるような積極的なアクセス保証も重要である。

第4節　社会福祉法人改革

　措置制度のなかで，これまで社会福祉法人は保育，介護，障害者福祉サービス等といった自治体の公的福祉サービス提供を代替するという役割は果たした。1998年の社会福祉基礎構造改革によって，利用者中心の契約システムが導入され，社会福祉法でも収入と支出の効率的な管理がいっそう必要となった。今後，介護，保育，障害者福祉サービスには多様な経営主体の参入が進む可能性もあるが，当面は福祉サービスの中心は社会福祉法人である。社会福祉法人は社会福祉基礎構造改革により，経営力が重視される一方で，地域福祉の担い手という本来の使命が十分に果たせなくなっているという課題も確認され，地域社会の公益のための活動を推進する改革も行われている。

（1）非営利組織としての社会福祉法人の行動原理
　民間企業は，利潤最大化とその利潤の株主への分配を目的に置いているが，非営利組織である社会福祉法人の目的は，株主への利潤，配当の最大化ではなく，それぞれの法人のもつ使命の達成である。

（2）社会福祉法人における経営力の強化
　社会福祉基礎構造改革によって，福祉法人審査基準，社会福祉法人会計も変更になった。
　新会計基準では，①施設単位の会計から法人単位になり[27]，より柔軟な経営が可能になった，②損益計算（収益，費用が明確化），資金収支計算書が整備され，収支差が効率性の尺度になり，収支差を再投資できる余地が拡大した。
　社会福祉法人は経営力アップのため，③収入面においては，既存資源の最大活用（稼働率の向上，付加価値サービスへの進出），④支出面においては，固定費，人件費の見直し，共同購入，価格交渉力の強化，外部委託の拡大を進めていく

27）厳格すぎる施設間会計分離を弾力化し，企業に近い機動的な経営が可能となった。

図表16－7　社会福祉法人の経営指標

項目	対応	指標管理
収入・サービス	マーケティング，営業，広告（料金，サービス内容，提供者の資格），報酬請求，品質管理（技術的，環境的，アメニティ，ホスピタリティ）（介護保険では要介護者の分布のモニター　通所系施設では稼働率・施設使用率の動向）	稼働率，職員・利用者一人当たり収益率，労働生産性
支出	材料費の購入・外部委託・賃金	経費率管理，人件費，労働分配率
人事・労務	リクルート，教育，評価	定着率
資金	資金計画	流動性，資金運用
長期計画	投資計画（施設・設備整備）	成長分析
その他	情報開示（ディスクロージャー），経営意志決定（アカンタビリティ），苦情処理（ソリューション）	

必要がある。

　経営に対する不確実性は増大していくため，マネジメント能力の重要性が増し，理事長は経営者としての資質が求められていく（図表16－7参照）。

　さらに，従来の理事会のように運営の適正，透明性をチェックするのみでは対応できず，理事会・評議会などの経営意思決定組織の強化も必要になる。また，労働集約型産業の福祉サービスでは，人材がもっとも重要な生産要素になる。福祉労働市場も拡大，流動化するため，生産性に見合った賃金・処遇，評価システムが重要になる。

（3）社会福祉法改正による社会福祉法人の地域貢献

　社会福祉法は，地域福祉の促進を目的にして，その第4条で「地域住民，社会福祉を目的とする事業を経営するもの，および社会福祉に関する活動を行うものは，相互に協力し，福祉サービスを必要とする地域住民が地域社会を構成する一員として，日常生活の営み，社会，経済，文化その他あらゆる分野の活動に参加する機会が与えられるように，地域福祉の促進に努めなければならない」とされており，地域住民や社会福祉法人などが地域社会を主体的に形成していることになっている。

　また2016年の社会福祉法改正に伴う社会福祉法人改革は，1）地域ニーズ

への不十分な対応，2）財務状況の不透明さ，3）ガバナンスの欠如，4）内部留保の問題，5）他の経営主体との公平性の問題への対応，が進められた。

　これからの社会福祉法人の地域における役割は，1）地域性を考慮する（真に地域ニーズに沿った事業展開を図る），2）多様化し複雑化する新たな福祉ニーズに対応する，3）制度によるサービスだけでは対応できない課題[28]に対応する，4）制度の範囲で提供されるサービスだけにとどまらない支援を行う，5）事業者の参入がない過疎地等における制度に基づくサービスの実施，継続，6）生活困窮者自立支援法の施行に対応する，7）地方公共団体や住民活動をつなぎ，地方公共団体との間に立ちネットワークを作っていくなど，まちづくりの中核的役割を担う，8）地域包括ケアシステムの構築，個性豊かな地域社会づくり，地域再生の中心としての貢献といった，これからの地域づくりの中核的な役割が期待されている。

　地域における公益的な取り組みとしては，2016年の社会福祉法改正では，①「地域公益活動」と②「地域公益事業」の2つに分けて整理している（図表16－8）。

① 「地域における公益的な取組（第24条2項）（地域公益活動）」は，すべての法人の責務である[29]。
② 「地域公益事業（改正法第55条の2）」は，十分な内部留保（社会福祉充実残額）を保有している法人が，その財産を活用する社会福祉充実計画に位置づける事業である[30]（図表16－8参照）。

　このように見ると，社会福祉法人は，自らが個別のサービスの提供をするだけではなく，地域社会における生活困窮者や課題に対するソリューションをアレンジし，提供する役割を担っていると評価できる。

28）例えば，単身高齢者に対する見守りや，ひきこもりの人びとに対する支援など「制度の狭間の課題」である。

図表16－8　地域における社会福祉法人の役割

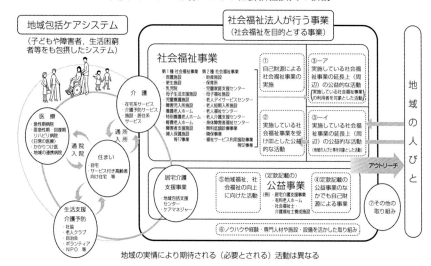

出典：全国社会福祉協議会：社会福祉法人が行う「地域における公益的な活動」に関するパンフレット（http://www.shakyo.or.jp/news/20141015_koueki.pdf）。

---

29) ①の社会福祉法人が取り組むべき「地域公益活動」とは以下のような内容となっている。「社会福祉法人は，社会福祉事業及び第26条第1項に規定する「公益事業」を行うに当たっては，日常生活又は社会生活上の支援を必要とする者に対して，無料又は低額な料金で福祉サービスを積極的に提供するように努めなければならない」とされている。具体的には，その地域における公益的な活動とは，1）地域住民のサロンや生涯学習会の実施など，地域交流促進のための場の提供，2）生計困難者等に対する利用者負担軽減，3）特別養護老人ホーム等の入所施設による在宅の中重度の要介護者等の生活支援，4）地域内の連携による福祉人材の育成，5）複数法人の連携による災害時要援護者への支援，6）地域における成年後見人等の受託，7）生活困窮者に対する相談支援，一時的な居住等の支援の実施，就労訓練事業（いわゆる中間的就労）や社会参加活動の実施，8）低所得高齢者等の居住の確保に関する支援，9）貧困の連鎖を防止するための生活保護世帯等の子どもへの教育支援，10）ひきこもりの者，孤立した高齢者，虐待を受けている者等の居場所づくりや見守りの実施，11）刑務所出所者への福祉的支援，が事例として示されているが，各法人が地域の実情をみて判断することになっている。

30) ②の「地域公益事業」は，社会福祉充実残高の再投下対象事業である。これは，内部留保された資金の使い方に関わる事業である。また地域公益事業を行う社会福祉充当計画の作成に当たっては，「地域協議会」で，行政関係者や地域住民などと議論して，制度横断的に地域福祉ニーズを把握することになる。

参考文献

阿藤　誠（2000）『現代人口学』日本評論社.
安藤，アルバート・山下道子・村山淳喜（1986）「ライフ・サイクル仮説に基づく消費・貯蓄の行動分析」『経済分析』第101号.
池上直己（1999）「医療計画の検証と今後の医療提供体制」『病院』，第58巻7号，626-634頁.
池上直己（2010）『ベーシック　医療問題〈第4版〉』日経文庫.
池上直己，ジョン・キャンベル（1996）『日本の医療』中公新書.
医療の質に基づく支払い（P4P）研究会編（2007）『P4Pのすべて』医療タイムス.
岩下清子他（1998）『診療報酬』日本看護協会出版会.
岩田正美（2016）『社会福祉のトポス』有斐閣.
大坪宏至（2009）「わが国急性期病院におけるDPC導入について―原価管理の重要性を視野に入れて」『経営論集』73号.
岡本悦司（1989）『国民健康保険―加入者のための本』三一書房.
恩田守雄（2006）『互助社会論』世界思想社.
篭山　京（1996）『公的扶助論』光生館.
城戸喜子・駒村康平編著（2005）『社会保障の新たな制度設計』慶應義塾大学出版会.
鬼頭　宏（2000）『人口から読む日本の歴史』講談社学術文庫.
京極高宣（2017）『社会保障と日本経済』慶応義塾大学出版会.
経済企画庁（1996）『平成8年経済白書』大蔵省印刷局.
経済産業省（2004）『公的負担と企業行動に関するアンケート調査』.
厚生省（1999）『平成11年版厚生白書』法研.
厚生省（2000）『平成12年版厚生白書』法研.
厚生統計協会（2009，2010）『保険と年金の動向』厚生統計協会.
厚生労働省（2004）『平成16年版厚生労働白書』法研.
厚生労働省（2010）『平成22年版厚生労働白書』.
厚生労働省（2012）『平成24年版厚生労働白書』.
厚生労働省（2012）「健康日本21（第2次）の推進に関する参考資料」.
厚生労働省（2012）「社会保障給付費の将来推計」（2012年3月）.
厚生労働省（2012）「社会保障に関わる費用の将来推計の改定について」.
厚生労働省（2014）「社会保障制度改革の全体像」.
厚生労働省（2015）『厚生年金保険・国民年金事業年報』.
厚生労働省（2015）「医療保険制度改革の背景と方向性」.
厚生労働省（2016）『個人の予防・健康づくりに向けたインセンティブを提供する取組に係るガイドライン』.
厚生労働省（2016）『第96回社会保障審議会医療保険部会　資料』.
厚生労働省（2016）『平成28年版厚生労働白書』.
厚生労働省（2016）『平成28年版　労働経済の分析』.
厚生労働省（2017）『医療費適正化基本方針の改正・医療費適正化計画について』.
厚生労働省（2017）『国民健康保険実態調査　平成28年度』.
厚生労働省（2017）『平成27年度介護給付費等実態調査』.

厚生労働省（2017）『平成28年介護サービス施設事業所調査』.
厚生労働省（2017）『平成29年版厚生労働白書』.
厚生労働省（2017）『平成29年版　労働経済の分析』.
厚生労働省（2017）『平成29年度　病床機能報告報告マニュアル①　医療機能の選択にあたっての考え方について』.
厚生労働省子ども家庭局保育課（2017）「保育所等関連状況取りまとめ（平成29年4月1日）」.
厚生労働省社会・援護局地域福祉課生活困窮者自立支援室（2017）「平成29年度生活困窮者自立支援制度の実施状況調査集計結果」.
厚生労働省社会保障審議会生活保護基準部会（2016）「第23回参考資料　生活保護制度の概要等について」.
厚生労働統計協会（2017）『国民の福祉と介護の動向　2017／2018年』.
厚生労働省年金局数理課（2005）「厚生年金・国民年金平成16年財政再計算結果」.
厚生労働省年金数理部会（2017）『平成27年度公的年金財政状況報告』.
厚生労働省保険局（2007）「「医療費の将来見通しに関する検討会」議論の整理について」（平成19年7月27日）.
厚生労働省保険局（2015）『第91回社会保障審議会医療保険部会　資料』.
厚生労働省保険局（2016）『内閣府経済諮問会議　経済・財政一体改革推進委員会　社会保障ワーキンググループ　第12回会議資料』.
厚生労働省保険局（2017）『第30回保険者による検診・保健指導等に関する検討会資料』.
厚生労働省保険局（2017）『第107回社会保障審議会医療保険部会　資料』.
厚生労働省保険局総務課（2015）『医療保険制度改革について』.
厚生労働省ホームページ（http://www.mhlw.go.jp）.
厚生労働省老健局（2015）『公的介護保険制度の現状と今後の役割』.
国土審議会政策部会長期展望委員会「「国土の長期展望」中間とりまとめ　概要」（平成23年2月21日）.
国民健康保険中央会『国民健康保険の安定を求めて　医療保険制度の改革』.
国立社会保障・人口問題研究所（2015）『第15回出生動向基本調査（結婚と出産に関する全国調査）』.
国立社会保障・人口問題研究所（2017）『日本の将来推計人口』.
国立社会保障・人口問題研究所（2017）『第15回出生動向基本調査（独身者調査ならびに夫婦調査）報告書』.
国立社会保障・人口問題研究所（2017）『平成27年度社会保障費用統計』.
国立社会保障・人口問題研究所（2018）『人口統計資料集』.
国立社会保障・人口問題研究所（2018）『日本の世帯数の将来推計（全国推計）』.
国立社会保障・人口問題研究所（2017）『「生活保護」に関する公的統計データ一覧』.
駒村康平（1998）「マクロ経済と雇用政策」『先進諸国の社会保障　イギリス』武川正吾・塩野谷祐一編，東京大学出版会.
駒村康平（1999）「マクロ経済と労働市場政策」『先進諸国の社会保障』丸尾直美・塩野谷祐一編，東京大学出版会.
駒村康平（2000）「社会福祉への市場原理導入の考え方」『月刊福祉』2000年1月号.
駒村康平（2007）「医療・介護と年金とリスク」『リスク学入門2　経済からみたリスク』岩波書店.
駒村康平（2018）「長寿社会における基盤整備としての人的資本政策」三浦まり編，岩波書店.

財務省ホームページ（http://www.mof.go.jp）．
坂寄俊男（1974）『社会保障』岩波新書．
地主重美（1992）「国民医療費と医療保険」社会保障研究所編『リーディングス日本の社会保障　医療』有斐閣．
島崎謙治（1994）「保険集団論からみた国民健康保険制度の沿革と課題」国保新聞1366-1380号．
生活保護制度研究会（2014）『生活保護のてびき平成26年度版』第一法規．
全国社会福祉協議会ホームページ（http://www.shakyo.or.jp）．
全日本病院協会ホームページ（https://www.ajha.or.jp）．
総務省（2017）「平成29年版地方財政白書（平成27年度決算）」．
総務省統計局（2018）『労働力調査平成29年平均』．
総務省統計局ホームページ（http://www.stat.go.jp/index.html）．
第2回福祉・住宅行政の連携強化のための連絡協議会「資料3　住宅確保要配慮者等に対する居住支援施策（見取り図）（案）」．
高木安雄（1996）「医療報酬の変遷とその経済的効果」社会保障研究所（編集）『医療保障と医療費』東京大学出版会．
高山憲之（1992）『ストック・エコノミー』東洋経済新報社．
中央社会保険医療協議会（2005）「平成16年度DPC導入の影響評価に関する調査及び評価について」．
辻村江太郎（2001）『はじめての経済学』岩波書店．
堤　修三（2006）「医療保険制度改革案を読んで（上，下）」『社会保険旬報』No.2775（2006年4月1日）およびNo.2276（2006年4月11日）．
角田由佳（2007）『看護師の働き方を経済学から読み解く』医学書院．
独立行政法人福祉医療機構「介護保険制度解説」．
内閣府（2016）『仕事と生活の調和連携推進・評価部会（第40回）仕事と生活の調和関係省庁連携推進会議　合同会議　資料』．
内閣府（2016）『平成28年版少子化社会対策白書』．
内閣府（2017）『平成29年高齢者白書』．
内閣府（2017）『平成27年度国民経済計算年報』．
内閣府（2017）『平成29年版障害者白書』．
内閣府（2017）『平成29年版少子化社会対策白書』．
内閣府（2017）『平成29年版高齢社会白書』．
内閣府（2018）「中長期の経済財政に関する試算」．
内閣府子ども・子育て本部（2016）『子ども・子育て支援新制度　なるほどBOOK』．
内閣府子ども・子育て本部（2017）『子ども・子育て支援新制度について（平成29年6月）』．
内閣府子ども・子育て本部（2017）「認定こども園に関する状況について（平成29年4月1日現在）』．
内閣府ホームページ（http://www.cao.go.jp）．
二宮利治（2014）「平成26年度厚生労働科学研究費補助金特別研究事業　日本における認知症の高齢者人口の将来推計に関する研究」．
日本医師会総合政策研究機構（2014）『第5回日本の医療に関する意識調査』．
『日本経済新聞（朝刊）』1998年3月23日．
馬場園明（1990）「一部負担導入の高血圧患者に対する影響」『日本衛生学雑誌』45号．
ハローワークホームページ（https://www.hellowork.go.jp）．
広井良典（1994）『医療の経済学』日本経済新聞社．

福祉・住宅行政の連携強化のための連絡協議会（2017）「第2回資料3 住宅確保要配慮者等に対する居住支援施策（見取り図）（案）」．
松田晋哉編著（2003）『21世紀の医療と診断群分類』じほう．
松田晋哉・伏見清秀（2012）『診療情報による医療評価：DPCデータから見る医療の質』東京大学出版会．
丸尾直美（1975）『福祉の経済政策』日本経済新聞社．
丸山 桂・駒村康平（2004）「国民年金の空洞化問題と年金制度のあり方」城戸喜子・駒村康平編所収。
宮下和裕（2006）『国民健康保険の創設と筑前〈宗像・鞍手〉の定礼 日本における医療扶助活動の源流を探る』自治体研究社．
村田安雄・鎌刈宏司（2000）『ミクロ経済学から公共経済学へ』八千代出版．
百瀬 孝（1997）『日本福祉制度史』ミネルヴァ書房．
森川松次郎（2011）「制度変更が薬剤師の労働市場と賃金に与えた影響」修士学位論文・慶應義塾大学（経済学），2011．3．
文部科学省（2012）「通常の学級に在籍する発達障害の可能性のある特別な教育的支援を必要とする児童生徒に関する調査結果」．
文部科学省（2017）「平成29年度版学校基本調査」．
文部科学省（2017）「平成28年度文部科学白書」．
文部科学省ホームページ（http://www.mext.go.jp）．
八代尚宏編（2000）『社会的規制の経済分析』日本経済新聞社．
山岡和枝・小林廉毅（1994）『医療と社会の計量学』朝倉書店．
山本 勲・黒田祥子（2014）『労働時間の経済分析 超高齢社会の働き方を展望する』日本経済新聞出版社．
吉田澄人・野village真美（2006）「特定保険医療材料の内外価格差の実態」『日医総研ワーキングペーパー No119』．
労働調査会出版局（2017）『平成29年度版 最低賃金決定要覧』．
ウィリアム・スターリング，スティーブン・ウェイト（2000）『団塊世代の経済学』田中浩子訳，日経BP社．
ピコー，ディートル，フランク（1999）『新制度派経済学による組織入門』丹沢安治他訳，白桃書房．
Cingano, F. (2014) "Trends in Income Inequality and its Impact on Economic Growth," OECD Social,
Employment and Migration Working Papers No 163.
European system of integrated social protection statistics (ESSPROS).
Feldstein, M. (1974) Social security, induced retirement, and aggregate capital accumulation, Journal of political economy, 82(5), 905-926.
Fukushima, K., Mizuoka, S., Yamamoto, S., & Iizuka, T. (2016) Patient cost sharing and medical expenditures for the Elderly, Journal of health economics, 45, 115-130.
Getzen, Thomas E. and Bruce Allen (2007), Health Care Economics, John Wiley & Sons Inc Published.
OECD Health Statistics 2017.
OECD Income Distribution Database.
Sleebos, J. (2003) "Low Fertility Rates in OECD Countries: Facts and Policy Responses" OECD Labour Market and Social Policy Occasional Papers.

索　引

A-Z

DPC ………160, 181, 182
DRGPPS ……………181
EBM ……………………160
GP（家庭医）………181, 184
GPIF ……………………106
iDeCo（イデコ）………108
M字型カーブ ……221, 222
NHS ……………181, 184

ア

育児・介護休業制度 ……231
育児休業（制度）…277, 290
────給付金制度
　………………………231, 232
医師誘発需要 ……………172
遺族基礎年金 ……………115
遺族（補償）給付 ………249
遺族厚生年金 ……………120
遺族年金……………………99
一体改革……………68, 69
5つの巨悪……………………59
医療介護総合確保推進法
　………………………………204
医療計画 ……146, 151, 152
医療費適正化（計画）…191,
　192, 194, 196, 210
医療扶助……………325, 327
医療法………131, 145, 146,
　148, 149, 151
医療法人 …………………149
医療保険………44, 128, 174
医療誘発需要 ……………152
インセンティブ…………187,
　197, 213～215, 248
インフォームド・コンセント
　……………172, 216, 217
永久均衡方式………………96
エリザベス救貧法…………58
エンゲル方式 ……………328
エンゼルプラン ……66, 279
オイルショック
　………………………89, 90, 278
応益負担 ……………75, 138
応能負担 ……………75, 138

カ

介護休業給付制度…231, 232
外国平均価格調整 ………163
介護認定審査会 …………262
介護福祉士 ………………341
介護扶助……………325, 327
介護報酬……………160, 266
介護保険（制度）……44, 73,
　79, 256, 258, 297
介護予防 …………………263
────・日常生活支援
　総合事業………263, 270
介護療養型医療施設（介護医
　療院）……………………268
介護療養型療養施設 ……263
介護老人福祉施設（特別
　養護老人ホーム）………263
介護老人保健施設 ………263
皆保険 ……………………130
かかりつけ医 ……159, 184,
　185, 217, 218
格差縮小方式 ……………328
確定給付型年金 …………107
確定拠出型年金……107, 108
価値財 ……………………353
寡婦年金 …………………115
患者申出療養（制度）
　……………145, 183, 209
完全失業率…………226, 227
擬似市場……………350, 355
────原理（準市場メカニ
　ズム）……………339, 351,
　356～358, 360
基準および程度の原則 …324
基準病床数 ………………152
基礎年金 ………65, 79, 83,
　91, 98, 101, 122
基本手当 …………………243
逆選択………………175, 177
救護法………………60, 277, 321
求職者給付…………241, 242
給付乗率 …………………118
給付付き税額控除（Tax
　Credit）………………334
給付・反対給付均等の原則
　……………………47, 75
教育訓練給付制度 ………234
教育扶助……………325, 326
協会けんぽ……82, 136, 140
供給者誘発需要 …………172
共済組合 …………135～137
共済年金 ……………91, 112
共同生活援助（グループ
　ホーム）…………………304
共同募金 …………………342
居宅サービス ……………263
金融老年学（ファイナン
　シャル・ジェロントロ
　ジー）……………………38
屈辱感（スティグマ・
　貧困の烙印）……………48
組合健保 …………………136
繰上げ受給…………114, 123

繰下げ受給………………114, 123
クリティカルパス ………160
クリームスキミング
　………………………177, 360
クールヘッド・ウォーム
　ハート（冷静な判断と
　温かい心）……………………5
経済財政諮問会議 …25, 191
軽費老人ホーム……253, 273
契約（制度）………257, 346
　――の失敗 …………272
現金給付 ……………49, 325
健康寿命 ……………………196
健康増進計画 ……………197
健康日本21 …………………196
　――（第二次）………209
健康保険協会（協会けんぽ）
　……………………………193
健康保険組合（組合管掌
　健康保険（組合健保））
　………134, 135, 137, 140
健康保険法………61, 130, 131
現物（サービス）給付
　……………………49, 128, 325
合意分割（制度）……98, 99
公益財団法人日本医療機能
　評価機構 ………………217
高額医療・高額介護合算
　制度 …………………140, 142
高額医療費制度 …………143
高額療養費（制度）
　……………64, 131, 140, 202
後期高齢者医療（制度）…69,
　79, 83, 132, 133, 142,
　166, 189, 193, 195, 198
　〜200, 203, 207
　――費 …………165, 166
後期高齢者支援金………193,
　197, 206, 207, 215
公共財 ……………………………6
合計特殊出生率
　………15, 16, 20, 65, 278

公助 …………………………41, 52
工場法…………59, 130, 277
厚生年金…87, 89, 91, 112
　――基金（制度）
　………107, 110, 111, 117
厚生年金保険………110, 116
　――法……………………61
工賃（賃金）……………314
公的扶助
　………44, 320, 321, 333
　――原理…………46, 48
行動経済学…………………6, 7
高年齢求職者給付金 ……242
高年齢継続被保険者
　………………………239, 240
高年齢雇用継続給付制度
　……………………………230
後発医薬品…………159, 211
高齢者居住法……………273
高齢者保健福祉推進十か年
　戦略（ゴールドプラン）
　………………………………66
国民医療費 …153, 164〜170
国民皆年金（体制）
　…………………45, 63, 88
国民皆保険（制度）…45, 63,
　128, 131, 167, 183
国民健康保険（制度）……61,
　79, 130, 138, 140, 186,
　201, 203, 206
　――組合…135, 138, 139
国民年金 ………88, 89, 91,
　110, 111, 114
　――基金 …………108
国民年金第３号被保険者
　………33, 65, 98, 99, 106,
　107, 116, 223
国民年金第２号被保険者
　……………………………116
国民年金保険料 …………104
互助…………41, 51, 52, 54
個人型確定拠出年金 ……108

個人番号カード
　（マイナンバー）…………68
国家責任の原理 …………322
国庫負担・補助…………141
子ども・子育て応援プラン（新
　新エンゼルプラン）……280
子ども・子育て支援勘定
　………………………82, 283
子ども・子育て支援新制度
　………………281, 347, 350
子ども・子育て支援法 …280
子ども手当 ………………293
コミュニタリアン…………52
雇用調整給付金制度
　………………………228, 238
雇用二事業………239, 241
雇用保険（制度）…44, 238,
　239, 241, 243, 246
　――法………228, 238
ゴールドプラン
　……………132, 254, 256
　――21 …………256
混合診療 ……144, 182, 183
コンパクトシティ…………54

サ

最後のセーフティネット
　……………41, 317, 323
在職老齢年金（制度）
　……33, 93, 99, 119, 221
財政検証 …………………101
財政再建 ……………………64
最低生活保障の原理 ……323
最低賃金（制度）………237
再評価 ……………………118
サービス付き高齢者（向け）
　住宅 ……………………273
参加所得 …………………335
３号分割（制度）……98, 99
支援費制度………297, 350
仕事・子育て両立支援事業
　……………………………284

索　引　371

自助………………………40, 52
施設サービス ……………263
市町村国民健康保険 ……138
失業給付 …………………238
失業等給付 …239, 241～243
失業保険法……62, 228, 238
私的年金………………9, 108
児童相談所 ………………341
児童手当………43, 82, 276, 278, 293
　　――法……………………64
児童福祉法
　………62, 278, 296, 342
児童扶養手当………276, 293
　　――法…………………330
児童養護施設………276, 343
ジニ係数
　………75, 126, 317～319
支払基金 …………………145
死亡一時金 ………………116
社会医療法人 ……………149
社会手当・サービス原理
　……………………46, 48
社会福祉基礎構造改革
　………66, 297, 342, 345, 348, 358, 361
社会福祉協議会……55, 272, 342, 344, 350, 351
社会福祉士 ………………341
社会福祉事業法……296, 342
社会福祉法……………55, 342, 350, 359, 362
　　――改正………………362
社会福祉法人（制度）…55, 149, 272, 341～343, 357, 361, 363
社会保険…………………44, 76
　　――原理………………46
　　――診療報酬支払基金
　………130, 134, 145, 187, 260
　　――料…………………76

社会保障・税一体改革
　（「一体改革」）…68, 69, 98
社会保障制度改革国民会議
　…………………24, 201
社会保障制度改革
　プログラム法 …………201
社会保障制度審議会
　……44, 62, 66, 90, 322
社会保障制度に関する勧告
　…………………45, 62
修正積立方式…………87, 88
住宅確保要配慮者 ………275
住宅政策 …………………272
住宅セーフティーネット法
　…………………274, 275
住宅扶助 ……273, 325, 326
就労移行支援（事業）
　…………………304, 312
就労継続支援（A型・B型）
　…………………………304
　　――A型事業 ………312
　　――B型事業…312, 313
恤救規則………60, 277, 321
出産育児一時金 ……43, 144
出産手当金 ………………144
出産扶助…………325, 327
順選択 ……………………177
障害基礎年金 ……………115
障害（補償）給付 ………247
障害厚生年金 ……………119
障害支援区分……298, 305
障害者基本法 ……………297
障害者雇用納付金制度 …310
障害者雇用率
　…………………295, 310, 312
障害者自立支援法
　…………………298, 302, 306
障害者総合支援法
　………298, 302, 306, 350
障害者程度区分 …………298
障害者福祉総合支援法 …347
障害手当金 ………………120

障害（補償）給付 ………249
障害（補償）年金 ………249
生涯未婚率…………………18
少子化社会対策大綱（子ども・子育てビジョン）…280
傷病手当金 ………………144
傷病補償年金 ……………249
情報の非対称性 …172, 176, 177, 183, 184, 186, 187, 217, 353, 358
職業能力開発促進法 ……234
職場適応援助者（ジョブコーチ）…………………312
所得再分配…………………41
所得代替率…………96, 105
ジョブ・カード …………235
自立支援給付 ……………302
資力調査（ミーンズテスト）
　………48, 51, 76, 323
新エンゼルプラン ………280
新救貧法……………………59
新ゴールドプラン
　…………66, 254, 256
新生活保護法………………62
申請保護の原則 …………324
申請免除 …………………112
身体障害……295, 298, 302
　　――者対策基本法 …296
　　――者手帳 …………299
　　――者福祉法
　………62, 296, 297, 342
診断群分類 ………………182
人頭払い（方式）…180, 181
診療報酬（制度）…128, 130, 134, 153, 155, 156, 158, 160, 180, 195
診療報酬体系 ……………180
診療報酬点数表
　…………153～155, 159
水準均衡方式 ……………330
垂直的公平性………201, 205
スティグマ…………50, 331

ストレスチェック ………250
スピーナムランド制度……59
生活困窮者自立支援制度
　………………………56, 335
生活困窮者自立支援法 …338
生活習慣病 ………………196
生活扶助 …………………325
生活保護制度 ………44, 273
生活保護法…………322, 342
生業扶助……………325, 327
成熟化社会 …………………1
精神衛生法 ………………296
精神障害 ……295, 298, 302
──者保健福祉手帳
　………………………………302
精神薄弱者福祉法 ………296
精神薄弱者福祉法…………63
精神保健福祉法 …………296
成年後見制度 ……………349
石油危機（オイルショック）
　………………………64, 90
世代間扶養………………6, 7
世帯単位の原則 …………325
絶対的貧困線 ……………319
絶対貧困水準 ……………328
セーフティネット
　………10, 41, 239, 321
前期高齢者医療制度
　………………139, 142, 166
1985年改革 ………………91
全国健康保険協会（協会
　けんぽ）……………135, 137
全面総報酬割………206, 207
総額予算方式………180, 181
葬祭扶助……………325, 327
相対的貧困線 ……………319
相対的貧困率 ……………320
相対貧困水準 ……………328
総報酬制……………………94
措置から契約……………297
措置制度……………66, 257,
　339, 345～347, 359

タ

第1号被保険者 …………112
第1次石油危機……………72
第1種社会福祉事業 ……343
待機児童（問題）…288, 289
第3号被保険者 …………112
第三者評価機関 …………359
退職者医療制度 ……65, 139
大数の法則…………175, 186
第2号被保険者 …………112
第2種社会福祉事業 ……343
脱退一時金 ………………116
団塊ジュニア世代…………68
団塊世代……………………68
男女雇用機会均等法 ……231
地域医療計画
　………………132, 151, 194, 195
地域医療構想………201, 204
地域運営組織…………54, 55
地域共生社会…………55, 56
地域コミュニティ……53, 57
地域支援事業 ……………263
地域生活支援事業…302, 305
地域福祉権利擁護事業 …350
地域包括ケア（システム）
　………………159, 160, 170,
　201, 205, 270, 363
地域包括支援センター …270
地域密着型サービス ……263
知的障害 ……295, 298, 302
──者福祉法……………296
中央社会保険医療協議会
　（中医協）…………156, 159
賃金スライド………………92
通勤災害 …………………249
積立方式……………34, 89
定額払い …………………160
出来高診療報酬 …………173
出来高払い方式 …………180
データヘルス（計画）
　………………161, 211～213

特定健康診査 ……195～197,
　210, 211, 213
特定健診・特定保健指導
　………………………………214
特定高度専門業務・成果型
　労働制 …………………230
特定保健指導
　………195, 196, 210, 211
特定保険料率 ……………200
特定療養費制度 …………182
特別支援学校………307, 313
特別支援教育 ……………307
特別支給の老齢厚生年金
　………………………118, 119
特別養護老人ホーム
　………………253, 269, 343
特例子会社 ………………312
トランポリン…………10, 41

ナ

難病患者 …………………298
難病・小児慢性特定疾病
　対策 ……………………203
21世紀福祉ビジョン…45, 65
2004年改革 ………………98
日常生活支援事業 ………350
日本的雇用慣行
　………134, 219, 226, 246
日本版デュアル・システム
　………………………………235
認知機能 …………………354
認知症 ………267, 268, 349
──患者……………………38
認知症高齢者………266, 267
──グループホーム
　………………………………273
認知症施策推進5か年計画
　（オレンジプラン）……267
認知症施策推進総合戦略
　（新オレンジプラン）…268
認定こども園
　………………285, 286, 289

索　引

ネット所得スライド方式…91
年金記録問題……………67
年金分割…………………98
納付特例制度 ……………113
ノーマライゼーション …297

ハ

バウチャー（利用券）……50
派遣労働…………………228
バブル崩壊………………65
半額免除制度……………93
ビスマルク………………59
非正規労働者………224, 225
必要即応の原則 …………324
123号通知………………330
病床機能報告制度
　…………201, 204, 205
貧困の罠……………332, 333
賦課方式 ……6, 8, 34, 88,
　90, 103, 199
福祉関係八法改正 ………297
福祉元年……………64, 72
福祉国家 ……………9, 25
　──論 …………………8
福祉事務所………341, 342
福祉八法改正………254, 256
父権主義（パターナリス
　ティック）……4, 185, 353
ブース……………………59
物価スライド制…………89
負の所得税 ………………333
扶養原理……………46, 48
フリーアクセス
　…………173, 183, 184
平均標準報酬 ……………118
　──月額 ……………118
ベヴァリッジ報告……59, 60
ベーシックインカム……334

保育所 ………285, 286, 289
保育制度…………………44
保育の必要性の認定 ……285
包括払い（の方式）
　………132, 160, 180, 181
報酬比例年金部分 ………124
法定（障害者）雇用率
　…………………310, 312
法定免除 …………………112
保険外併用療養費制度 …144
保険者機能 ………………187
保険者努力支援制度 ……215
保険料固定方式…94, 96, 97
母子福祉法………………63
補足性の原理 ……………323
ホームレス ………………335

マ

マクロ経済スライド
　………96, 102, 108, 127
マーケットバスケット方式
　…………………319, 328
民主党（政権）…68, 69, 293
無差別平等の原理 ………323
メリット制 ………………248
モラルハザード
　…………48, 51, 178, 186

ヤ

薬価 …………153, 162, 163
　──差益…………162, 163
有限均衡方式…………96, 97
有料老人ホーム …………273
要介護状態…………257, 259
要介護認定…………261, 266
養護老人ホーム
　…………253, 273, 343
幼稚園………………285, 286

ラ

ラウントリー……………59
リーマンショック…331, 332
療育手帳 …………………299
療養補償給付 ……………248
レセプト …………………145
老人医療（費）無料化
　…………………131, 167, 253
老人福祉法……63, 251, 330
老人保健医療費拠出金
　…………………142, 190
老人保健制度 ……64, 72,
　131, 142, 166, 189, 190,
　199, 200
老人保健法………142, 254
老人保護法………131, 132
労働基準法………130, 229
労働者災害補償保険
　…………………237, 247
　──法 …………62, 130
労働者派遣法………228, 233
労働力人口 ………………219
労働力率 ……………220, 222
老齢基礎年金………114, 123
老齢厚生年金
　…………117, 125, 222

ワ

若者雇用促進法 …………235
ワーキングプア …………225
ワーク・ライフ・バランス
　…………225, 226, 236

〔著者紹介〕
上村一樹（かみむら・かずき）担当：第8章～第11章
京都産業大学 経済学部 助教。
主要業績
上村一樹・駒村康平・久野譜也「健康ポイント制度における利用者負担の可能性─コンジョイント分析による検証─」『経済政策ジャーナル』第15巻1号，2018年，pp.39-55.
上村一樹・駒村康平「労働者の健康増進が労働生産性に与える影響─パネルデータによる分析─」『生活経済学研究』第45巻，2017年，pp.1-14.
上村一樹「たばこへの依存度と喫煙量の価格弾力性の関係についての分析」『生活経済学研究』第39巻，2014年，pp.55-67.

渡辺久里子（わたなべ・くりこ）担当：第5章，第12章～第15章
国立社会保障・人口問題研究所 企画部 研究員。
主要業績
渡辺久里子・四方理人「日本における貧困率の推計」駒村康平編『福祉＋α⑩ 貧困』ミネルヴァ書房，2018年.
Saunders, P., Watanabe, K., Wong, M., "Poverty and Housing among Older People: Comparing Australia and Japan", *Poverty and Public Policy*, Vol. 7, Issue3, 2015, pp. 223-239.
渡辺久里子「等価尺度の推計と比較─消費上の尺度・制度的尺度・OECD尺度─」『季刊社会保障研究』Vol. 48，No. 4，2013年，pp. 436-446.

〔編著者紹介〕

駒村康平（こまむら・こうへい）担当：第1章～第4章，第6章，第7章，第16章
 1964年生まれ。
 1995年 慶應義塾大学大学院経済学研究科博士課程単位取得退学。
 社会保障研究所，国立社会保障・人口問題研究所，駿河台大学，東洋大学を経て，
 2005年より慶應義塾大学経済学部教授（博士（経済学））。
 2001年 生活経済学会奨励賞受賞。
 2001年 吉村記念厚生政策研究助成金受賞。
 2009～2012年まで厚生労働省顧問。
 2012年 社会保障改革国民会議委員。
 2010年 社会保障審議会委員（年金部会，年金数理部会，生活保護基準部会会長，障害者部会会長）。
 2010年 社会保障改革に関する有識者検討会副会長。
 2012～2013年 社会保障制度改革国民会議委員。
 2015年 生活経済学会賞受賞。

＜著　書＞
 塩野谷祐一・丸尾直美編『先進諸国の社会保障　スウェーデン』東京大学出版会，1999年。
 塩野谷祐一・武川正吾編『先進諸国の社会保障　イギリス』東京大学出版会，1999年。
 駒村康平・渋谷孝人・蒲田房良『年金と家計の経済分析』東洋経済新報社，2000年。
 駒村康平『年金はどうなる』岩波書店，2003年。
 広井良典・駒村康平編『アジアの社会保障』東京大学出版会，2003年。
 駒村康平編『年金改革』生産性労働情報センター，2005年。
 城戸喜子・駒村康平編『社会保障の新たな制度設計』慶應義塾大学出版会，2005年。
 駒村康平・丸山　桂・齋藤杏里編『最新社会保障の基本と仕組みがよ～くわかる本』秀和システム，2007年。
 駒村康平編『次世代のための家族政策の確立に向けて』社会経済生産性本部，2007年。
 駒村康平『大貧困社会』角川SSコミュニケーションズ，2009年。
 駒村康平・菊池馨実編『希望の社会保障改革』旬報社，2009年。
 駒村康平編著『年金を選択する』慶應義塾大学出版会，2009年。
 駒村康平『日本の年金』岩波書店，2014年。
 駒村康平『中間層消滅』角川新書，2015年。
 駒村康平編著『社会政策－福祉と労働の経済学』有斐閣，2015年。
 駒村康平編著『2025年の日本　破綻か復活か』勁草書房，2016年。
 駒村康平編著『貧困（福祉＋α）』ミネルヴァ書房，2018年。

（検印省略）

2001年10月10日	初版発行
2002年 4 月10日	改訂版発行
2003年 5 月15日	新訂版発行
2018年 9 月10日	新版発行

略称―新・福祉政策

新・福祉の総合政策

編著者 駒村康平
発行者 塚田尚寛

発行所 東京都文京区春日2-13-1 株式会社　創 成 社

電　話 03（3868）3867 FAX 03（5802）6802
出版部 03（3868）3857 FAX 03（5802）6801
http://www.books-sosei.com 振　替 00150-9-191261

定価はカバーに表示してあります。

©2001, 2018 Kohei Komamura 組版：でーた工房　印刷：亜細亜印刷
ISBN978-4-7944-3193-6 C3033 製本：宮製本
Printed in Japan 落丁・乱丁本はお取り替えいたします。

―――― 経済学選書 ――――

新・福祉の総合政策	駒村 康平	編著	3,200円
テキストブック 地方財政	篠原 正博 大澤 俊一 山下 耕治	編著	2,500円
財政学	望月 正光 篠原 正博 栗林 隆 半谷 俊彦	編著	3,100円
環境学への誘い	浜本 光紹	監修	3,000円
経済学を学ぶための数学的手法 ―数学の基礎から応用まで―	中邨 良樹	著	2,000円
グローバル化時代の社会保障 ―福祉領域における国際貢献―	岡 伸一	著	2,200円
地域発展の経済政策 ―日本経済再生へむけて―	安田 信之助	編著	3,200円
マクロ経済分析 ―ケインズの経済学―	佐々木 浩二	著	1,900円
現代経済分析	石橋 春男	編著	3,000円
マクロ経済学	石橋 春男 関谷 喜三郎	著	2,200円
ミクロ経済学	関谷 喜三郎	著	2,500円
入門経済学	飯田 幸裕 岩田 幸訓	著	1,700円
マクロ経済学のエッセンス	大野 裕之	著	2,000円
国際公共経済学 ―国際公共財の理論と実際―	飯田 幸裕 大野 裕之 寺崎 克志	著	2,000円
国際経済学の基礎「100項目」	多和田 眞 近藤 健児	編著	2,500円
ファーストステップ経済数学	近藤 健児	著	1,600円
Excelで学ぶ人口経済学	大塚 友美	著	1,800円

(本体価格)

―――― 創成社 ――――